Wer zu spät kommt, den bestrafen die Ohren.

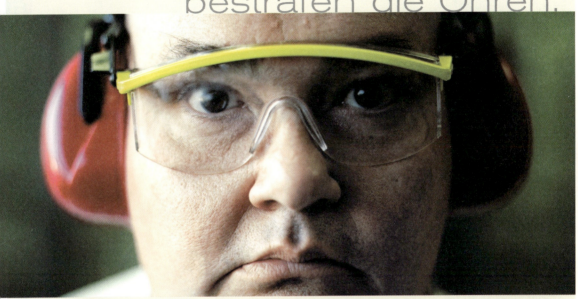

Deutschlands Autotester haben sich entschieden:

„Unheimlich direkt, zackig und flink folgte das Soundsystem den Musikimpulsen (...) Wer in der Ausstattungsliste des Porsche keinen Haken bei der Soundoption macht, der begeht einen Fehler."

In Bose® stecken Leidenschaft und Emotion, Wissen und [Er]fahrung. Als Pionier für Automotive Sound-Systeme setzen [wir] innovative Technik um in originalgetreuen Klang. Für ein [ein]maliges Musikerlebnis – klar, dynamisch, mit tiefen Bäss[en.] Maßgeschneidert entwickelt für jedes Automodell, gibt es Bose Sound-Systeme nur ab Werk.

Mehr über Bose Automotive unter **www.bose.de/auto** oder am Telefon **+49 (0) 7 11 / 9 39 32 30***.

* Ihr Ansprechpartner: Jens Groth, E-Mail: jens_groth@bose.com

Bernd Gottschalk/Ralf Kalmbach/Jan Dannenberg (Hrsg.)

Markenmanagement in der Automobilindustrie

OLIVER WYMAN

Oliver Wyman-
KölnAlumni-
Vordiplomspreis

Bernd Gottschalk/Ralf Kalmbach/Jan Dannenberg (Hrsg.)

Markenmanagement in der Automobilindustrie

Die Erfolgsstrategien internationaler Top-Manager

2., überarbeitete Auflage

Bibliografische Information der Deutschen Bibliothek
Die Deutsche Bibliothek verzeichnet diese Publikation in der Deutschen Nationalbibliografie;
detaillierte bibliografische Daten sind im Internet über <http://dnb.ddb.de> abrufbar.

Dieser Ausgabe liegt ein Post-it® Beileger der Firma
3M Deutschland GmbH bei.
Wir bitten unsere Leserinnen und Leser um Beachtung.

1. Auflage 2003
2. Auflage 2005

Alle Rechte vorbehalten
© Betriebswirtschaftlicher Verlag Dr. Th. Gabler/GWV Fachverlage GmbH, Wiesbaden 2005

Lektorat: Barbara Möller und Manuela Eckstein

Der Gabler Verlag ist ein Unternehmen von Springer Science + Business Media.
www.gabler.de

Das Werk einschließlich aller seiner Teile ist urheberrechtlich geschützt. Jede Verwertung außerhalb der engen Grenzen des Urheberrechtsgesetzes ist ohne Zustimmung des Verlags unzulässig und strafbar. Das gilt insbesondere für Vervielfältigungen, Übersetzungen, Mikroverfilmungen und die Einspeicherung und Verarbeitung in elektronischen Systemen.

Die Wiedergabe von Gebrauchsnamen, Handelsnamen, Warenbezeichnungen usw. in diesem Werk berechtigt auch ohne besondere Kennzeichnung nicht zu der Annahme, dass solche Namen im Sinne der Warenzeichen- und Markenschutz-Gesetzgebung als frei zu betrachten wären und daher von jedermann benutzt werden dürften.

Umschlagzeichnung: Patrick Faulwetter, Pforzheim
Umschlaggestaltung: Nina Faber de.sign, Wiesbaden
Satz: dtpservice Lars Decker, Vechelde
Druck und buchbinderische Verarbeitung: Wilhelm & Adam, Heusenstamm
Gedruckt auf säurefreien und chlorfrei gebleichtem Papier
Printed in Germany

ISBN 3-409-22460-2

Inhaltsverzeichnis

Vorwort zur ersten Auflage 9

Vorwort zur zweiten Auflage 10

Teil I
Grundlagen des Markenmanagements 13

Kapitel 1
**Markenmanagement als zentraler Erfolgsfaktor
in der Automobilindustrie** 15
(Prof. Dr. Bernd Gottschalk, Präsident, VDA)

Kapitel 2
Von der Technik zum Kunden 33
(Dr. Jan Dannenberg, Director, Mercer Management Consulting)

Kapitel 3
Kommunikation ist der Treibstoff der Markenpositionierung .. 59
(Jean-Remy von Matt, Inhaber und Gründer, Jung von Matt AG)

Kapitel 4
**Markenführung Revisited –
Stellhebel eines modernen Markenmanagements** 83
(Fabian Brandt und Dr. Andreas Spengel, Mercer Management Consulting; Simon Schnurrer)

Kapitel 5
Brand Challenges and Understanding the Brand Core 101
(Kenneth J. Roberts, Chairman and CEO, Lippincott Mercer)

Kapitel 6
Strategiewahl – Premium- oder Massenmarkt? 123
(Prof. Dr. Willi Diez, Leiter des Instituts für Automobilwirtschaft, FH Nürtingen)

Teil II
Markenführung in der Automobilindustrie 143

Kapitel 1
Audi – Innovation, Technik und Design 145
(Prof. Dr. rer. nat. Martin Winterkorn, Vorsitzender des Vorstands, AUDI AG)

Kapitel 2
BMW Group – BMW, Rolls-Royce und MINI 163
(Torsten Müller-Ötvös, Vice President Central Marketing and Brand Management BMW, BMW Group; Ian Robertson, Chairman and CEO, Rolls-Royce Motor Cars; Dr. Kay Segler, Vice President Brand Management MINI)

Kapitel 3
Chrysler Group – Disciplined Piazzazz:
Leveraging the Strengths of Two Automotive Giants 203
(Dr. Dieter Zetsche, President and Chief Executive Officer, Chrysler Group Member of the Board of Management, DaimlerChrysler AG)

Kapitel 4
Ford – Emotionalisierung einer großen Traditionsmarke
in Europa 227
(Bernhard Mattes, Vorsitzender der Geschäftsführung, Ford-Werke GmbH; Jürgen Stackmann, Vice President Marketing, Ford of Europe; Dr. Martin Koers, Leiter einer Vertriebsregion, Ford Deutschland)

Kapitel 5
Jaguar Cars 247
(Mark Fields, Executive Vice President and President The Americas, Ford Motor Company)

Kapitel 6
Maybach – Der Relaunch einer einzigartigen Traditionsmarke
im Markenportfolio der DaimlerChrysler AG 265
(Klaus Nesser, CEO Maybach, SLR & Exklusivprodukte, DaimlerChrysler AG)

Kapitel 7
Mercedes-Benz – Der Stern am Automobilhimmel 293
(Prof. Jürgen Hubbert, ehemals Mitglied des Vorstandes, DaimlerChrysler AG)

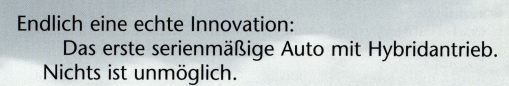

Endlich eine echte Innovation:
Das erste serienmäßige Auto mit Hybridantrieb.
Nichts ist unmöglich.

Der Toyota Prius. Die Zukunft beginnt heute.

 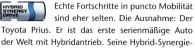

Echte Fortschritte in puncto Mobilität sind eher selten. Die Ausnahme: Der Toyota Prius. Er ist das erste serienmäßige Auto der Welt mit Hybridantrieb. Seine Hybrid-Synergie-Drive®-Technologie verbindet einen VVT-i-Benzinmotor mit einem emissionsfreien Elektromotor. Damit bietet er die ideale Kombination von Fahrleistung, Wirtschaftlichkeit und Umweltverträglichkeit. Sein Kraftstoffverbrauch in l/100 km: innerorts 5 l/100 km, außerorts 4,2 l/100 km, kombiniert 4,3 l/100 km; CO_2-Emission kombiniert in g/km: 104. Über 50 führende Autojournalisten in Europa haben den Toyota Prius jetzt zum Auto des Jahres 2005 gewählt! Testen Sie ihn: 0180/5 35 69 69 (0,12 €/min)

Kapitel 8
Opel. Frisches Denken für bessere Autos 305
(Carl-Peter Forster, President, GM Europe; Aufsichtsratsvorsitzender, Adam Opel AG)

Kapitel 9
Managing Two Brands for Success: Peugeot and Citroën 333
(Jean-Martin Folz, CEO, PSA Peugeot Citroën)

Kapitel 10
smart – open your mind. 353
(Andreas Renschler, Mitglied des Vorstandes, DaimlerChrysler AG)

Kapitel 11
Marken, Märkte und Prozesse – Volkswagen AG 367
(Dr. Bernd Pischetsrieder, Vorsitzender des Vorstands, Volkswagen AG)

Kapitel 12
The Rejuvenation of Volvo 381
(Mark Fields, Executive Vice President and President The Americas, Ford Motor Company)

Teil III
Handlungsempfehlungen 405

Die Zukunft der Markenführung im Automobilgeschäft 407
(Dr. Jan Dannenberg, Director, und Dr. August Joas, Director, Mercer Management Consulting)

Autorenverzeichnis 447

Vorwort zur ersten Auflage

Autos faszinieren. Sie wecken Emotionen, sie begeistern durch Technik, Design und Leistungsfähigkeit. Das Auto ist Ausdruck individueller Persönlichkeit; und es verkörpert wie kaum ein anderes technisches Produkt ein Stück Freiheit. Viele Autofahrer identifizieren sich stark mit „ihrer" Marke oder haben ihr ganz persönliches „Traumauto".

Diese Identifikation, dieses positive Image gilt es zu fördern und auszubauen – erst recht angesichts eines immer stärkeren globalen Wettbewerbs. Markenmanagement gewinnt vor diesem Hintergrund als Instrument zur exakten Positionierung – neben Design, Konzept und Technologie – erheblich an Bedeutung. Der Aufbau einer eigenen Markenwelt und die Schaffung eines ganz speziellen Markenerlebnisses rücken mehr und mehr in den Mittelpunkt strategischer Überlegungen der Automobilunternehmen.

Eine Analyse der aktuellen Markenstrategien zeigt, dass es weltweit neben sehr starken Marken mit hohem Ausbaupotenzial immer noch einige Marken mit ungenutzten Potenzialen gibt. Erfolgreiche Markenstrategien der Zukunft zeichnen sich in beiden Fällen durch das Schaffen von erlebbarem Kundennutzen und das Etablieren von strategischer Kontrolle im Wettbewerb aus.

Publikationen zum Thema Markenmanagement übertragen bisher in erster Linie die Sichtweisen und Ansätze anderer Branchen auf die Automobilindustrie, ohne den spezifischen Anforderungen dieser Branche Rechnung zu tragen. Ziel dieses Buches ist es daher, Markenmanagement mit seinen unterschiedlichen Aspekten in der Automobilindustrie zu verdeutlichen und die Anwendung anhand erfolgreicher Strategien von Automobilunternehmen darzustellen. Das Buch liefert somit einen konkreten Anwendungsnutzen für Führungskräfte in der Automobilindustrie.

Der erste Teil „Grundlagen des Markenmanagements" behandelt in sechs grundsätzlich gehaltenen Beiträgen zunächst alle relevanten Aspekte des Themas. In Teil II des Buches beschreiben dann 16 Top-Manager führender Automobilunternehmen anhand von Fallstudien ihre weltweit anerkannten Erfolgsstrategien.

Der abschließende Teil „Handlungsempfehlungen" fasst schließlich die Kernelemente von erfolgreichem zukunftsgerichtetem Markenmanagement in der Automobilindustrie zusammen und leitet daraus konkrete Handlungsempfehlungen für die Branche ab.

Somit leistet dieses Buch einen wichtigen Beitrag zur Entwicklung der Automobilmarken als zukünftig zentralem Erfolgsfaktor. Und die Feststellung ist sicherlich nicht übertrieben, dass die Attraktivität einer Automobilmarke den entscheidenden Schlüssel zum Kunden darstellt.

Ralf G. Kalmbach *Prof. Dr. Bernd Gottschalk*

Vorwort zur zweiten Auflage

Die zur IAA PKW 2003 (Internationale Automobil-Ausstellung) in Frankfurt vorgestellte Erstauflage des Buches „Markenmanagement in der Automobilindustrie" ist ein voller Erfolg geworden. Das Werk fand auf Anhieb großes Interesse in der Fachwelt und war in kürzester Zeit vergriffen. Presse, Wissenschaft und auch die Führungskräfte und Praktiker der Automobilindustrie bestätigen, dass das Buch einen wichtigen Beitrag zum Management von Automobilmarken liefern konnte.

Mit der zweiten Auflage wird nun der erfolgreiche Weg fortgesetzt. 16 neue Autoren, fünf neue Automobilmarken und sieben neue Zuliefermarken finden sich in der Neuauflage. Die bestehenden Beiträge wurden nahezu vollständig überarbeitet und aktualisiert. Das Buch ist internationaler geworden – Top-Manager aus Deutschland, Österreich, Frankreich, Großbritannien und den USA sind nun vertreten. Der Umfang der Gesamtpublikation hat uns auch dazu bewegt, zwei Bücher zu veröffentlichen. Beiträge der Automobilzulieferer werden erstmals in einem separaten Buch „Markenmanagement in der Automobil-Zulieferindustrie" zusammengefasst. Die Aussagen der Automobilhersteller finden Sie in diesem Buch. Noch in diesem Jahr ist eine englischsprachige Veröffentlichung geplant. Die Neuauflage ist somit umfassender und aktueller als das Erstlingswerk.

Wir wollen uns schließlich noch ganz herzlich bei den Autoren selbst bedanken. Sie sind es, die die Faszination für das Automobil und die Emotionen für die Automobilmarke durch ihre Beiträge erlebbar machen.

Prof. Dr. Bernd Gottschalk   *Ralf G. Kalmbach*   *Dr. Jan Dannenberg*

Teil I

Grundlagen des Markenmanagements

Kapitel 1

Markenmanagement als zentraler Erfolgsfaktor in der Automobilindustrie

Ein konsequentes Markenbild erfordert konsequente Leadership – Das Fahrzeug selbst spielt die entscheidende Rolle

Prof. Dr. Bernd Gottschalk
Präsident des Verbandes der Automobilindustrie (VDA)

Die Stärkung der Marke in einer von zunehmendem Wettbewerb und Globalität gekennzeichneten Automobilwelt wird immer wichtiger. Das Markenmanagement in der Automobilindustrie findet auf allen Wertschöpfungsstufen statt. Diese Aufgabe muss Chefsache sein.

1. Keine Theorie

Die deutsche Automobilindustrie zeigt sich hervorragend gerüstet, wenn es um die Führung und Durchsetzung ihrer Marken geht. Geradezu vorbildlich haben sich die Unternehmen mit ihren Leistungen einen guten Namen gemacht. Durch Kontinuität in Qualität, Innovation und Design haben sie das Vertrauen einer inzwischen weltweiten Kundschaft erworben und durch spezifische Innovationen die Evolution ihrer Marken zielgerichtet vorangetrieben. Und das – im Unterschied zu vielen Wettbewerbern – global und nicht nur national oder regional. Starke globale Marken sind zum „Markenzeichen" dieser Industrie selbst geworden. Nicht ohne Grund werden vor allem deutsche Automobilmarken genannt und vorgestellt, wenn es in Hochschulen und auf Fachkongressen um Lehrbeispiele guten Markenmanagements geht.

Dieser Beitrag will deshalb weder belehren noch eine Theorie nachliefern. Vielmehr verdichtet er empirische Befunde zu einem Überblick konsistenter, zueinander förderlicher Faktoren, die ein Unternehmen bewusst im Sinne seiner Marke zu gestalten hat. Dabei gehen wir davon aus, dass Markenführung und Unternehmensmanagement zwar nicht deckungsgleich, aber doch untrennbar miteinander verbunden sind. Ohne konsequente Leadership ist auf Dauer auch kein konsequentes Markenbild vorstellbar.

Diese Auffassung grenzt sich bewusst ab von jener durchaus populären Meinung, Marken entstünden erst durch Werbung und Promotions. Dies mag hier und da, bei „packaged goods" wie Zigaretten und Kosmetika oder bei „commodities" wie Molkereiprodukten und pharmazeutischen Generika zutreffen. Für Automobile gilt dieser Ansatz mit Sicherheit nicht. Sie verdanken ihre differenzierende Identität zuallererst den Ingenieur- und Designleistungen des Unternehmens, das heißt den Merkmalen der Intelligenz, den „intrinsic values" des Produktes selbst.

Schon früh in der Wertschöpfungskette muss der Wille zur Besonderheit, zur Individualisierung greifen, müssen die Beteiligten einen Beitrag leisten, eine Produktdefinition vornehmen, um „ihre" Marke mit Unverwechselbarkeit und überlegener Wettbewerbskraft auszustatten. Die nachgelagerten Wertschöpfungsstufen – Marketing, Vertrieb, Handel – sind gefordert, die geschaffene Spezifik zu verstärken und sie kundennah und verkaufswirksam auszugestalten.

Markenmanagement ist insoweit das Managen aller Wertschöpfungsstufen, die unter einem Markennamen gegenüber dem Markt auftreten; unabhängig davon, ob und wie weit man sich dabei nur des eigenen oder auch fremder Unternehmen bedient, denn auch der Zulieferer ist integraler Teil dieses Prozesses. Die Verantwortung dafür, dass jede Stufe die Parameter der Marke kennt, ihr Verhalten daran ausrichtet und einen wertschöpfenden Beitrag leistet, liegt immer beim Markeninhaber. Die zentrale Markenbotschaft muss im gesamten Netzwerk präsent sein.

Markenmanagement als zentraler Erfolgsfaktor

Die Aufgabe, ein Markensystem auch dann geschlossen zu führen und vertikal zu organisieren, ist heute allerdings weit schwerer zu bewältigen als früher. Aus mehreren Gründen: Die Fertigungstiefe ist deutlich geringer als früher, also müssen mehr Zulieferer denn je auf eine spezifische Marke hin „geeicht" werden. Die Freiheitsgrade der Händler gegenüber einer Marke werden vom Gesetzgeber erhöht; umso mehr müssen sie für eine Marke gewonnen werden, damit die Kraft der Marke ihren eigenen geschäftlichen Erfolg befruchtet. Die Automobilunternehmen interagieren weltweit mit Kulturen, die oft eigene Gesetzmäßigkeiten auslösen und gerne eigenen Regeln folgen. Und schließlich verbreitern die Unternehmen heutzutage ihre Sortimente in Segmente hinein, die gänzlich Neuland – siehe Crossover-Konzepte – oder von Wettbewerbern bereits besetzt sind.

In allen Fällen muss sich die Marke umso mehr als Führungsprinzip und Unterscheidungskriterium im Markt bewähren. Unternehmen, die über eine starke Marke verfügen, sind in derart offenen Systemen besser als jene, für die dies nicht zutrifft. Denn starke Marken zeichnen sich dadurch aus, dass sich ihnen gegenüber im Publikum – Händlern, Käufern, Öffentlichkeit – positive Vorurteile aufgebaut haben, Meinungen, die von einzelnen Individuen zwar als persönliche Urteile geäußert werden, im Grunde jedoch kollektiver, besser gesagt kollektivierender Natur sind. Positive Vorurteile stellen für ein Markenunternehmen einen unschätzbaren wirtschaftlichen Vorteil dar. Denn erstens erweisen sie sich – ähnlich den negativen Vorurteilen – als stabil und langlebig; sie überdauern Änderungen in der Modellpolitik und sogar einen Inhaberwechsel (sofern man daraus kein Thema macht und die Kernbotschaften der Marke nicht gefährdet). Zweitens breiten sie sich wie die von Richard Dawkins so genannten „egoistischen Meme" selbsttätig aus; und besetzen beispielsweise die Gehirne der nachfolgenden Generationen. Drittens scheinen sie das Denken eines Individuums gegen Argumente und Angebote von Wettbewerbern zu immunisieren, als seien positive Vorurteile in einer Hirnregion abgelegt, die sich einer Kontrolle durch den Neocortex entzieht.

2. Das öffentliche Vertrauen

Je konsequenter ein Unternehmen darauf hinarbeitet, die positiven Vorurteile über seine Marke auch durch seine aktuellen Produkte und Leistungen zu bestätigen, desto eher baut sich darüber jenes öffentliche Vertrauen auf, das die Markentechnik zum eigentlichen Ziel der Marke erklärt hat. Markenvertrauen stellt sich als ein spezifisches Vertrauen dar, das auf ein besonderes Sachgebiet eingegrenzt ist. Und es ist transitiver Natur, was bedeutet, dass man nicht nur dem hinter einer Marke stehenden Unternehmen vertraut, sondern dieses Vertrauen auch auf dessen Lieferanten und Wertschöpfungspartner überträgt, obwohl man diese im Einzelnen nicht kennt. „Die Marke", sagt Carl Christian von Weizsäcker, „ist eine zentrale Institution des Käufervertrauens in den Verkäufer"[1]. Dass sich Unternehmen anstrengen, entsprechende Vertrauensprämien für ihre Marke aufzubauen, erklärt er letztlich aus deren

Funktionalität im Vermarktungsprozess: „Vertrauen ist ein soziales Instrument, um Transaktionskosten zu senken".

Es dürfte einleuchten, dass Vertrauensbeziehungen ohne vertrauensbildende Maßnahmen und Erfahrungen, das heißt ohne Geschichte, nicht denkbar sind. Und je länger eine Marken-Geschichte zurückreicht, desto mehr kann sie beitragen. So werden nicht ohne Grund gerade in der aktuellen Automobil-Kommunikation Jubiläen und frühe Innovationsleistungen oder Rennerfolge thematisiert. In ihrer Geschichte erlebt sich eine Marke von ihrer individuellsten Seite. Geschichte ist nicht imitierbar. Wenn sie insgesamt gut verlaufen ist, dokumentiert sie nachvollziehbar die Leistungs- und Überlebensfähigkeit eines Markensystems. Als generelle Aufgabe lässt sich daraus ableiten, dass das Management die erfolgreiche Geschichte einer Marke durch aktuelle Leistungen fortschreibt.

3. Der Marke Gestalt geben

Bevor wir einen analytischen Blick auf diese Leistungen werfen, sei vorausgeschickt, dass Markenvorstellungen im Publikum immer Wirkungen, genauer Auswirkungen von etwas sind, was ein Unternehmen unter einem Namen über lange Zeit getan hat. Images haben immer faktische Ursachen. Images kann man nicht durch Images oder Imagewerbung erzeugen. Vielmehr muss das Unternehmen durch strategisch sorgfältig gewählte Gestaltungsentscheidungen auf den verschiedenen Handlungsfeldern einer Marke – Produkt, Design, Distribution oder Kommunikation – dafür sorgen, dass die gewünschte Vorstellung im Publikum entsteht. Es muss der Marke eine Gestalt geben, die in der Seele der potenziellen Käufer gespeichert wird.

In der Vergangenheit mag dies oft genug intuitiv geschehen sein. Unter den Bedingungen immer größerer arbeitsteiliger Organisationen muss Markenführung organisiert sein. Marken-Kodizes, Marken-Fibeln werden geschrieben, um eine gesamte Organisation darauf einzustellen. Das Management muss über ein tiefreichendes Wissen von den die Markengestalt prägenden Elementen und Verhaltensweisen verfügen. Und es muss dieses Wissen in konkrete Regeln übersetzen und damit die Stellen im Unternehmen markieren, an denen die Marke von Entscheidungen direkt oder indirekt betroffen ist. Je weiter dieses Wissen um die eigene Gestalt verbreitet ist, desto besser ist eine Marke dagegen gewappnet, sich an Gestaltvorgaben von Wettbewerbern anzupassen und sich im Austausch mit ihrem Umfeld zu verlieren. Das Institut für Markentechnik hat in diesem Zusammenhang den „Genetischen Code der Marke als Managementinstrument" etabliert – die mit dem Begriff verbundene Vorstellung hat inzwischen Schule gemacht. So schreibt beispielsweise der langjährige Marketingchef von Coca-Cola, Sergio Zyman: „An effective brand strategy starts with a thorough examination of your brand's DNA, the building block that determines how your customers see you."[2]

4. Begrenzte Freiheitsgrade

Hinter dieser Empfehlung taucht als Charakteristikum von Marke auf, dass ein solches System in seinem Handeln nicht gänzlich frei ist. Es kann sich nicht jeden Tag neu entwerfen, ist auch nicht gänzlich starr. „Diesel" und „Sportlichkeit" oder „Diesel" und „Oberklasse" haben lange Zeit widerstreitende Produktcharakteristiken beschrieben, bis die technischen Eigenschaften des Dieselmotors sich selbst neu definiert haben. In jedem Fall setzt das Aktivitätenmuster, das im Publikum Resonanz erzeugt und sich ihm eingeprägt hat, einen Rahmen, innerhalb dessen die künftige Entwicklung zu gestalten ist. Insoweit muss Marke als ein normatives Prinzip verstanden werden; als eine kulturelle Erscheinung, die ihren gesellschaftlichen und wirtschaftlichen Erfolg nur ausbauen kann, wenn sie sich nachvollziehbar zu ihrer gewachsenen Identität bekennt.[3] Das absatzförderliche Vertrauen eines Käufers in eine Marke ist nur zu gewinnen und zu erhalten, wenn er in deren Lebensäußerungen eine vertraute Struktur erkennt – und wenn er gleichzeitig erwartet, dass diese durch neue Angebote aktuell und dynamisch realisiert wird.

Unter allen evolutiven Gestaltimpulsen, die ein Automobilunternehmen seiner Marke zu geben hat, spielt das Fahrzeug selbst noch immer die entscheidende Rolle. „Car is key", beschreibt der Herausgeber und Verleger der Automotive News, Keith Crain, dieses Phänomen. Der Einfluss auf die Markenvorstellungen des Publikums kann nicht hoch genug eingeschätzt werden. Das eigene Produkt als „low interest" einzustufen, wie in einigen Markenartikelunternehmen bereits üblich, bleibt für einen Automobilisten undenkbar. Insofern herrschen in dieser Schlüsselbranche nach wie vor gesunde Verhältnisse: Die zentrale Unternehmensleistung ist auch der zentrale Erfolgsfaktor.

5. Die Begegnung mit der Form

Nähert man sich einer Automarke mit den Augen des potenziellen Käufers, sieht man unweigerlich zuerst das Design der Fahrzeuge. Die erste Begegnung mit einer Sache, wusste schon Friedrich Schiller, ist immer die Begegnung mit der Form. Sie entscheidet darüber, ob die Sache gefällt oder nicht. Erst wenn sich der Käufer diese Frage positiv beantwortet hat, beginnt er, sich mit einem Auto gedanklich weiter auseinanderzusetzen, nach dem Preis zu fragen, nach der Funktionalität und anderen rationalen Eigenschaften. Das Gefallen, das ästhetische Urteil, geht allen Vernunfturteilen und Beurteilungen voraus. Ein Auto, das im Käufer nicht die unmittelbare Empfindung der Lust am Schönen auslöst, kann ihm, wie Immanuel Kant sich ausdrückt, „durch keinerlei Beweisgründe angeschwatzt werden".

Wenn heute von einer zunehmenden Emotionalisierung der Automarken gesprochen wird, ist vernünftigerweise diese Empfindung gemeint. Nicht das Produkt ist emotional, sondern das, was es im Empfänger bewirkt, ist eine Emotion. Natürlich ist dieses Gefühl des Gefallens eine sehr persönliche Angelegenheit – dem einen gefällt diese Sicke, dem anderen gefällt jene Gestaltung des Hecks. Mit Hilfe unterschiedlicher ästhetischer Urteile trennen und verbünden sich Menschen seit ewigen Zeiten und auch künftig. „Die sozialen Subjekte, Klassifizierende, die sich durch ihre Klassifizierungen selbst klassifizieren", erklärt der französische Soziologe Pierre Bourdieu, „unterscheiden sich voneinander durch die Unterschiede, die sie zwischen schön und hässlich, fein und vulgär machen und in denen sich ihre Position … ausdrückt oder verrät".[4]

Und gerade in der Automobilindustrie scheint es so, dass sie über unerschöpfliche Möglichkeiten verfügt, diesen Differenzierungsbedarf einer Gesellschaft durch differentes Design zu befriedigen. Designer sind deshalb zu allererst Markenmanager. Die Form erweist sich in diesem Zusammenhang als ein Betätigungsfeld der Markenmanager, in welchem sie weitgehend eigengesetzlich, also am wenigsten fremdbestimmt agieren können. Zwar wirken auch auf den Designer Regeln ein, aber die Freiheiten, einem Markenprodukt eine individuelle Form zu verleihen, sind noch immer weit größer als beispielsweise im Feld der Technik oder des Vertriebs.

Ausreichende Freiräume für die Formgestaltung sind eine notwendige Bedingung, um Marken ein unverwechselbares Gesicht zu verleihen. Aber auch hier gibt es Grenzen. Der Designer, der sich „auslebt", stößt rasch an Grenzen der Funktionalität. Doch innerhalb dieser Freiräume muss sich das Design durch die jeweilige Marke binden lassen. Denn neben die Forderung nach Unverwechselbarkeit tritt die der Markentypik. Eine starke Marke verfügt über charakteristische Designelemente, über ästhetische Strukturen, an denen man jedes ihrer Fahrzeuge erkennt, selbst wenn das Markenzeichen unsichtbar wäre. Car-clinics testen und beweisen das. Das unternehmensinterne Wissen um diese markenspezifischen Formprinzipien und die Verpflichtung, sie in der Entwicklungsarbeit zu berücksichtigen, führen idealerweise zu dem, was man die Familienähnlichkeit oder Selbstähnlichkeit aller Abkömmlinge einer Marke nennt. Selbst hier ist der Spielraum klein: Familienähnlichkeit ist ein erstrebenswertes Markenziel, eine zu weit gehende Familienähnlichkeit lässt die evolutorische Weiterentwicklung des Designs vermissen und enttäuscht Kundenerwartungen.

6. Selbstähnliches Design

Diese Familienähnlichkeit innerhalb eines Sortiments und von einer Modellgeneration zur nächsten aufrechtzuerhalten, gehört zu den besonders anspruchsvollen Aufgaben des Markenmanagements. Denn hier ist nicht nur die Reproduktion einer vertrauten Struktur gefordert, sondern gleichzeitig eine Weiterentwicklung der Formensprache einer Marke. In der Wiederholung muss Neues auftauchen, das überrascht, ohne zu befremden. Von kulturellen Systemen, ob es sich um Musik oder Architektur oder eben Marke handelt, „erwarten die Menschen einerseits keine stupide Wiederholung, andererseits möchten sie aber auch nicht ständig mit Neuem

konfrontiert werden. Wenn ihnen die Möglichkeit vorenthalten wird, sich an etwas zu gewöhnen, reagieren sie ablehnend bis aggressiv. In jeder Gestalt wollen sie ein Muster erkennen und dann dessen gewissermaßen endlose Variation bewundern können. Sie wollen mit ihm vertraut sein, ohne sich zu langweilen. Wo immer ihnen diese spezifische Struktur einer selbstähnlichen Wiederholung geboten wird, antworten sie mit großer Zuneigung."[5]

Die exponierte Rolle des Produktdesigns im Transaktionsprozess zwischen Käufer und Marke lenkt den Blick natürlich auch auf die große Verantwortung, die auf den Designern lastet. Sie haben die Ursachen für die entscheidende Empfindung des Käufers zu gestalten. Das Ergebnis ihrer Anstrengungen entscheidet über den Impact, darüber, ob sich die Seele des Käufers so weit öffnet, dass er am Gesamtangebot überhaupt Interesse findet. Den Schwierigkeitsgrad darf man sicherlich unterschiedlich hoch einstufen. Ein Auto zu gestalten, das massenhaft und über Geschlechter- und Ländergrenzen hinweg gefallen soll, dürfte dabei zu den anspruchsvollsten Aufgaben überhaupt gehören. Das Management globaler Volumenmarken ist eine „Sisyphus-Arbeit", aber auch eine „Königsdisziplin"! Verglichen damit zählt elitäres Design, auch weil es mehr Bewunderung erfährt, zu den vordergründig vielleicht attraktiveren Aufgaben. Die geschmacklichen Normen von Massen zu erfassen – und dann noch in unterschiedlichen Triaden – und als Vorgabe zu akzeptieren, dürfte schwerer fallen, als den „Happy Few" einer Gesellschaft exklusive Lösungen zu offerieren.

Das Design ist dabei durchaus nicht nur der Widerklang des aktuell gültigen Geschmacks. Immer wieder ist gefordert, dass sich die Gestalter auch schöpferisch betätigen; das bedeutet, dass sie neue, noch unvertraute Gestaltungsmerkmale in die automobile Welt einführen. Die zunächst als Störungen des allgemeinen Schönheitsempfindens monierten Ideen erweisen sich erfahrungsgemäß als harmonisierbar. Sie werden in die bestehende Vorstellung von einer Marke integriert und erweitern diese zugleich um eine neue Komponente. Wenn das neue Fahrzeug dann auf die Straße kommt und sich die Begegnungen mit ihm mehren, baut sich das erste Störempfinden langsam ab und das Neue gehört alsbald zum Standard, wird vielleicht sogar zum Vorbild für Wettbewerber. Design und Marken haben insofern auch etwas mit überzeugter Standhaftigkeit zu tun.

Die Individualität einer Automarke ist, wie eingangs bemerkt, nicht allein das Ergebnis von Design-Anstrengungen. Das Produkt hinter dem Design kann ebenfalls essenzielle markentypische Beiträge liefern, vorausgesetzt, sie werden von den Ingenieuren und der Produktion kontinuierlich erbracht. Die Bandbreite der Möglichkeiten reicht von der Langfrist-Qualität bis zu einzelnen spezifischen Merkmalen. Ausschlaggebend für das Markenmanagement in diesem Feld dürfte der Nachweis sein, dass sich derartige Produkteigenschaften in der Markenvorstellung des Publikums als vertraute Bestandteile finden, weil sie über viele Produktgenerationen hinweg vom Unternehmen selbstähnlich reproduziert worden sind. Unter dieser Bedingung wird man sie – ähnlich wie Design-Merkmale – als Elemente des Genetischen Codes der Marke identifizieren und als Vorgabe für Entwicklungs- und Produktionsabteilungen festschreiben.

7. Der Genetische Code

Naturgemäß können die Ingenieure zu diesen Themen mehr sagen als die Kunden. Sie wissen, wie man das spezifische Motorengeräusch einer Sportwagenmarke erzeugt, wie die Elektronik einzusetzen ist, um das für eine Marke typische Erlebnis sicherzustellen; wie die Sicherheitstechnik konzipiert sein muss, damit eine Marke ihrem Ruf als „Safety Car" gerecht wird; oder wie weich die Federung gestaltet sein muss, damit Käufer ihre Marke schon beim ersten Sitztest im neuesten Modell wiedererkennen. Auch hier also findet sich die für Markensysteme typische Begrenzung der Freiheitsgrade. Zugleich aber bleiben die Macher gefordert, Technik auf der Höhe der Zeit anzubieten, ja ihr möglichst voraus zu sein. Idealerweise gelingt es ihnen, moderne Technologien so zu nutzen, dass charakteristische Merkmale einer Marke damit noch besser zur Geltung gebracht werden und der Abstand zum Wettbewerber noch sinnfälliger wird.

Mit dem Markenmanagement bereits in der Entwicklung und Produktion anzusetzen, ergibt sich schlüssig aus einer Strategie, die die Individualisierung der Marke und ihrer Produkte nicht allein dem Marketing und dem Vertrieb überantwortet, sondern Beiträge dazu bereits von den vorgelagerten Wertschöpfungsstufen einfordert.

8. Difference, Difference, Difference

Einer so tiefreichenden Vorstellung von Marke stehen heute, wie wir wissen, Industriekonzepte entgegen, die Synergien und Kostenreduktionen dadurch erzielen, dass identische Plattformen und „volume bundling" von Teilen für verschiedene Marken innerhalb eines Konzerns oder sogar konzernübergreifend oder von gemeinsamen Zulieferern entwickelt und produziert werden. Die Realisierung derartiger Industrie-Konzepte ist von großer wirtschaftlicher Bedeutung für die Automobilunternehmen und kann nicht der Marke wegen in Frage gestellt werden. Sie muss es auch nicht. Man braucht sich auf der Internationalen Automobil-Ausstellung IAA nur umzuschauen, um festzustellen, dass Individualität auch auf identischen Plattformen oder durch Modularkonzepte erreicht werden kann. Es gelingt noch immer, jene Differenz zwischen Markenprodukten aufzubauen, die der Käufer sucht und der Verkäufer beispielsweise als Erklärung für unterschiedliche Preisstellungen braucht.

Für die Kommunikation in der Öffentlichkeit – auch gegenüber Analysten – ist das oft eine große Herausforderung. Allerdings gilt es hier zu unterscheiden. Das Erfordernis, ein Unternehmen gegenüber der Wirtschafts- und Finanzwelt als fortschrittlich und erfolgreich zu positionieren, verlangt heute nicht mehr nur den Ausweis von Gewinnen, sondern auch den Nachweis, dass man intelligente industrielle Konzepte ausschöpft, um die Herstellkosten zu senken und die Wettbewerbsfähigkeit auf dem Weltmarkt zu sichern.

Die auf den Käufermarkt gerichtete Werbung sollte sich solcher Informationen besser enthalten. Denn im Käufer, noch mehr im Kunden einer Marke wirkt ein ganzheitliches Markenverständnis. Er wünscht sich ein Produkt, das durch und durch Marke ist. Erfahrungen, dass einige Teile seines Wunschobjektes von anderen Produktreihen oder sogar von anderen Herstellern stammen, blendet er eher aus. Von geringer Fertigungstiefe oder Outsourcing mag er eigentlich nichts wissen. Die Konsumenten suchen im Markt nach Unterschieden, um sich unterscheiden zu können. Unbewusst fördern sie damit auf das Ganze gesehen auch Ordnung, weil Ordnung aus Unterschieden gebildet wird. Wenn alles gleich ist, herrscht Chaos. Und das wiederum ertragen Menschen und Märkte nur ungern, wie der Zusammenbruch des sozialistischen Wirtschaftssystems allen vor Augen geführt hat.

Die in anderen Branchen wie der Lebensmittel- oder Textilindustrie zu beobachtende Tendenz, gleiche Produkte unter verschiedenen Labels auf den Markt zu bringen, darf man als nicht förderlich für die Marken, ja sogar als Gefahr ansehen. Stolz darauf zu sein, dass die Marke erst durch Marketing entsteht, ist das falsche Programm. Denn selbst wenn diese Unternehmen nicht offen erklären, dass aus derselben Produktionslinie in Verpackungen mit unterschiedlichen Namen und Verkaufspreisen abgefüllt wird, stehen doch genügend kritische Beobachter parat, um „double badging" aufzudecken. Die Zahl und die Verbreitung solcher aufklärenden Berichte in den Medien nimmt zu. Und die Dementis bleiben aus verständlichen Gründen aus. Man darf sich nicht wundern, wenn Kaufentscheidungen bei solchen Befunden zunehmend zugunsten der preisgünstigeren Ausgabe desselben Produktes gefällt werden. Und schließlich kann darunter die Marke als „zentrale Institution des Käufervertrauens in den Verkäufer" und volkswirtschaftlicher Ordnungsparameter erheblich leiden. Ganz abgesehen von den daraus resultierenden Einbrüchen an der Preisfront, die die Unternehmen dann noch weiter antreiben, Kosten auf Kosten der Marke zu reduzieren.[6] Nicht zuletzt deshalb setzen die Automobilmarken-Manager, die dieses Problem sehen, alles daran, um rechtzeitig und deutlich genug die Individualität ihrer Marken auch produktseitig aufrechtzuerhalten.

9. Herkunft verpflichtet

Einen spezifischen Beitrag zur Individualität liefert fast selbstverständlich der Produktionsstandort, die Herkunft des Produkts. Historisch war dieser Ort gleichzusetzen mit dem Standort des Unternehmens und der Herkunft der Marke. Ganze Markengruppen waren sogar durch ihr jeweiliges Herkunftsland klassifiziert. Französische, italienische, deutsche, japanische oder amerikanische Autos wurden von den Kunden unterschieden. Was als geographische Angabe gedacht ist, erweist sich allerdings im Zusammenhang mit Markenbildung als ein weitaus nachdrücklicherer Hinweis, ja als ein wesentliches markenprägendes Element. Denn über Länder existieren in allen Staaten, die sich kulturell austauschen, die berühmten Vorurteile; Vorurteile über Menschen, ihre Sitten, ihre Fähigkeiten und Fertigkeiten, natürlich auch über das, was sie hervorbringen, und damit auch über Autos. Man mag sich über manches dieser Vorurteile wundern oder sie nicht mehr für gerechtfertigt halten. Dennoch wird man nicht verhindern können, dass Menschen aus einer Herkunftsangabe automatisch Schlussfolgerungen ziehen, die ihre Markenvorstellung im Guten wie im Schlechten beeinflusst.

Was im Augenblick der Gründung eines Markenunternehmens vom Zufall gelenkt gewesen sein mag, wird ohne Zutun des Managements zum Schicksal. Man entzieht sich dem auch nicht dadurch, dass man Produktionsstandorte in ein anderes Land verlagert. Im Gegenteil: In solchen Fällen wird die ursprüngliche Herkunft erst recht zur Verpflichtung. Man erwartet von einem deutschen Hersteller, der in Südafrika oder USA oder in Tschechien einen Teil seines Sortiments produziert, zwar, dass er sich dort als „good corporate citizen" profiliert, aber nicht, dass er nunmehr auch Fahrzeuge südafrikanischer, amerikanischer oder osteuropäischer Provenienz baut.

Vielmehr wartet man auf die Nachricht, dass es der Marke gelungen sei, die Prinzipien und Qualitätsregeln, die ihren Erfolg begründet haben, nunmehr auch auf fremdem Territorium durchzusetzen. Die „Made in Germany" – oder „Made by"-Debatte bezog ihren Zündstoff eher daraus, dass anfänglich – objektiv feststellbare – Unterschiede zwischen „Originalware" und den Produkten der „Transplants" thematisiert wurden. Gewiss sind das kritische Situationen für eine Marke. Gelingt es aber, diese Differenz auf null zu stellen, dürfte die Marke sogar als gestärkt gelten. Denn der Respekt der Menschen ist eben vor denen besonders groß, die ihren Regeln auch außerhalb der Heimat Geltung verschaffen. Folgt man diesem Gedanken, erkennt man sofort, welch große Bedeutung den jeweiligen Werkleitern in den Produktionsstätten weltweit zukommt; wie wichtig es ist, die richtigen Ausbilder zu entsenden und letztlich ein markenorientiertes Human Resource Management zu installieren. An diesen Fronten muss das Wissen um die Marke und ihre DNA explizit vorhanden sein. Was im heimatlichen Werk oft nur implizit vorhanden und durch Gewohnheit weitergegeben und gesichert ist, muss in einem kulturell anders gelagerten Umfeld zwingend geschrieben dastehen, damit es in einem didaktischen Prozess erfolgreich vermittelt und rezipiert werden kann.

Jeder Mitarbeiter muss letztlich die Gestaltmerkmale verinnerlicht haben, jene sinnlich wahrnehmbaren Eigenschaften, aus denen die Menschen ihr Vertrauen in eine Marke ableiten. Nur über die Mitarbeiter kann die Konsonanz zwischen Kundenvorstellung und Produkt auf Dauer gewährleistet werden.

Herkunft kann sich in besonderen Fällen auch als Faktum erweisen, das mit Rücksicht auf diese Konsonanz kaum zu verändern ist. Nicht ohne Grund lassen die deutschen Inhaber englischer Nobelmarken in England produzieren und nehmen dafür erheblichen Investitions- und Managementaufwand in Kauf. Als Lohn winkt die Authentizität des Markensystems, die auf diesem hohen Niveau unverzichtbarer Bestandteil der Marke zu sein scheint. Im Bewusstsein der Öffentlichkeit schlägt die Herkunft derartiger Spezialitäten stärker durch als die Inhaberschaft. Das haben

Markenmanagement als zentraler Erfolgsfaktor

solche Automobile mit den Spezialitäten anderer Branchen gemeinsam. Sie sind weltweit durch ihre Herkunft definiert und legitimiert. Verwerfungen an diesem Punkt können unvorhersehbare Effekte auslösen. Derartige Ortsbindungen müssen deshalb vom Markenmanagement besonders sorgfältig analysiert werden, bevor eine Standortentscheidung gefällt wird. Es kann sein, dass man auch in dieser Frage an eine Grenze stößt, die den Freiraum des Unternehmens begrenzt, wenn es die Kraft einer Marke weiterhin nutzen oder sogar noch aufladen will.

10. Händler bleiben Teil der Marke

Zu den Leistungsfeldern, die im Sinne und zum Nutzen einer Marke aktiv zu gestalten sind, zählen nicht nur die bisher behandelten, bei denen der Hersteller mit allen Hoheitsrechten ausgestattet ist, sondern auch jene, bei denen dies nicht zutrifft, nämlich bei der Distribution und dem Verkauf durch den Handel. Denn der Verkaufsraum des Autohändlers markiert im Entscheidungsprozess des potenziellen Kunden eine entscheidende, eine besonders kritische Stelle. Hier werden Markeninhalte und Präferenzen, die sich in seiner Vorstellung durch Beobachtung und möglicherweise auch Produkterfahrungen aufgebaut haben, an der Realität des Verkaufsvorgangs überprüft. Entspricht das, was er jetzt erlebt, seinen Erwartungen? Enttäuscht es oder übertrifft es sie? Und zweifellos fällt in dieser Situation auch die Entscheidung darüber, ob die Hersteller – und die Händler – den finanziellen Gegenwert für ihre Wertschöpfungsbeiträge und ihre Investitionen in die Marke erhalten. Da dieses Geld nur vom gemeinsamen Kunden kommen kann, verstehen sich Hersteller und Händler vernünftigerweise als Wertschöpfungsgemeinschaft. Was der eine geschaffen hat, veredelt der andere durch Präsentation, Beratung und durch den wertgerechten Preis. Das Markensystem stellt sich durchgehend selbstähnlich dar.

Das System von exklusiven Markenhändlern besitzt auch erhebliche Attraktivitätsvorteile gegenüber Mehrmarkenkonzepten. Wie die von der EU-Kommission beauftragte Lademann-Studie[7] ergeben hat, wird die aus Verbrauchersicht niedrig eingestufte Präferenz für den Mehrmarkenhandel diesem keinen nachhaltigen Markterfolg sichern können. Die Lademann-Studie folgert daher, dass markenexklusive Vertriebskonzepte Spezialisierungsvorteile erzielen, die für den Verbraucher vorzugswürdig sind.[8]

Verbraucher, Industrie und Handel haben in der Vergangenheit auf die enge Kooperation von Herstellern und Händlern setzen können. Die jeweilige Automobilmarke war damit bis zur Schnittstelle zum Kunden vertikal organisiert: Der Gehalt der Marke war allen Beteiligten bekannt und wurde konstruktiv umgesetzt. Der rechtliche Rahmen hierfür war durch die Gruppenfreistellungs-Verordnung (GVO) der EU-Kommission gegeben.

Mit der neuen Kfz-GVO 1400/02 sind gerade in Bezug auf die Rahmenbedingungen des Markenhandels Änderungen vorgenommen worden. Die bislang zulässige

Kombination von selektivem und exklusivem Vertrieb soll es nach der neuen GVO nicht mehr geben. Dem Handel wird nun im weiteren Umfang die Möglichkeit eingeräumt, mehrere Marken von verschiedenen Herstellern in seinen Verkaufsräumen anzubieten. Fraglich ist allerdings, ob Mehrmarkenkonzepte bessere Ansatzpunkte für den einzelnen Handelsbetrieb beim „Retail-Branding" bieten können. Die Automobilindustrie hat seit langem anerkannt, dass Handelsbetriebe grundsätzlich über das Recht verfügen können, mehrere Marken zu verkaufen. Von diesem Recht ist in Deutschland jedoch nur vereinzelt Gebrauch gemacht worden.

Bislang war die strategische Entwicklung und Einführung von neuen Fahrzeugmarken sowie der nationale Ausbau von Markenpositionen nur dann möglich, wenn dies exklusiv erfolgte. Die weltweit herausragenden Erfolge deutscher Automobilmarken in der jüngsten Vergangenheit sind u.a. das Ergebnis einer exklusiven Markenstrategie. Das gilt insbesondere auch für die Handelsbetriebe. Markenexklusive Händler entsprechen weitgehend den Wünschen der Verbraucher. Sie stellen den wirksamsten Weg der Förderung des Inter-Brand-Wettbewerbs dar, da jeder Händler sich auf seine Marke konzentriert und versucht, dieser zum größtmöglichen Erfolg zu verhelfen. Weiterhin vermeidet die Exklusivstrategie die Gefahr, dass Trittbrettfahrer die Investitionen einer anderen Marke ausnutzen. Die ungehinderte Nutzung des Mehrmarkenhandels könnte jene Marken bevorteilen, die keine großen Aufwendungen für ihre Marke im Handel vornehmen und darauf vertrauen, dass die im Autohaus mit vertriebenen Marken dies tragen. Unter solchen Umständen des verhinderten Wettbewerbs wird kaum eine Marke mehr daran interessiert sein, weiterhin solche Investitionen zu tätigen.

Die Marke des jeweiligen Herstellers hat gegenüber Verbrauchern auch eine Versicherungsfunktion hinsichtlich der Qualität des „After Sales". Gerade bei hochwertigen Verbraucherprodukten ist es unerlässlich, dass die Halter von Kraftfahrzeugen auf ein hohes Niveau der Betreuung im Kundendienst setzen können. Jeder Hersteller ist daher bestrebt, seine Markenpositionierung gerade im Kundendienst so vorzunehmen, dass die Verbraucher mit der Marke unmittelbar bestimmte Leistungen des Service verbinden. Ein schlechtes Dienstleistungsprofil einer Marke schlägt unmittelbar auf den Produkterfolg beim Kraftfahrzeug durch. Die deutschen Kraftfahrzeughersteller haben daher ein hohes Interesse an nachhaltigen Investitionen des Handels in seine technische Ausrüstung sowie die Aus- und Fortbildung seiner Mitarbeiter für die jeweiligen Markenprodukte. Der Verband der Automobilindustrie e.V. (VDA) und der Zentralverband des Deutschen Kraftfahrzeuggewerbes e.V. (ZDK) arbeiten seit langem intensiv an der Entwicklung neuer kaufmännischer und technischer Ausbildungsberufe im Autohaus, um so den steigenden Ansprüchen der Verbraucher gerecht zu werden.

11. Der markenorientierte Verkäufer

Gerade markenorientiertes Verkaufspersonal gewährleistet, dass den Kunden transparente und objektive Informationen angeboten werden, die nicht nach Belieben zu Gunsten anderer Marken verändert werden. Mit der Entscheidung der Kommission in der GVO 1400/02, dass getrenntes Personal grundsätzlich nicht vom Händler vorzuhalten ist, kann es nunmehr im Ermessen des Verkaufspersonals liegen, welche Marke gerade vorrangig verkauft werden soll. Um einer Verschlechterung der Qualität der Kundenberatung vorzubeugen, wird der einzelne Mehrmarkenhändler erhöhte Anstrengungen unternehmen müssen, das Verkaufspersonal durch Information und vor allem Schulungsmaßnahmen für die immer komplexer werdende Fahrzeugtechnologie zu rüsten. Die Fahrzeughersteller haben daher die Händler mit ihren Informationen und Schulungsangeboten zu unterstützen.

Weiterhin erscheint es mehr als erwägenswert, dass der einzelne Handelsbetrieb eine deutliche räumliche Trennung der angebotenen Marken vornimmt. Wie die Lademann-Studie ergeben hat, sind die Verbraucher vorrangig an einer markenspezifischen Präsentation von Kraftfahrzeugen interessiert. Schließlich ist auch im Interesse des Mehrmarkenhandels eine juristische Trennung der Marken anzuraten. Der geschäftliche Erfolg der einzelnen Marken, die von einem Autohaus vertrieben werden, mag sehr unterschiedlich ausfallen. Zieht eine Marke das Autohaus in die Insolvenz, ist es dem Betrieb verwehrt, mit der erfolgreichen Marke weiter zu arbeiten. Vielmehr wird es dann zu einer Zerschlagung des Betriebes und einer Trennung der Marken kommen, über deren Veräußerung der Insolvenzverwalter zu befinden haben wird. Auch für den Kunden des Autohauses und den Hersteller der erfolgreichen Marke kann das Ergebnis einer solchen Insolvenz nicht interessengerecht sein.

Sollte es nach der neuen GVO zur vermehrten Mehrmarkenpräsenz von einzelnen Handelsbetrieben kommen, bedeutet dies für alle Beteiligten einen erhöhten Aufwand und ein höheres Risiko. Der jeweilige Hersteller wird seine Anstrengungen zur Entwicklung und zum Erhalt der Markenidentität angesichts einer geringeren Präsenz im Handel verstärken müssen. Der jeweilige Mehrmarkenbetrieb steht vor der Aufgabe, in die Präsenz von zwei oder mehreren Marken investieren zu müssen. Dies betrifft das Personal (Informationen, Weiterbildung und Schulung) sowie die technische Ausrüstung im Verkauf (z.B. EDV) und im Service, sofern dieser nicht an eine andere Werkstatt delegiert wird.

Um letztendlich Kostenvorteile des Mehrmarkenhandels realisieren zu können, werden vor allen Dingen große Mehrmarkenhändler ihre Vermarktungsstrategie der von Supermärkten annähern müssen, in denen die Möglichkeit zur Probefahrt, Beratung und Service nicht gegeben sind. Für den Mehrmarkenhandel wird damit allerdings auf die Hoffnung gebaut, dass die GVO 1400/02 das Verhalten der Verbraucher derartig ändert, dass sie ihr Interesse am markenspezifischen Handel verlieren.

Fraglich ist schließlich auch, ob letztlich durch Verringerung der Markenexklusivität in den Verkaufsräumen des Handels und beim Personal auch der Inter-Brand-Wettbewerb durch den Mehrmarkenhandel geschwächt werden wird. Händlerbetriebe könnten vielmehr jene Marken und Modelle bevorzugen, die gerade die besten Margen versprechen. Damit würde der Inter-Brand-Wettbewerb in der Tat eher eine Schwächung als eine Stärkung erfahren. Hersteller einer schwächeren Marke, eines schwächeren Modells oder einer neu einzuführenden Marke würden zusätzlich belastet, ohne eine faire Chance oder Möglichkeit zu erhalten, die Vermarktung der jeweiligen Marke aktiv zu betreiben. Undenkbar sollte es daher nicht sein, dass die Kommission des Jahres 2010 ihre Politik zum Mehrmarkenhandel noch einmal überprüft.

12. Die Verantwortung für die Werbung

Mit der Werbung lenken wir die Aufmerksamkeit abschließend noch einmal auf ein Managementfeld, auf dem die Marke ebenso wie auf den Feldern Design und Produktion noch selbstbestimmt geführt werden kann und die Realisierung des Markenwillens nicht Dritten überantworten muss. In der Werbung – in der klassischen wie in der so genannten Literatur – entscheidet allein das Management darüber, wie die Marke auftritt und positioniert wird. Die Stimmigkeit aller Maßnahmen innerhalb der Wertschöpfungskette lässt sich bis zu diesem Punkt durch interne Regelungen gewährleisten. Daran sollte auch der Umstand nichts ändern, dass Automobilunternehmen wie jeder große Markenartikler fremde Hilfe in Anspruch nehmen, wenn es um die Gestaltung ihrer werblichen Kommunikation geht. Die Verantwortung für die Arbeitsergebnisse und den Payback der aufgewendeten finanziellen Mittel liegt ausschließlich im Unternehmen.

Es liegt in der Natur der Sache, dass den für Werbung verantwortlichen Führungskräften die Prinzipien der Marke mehr als vertraut sind. Gilt doch Werbung seit langem als die markenbildende Maßnahme schlechthin. Da sich die Wirtschaftswissenschaften aber erst in jüngerer Zeit dieses Themenbereichs angenommen haben, ist er eigentlich nur in den Werbeabteilungen und Werbeagenturen intensiv bearbeitet worden. Folgerichtig hat sich dort auch das meiste Know-how angesammelt. In der heutigen Automobilwerbung werden Tendenzen deutlich, die sich von früheren Vorgehensweisen deutlich unterscheiden:

Erstens: Die aufkommende Neigung, Information und Emotion dergestalt zu verteilen, dass in der Literatur, in den Prospekten und anderen Verkaufsunterlagen informiert, in der klassischen Werbung hingegen, insbesondere im Fernsehen, auf Information zugunsten der Abbildung von Emotionen verzichtet wird. Bei dieser Trennung ist wichtig, dass die zentrale Unternehmensleistung in den Massenmedien dennoch mit dem ihr zukommenden Gewicht dargeboten wird. Es wird immer schwieriger, das Gebot der integrierten Kommunikation zu erfüllen. Im Extremfall nämlich gibt es zwischen dem Fernseh- und dem Internetauftritt einer Marke kaum noch kommunikative Brücken.

Zweitens: Es gibt Marken, die ihrer Werbung ein spezifisches Kommunikationsmuster unterlegen, an dem man sie erkennt, auch wenn Marke und Produkt nicht zu sehen wären. Wie uns die Informationstechnologie lehrt, braucht aber jedes kommunizierende System ein „specific pattern of information", um in den vollbesetzten Kommunikationskanälen mit einem identifizierbaren Signal durchzudringen. Die Austauschbarkeit von Werbekonzepten birgt dann eine Gefahr, wenn die Werbemittel von den Empfängern nicht eindeutig der richtigen Marke zugeordnet werden. Das Markenmanagement ist im Handlungsfeld Werbung gefordert, ein Höchstmaß an Eigenständigkeit zu erreichen.

Drittens: Das Internet als Medium der nahezu unbegrenzten Möglichkeiten wird von den Marketingabteilungen der Automobilindustrie inzwischen als werbliches Instrument durchgängig genutzt. Jedoch scheint es noch einigermaßen schwierig, dieses Medium mit den anderen werblichen und verkäuferischen Aktivitäten reibungslos zu verschränken. Die Internetaktivitäten neigen zu einer gewissen Verselbstständigung, auch organisatorisch, weil man glaubt, im Web in einer anderen Welt tätig zu sein. In Wirklichkeit begegnet die Marke dort derselben Kundschaft wie offline. Und deshalb sollte sie hier wie dort selbstähnlich erscheinen und den Kunden so reibungslos wie möglich zwischen beiden Kommunikationswegen wechseln lassen. Dieser eher formalen Empfehlung sei noch eine Erwartung hinzugefügt: Das Internet wird seine Möglichkeiten erst dann voll ausspielen, wenn es nicht mehr nur zur Information, sondern für alle erdenklichen interaktiven Prozesse zwischen Kunde und Unternehmen genutzt wird. Auf diesem Feld werden dann auch nicht mehr die Beherrschung der Technik, sondern die markenspezifischen Einfälle des Marketing den Ausschlag im Wettbewerb geben.

13. Fazit

Das Markenmanagement in der Automobilindustrie ist keine alleinige Angelegenheit der für eine Marke zuständigen Abteilung noch des Marketings. Vielmehr sind die markenbeeinflussenden Parameter in allen Wertschöpfungsstufen zu identifizieren und handlungsleitend zu formulieren. Diese Aufgabe muss Chefsache sein. Nur so ist sicherzustellen, dass jeder Unternehmensbereich seinen Beitrag zur Stärkung der Marke leistet. Dass man sich künftig noch intensiver mit dem Thema Marke auseinander setzen muss, ist wohl in allen Automobilunternehmen heute als notwendig erkannt worden. Denn der internationale Wettbewerb nimmt an Härte zu, entsprechend wichtiger werden Differenzierungsmöglichkeiten und Alleinstellungsmerkmale. Dabei ist es von besonderem Reiz, die Weiterentwicklung der jeweiligen Marken zu beobachten, die sich längst von kurzlebigen Modetrends emanzipiert haben. Auch für das Automobil gilt, was ein berühmter Engländer einmal so ausgedrückt hat: „Fashion fades, but true style never dies."

14. Literatur

1. Carl Christian von Weizsäcker: *Vertrauen als Koordinationsmechanismus.* In: Jahrbuch Markentechnik 2002/03, Frankfurt 2001, S. 249-261.

2. Sergio Zyman: *The end of advertising as we know it.* New Jersey 2002, S. 42.

3. Vgl. zur Begründung von Identität durch Geschichte den Aufsatz von Willi Diez: *Markenprofil aus dem Museum.* In: Auto-Marketingjournal 3, 2002, S. 16-21.

4. Pierre Bourdieu: *Die feinen Unterschiede.* Frankfurt 1984, S. 25.

5. Hermann Rauhe, Klaus Brandmeyer: *Die selbstähnliche Wiederholung – Erfolgsprinzip aller populären Musik.* In: Jahrbuch Markentechnik 2002/03, Frankfurt 2001, S. 348.

6. Ein ähnliches Problem bahnt sich in der Automobilindustrie unter dem Thema *Originalersatzteile* an.

7. Lademann, *Zur Zukunft des Automobilvertriebs,* Hamburg 2001 ZfAW.

8. Lademann, *Zur Zukunft des Automobilvertriebs,* Hamburg 2001 ZfAW, S. 3 ff.

Markenmanagement als zentraler Erfolgsfaktor

Prof. Dr. Bernd Gottschalk

Präsident des Verbandes der Automobilindustrie e. V. (VDA)

Prof. Dr. Bernd Gottschalk, geboren am 10. Juni 1943 in Lübeck, studierte an den Universitäten Hamburg, Saarbrücken und Stanford Calif. USA Volkswirtschaftslehre. 1971 promovierte er an der Universität Hamburg zum Dr. rer. pol.. Von 1972 bis Mitte 1996 war er in verschiedenen Bereichen der Daimler Benz AG tätig. 1982 wurde ihm die Leitung der Öffentlichkeitsarbeit, Wirtschafts- und Verkehrspolitik übertragen. 1988 übernahm er die Kaufmännische Leitung des Werkes Mannheim, 1991 als Präsident der Mercedes-Benz do Brasil die Leitung der größten ausländischen Nutzfahrzeuggesellschaft der Mercedes-Benz AG. 1992 wurde Prof. Dr. Gottschalk zum ordentlichen Vorstandsmitglied für den Geschäftsbereich Nutzfahrzeuge bestellt.

Am 18. Oktober 1996 wählte ihn der Vorstand des VDA einstimmig zum Präsidenten des Verbandes, der die Interessen der deutschen Automobilhersteller, der Hersteller von Anhängern, Aufbauten und Containern und die der Zulieferindustrie vertritt.

Die Westsächsische Hochschule Zwickau bestellte am 20. Dezember 1999 Prof. Dr. Gottschalk zum Honorarprofessor für „Mobilität, Transport und Verkehr".

Der VDA-Präsident ist Vizepräsident des Bundesverbandes der Deutschen Industrie e. V. (BDI) sowie Vorsitzender des BDI-Verkehrsausschusses, Vizepräsident der Organisation Internationale des Constructeurs d'Automobiles (OICA), Paris, und Vizepräsident des Deutschen Verkehrsforums.

Kapitel 2

Von der Technik zum Kunden

Herausforderungen und Handlungsfelder der
Automobilindustrie entlang der automobilen
Wertschöpfungskette

Dr. Jan Dannenberg
Director, Mercer Management Consulting

Markenmanagement wird zum zentralen Erfolgsfaktor für Automobilhersteller. Die Automobilindustrie kann im Markenmanagement noch viel von anderen Branchen lernen.

Die Entwicklung des Automobils ist eine wahre Erfolgsgeschichte. Seit seiner Entstehung vor über 100 Jahren hat sich das Auto vom Nischenprodukt zu einem Gebrauchsgut entwickelt, das aus unserem heutigen Leben nicht mehr wegzudenken ist. Das Auto trägt dem Bedürfnis nach individueller Mobilität auf einzigartige Weise Rechnung. Jeder achte der derzeit 6,4 Milliarden auf unserem Planeten lebenden Menschen fährt ein Automobil! Autos wecken Emotionen – ihr Design, ihr Sound, ihre Dynamik begeistern Millionen von Menschen. Und das Auto schafft Arbeitsplätze: bei der Herstellung von Rohstoffen für die Automobilindustrie (Stahl, Kunststoffe …), bei der Entwicklung und dem Bau von Fahrzeugen durch OEMs und Zulieferer, im Vertrieb, dem Service, dem Ersatzteilwesen oder der Finanzierung von Automobilen, bei der Entwicklung und Herstellung von Treibstoffen in der Mineralölindustrie, durch den Bau und die Wartung von Straßen … bis hin zur Verschrottung von Kraftfahrzeugen. Eine riesige Industrie, in der jährlich 60 Millionen neue Fahrzeuge gebaut werden und zu den bereits circa 800 Millionen bestehenden hinzukommen. Nicht zuletzt die emotionale Komponente des Produktes Automobil sowie das zunehmende Bedürfnis nach verbesserten Fahrzeugfunktionen (Fahren, Bremsen, Komfort, Sicherheit, Infotainment …) über die eigentliche Fortbewegung hinaus haben das Automobil zu einem hoch komplexen Produkt und Treiber der technischen wie wirtschaftlichen Entwicklung in den entwickelten Volkswirtschaften werden lassen.

Die Rollen der Hersteller und Zulieferer haben sich dabei im Laufe der Zeit enorm gewandelt. Zu Beginn des 20. Jahrhunderts waren Automobilhersteller im Regelfall Manufakturen. 1910 gab es circa 500 Unternehmen, die eigenständig Fahrzeuge oder Karosserien herstellten und vermarkteten. Die Unternehmen entwickelten sich mit zunehmender technischer Komplexität und steigendem Produktionsvolumen zu hoch integrierten automobilen Fertigungsunternehmen mit oftmals mehr als 80 Prozent eigener Wertschöpfung. Automobilunternehmen wurden Massenfertiger. Die Unternehmenskultur der Automobilbauer war stark vom Produkt und der Fertigungstechnologie geprägt und dominiert. Viele der damaligen Unternehmen konnten mit den rapide wachsenden Anforderungen nicht Schritt halten und verschwanden vom Markt oder wurden Opfer der ersten Konsolidierungswelle der Automobilindustrie. Die Zahl der Hersteller und Marken bis 1950 reduzierte sich auf circa 50. Europaweit wurden zu dieser Zeit circa vier Millionen Fahrzeuge in circa dreizehn unterschiedlichen Fahrzeugsegmenten hergestellt.

Seit 1950 hat sich die Automobilindustrie grundlegend gewandelt. Es folgte eine weitere Konzentration auf heute vierzehn unabhängige Automobilhersteller mit 65 Marken, 16 Millionen produzierten Fahrzeugen in Europa in circa 28 verschiedenen Fahrzeugsegmenten. Automobilhersteller waren im Zuge dieser Entwicklung gezwungen, sich vom Massenhersteller zum „Mass Customizer" zu entwickeln. Neben der Produkt- und Fertigungstechnologie rückten der Kunde und das Wissen um seine Bedürfnisse und Präferenzen in den Fokus der Automobilhersteller. Überkapazitäten, Globalisierung, Preisdruck, Angebotsvielfalt mit einem erheblichen Maß an Austauschbarkeit haben Veränderungen im Kundenverhalten mit sich gebracht, die für die Automobilindustrie zu einem Paradigmenwechsel geführt haben: Der Konkurrenzkampf, der zunächst über die technische Umsetzung von Kundenwünschen ausgetragen wurde, wandelte sich zum Preiswettbewerb (zu Beginn der 90er Jahre insbesondere durch die japanischen Hersteller), bis heute zu einem immer härter ausgetragenen, globalen Wettbewerb über Marke, Kunde und kundenbezogenen Mobilitätsbudgets. Diese Veränderungen finden vor dem Hintergrund nachhaltiger Strukturveränderungen in der Automobilindustrie statt.

1. Herausforderungen für die Automobilindustrie

1.1 Stagnierende Kernmärkte – Wachstum in den „Emerging Markets"

Die heute bedeutendsten Märkte der Automobilherstellung – USA, Japan und Zentraleuropa – befinden sich in einer Sättigungsphase. In den kommenden Jahren ist in diesen Ländern nur mit einem jährlichen Marktwachstum unter einem Prozent zu rechnen. Kennzeichen dieser Sättigung sind vor allem Überkapazitäten, Absatzrückgänge, einbrechende Renditen und Sanierungsfälle. Als Konsequenz haben die Automobilhersteller in den letzten Jahren durchschnittlich 25 Prozent ihres Wertes (oder 150 Milliarden Euro) eingebüßt. Die Automobilproduktion und der Vertrieb wird dagegen in den neuen Märkten wie China, Süd-Ost-Asien oder Osteuropa stark ansteigen und jährlich circa sechs bis sieben Prozent betragen. Primäres Ziel der Automobilhersteller muss es demnach sein, entsprechende Kompetenzen und Kapazitäten in diesen Märkten aufzubauen, um den Anschluss in diesen werthaltigen Potenzialmärkten nicht zu verpassen. Allerdings erfordert die sich entwickelnde Nachfrage in den neuen Märkten im Kern ein neues Angebot an Fahrzeugen mit neuesten Technologien in der Basisfunktion zu erschwinglichen Preisen. Folglich sind die derzeit häufig verfolgten „High-Tech-Strategien" für diese Märkte kritisch zu überdenken. Ein Engagement in den Wachstumsmärkten stellt darüber hinaus hohe Anforderungen an die kulturelle Anpassungsfähigkeit von Automobilunternehmen (OEMs und Zulieferer gleichermaßen). Das Erkennen und Anpassen an lokale Kundenwünsche sowie die Etablierung lokaler Kooperationen und Zuliefernetzwerke sind unabdingbare Voraussetzungen für einen erfolgreichen Markteintritt. Darüber hinaus erfordern die Investition in unsichere Umfelder sowie der rasche Aufbau von Marktmacht eine gewisse Risikobereitschaft des Top-Managements von Automobilherstellern.

1.2 Beschleunigte Technologie-Diffusion

Die Modelloffensiven und Mehrmarkenstrategien der Hersteller, gepaart mit der Verlagerung immer größerer Wertschöpfungsumfänge an immer weniger Zulieferer, führen in der Konsequenz zu einer steigenden Geschwindigkeit der Diffusion neuer Technologien in den Fahrzeugen unterschiedlicher Hersteller. Dies lässt sich eindrucksvoll am folgenden Beispiel festmachen: Nach der Markteinführung im Jahr 1978 brauchte die „Weltneuheit" ABS ganze 20 Jahre, um den Automobilmarkt zu 40 Prozent zu durchdringen. Dagegen war das elektronische Stabilitätsprogramm (ESP) bereits innerhalb von zehn Jahren nach dem Marktstart (1994) in 40 Prozent der Automobile vertreten (Abb. 1). Diese fortschreitende Technologie-Diffusion hat grundlegende Konsequenzen für die Automobilhersteller: Um den entsprechenden Grenznutzen aus Innovationen und neuen Technologien „abzuschöpfen", sind immer höhere Investitionen in die Forschung & Entwicklung erforderlich. Dies ist aber nur über die Realisierung von Skaleneffekten und damit verbundenen sinkenden Stückkosten möglich. Durch die Weitergabe von Know-how an die Zulieferer werden neue Technologien unter Ausnutzung von Skaleneffekten in fortschreitendem Maße im Nicht-Premium-Segment eingesetzt. Darüber hinaus verkürzen die sinkenden „Halbwertzeiten" von Innovationen die Zeitfenster für eine mögliche Differenzierung der Fahrzeugangebote durch die Hersteller gegenüber den Wettbewerbern. Künftig wird dieser Effekt durch eine zunehmende Konsolidierung zwischen den Zulieferern, wie die Beispiele Motorsteuerung/Cockpit zeigen, verstärkt. In der Konsequenz muss die Differenzierung weg vom Produkt hin zu nachhaltig wirksamen und stabilisierbaren Elementen des Angebots erfolgen: Nicht die technischen Produkteigenschaften dürfen im Vordergrund stehen, sondern das für den Kunden „greifbare" Markenerlebnis.

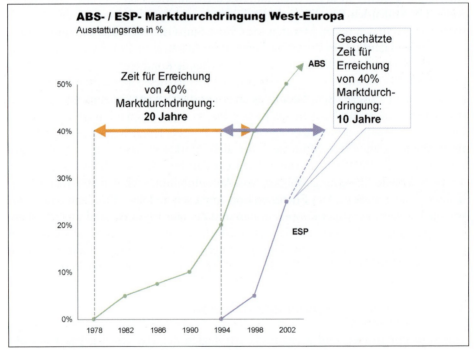

Abb. 1: Technologie-Diffusion – durch die steigende Geschwindigkeit der Technologie-Diffusion verkürzt sich das Zeitfenster für eine mögliche Differenzierung für die Hersteller. (Quelle: Bosch, Mercer Analyse)

Von der Technik zum Kunden

1.3 Verkürzte Modelllebenszyklen

In den letzten 20 Jahren haben sich durch die Produktoffensive der Fahrzeughersteller die Modellzyklen um circa vier Jahre verkürzt (Abb. 2). Mittlerweile wird durchschnittlich etwa alle sechs Jahre ein neues Modell herausgebracht. Mit der Verkürzung der Modelllebenszyklen steigt die Anzahl an Modellen im Portfolio – die produzierten Stückzahlen je Modell sinken über die Laufzeit hinweg. Bei gleichzeitig steigenden Kosten für Forschung & Entwicklung, Marketing etc. nehmen die durchschnittlichen Kosten je produziertem Fahrzeug somit stark zu und erhöhen weiter den Kostendruck auf die Automobilhersteller. So wurde z. B. die Baureihe des Modells W124 von Mercedes-Benz (E-Klasse) mit einem F&E-Aufwand von rund 400 Millionen Euro entwickelt und innerhalb von zehn Jahren 2,2 Millionen Mal produziert. Die durchschnittlichen F&E-Kosten je produziertem Fahrzeug betrugen somit circa 181 Euro. Im Jahr 1995 kam das Nachfolge-Modell W210 mit einem F&E-Aufwand von circa 500 Millionen Euro auf den Markt. Innerhalb der folgenden sechs Jahre wurden 1,4 Millionen Fahrzeuge produziert – die umgelegten F&E-Kosten je Fahrzeug verdoppelten sich somit auf circa 350 Euro (Abb. 3). Die meisten Fahrzeughersteller sind mit ihren existierenden Strategien nicht in der Lage, die angestrebte Modellpolitik erfolgreich umzusetzen. Während der Wettbewerb den Druck auf neue Modelle weiter verstärkt, bekommen die Unternehmen mit ihren bestehenden Strukturen und Prozessen die Kostenproblematik nur unzureichend in den Griff.

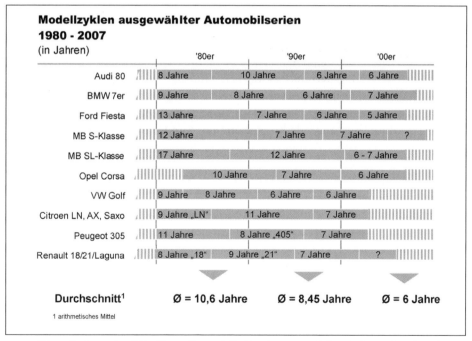

Abb. 2: Verkürzte Modellzyklen – die Modellzyklen im Automobilbau haben sich während der letzten 20 Jahre um ca. vier Jahre verkürzt.
(Quelle: Auto Forum 2002, CSM Worldwide 2001)

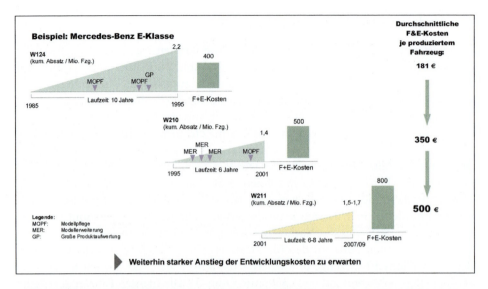

Abb. 3: Verkürzte Modellzyklen – Beispiel E-Klasse: Durch die Verkürzung der Modelllebenszyklen bei gleichzeitig steigenden F+E-Kosten je Fahrzeug nimmt der Kostendruck weiter zu. (Quelle: Mercedes, Mercer Research)

1.4 Differenzierung der Kundenanforderungen

Die steigende Wettbewerbsintensität zwingt die Fahrzeughersteller zu einem stetig verbesserten Verständnis ihrer Kunden und von deren Bedürfnissen. Dabei stellt der Kunde heute eine Vielzahl von heterogenen Anforderungen an die Automobilhersteller: Image, Design, Entertainment, Wirtschaftlichkeit, Sicherheit, Performance, Komfort, Umweltschutz etc. Durch die unterschiedlichen Kundenbedürfnisse und die damit verbundene steigende Komplexität der Kundenanforderungen werden die Kunden in immer „feinere" Segmente unterteilt. So hat z. B. Volkswagen die Anzahl seiner Kundensegmente in den letzten zehn Jahren von 9 auf 30 erhöht. Um die unterschiedlichen Bedürfnisse der verschiedenen Kundensegmente zielgerichtet befriedigen zu können, wurden im Laufe der Zeit von den Automobilherstellern neue Fahrzeugklassen geschaffen und sukzessive erschlossen. Unterteilte man 1900 den Automobilmarkt noch in zwei Fahrzeugtypen (Limousine, Cabrio) und zwei Fahrzeugsegmente (Luxus, Premium), so existieren heute bereits neun Fahrzeugtypen (Limousine, Kombi, Coupé, Sportwagen, Cabrio, Roadster, VAN, Pick-up, SUV) sowie etwa sechs Fahrzeugsegmente (Luxus, Premium, Mittelklasse, Kompakt, Mini, Micro). Entsprechend hat sich die Anzahl der Autos im selben Zeitraum von etwa 10 000 auf über fünf Millionen Stück in Deutschland erhöht. Diese Mikrosegementierung führt dazu, dass die einzelnen Segmente moderat wachsen. Im Jahr 2001 wurden in

Europa etwa 15 Millionen Autos in 18 unterschiedlichen Segmenten produziert – dies entspricht einer durchschnittlichen Segmentgröße von etwa 833 000 Stück (Abb. 4). Diese „künstliche" Schaffung neuer Fahrzeugklassen sowie die Einführung neuer Marken hat jedoch Vor- und Nachteile. Auf der einen Seite ermöglicht die Markenausweitung eine Erhöhung des Absatzes: So hat die Mercedes-Benz Car Group durch die Markteinführung neuer Modelle ihren Absatz seit Mitte der 90er Jahre mehr als verdoppelt, wobei die „neuen Modelle" im Jahr 2002 einen Absatzanteil von 54 Prozent am Gesamtabsatz hatten (Abb. 5). Auf der anderen Seite ist eine expandierende Modellpolitik auch immer mit steigenden Komplexitätskosten sowohl in der Produktion als auch bei der Vermarktung verbunden. Der Grad zwischen Steigerung des Profits und negativen Kosteneffekten ist somit recht schmal.

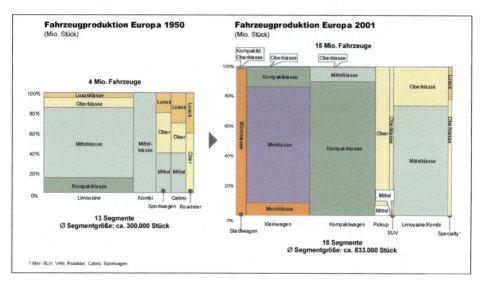

Abb. 4: Segmentierung des Automobilmarktes – obwohl sich die Fahrzeugproduktion fast vervierfachte, nahm durch die Mikrosegmentierung des Marktes die durchschnittliche Segmentgröße nur um ca. 175 Prozent zu.
(Quelle: CSM Datenbank, Mercer Schätzung)

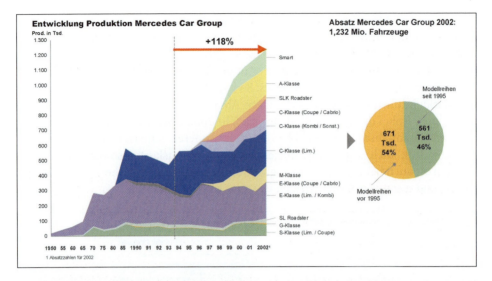

Abb. 5: Segmentierung des Automobilmarktes – Beispiel Mercedes: Durch die Markteinführung neuer Modelle konnte die Mercedes Car Group ihren Absatz seit Mitte der 90er Jahre mehr als verdoppeln. (Quelle: Daimler Chrysler, Mercer Research)

1.5 Sinkende Kundenloyalität

Im Verhältnis zu anderen Branchen hat die Automobilindustrie in Deutschland mit einer relativ hohen Kundenunzufriedenheit zu kämpfen. Ergebnisse aus einer repräsentativen Endkundenbefragung im Rahmen der von Mercer 2002 durchgeführten Automotive-Retail-Studie zeigen: Die Kunden sind mit den Leistungen des Autohandels und der Autowerkstatt nur zu 45 bzw. 41 Prozent zufrieden. Andere Branchen wie Finanzdienstleistungen oder der Lebensmitteleinzelhandel erreichen dabei Zufriedenheitswerte von über 60 Prozent. Über ein Drittel der Kunden sind dabei insbesondere mit der After-Sales-Betreuung (durch den Händler als auch durch den Hersteller) unzufrieden. Weitere Kritikpunkte sind die Unkenntnis des Herstellers über die Kundenpräferenzen sowie lange Wartezeiten bei Werkstatt-Dienstleistungen bei den Händlern. Insgesamt herrscht in Europa somit ein verbesserungswürdiger Kundenservice, da die Kundenansprüche nur zu 55 Prozent bei Neuwagen, zu 84 Prozent bei Gebrauchtwagen und zu 66 Prozent im After Sales erfüllt werden. Diese relativ hohe Unzufriedenheit hat signifikante Folgen für die Händler- und Markenloyalität der Kunden: Von 1998 bis 2002 hat die Loyalität der Automobilkunden sowohl gegenüber der Marke als auch gegenüber dem Handel um 20 Prozent abgenommen. Der Kunde differenziert dabei nicht scharf zwischen Händler und Marke. Neben der Unzufriedenheit der Kunden sind die hohe Modellvielfalt mit neuen, interessanten (Nischen-)Fahrzeugen sowie die zunehmende Zahl an Sonderaktionen im Handel weitere Gründe für die abnehmende Loyalität der Kunden. Mittlerweile liegt die

Von der Technik zum Kunden

Markentreue beim Wiederkauf eines Fahrzeugs in Deutschland zwischen 45 und 56 Prozent – mit fallender Tendenz. Ist ein Kunde verloren, so kann dies zu Umsatzverlusten bis zu 300 000 Euro pro Kundenhaushalt führen. Die anschließenden Kosten zur Wiedergewinnung sind in der Regel fünfmal höher als dafür, bestehende Kunden zu halten.

1.6 Wertverlagerung entlang der Sektoren

In den letzten Jahren kam es entlang der Wertschöpfungskette in der Automobilindustrie zu fundamentalen Wertverschiebungen. Wurde vor 20 Jahren noch der größte Teil des Umsatzes und des Profits im Bereich der Autoproduktion und des Neuwagenhandels erwirtschaftet, so hat heute das Downstream-Geschäft den weitaus höheren Umsatz- und Profitanteil: Etwa 60 Prozent des Umsatzpotenzials über den Fahrzeuglebenszyklus und circa 80 Prozent des Profitpotenzials liegen in Europa im Downstream-Geschäft (Finanzierung/Leasing, Vermietung, Versicherung, Ersatzteile/Zubehör, Werkstätten und das Flottenmanagement (Abb. 6)). Das Neuwagengeschäft der Automobilhersteller gerät zunehmend unter Preisdruck, Rabatte von teilweise über zehn Prozent, gewährt in immer phantasievolleren Promotionpackages, lassen die Erträge aus dem Verkauf heftig erodieren.

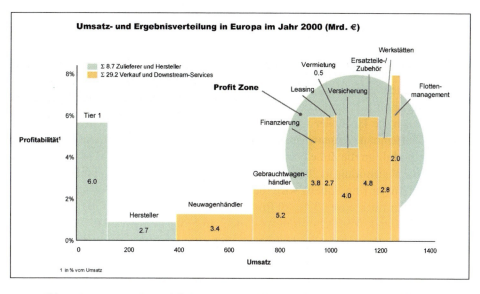

Abb. 6: Downstream-Potenziale Europa – ca. 60 Prozent des Umsatzpotenzials über den Fahrzeuglebenszyklus und ca. 80 Prozent des Potenzials liegen in Europa im Downstream-Geschäft. (Quelle (Auszug): Eurostat, RMI, CNPA, Sessi, Journal l'Argus, Market Line, Datastream, Journal de l'Automobile, BVRLA, GOV, Expertengespräche, Mercer Analyse)

Dagegen stellen die Bereiche Service und Teile/Zubehör mit circa 75 Prozent Ergebnisbeitrag die wichtigsten Säulen im Automobilgeschäft dar. Durch strukturelle Veränderungen im Downstream-Bereich geraten diese Ertragspotenziale der Automobilindustrie jedoch zunehmend unter Druck. Die steigende Konkurrenz durch neue, spezialisierte Spieler kannibalisiert zunehmend die Umsätze der Hersteller. So wird zum Beispiel der Markt für Full-Service-Leasing in Deutschland heute bereits durch herstellerunabhängige Gesellschaften wie Lease Plan, Auto Leasing Deutschland, Deutsche Auto Leasing oder LHS mit einem Marktanteil von 55 Prozent klar dominiert. Herstellerabhängige Gesellschaften (VAG Leasing, Opel Leasing, MB Leasing, Ford Bank etc.) müssen sich mit einem Marktanteil von 30 Prozent zufrieden geben. Der Rest wird von spezialisierten Handels-/Vermietungsgesellschaften wie Avis, Hansa Auto-Leasing oder Sixt Leasing abgedeckt.

1.7 Entwicklung der Wertschöpfungsstruktur

Auch die Wertschöpfungsstruktur hat sich in der Automobilindustrie in den vergangenen Jahren gravierend verändert. Wurde vor circa 15 Jahren die Wertschöpfungsleistung durch vollintegrierte Automobilhersteller noch größtenteils selbst (> 60 Prozent) erbracht, so haben die Zulieferunternehmen heute einen Wertschöpfungsanteil von rund 65 Prozent erreicht. Die durchschnittliche Wertschöpfungstiefe der Hersteller hat sich somit innerhalb der letzten Dekade halbiert. Verstärkt wurde diese Entwicklung durch den Verkauf von Delphi durch GM sowie Visteon durch Ford. Je nach Outsourcing-Grad übernehmen die Zulieferer unterschiedliche Funktionen der Hersteller, welche entweder einzelne Teile, komplette Komponenten, ganzheitliche Systeme oder integrierte Module umfassen. Diese strukturellen Veränderungen entlang der Wertschöpfungskette werden sich in den nächsten zehn Jahren weiter fortsetzen: Während sich die Hersteller weiter downstream bewegen (Gebrauchtwagenhandel, Leasing, Flottenmanagement, Versicherungen etc.), werden zunehmend vollständige Komplettmodule an die Zulieferindustrie ausgelagert. Dabei wird das Marktvolumen solcher Komplettmodule in 2010 circa 30 Prozent der gesamten Komponentenkosten ausmachen. In der Konsequenz wird die reine Fertigungstiefe der Hersteller somit im Jahre 2010 nur noch etwa 15 bis 20 Prozent betragen, das heißt, bis 2010 werden die Hersteller weiteres „Wertschöpfungsvolumen" in Höhe von circa 215 Mrd. Euro an die Zulieferer outsourcen. Dies beinhaltet auch eine verstärkte Übernahme von immateriellen Wertschöpfungsaktivitäten, insbesondere Supply-Chain-Management- und Forschungs-& Entwicklungsaufgaben durch die Zulieferer.

1.8 Zusammenarbeit zwischen Hersteller und Zulieferer

Der weiterhin anhaltende Trend des Outsourcings hat grundlegende Implikationen auf den Zulieferer-Markt und damit auch auf das Kräfteverhältnis zwischen Hersteller und Zulieferer. Von den Zulieferern wird systemhaftes Denken und ein

Von der Technik zum Kunden

funktionsorientierter Geschäftsansatz verlangt. Durch das Eindringen der Zulieferer in originäre Hersteller-Domänen reduziert sich die Lieferantenbasis der OEMs auf einige wenige Spieler. Es ist damit zu rechnen, dass sich die Zahl der Zulieferer von zurzeit 5 600 weltweit auf etwa 3 500 im Jahr 2010 konsolidieren wird (Ausrüster von circa 1 500 auf circa 1 000). Dabei werden die Top 20 der Zulieferer etwa 50 Prozent des Zuliefervolumens der Automobilindustrie darstellen (Abb. 7).

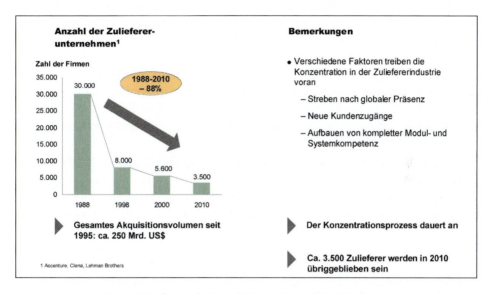

Abb. 7: Weiterhin starke Konsolidierung in der Zulieferindustrie – bis 2010 wird die Zahl der Zulieferer um mehr als ein Drittel gesunken sein. (Quelle: Mercer Analyse)

In der Konsequenz kommt es zu einer oligopolen Marktsituation zwischen Herstellern und Lieferanten. Diese Oligopole bewirken eine Verschiebung der Kräfteverhältnisse hin zur Zulieferindustrie, welche durch die Übernahme von Forschungs- und Entwicklungsaufgaben weiter verstärkt wird. Letztendlich werden die Hersteller in zunehmendem Maße auf die langfristige, „echt" partnerschaftliche Zusammenarbeit mit ausgewählten Zulieferern angewiesen sein. Egal ob Hersteller oder Zulieferer – die beschriebenen Strukturveränderungen in der Automobilindustrie haben einen nachhaltigen Einfluss auf die künftigen Geschäftsmodelle aller beteiligten Unternehmen.

2. Grundlegende Handlungsfelder

2.1 Differenzierung zum Wettbewerb

Wie beschrieben, sind die Kundenanforderungen im Laufe der letzten Jahre vielschichtiger und komplexer geworden; gleichzeitig strukturiert sich die Gesellschaft nachhaltig um. Neue soziale Segmente (Junger Upper Liberal, Modern Mainstream Family, Upper Conservatives, Social Climber etc.) sind entstanden. Die Komplexität in der Kundenbearbeitung ist demnach stark gestiegen, und eine grundlegende Kenntnis der Kundenanforderungen ist wichtiger denn je. Aus dem Verständnis über die Anforderungen der Kundensegmente und den daraus abzuleitenden Fahrzeugen und deren Funktionalitäten müssen die Automobilhersteller in Abhängigkeit des individuellen Markenprofils Kern-Wertschöpfungsumfänge definieren, über die eine nachhaltige Differenzierung zum Wettbewerb möglich ist. Folgende Fragen müssen dabei beantwortet werden:

- Worüber kann sich die Marke vom Wettbewerb differenzieren?
- Wie nimmt der Kunde den Wettbewerb wahr?
- Welche Felder sind vom Wettbewerb bereits besetzt?
- Wo kann ein Wettbewerbsvorsprung realisiert werden?
- Wie kann eine globale Präsenz sichergestellt werden?

Ein erfolgreiches Beispiel für eine konsequente Wettbewerbsdifferenzierung bietet das Unternehmen Nokia. Von Ende der 80er Jahre bis zur Mitte der 90er Jahre wurde die drahtlose Telekommunikation durch den amerikanischen Giganten Motorola dominiert. Motorola war weltweit führend in Design und Produktion von Handys, hatte eine hochmoderne Technologie und das mit Abstand beste Markenimage bei den Netzbetreibern. Doch bereits 1997 hatte sich das kleine finnische Unternehmen Nokia innerhalb von fünf Jahren vom schwerfälligen Konglomerat (Papier, Chemie, Energie, Elektronik) zum führenden Innovator der drahtlosen Kommunikation entwickelt und dabei sowohl Motorola als auch Ericsson hinter sich gelassen. Nokia hatte erkannt, dass neben dem B2C-Endkunden auch der Netzbetreiber spezifische Anforderungen an die Mobiltelefonhersteller hatte. Da dieses Segment noch weitgehend unbesetzt war, konzentrierte sich Nokia auf ein effizientes Netzwerk-Projektmanagement sowie die schnelle Implementierung der Netzwerke inklusive der weiterführenden Unterstützung. Dieses Komplettlösungs-Angebot sicherte Nokia eine deutliche Differenzierung vom Wettbewerb und damit einen Wettbewerbsvorsprung, der über langfristige Verträge mit den Netzbetreibern gesichert wurde. Aber auch in den Augen der Endkunden schaffte Nokia es, sich deutlich vom Wettbewerb abzugrenzen und sich zu einer „Lifestyle"-Marke zu entwickeln. Dies gelang nur, weil Nokia schnell erkannte, dass Mobiltelefone nicht mehr länger technische Apparate mit allen Schikanen für Techno-Freaks waren, sondern sich als Konsumgüter

Von der Technik zum Kunden

in der breiten Bevölkerung durchzusetzen begannen. Die Kundenanforderungen „gutes Design", „verlässliche Marke" und „ergonomische Form" wurden als erstes von Nokia adressiert. Durch die Differenzierung vom Wettbewerb sowohl gegenüber den Netzbetreibern als auch gegenüber den Endkunden erwirtschaftete Nokia eine Umsatzrendite, die mit 16 Prozent mehr als doppelt so hoch war wie beim einstigen Marktführer Motorola (7 Prozent).

2.2 Markenpositionierung

Wie beschrieben, leidet die Automobilbranche seit geraumer Zeit unter einer abnehmenden Markenloyalität. Neben der gestiegenen Unzufriedenheit der Kunden mit den Herstellern und Händlern ist die Markenpolitik der Automobilhersteller häufig Ursache für diese Entwicklung. Bislang positionieren sich Marken der Automobilhersteller primär über ihre wahrgenommenen technischen Eigenschaften. Im Vordergrund stehen zum Beispiel die Leistung des Motors, die Sicherheit durch Innovationen wie ESP oder die Umweltverträglichkeit über den Kraftstoffverbrauch (Abb. 8). Diese Form der Markenbildung berücksichtigt jedoch die unterschiedlichen Anforderungen der immer feiner werdenden Kundensegmente nur in unzureichendem Maße. Ebenso war eine tatsächliche Differenzierung zwischen den einzelnen Marken der Automobilhersteller kaum möglich.

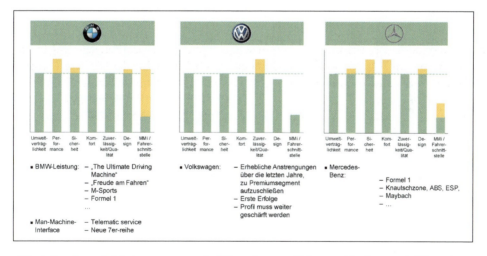

Abb. 8: Zunehmende Markenprägung und -differenzierung – bislang positionieren und differenzieren sich Marken primär über ihre wahrgenommenen technischen Eigenschaften.
(Quelle: Mercer Analyse)

Unternehmen mit erfolgreichen Marken wie Red Bull, Adidas oder Rolex haben zur Positionierung ihrer Brands im Wesentlichen folgende drei Kernfragen beantwortet:

1. Welche Eigenschaften meiner Produkte/Dienstleistungen machen aus Kundensicht aus meiner Marke eine begehrte Marke?
2. Welche Kundensegmente sind bereit, Premiumpreise für Markenprodukte zu bezahlen?
3. Ist meine Marketingstrategie auf diese Kundensegmente und ihr Kaufverhalten abgestimmt?

Für die Automobilindustrie bedeutet das, dass künftig die Marken-Prägung durch eine weiter gefasste Wahrnehmung des Kunden erfolgen muss und zu den technischen Eigenschaften die Prägung auch durch Dienstleistungen tritt (Abb. 9). Die Marke muss aus Sicht des Kunden gestaltet, positioniert und etabliert werden. Dies kann z. B. über Mobilitätsangebote wie Reisen oder Ersatzfahrzeuge oder über persönliche Markenerlebnisse wie Fahrertraining oder Formel 1-Besuche erfolgen.

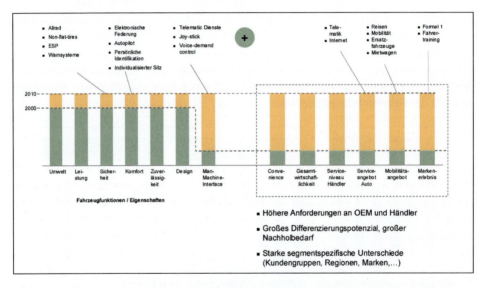

Abb. 9: Zunehmende Markenprägung und -differenzierung – die zukünftige Prägung erfolgt durch eine weiter gefasste Wahrnehmung des Kunden und ist wesentlich durch Dienstleistungen geprägt. (Quelle: Mercer Analyse)

Ein erfolgreiches Beispiel für den Aufbau von Lifestyle-Marken ist das Unternehmen **Harley-Davidson**. Mit Hilfe diverser Produkte und Services schaffte es das Unternehmen, seine Marke vom Sanierungsfall hin zu einer Kultmarke zu entwickeln. Dabei wurde das bestehende Produktangebot (Motorrad) um ergänzende, imageverwandte Produktangebote (Bekleidung, Accessoires, Vermietung, Financial Services) erweitert, die direkt an die Marke gekoppelt waren und durch die der Fahrer emotional an die Marke gebunden wurde. Weiter gefördert wurde diese Verbundenheit durch den Aufbau einer Harley-Davidson-„Community", bei der die Fahrer Mitglied im Harley-Owners-Club werden können, was sie zur Teilnahme an Rallyes und sonstigen Touren berechtigt. Voraussetzung für den Erfolg solcher „Communities" ist jedoch ein tatsächlicher, greifbarer Nutzen, den der Kunde durch eine Teilnahme erlebt. Letztendliches Ziel von Harley-Davidson war die Realisierung von Umsatzpotenzialen bei bestehenden Kunden über „Cross Selling", d. h. die emotionale Bindung musste in eine kommerzielle überführt werden. Hierfür wurde eigens eine „Functional Leadership Group" etabliert, die sich im Wesentlichen um das „Cross Selling" kümmerte. Beim Verkauf der „Cross Selling"-Produkte war Harley-Davidson aufgrund der Markenstärke sogar in der Lage, ein entsprechendes Preispremium zu verlangen. Als Konsequenz dieses systematischen Markenaufbaus erhöhte das Unternehmen von 1997 bis 2001 seinen Umsatz von 1,8 Milliarden Euro auf über 3,4 Milliarden Euro. Im gleichen Zeitraum verdoppelte sich der EBIT auf fast 700 Millionen Euro. Dabei stieg der Anteil der Nicht-Motorräder-Produkte (insbesondere Merchandising-Artikel) von circa 5 Prozent auf über 20 Prozent – und wurde somit ein wesentlicher Treiber des wirtschaftlichen Erfolgs von Harley-Davidson.

2.3 Automobil als Multi-Channel-Produkt

Die Änderung der Gruppenfreistellungsverordnung (GVO), der Markteintritt neuer Wettbewerber sowie unzufriedenstellende Profitabilitäten in Automobil-Handelsunternehmen machen eine intensive Fokussierung der Hersteller auf die Vertriebsseite von Automobilen zwingend erforderlich. In Deutschland wird es 2010 nur noch die Hälfte der heute 17 000 Autohäuser geben. Um erfolgreich zu sein (d. h. um Umsatzrenditen zwischen zwei und drei Prozent zu erzielen), müssen sie mehr als 1 000 Autos pro Jahr verkaufen. Europaweit an Bedeutung gewinnen werden die Autohändler-Ketten sowie die Mega-Dealer, die künftig über 20 Prozent des Marktes abdecken werden. Viele dieser neuen unabhängigen Autohaus-Ketten werden Multi-Brand-Händler sein, die dem Kunden den direkten Vergleich konkurrierender Modelle mehrerer Marken ermöglichen. Das Internet als Vertriebskanal wird künftig lediglich bei Gebrauchtwagen eine Rolle spielen – bei Neuwagen ist es jedoch nur für Low-Cost-Automobile interessant. Beim Vertrieb von Automobilen in diesem Niedrigpreissegment werden verstärkt auch Supermärkte als Absatzkanal genutzt – allerdings eher aktionsbezogen wie das Beispiel Edeka/Fiat zeigt. 2001 hatte der Händler in 400 Filialen den Fiat Punto angeboten. Durch diese Vertriebsmischung aus traditionellem Händlernetz, unabhängigen Autohaus-Ketten und – bei Kleinwagen – Supermärkten entwickelt sich das Auto künftig zu einem Multi-Channel-Produkt (Abb. 10).

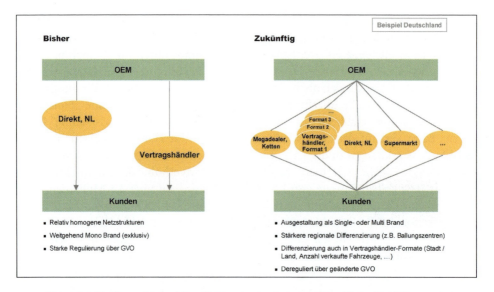

Abb. 10: Multi-Channel-Vertrieb – die Formate im Automobilhandel werden differenzierter. Chancen für OEM zur Innovation des Channel Mix.
(Quelle: Mercer Analyse)

Auch der weiterhin ertragsstarke Servicebereich steht vor einem Umbruch. Verbunden mit der Konsolidierung des Händlernetzwerks ist eine Trennung von Servicenetz und Vertriebsnetz. Dabei werden rund 40 Prozent der 24 000 Händlerstützpunkte geschlossen oder zu Servicestützpunkten umfunktioniert. Den traditionellen Automobilherstellern droht dabei eine gefährliche zangenähnliche Umklammerung: Auf der einen Seite drängen verstärkt markenunabhängige Anbieter wie ATU oder Pit Stop auf den Markt, die die Kunden mit aggressiven Preisen, breiten Sortimenten oder kurzen Bearbeitungszeiten ködern. Auf der anderen Seite nutzen immer mehr Zulieferer die neue GVO, um ihre Originalteile auch direkt dem Endkunden verkaufen zu können.

2.4 Vertrieb wird zur Kernkompetenz

Durch die Konsolidierung des Zuliefermarktes ist eine Differenzierung vom Wettbewerber auf Basis technischer Komponenten immer schwieriger. So paradox es klingen mag, aber die reine Fertigung der Automobile ist somit in zunehmenden Maße keine Kernkompetenz der Automobilhersteller mehr. Dabei laufen die Hersteller Gefahr, entlang der Wertschöpfungskette wiederum in die Zange genommen zu werden: Die Zulieferkonsolidierung und die damit verbundene sinkende Anzahl an Zulieferern sorgt für eine sinkende Marktmacht der Hersteller gegenüber der Zulieferindustrie. Ebenso führt die beschriebene Händlerkonsolidierung dazu, dass die Macht der verbleibenden Händler, insbesondere der Mega-Händler mit mehreren Brands, gegenüber den Automobilherstellern steigt. Aber wo liegt dann künftig der Kernkompetenz der Hersteller (Abb. 11)? Wo liegt die Zukunft der OEMs? Der Vertrieb und das Marketing sowohl von Neu- und Gebrauchtwagen als auch von After-Sales-Leistungen wird künftig eine strategische Kernkompetenz der Automobilhersteller sein – sogar sein müssen.

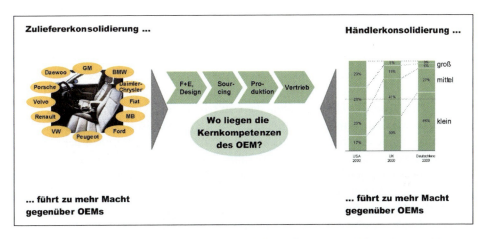

Abb. 11: Vertrieb wird Kernkompetenz – Automobilhersteller laufen Gefahr, entlang der Wertschöpfungskette in die Zange genommen zu werden.
(Quelle: Mercer Analyse)

Die strukturellen Veränderungen in der Vertriebslandschaft führen jedoch dazu, dass Hersteller und Händler gemeinsam in Systempartnerschaften ihre Interessen zusammenbringen und auf diese Weise die Wertschöpfung pro Kunde für beide Seiten erhöhen. Im Zentrum dieser Systempartnerschaft muss dabei der Kunde stehen: Nur über spezifische Leistungsbündel (Autos, Ersatzteile, Zubehör) kombiniert mit attraktiven Services (Finanzierung, Wartung, Reparatur) kann der Wert eines Kunden maximiert werden. In der Konsequenz bedeutet dies, dass sowohl bei eingeleiteten Kostensenkungsaktivitäten als auch bei Maßnahmen zur Umsatzsteigerung der Vertrieb eine zentrale Rolle spielen muss. Obwohl 25 bis 30 Prozent der Kosten eines Neuwagens im Marketing und Vertrieb entstehen, finden immer noch die meisten Kostensenkungsprogramme innerhalb der Produktion statt. Wie amerikanische Mega-Dealer beweisen, entsteht durch eine konsequente Kostenorientierung im Marketing/Vertrieb ein Optimierungspotenzial von bis zu 20 Prozent. Dies gilt es, über Performancesteigerungen im Automobilvertrieb zu erschließen. Ein weiteres Potenzial für profitables Wachstum besteht zudem auf der Umsatzseite durch ein systematisches, integriertes Kundenmanagement.

Ein Unternehmen, das über den Vertrieb als Kernkompetenz zu einem der erfolgreichsten der letzten zehn Jahre wurde, ist die amerikanische Computerfirma **Dell**. Anfang der 90er Jahre dominierten wenige Computerhersteller wie IBM, Apple, Tandy oder Commodore den Markt. Vertrieben wurden die Produkte durch eine niedrige Zahl an Computerhändlern. Zu der Zeit kannte sich nur eine Minderheit der Kunden mit den technischen Details der Computer aus – um ein qualitativ hochwertiges Produkt zu erwerben, bedurfte es tief greifender Fachkenntnisse und einer ausführlichen Beratung durch die Verkaufsmitarbeiter. Dieses Bild hat sich vollkommen gewandelt: In den letzten Jahren hat sich eine wachsende Zahl von ehemaligen Computer-Laien nicht nur kundig gemacht, viele sind richtige Experten geworden. Mit fallenden Preisen haben sich immer mehr Haushalte Computer angeschafft, sich mit den technischen Details vertraut gemacht und zu fachkundigen Käufern entwickelt. Diese grundlegende Veränderung und die steigende Bedeutung des Vertriebs erkannte der US-Amerikaner Michael Dell schneller als die großen IT-Konzerne wie IBM oder Apple. Er gründete ein Unternehmen, das sich rein auf den Direktvertrieb von funktionierenden Paketlösungen an Privatkunden und Small Businesses spezialisierte. Der Ertrag wurde durch eine geschickte Mischkalkulation im Rahmen der Gesamtpakete sowie durch „Cross Selling"-Aktivitäten erwirtschaftet. Durch den Verzicht auf kostenintensive Outlets/Fachgeschäfte sowie die damit verbundene Vermeidung von Handelsmargen konnte das Unternehmen die Produkte zu extrem geringen Preisen am Markt anbieten. Als zusätzlich ertragssteigernd erwiesen sich die Digitalisierung der Supply Chain sowie die direkte Einbindung der Lieferanten. Den Erfahrungsvorsprung im Direktvertrieb sowie ein perfektes Build-to-order-System nutzte Dell als konsequenten Wettbewerbsvorteil gegenüber den IT-Großkonzernen aus. In der Konsequenz hat Dell – im Gegensatz zu seinen Wettbewerbern – in den vergangenen Jahren seinen Unternehmenswert um gut 80 Mrd. Dollar steigern können.

2.5 Integriertes Kundenmanagement

Das gesamte Umsatzpotenzial eines Autos liegt etwa beim Dreifachen seines Neupreises – verbunden mit weitaus höheren Margen im Downstream-Geschäft als beim Neuwagenverkauf. Dabei besitzt ein durchschnittlicher Automobilkunde einen „Kundenlebenszyklus-Wert" von etwa 300 000 Euro – der „Produktlebenszyklus-Wert" eines Mittelklassewagens beträgt etwa 60 000 Euro (Abb. 12). Für die Automobilhersteller gilt es, diese Umsatz- und Ertragspotenziale über ein integriertes Kundenmanagement zielgerichtet abzuschöpfen. Dabei nimmt insbesondere der Vertrieb als Ort mit der höchsten Kundenkontaktfrequenz eine entscheidende Rolle ein. Eine effektive Möglichkeit zur Unterstützung eines integrierten Kundenmanagements ist ein Kundenbindungsprogramm. Im Vergleich zu anderen Branchen wie Fluggesellschaften oder Hotelketten, die über Bonusprogramme insbesondere ihre werthaltigen Kunden langfristig an sich binden und somit erhebliche Zusatzumsätze erzielen, besteht in der Automobilindustrie noch Nachholbedarf. Ziel muss es dabei sein, den Kunden über exklusive Services (z. B. verkürzte Wartezeiten bei Reparaturen, Bereitstellung von Ersatzfahrzeuge, Events) sowie attraktive Punktesammelsysteme (z. B. beim Kauf von Zubehör, Wartung, Inspektionen) ein attraktives Anreizsystem zu bieten. Auf diese Weise könnten bestehende Kunden z. B. gegenüber markenunabhängigen After-

Von der Technik zum Kunden

Sales-Anbietern wie ATU „abgesichert" und neue Kunden akquiriert werden. Zwar verfügen in Deutschland fast alle Automobilhersteller über Formen von Kundenbindungsprogrammen – die genannten Anforderungen aber erfüllt kaum eines.

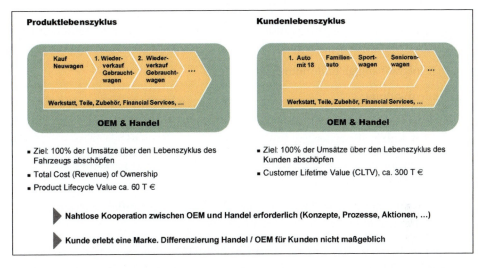

Abb. 12: Integriertes Kundenmanagement – OEM und Handel müssen ein integriertes Kundenmanagement über den Produktlebenszyklus und den Kundenlebenszyklus realisieren, um die Marktpotenziale voll auszuschöpfen. (Quelle: Mercer Analyse)

Die Etablierung eines integrierten Kundenmanagements bei einem Automobilhersteller sollte folgende Inhalte haben:

1. Potenziale, Ziele, Strategie

   - Definition der Potenziale und Aktionspunkte (z. B. Ruhestand, Volljährigkeit, Garantie-Auslauf) entlang des Produktlebens-/Kundenlebenszyklus
   - Formulierung der gemeinsamen Ziele von OEM und Handel (z. B. Umsatz pro Kunde oder Ertrag pro Fahrzeug über den Lebenszyklus)
   - Systemübergreifende Entwicklung einer Lebenszyklusstrategie

2. Rollen, Aufgabenverteilung

   - Detaillierte Definition der Rollen und Aufgabenverteilung zwischen OEM und Handel entlang der Prozessketten
   - Installierung etablierter Tools und integrierter IT-Systeme
   - Klärung relevanter Fragestellungen, wie z. B. Vorleistung OEM, Anwendung Handel, Erfolgsmessung, Margenaufteilung

3. Qualifizierung Vertriebspersonal

- Qualifikationsoffensive beim Verkaufspersonal in Aus-/Weiterbildung
- Fokussierung auf weiche Faktoren (Kundeninteraktionen)
- Aufbau innovativer Vertriebsformen (z. B. aktiver Außendienst, Kundenbesuche)
- Erfolgsabhängige Entlohnungskonzepte

4. Kundenbindung

- Segmentierung nach Kundenwert (CLTV) und entsprechender Betreuung (z. B. Kulanz, Ersatzwagen, Privilegien)
- Professionalisierung der CRM-Systeme und der Direktmarketingaktivitäten/ One-to-One-Marketing
- Aufbau eines zielgerichteten Loyalty-Programms mit differenzierten Statusleistungen und Earn-/Burn-Funktionalitäten

Wie ein zielgerichtetes, integriertes Kundenmanagement den wirtschaftlichen Erfolg eines Unternehmens positiv beeinflussen kann, beweist das Beispiel **Lufthansa**. Als die Lufthansa Ende der 80er Jahre durch den sukzessiven Rückzug des Staates als Anteilseigner privatisiert wurde, präsentierte sich die Airline als relativ unprofitables und schwerfälliges Unternehmen. Geringe Auslastungsquoten auf den Flügen sorgten für hohe Stückkosten und zogen das Unternehmen immer wieder in die Verlustzone. Um die Fluggesellschaft für den privaten Wettbewerb zu rüsten, wurden Anfang der 90er Jahre im Wesentlichen drei Offensiven gestartet: Ein zielgerichtetes Kostenmanagement, der Aufbau eines unternehmensübergreifenden Netzwerkes (Star Alliance) sowie die Einführung eines integrierten Kundenmanagements in Kombination mit dem erfolgreichsten Kundenbindungsprogramm in Deutschland (Miles & More). Wesentliche Grundlage des Kundenmanagements ist der vorhandene Lebenszyklus eines potenziellen Linienflugkunden: Von den nicht eigenfinanzierten Flügen mit den Eltern über die ersten „eigenen" Flüge als Jugendlicher bis zu der erhöhten Anzahl an Flügen im Rahmen des Arbeitslebens. Am Ende standen Kunden, die berufsbedingt mehrmals wöchentlich auf das Flugzeug als Haupt-Transportmittel angewiesen waren. Mit Eintritt in den Ruhstand nimmt das Fliegen in der Regel rapide ab. Ziel des integrierten Kundenmanagements war es, neue Kunden zu akquirieren und die bestehenden Kunden zu binden. Insbesondere sollten dabei die „wertvollen" Business-Class-Kunden durch spezifische Privilegien langfristig an die Lufthansa gebunden werden. Die Ziele sowie eine abgeleitete Rollenverteilung wurde mit den weiteren Star-Alliance-Partnern exakt abgestimmt. Wesentlicher Baustein des integrierten Kundenmanagements wurde das 1993 gegründete Kundenbindungsprogramm Lufthansa Miles & More, das mit mittlerweile etwa 7,2 Millionen Mitgliedern und einer Aktivitätsrate von über 50 Prozent eines der erfolgreichsten Bonusprogramme weltweit ist. Dabei decken bereits heute sämtliche Erlöse aus dem Miles & More-Programm die gesamten Kosten für Programmgestaltung und -betrieb. Grundgedanke des Programms ist es, dem Kunden entsprechend seiner Wertigkeit entlang seines Lebenszyklusses unterschiedliche Leistungen zu bieten, die ihm einen greifbaren Nutzen bringen. Dazu gehören sowohl die Möglichkeit des Punktesammelns in Kombination mit attraktiven Prämien, aber auch exklusive Services wie Lounges, bevorzugte Abfertigung und 24-Stunden-Buchungsgarantien. Zur Attraktivitätssteigerung wurden zudem zahlreiche branchenfremde Partner-Unternehmen wie Hotelketten, Autovermietungen oder Zeitungsverlage in das Programm miteingebunden. Als spezifisches Anreizsystem wurde zudem ein vierstufiges Statussystem eingeführt, das die Mitglieder entsprechend ihres Kundenwertes in „normale" Miles & More-Mitglieder, „Frequent Traveller", „Senatoren" und „Hons" einstuft. Insbesondere die werthaltigen Senatoren und Hons sind die Zielgruppe des Konzerns, die es gilt, besonders zu pflegen. Heute bleibt festzuhalten, dass das integrierte Kundenmanagement, insbesondere in Form des Kundenbindungsprogramms Miles & More, einen wesentlichen Beitrag dazu geleistet hat, dass die Lufthansa wieder zu einer der profitabelsten Airlines weltweit gehört.

2.6 Maßgeschneiderte Leistungspakete

Eine der Hauptherausforderungen bei der Positionierung einer Marke sind die immer stärker differierenden Kundenanforderungen. Egal ob bei der Eröffnung eines Bankkontos, bei der Buchung einer Reise oder beim Kauf eines Autos - unabhängig von der jeweiligen Branche erwartet der Kunde grundsätzlich ein auf ihn zugeschnittenes Angebot. Aus diesem Grund ist es für die Automobilhersteller unerlässlich, spezifische Angebote zu kreieren, die erstens zu der angestrebten Markenpositionierung passen und zweitens dem Kunden einen echten, erlebbaren Nutzen bieten. Erfolgskritisch dabei ist, dass maßgeschneiderte Leistungspakete pro Marke für die unterschiedlichen Kundensegmente, Fahrzeugsegmente und Regionen „geschnürt" werden und die Marke grundsätzlich im Vordergrund steht (Abb. 13). Der Trend geht dabei zum ganzheitlichen Markenerlebnis mit emotionalen Faktoren, das durch Kundenclubs, Eventbesuche, Veranstaltungen etc. operationalisiert wird. Sinnvollerweise sollten derartige Aktivitäten seitens der Automobilhersteller durch spezifische Servicepakete im Downstream-Geschäft (Finanzierung/Leasing, Flottenmanagement, Garantie, Inspektionen, Checks etc.) unterstützt werden. So wäre z. B. vorstellbar, dass junge Kunden beim Erstkauf ihres Autos aus Akquisitionszwecken in den ersten drei Jahren kostenlose Inspektionen erhalten, um die laufenden Kosten gering zu halten. Oder Senioren, die um ihre Sicherheit besorgt sind, erhalten regelmäßige Brems- und Ölchecks zum Vorzugspreis. Dagegen könnten junge Ehepaare, die beruflich bedingt über wenig Zeit verfügen, einen kostenlosen Abhol- und Bringservice des Autos bei Reparaturen in Anspruch nehmen. Die Leistungspakete sollten auf jeden Fall auf den grundlegenden Fahrzeugpaketen wie z. B. Sicherheit, Design oder Ausstattung basieren.

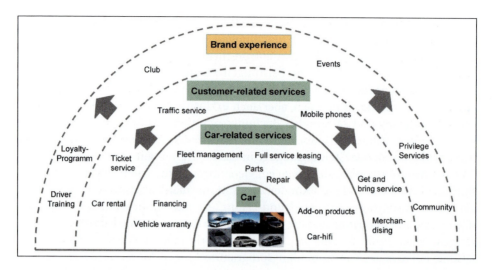

Abb. 13: Maßgeschneiderte Leistungspakete – Brand experience als Klammer für den Kunden (Quelle: Mercer Analyse)

Die Vorgehensweise zum Aufbau der Leistungspakete, die an den Kundenanforderungen ausgerichtet sind, sollte zweistufig erfolgen:

1. Entwicklung der Wachstumsstrategie und Ableitung der Leistungspakete

   - Festlegung von Strategien für profitables Wachstum im Downstream-Geschäft
   - Entwicklung spezifischer Leistungsprogramme pro Marke/Klasse/Kundensegment über den Produkt-/Kundenlebenszyklus
   - Bündelung von innovativen Servicepaketen und -programmen (z. B. Gebrauchtwagenpaket, Urlaubspaket, Studentenpaket)
   - Eingehen von Partnerschaften mit branchenfremden Unternehmen, die zur Marke passen (Banken, Versicherungen, Lifestyle-Unternehmen etc.)
   - Sicherstellung des Markenerlebnisses als Klammer über alle Aktivitäten

2. Vermarktung der Leistungspakete

   - Einrichtung eines Servicepaket-Konfigurators als Hilfe für Kunden und Verkäufer inklusive des Cross-/Up-Selling
   - Modellierung der Wirtschaftlichkeit
   - Schulung der Verkäufer
   - Vermarktung der Leistungspakete am POS

- Synchronisation des integrierten Kundenmanagements mit den Leistungspaketen
- Gemeinsam konzipierte Aktionen (z. B. bei Modell-Auslauf)

Mit einem Angebot an maßgeschneiderten Leistungspaketen bearbeitet seit Jahren die schweizerische Bank **UBS** erfolgreich den Markt für Privatkunden. Die Bank unterteilt dabei ihre Kunden in Kinder (unter 12 Jahren), Jugendliche (unter 20), Studenten, Privatpersonen über 60 und „normale" Private-Banking-Kunden. Um jedes Segment entsprechend den jeweiligen Anforderungen bearbeiten zu können, wurden individuelle, segmentspezifische Strategien definiert. Daraus abgeleitet sind die jeweiligen maßgeschneiderten Leistungspakete, um den Kunden einen spürbaren Nutzen gemäß seiner jeweiligen persönlichen Situation bieten zu können. Das Leistungspaket für Studierende mit dem Namen „UBS Campus" ist einem genau definierten Nutzerkreis vorbehalten: 18- bis 30-jährige Personen mit Wohnsitz in der Schweiz, die sich in einer mindestens zweijährigen Vollzeitausbildung (Universität, ETH, Fachhochschule usw.) befinden. Darin enthalten sind insbesondere ein gebührenfreies Giro-Konto mit einprozentiger Verzinsung sowie eine kostenlose Kreditkarte in extravagantem Design. Darüber hinaus sollen die Potenzial-Kunden über attraktive Konditionen im Fondsbereich dazu bewegt werden, rechzeitig Vermögen bei der UBS aufzubauen, was das Risiko eines späteren Bankwechsels deutlich senkt. Wegen der üblichen Internetaffinität der Studenten ermöglicht ihnen die UBS zusätzlich die kostenlose Nutzung des E-Banking-Angebots – mit dem positiven Effekt einer Verbesserung der Kostensituation. Zur Steigerung der Attraktivität für die jungen Kunden gibt die UBS dreimal jährlich das so genannte Campus-Magazin heraus, das neben Lockangeboten für den Bankbereich auch zahlreiche Angebote in den Bereichen Musik, Sport, Film und Reisen beinhaltet. Unterstützt wird das gesamte Leistungspaket vom „Key Club", dem spezifischen Bonusprogramm der UBS, bei dem Campus-Konto-Inhaber automatisch Mitglied sind. Ziel dieses Leistungspakets für Studenten ist es, die künftigen Akademiker – und damit potenziellen werthaltigen Kunden – bereits frühzeitig an die UBS Bank zu binden und so das Geschäft von morgen zu sichern. Damit hat es die UBS Bank geschafft, sich in dem hart umkämpften Markt der Privatkunden zum absoluten Marktführer unter den Geschäftsbanken zu entwickeln.

2.7 Etablierung neuer, starker Retail-Marken

In den 80er und 90er Jahren haben sich im HiFi-Elektronik-Handel in Deutschland neue, nachhaltige Retailformate gebildet, die bis heute wirtschaftlich enorm erfolgreich arbeiten. Anstelle der vielen kleinen spezialisierten Fachhändler mit hohen Kosten und Ineffizienzen (Kenwood, Sony, Yamaha, Onkyo etc.) entwickelten sich große, effiziente Fachmarktkonzepte mit breitem Markenangebot auf einer großen Fläche (MediaMarkt, Saturn, Electronic Partner etc). Diese Konsolidierung der Fachhändler und die damit verbundene Abnahme der Differenzierung über die Technik führten dazu, dass sich die Markenbedeutung der Hersteller stark zu Gunsten der Händler verschob. Nur einige wenige Premiummarken wie Bang & Olufsen konnten sich dem Trend widersetzen.

In der Automobilindustrie ist derzeit eine ähnliche Entwicklung zu erkennen: Große Multi-Brand-Dealerships mit Markenprägung im Customer-front-end und Synergien in den Back-end-Funktionen sind in den USA bereits fest etabliert. So vereint die United Auto Group in Phoenix bereits dreizehn namhafte Automarken wie Porsche, BMW, VW oder Aston Martin unter einem Dach. Im Jahre 2001 wurden insgesamt 210 000 Wagen verkauft. Und auch in Europa verbucht dieses Konzept erste Erfolge: In Österreich hat das Unternehmen Weltauto eine eigene Handelsmarke aufgebaut, die mit jährlich 720 000 verkauften Gebrauchtwagen bereits über einen Marktanteil von zehn Prozent verfügt. Dies lässt eine ähnliche Entwicklung auch in Deutschland vermuten, über die sich die Automobilunternehmen bewusst werden müssen. Dabei ist eine eindeutige Strategie hinsichtlich des künftigen Umgangs mit den Multi-Brand-Retailern zwingend erforderlich: Entweder gehen die OEMs strategische Kooperationen mit den Retailern ein oder aber sie setzen auf Konfrontationskurs.

3. Zusammenfassung

Die beschriebenen Herausforderungen und Handlungsfelder in der Automobilindustrie machen deutlich, dass sich die Automobilunternehmen im Kern neu definieren müssen: „Von der Technik zum Kunden" gibt dabei die Richtung vor. Fahrzeughersteller müssen erkennen, dass ihr zukünftiger Erfolg grundlegend von den richtigen Strategien in einem umfassend verstandenen und konsequent umgesetzten Marken- und Kundenmanagement abhängen wird.

Opel. Frisches Denken für bessere Autos.

**Der neue Opel Astra GTC.
Nur Fliegen ist schöner.**

Halten Sie sich jetzt ordentlich fest. Schließlich sieht der neue Opel Astra GTC nicht nur mehr als dynamisch aus, er ist es auch. Auf Wunsch mit SportSwitch und IDS^{Plus} Sportfahrwerk ausgerüstet, bietet er Ihnen einfach alles, was das Autofahren noch schöner und noch sportlicher macht. Mehr unter opel-astra-gtc.de oder 0180 55510 (0,12 €/Min.).

Dr. Jan Dannenberg

Director, Mercer Management Consulting

Jahrgang 1962, Studium zum Bachelor of Arts in Economics, Stanford University; Studium der Betriebswirtschaftslehre und Promotion zum Thema Strategische Unternehmensplanung an der Universität Bamberg.

Dreizehn Jahre Managementberatung mit Schwerpunkt Automobilbranche, Maschinen- und Anlagenbau.

Beratungsschwerpunkt sind Strategien für profitables Wachstum für Automobilhersteller, -zulieferer und Engineering-Dienstleister.

Beratungsfelder: Markt- und Wettbewerbsanalysen im Zulieferumfeld (Motor, Interior, Elektrik & Elektronik); Neuproduktstrategien; F&E- und Innovations-Strategien; Plattform- und Modularisierungsstrategien; Entwicklung und Umsetzung ganzheitlicher Geschäftsmodelle; Markenmanagement.

Seit 1997 Partner bei Mercer Management Consulting in München.

Director in der Automotive Practice von Mercer.

Kapitel 3

Kommunikation ist der Treibstoff der Markenpositionierung

Die neue Herausforderung der Automobilwerbung

Jean-Remy von Matt
Inhaber und Gründer, Jung von Matt AG

*Kommunikationswirkung beginnt immer jenseits vom Gewohnten,
Gesicherten, Alltäglichen*

1. Kommunikation ist der Treibstoff der Markenpositionierung.

Ohne diesen Sprit bleibt jede Marke irgendwann liegen. Manche haben einen großen Tank, die fahren immer noch mit dem, was sie im letzten Jahrhundert eingefüllt haben. Aber auch da geht irgendwann die gelbe Warnleuchte an. Tanken muss also sein – aber was? Die meisten schwören in ihrer Marketing-Kommunikation auf „Normal", da macht man nichts verkehrt und es geht ja auch ordentlich voran. Modernere Markenmotoren sind allerdings auf „Super" oder „Super plus" ausgelegt, das bringt höhere Leistung bei moderaten Mehrkosten. (Ob die neue 100-Oktan-Kommunikation wirklich schneller macht, ist noch nicht erwiesen.) Natürlich gibt es auch echte Spritschlucker unter den Marken, vor allem im Waschmittel-, Kosmetik- und Süßigkeitenbereich. Aber wer wirklich Spaß haben will, sollte einen Turbodiesel fahren. Der liefert ordentlich Durchzug zum Überholen der Konkurrenz. Und erfreut den Controller durch niedrigen Verbrauch. Leider endet hier die Analogie. Denn im wahren Leben bekommt man diese Art von Kommunikation eben nicht an jeder Marketing-Tankstelle.

2. Früher war alles besser.

Als ich Kind war, hatte die Automobilwelt noch einfache Koordinaten. Alle Autos, die ich nicht kannte, teilte ich in zwei Gruppen. Zu den größeren sagte ich: „Das ist ein großer Ford". Zu den kleineren sagte ich: „Das ist ein kleiner Fiat". Und meistens hatte ich Recht.

Als der weltweite Trend zu kleineren Autos startete, brachte Fiat eine Anzeige, auf der man eine amerikanische Automobilfabrik mit der Leuchtschrift „The big car experts" sah und das Wort „big" gerade in „small" verändert wurde. Schlagzeile: It's not that simple. Jahrzehnte später hat die Automobilindustrie das Marketing entdeckt. Die Kunst, Produkte und Zielgruppen scheinbar spielerisch zusammenzuführen.

„Welches Auto kostet mehr?", fragt ein Vater seinen vierjährigen Sohn in einem amerikanischen TV-Spot der 70er Jahre und zeigt ihm dabei das Bild eines Straßenkreuzers neben einem VW Variant. Der Sohn: „Das große." Der Vater: „Richtig. Und welches Auto braucht mehr Benzin?" Der Sohn: „Das große." Der Vater: „Richtig. Und welches Auto bietet mehr Platz?" Der Sohn: „Das große." Der Vater: „Falsch." Der Sohn: „Das verstehe ich nicht." Der Vater: „Ich verstehe es auch nicht."

Aha. Ein kleineres, ökologisch vernünftiges Auto kann ein Raumwunder sein. Erste Lernprozesse wurden möglich. Dank Marketingkommunikation. Natürlich hat es Kommunikation immer dann am leichtesten, wenn sie einem Meinungstrend folgen kann. Wie selbstverständlich Marketingbotschaften sein können, verdeutlicht eine Anzeige aus den 80er Jahren, nachdem Porsche in Daytona mehrere Siege in Folge erzielte. Ihre Schlagzeile:

„Porsche gewinnt die 12 Stunden von Daytona. Und der Papst ist katholisch."

Ein wesentlicher Begleitumstand der Marketing-Kommunikation ist die Tatsache, dass die Meinung über jede Marke stark vom konkreten Produkterlebnis geprägt wird. Für Autos gilt das in besonderem Ausmaß. Das liegt einerseits daran, dass Autos im Gegensatz zu Zahnpasta etc. von höchstem Publikumsinteresse sind. „Auto" ist nach „Papa" und „Mama" das dritte Wort eines Kindes. Ein Auto lenken zu dürfen, ist für viele Jugendliche der wichtigste Grund, erwachsen zu werden.

Unser Alltag ist heute voller Autos, sie sind Thema unter Kollegen, am Stammtisch, in Zeitungen und Zeitschriften, im Fernsehen. Selbst in der Vogue oder im Manager Magazin hat die Rubrik Automobil ihren festen Platz und jede Woche konkurrieren sechs bis acht Automagazine im Fernsehen um die Aufmerksamkeit. Auch seine ständige Präsenz unterscheidet das Auto von anderen Produkten. Autos stehen eben nicht ständig in dunklen Garagen herum, sie fahren durch die Stadt. Sie werden gesehen, geliebt, gehasst – oder übersehen. Und genau das prägt die Marke in erster Linie. Rechnet man den Werbewert eines einzigen Autos aus, kommt man auf ein paar tausend Euro pro Jahr. Die reine Präsenz einer Automarke im Straßenbild addiert sich dann zu einem Werbewert, mit dem kein Kommunikationsetat mithalten kann.

Das heißt: Die Kommunikation muss sich von vornherein mit dem Straßenbild messen. Sie ist von vornherein der David der Wahrnehmung. Und David muss vor allem clever sein, um überhaupt eine Wirkung zu erzielen.

3. Was kann Kommunikation – und soll sie das auch?

Im positiven Fall unterstützt die alltägliche Wahrnehmung die Kommunikationsaktivitäten. Und das Auto, das im Fernsehen beworben wird, ist auch Stammtischthema Nummer eins.

Im negativen Fall muss Kommunikation gegen ein Vorurteil ankämpfen: Ein Auto wirkt im Straßenverkehr plump, hat den Ruf, ein Spritfresser zu sein, das so genannte Fahrerbild ist unattraktiv oder es fehlt eine starke Markenbasis.

Machen Sie sich einmal bewusst, wie sehr eine starke Marke und alle Werte, die in ihr stecken, die Wahrnehmung verändern können. Nehmen wir einen rundum gelungenen Sportwagen wie zum Beispiel den Nissan Z: Stellen Sie sich vor, auf der Motorhaube stünde nicht Nissan, sondern BMW. Ein Zeichen, das bei Automobilfans auf der ganzen Welt nicht nur Gänsehaut erzeugt, sondern auch tiefes Vertrauen in hohe Perfektion wachruft. Der Betrachter würde automatisch auf BMW-Know-how unter dem Blechkleid schließen. Und schlagartig könnte man für dieses Produkt einen höheren Preis erzielen.

Darum darf ein Hersteller das Positionieren von Produkten nicht der normativen Kraft des Faktischen überlassen. Jedes neue Auto wird positioniert, egal ob der Hersteller es will oder nicht. Erst von der Presse, dann vom Stammtisch. Wenn die Werbung hier nicht korrigiert, wird dem Hersteller die Positionierung aus der Hand genommen. Und wenn ein Geländewagen in den Köpfen der Leute erst einmal am Rand der Kiesgrube steht, wird es hinterher sehr schwer, ihn als Fahrmaschine zu verkaufen.

Wie einfach war das alles, als ein Hersteller nur zwei oder drei Modellreihen hatte – und wie schwer ist es geworden, seit die Automobilindustrie die Nischenprodukte entdeckt hat: Nische schlägt Masse. Zwar nicht absolut, aber in den Zuwachsraten. Seitdem ist in der Automobilwelt nichts mehr einfach. Der Mensch muss lernen, dass eine 12-Zylinder-Limousine neuerdings auch von einem Massenhersteller kommen kann. Ein familientauglicher Minivan auch von einem Luxushersteller. Ein Supersportwagen aus Japan. Und ein Geländewagen von einer Sportwagenschmiede.

Orientierung ist nötig. Und genau genommen ist Marketing-Kommunikation nicht nur die beste, sondern die einzige Möglichkeit, diese Orientierung zu liefern. Die Kommunikation ist das Navigationssystem durch den Nischendschungel. Oft muss sie wahre Kunststücke vollbringen und einen regelrechten Spagat zwischen Markenimage und Markenvision verstehen helfen.

Ein gutes Beispiel liefert Volvo. In den 60er und 70er Jahren war kaum eine Marke so klar positioniert. Volvo, der Erfinder des Dreipunktgurts. Sicherheit aus Schwedenstahl. Ich erinnere mich, wie in fast jeder Ausgabe von „auto, motor und sport" Volvo-Fahrer stolz von ihren meist selbst verschuldeten Unfällen berichteten, bei denen sie wie durch ein Wunder unverletzt blieben. Lange warb Volvo mit dem Slogan „The car for people who think". Wie soll jetzt aus der Marke „for people who think" eine Marke „for people who feel" werden? Wie verknüpft man Sicherheit und Geborgenheit glaubwürdig mit Lifestyle und Sportlichkeit? Hier wurde die Daseinsberechtigung der Marke zur ihrer größten Hypothek.

Genau diese Dissonanz führte übrigens zur einzigen großen Werbesünde meiner Karriere. Anfang der 80er Jahre entwickelte ich für Volvo Deutschland eine Kampagne, die wie folgt funktionieren sollte: „Wir sammeln in Interviews das vorhandene positive Image von Volvo ein, verdichten es auf die Statements, die der Vision der Marke entsprechen, und posaunen das mit Funkwerbung in den Markt." Der Kunde war begeistert. Nun ging es darum, die Statements zu bekommen. Mit einem Tonmeister fuhr ich zur Raststätte Irschenberg in Bayern, wo viel Urlaubsverkehr war. Immer wieder stellten wir Autofahrern die Frage: „Was verbinden Sie mit der Marke Volvo?" Doch die Antworten waren enttäuschend: „Schwedenpanzer", „klobig", „schlechtes Design". Es kam praktisch nichts, was ich für die ehrgeizigen Funkspots verwerten konnte. In dieser Notlage griff ich zu einer List. Die Frage, die ich nun stellte, lautete: „Was verbinden Sie mit der Marke Mercedes?" Und schon kamen genau die Antworten, die wir brauchten: „Qualität", „Langlebigkeit", „gutes Design" etc. Hervorragende

Volvo-Spots gingen on air. Und ich werde heute noch rot, wenn ich darüber nachdenke.

Inzwischen lautet der weltweite Slogan: „Volvo for life". Typisch für das Dilemma der modernen Automobil-Kommunikation: Ein Slogan, der seiner Marke alle Türen offen lässt. Aber: Wer sich nie für eine Ausfahrt entscheiden kann, wird immer nur im Kreis fahren.

Eine weitere Folge der Ausweitung der Modellpaletten ist die rasante Zunahme der allseitigen Positionierungsbemühungen: Nicht nur gegen den Wettbewerb muss sich ein neues Modell abgrenzen, sondern auch gegen seine kleinen und großen Markengeschwister – und womöglich noch gegen die Onkel, Neffen und Schwippschwäger aus dem eigenen Konzern.

Dadurch wird die Kommunikation immer öfter zum Brückenbauer zwischen Markenpositionierung und Modellpositionierung. Hier kann sie durchaus einiges bewegen – doch wer ihr zu viel zumutet, geht leer aus. Im März 2003 fuhr ich an einem Hochhaus in Berlin vorbei und staunte: ein riesiges Transparent, auf dem handschriftlich „Signum" stand. Darunter die Zeile: „by Peter Lindbergh". Selbst ich als Insider der Marketing-Kommunikation kam nicht darauf, dass dies Autowerbung sein könnte. Ich kannte das Motiv aus einer Anzeigenkampagne und dachte, hier wird für einen neuen Füller von Lamy oder Mont Blanc geworben. Stutzig machte mich nur: Wie kann sich Lamy ein Medium leisten, dass über hunderttausend Euro pro Monat kostet? Es stellte sich heraus, dass es nicht um Schreibgeräte, sondern um den neuen Opel Signum ging. Die Ambition war klar: Dieses spektakuläre Produkt muss neue Zielgruppen für die Marke erobern. Dafür muss eine möglichst spektakuläre Werbekampagne her. Doch es stellt sich die Frage: Ist dieser Zielgruppe ein solcher Abstraktionsgrad wirklich zumutbar?

Die Zukunft gehört den Marken, die Kommunikation nicht überfordern, weil sie ihren Markenkern rein halten. BMW war, ist und bleibt die Marke der Freude und fischt nicht im Vernunft-Teich, um auch noch ein paar „freudlose" Autofahrer abzuholen. MINI steht für „Excitement" und versucht nicht plötzlich, als Öko-Auto neue Zielgruppen zu erschließen. Die Aussicht auf kurzfristigen Erfolg hat schon viele Marken verwässert. Starke Marken kommen nicht von ihrer Straße ab, auch wenn Umsatz lockt. Sie nutzen vielmehr die Nischen, die in ihrem Markenkern stecken. Wer sich davon zu weit entfernt und die Distanz dann kommunikativ überbrücken will, braucht viel Zeit und sehr viel Geld. Und dabei läuft er nicht nur Gefahr, unglaubwürdig, sondern auch unsympathisch zu werden: Penetranz macht meist nicht beliebt.

Die MINI-Kampagne ist nicht zuletzt deshalb so erfolgreich, weil die Kommunikation hier gefordert wird – aber nicht überfordert. Das Markenkonzept ist konsistent. Und das Produkt ist nicht nur hervorragend, sondern erfüllt eben auch alle Erwartungen, die man an einen MINI hat. Bereits vor Einführung des neuen MINI waren die Zeichen auf allgemeine Begeisterung gestellt. Der Slogan „Is it love?" konnte von Anfang an den Rückenwind der Plausibilität nutzen.

Abb. 1: Anzeigenbeispiel aus der Einführungswerbung des MINI, 2002

4. Kein Risiko, keine Rendite.

Über 60 Prozent aller Werbungtreibenden nennen Kreativität als Topkriterium bei der Auswahl einer Werbeagentur, Tendenz steigend. Kreativität ist zum Schlüsselreiz einer ganzen Branche avanciert. Es gibt Top-Kreative, Kreativ-Preise, kreative Milieus und kreative Szenen. Und es wird immer wieder der Mehrwert von kreativer Werbung beschworen und versucht, diesen empirisch nachzuweisen. Die Faustregel ist auf den ersten Blick einfach: Je kreativer die Werbung, desto mehr Wirkung entwickelt sie. Und desto besser kann sie sich gegen den täglichen Informations-Overkill durchsetzen.

Kommunikationswirkung beginnt immer jenseits vom Gewohnten, Gesicherten, Alltäglichen. Der Audi-Spot, in dem der Fahrer vergessen hat, wo der Tank ist. Der Sparkassen-Spot, in dem der frisch gebackene Papa von seinem Sohn einen Vogel gezeigt bekommt. Der DEA-Spot, in dem Super-Ingo aus Versehen Diesel tankt. Die Welt liebt nun mal die Extreme: Der Siegertyp bekommt Respekt und Bewunderung. Aber der Pechvogel gewinnt die Herzen: Erinnern Sie sich noch an „Eddie the Eagle", den ersten und einzigen Engländer beim Schanzenspringen in Calgary 1988? Er sprang mit 77 Metern auf den 56. Platz von 57 Teilnehmern (der 57. wurde disqualifiziert). Er bekam tosenden Applaus und globale Berichterstattung – für einen Verlierer nicht schlecht. Schauen Sie sich die erfolgreichsten Sendungen im Fernsehen an. Menschliche Schwächen spielen überall eine Rolle. Beim Big-Brother-Erfolg sogar die

Hauptrolle. Daniel Küblböck ist zwar nicht Deutschlands Superstar geworden. Aber von Bild bis Bravo reden alle lieber über ihn als über Alexander. Ecken und Kanten reizen eben. Normalität lässt kalt.

Um den Effekt zu erklären, nutze ich gern ein Bild aus dem Motorsport. Dort gibt es die so genannte Ideallinie, womit die Spur gemeint ist, auf der man einen Kurs am sichersten und schnellsten umfahren kann. Diese Ideallinie hat nur einen Nachteil: Weil alle sie nutzen, kann man auf ihr nicht überholen. Wer überholen will, muss auf die Kampflinie ausweichen, die schmutziger und riskanter ist. Aber die einzige Chance, nach vorn zu kommen.

Das Gleiche gilt in der Kommunikation: Nur wer vom idealen Weg abweicht, kann andere überholen. Nur wer vom idealen Bildmotiv, von der idealen Dramaturgie, von der idealen Schrift, vom idealen Menschen abweicht, kann Menschen begeistern. Natürlich gehört Mut dazu, vom gelernten Weg abzuweichen, die bewährte Ideallinie zu verlassen. Doch jeder kennt das unumstößliche Gesetz einer Geldanlage: Wer eine hohe Rendite sucht, muss ein höheres Risiko eingehen. Wer mit einer mäßigen Rendite zufrieden ist, kann das Risiko minimieren. Banken sind verpflichtet, ihre Kunden auf diese Abhängigkeit aufmerksam zu machen und sich die Risikobereitschaft schriftlich bestätigen zu lassen. Der Kunde wählt in Stufen zwischen „geringes Risiko = geringe Rendite" und „hohes Risiko = hohe Renditechance". Auch das tut der Investor klaglos.

Warum ist es aber für den Werbungtreibenden so schwer zu begreifen, dass Werbung der gleichen Gesetzmäßigkeit unterliegt: dem Risiko-Rendite-Gesetz der Kommunikation. Nur wer zu einem gewissen Risiko bereit ist, kann mit einer überdurchschnittlichen Leistung rechnen. Wer aber alles vorher absichert, wird auch in der Wirkung keine Überraschungen erleben. Schon gar keine positiven.

Der Kunde einer Werbeagentur ist in der Regel nicht bereit, Risiken einzugehen: Er kreuzt „hohe Sicherheit" an, macht sich aber nicht klar, dass er dadurch automatisch eine niedrigere Rendite bekommen wird. Er trägt sein Geld aufs kommunikative Sparbuch und wundert sich dann, dass immer nur die anderen reich werden.

Schade! Denn die Rendite einer besseren Idee kann gigantisch sein. Ein Blick nach Hollywood veranschaulicht dies. Eine durchschnittliche Filmidee spielt vielleicht die Produktionskosten ein. Eine erfolgreiche Filmidee spielt aber nicht zehn Prozent oder 20 Prozent mehr ein. Sondern zum Beispiel über 1 000 Prozent wie „Independence Day", „Titanic" oder der erfolgreichste deutsche Film aller Zeiten „Der Schuh des Manitu". Oder sogar 4 500 Prozent wie im Falle von „Blair Witch Project". Dieser Film kostete in der Produktion weniger als US $ 30 000 und wurde ein Welterfolg.

Offensichtlich ist eine ungewöhnliche Idee der erfolgreichste Weg, eine Botschaft oder ein Produkt unter die Massen zu bringen. Und damit Kreativität der Wirtschaftsfaktor mit der größten Hebelwirkung.

Nicht zu vergessen: Mut macht nicht nur die Kommunikation interessanter, sondern auch den Absender. Denn Mut ist eine Tugend, die von Entschlossenheit, Vitalität und Dynamik zeugt, was vielen Markenpersönlichkeiten gut zu Gesicht steht. Überall, wo durch kreative Ideen Parameter verändert werden können, ist hohe Wirkung möglich. Wo nur empirisches Wissen Optimierungen erbringt, muss man genügsam sein. Eine einzige Idee kann Prozentberge versetzen. Alles, was Sie dazu brauchen, ist die Zuversicht, dass sie funktioniert. Und den Mut, sie zu bringen.

Mitte 2002 ist die Formel 1 bedrohlich langweilig geworden. Zu viel rot, zu viel Michael. Zu viele „Start-/Ziel-Siege". Eine mutige Idee hat die Formel 1 wieder attraktiv gemacht und die Quoten gesichert: Seit die Autos nach dem Training nicht mehr betankt werden dürfen, ist das wiederhergestellt, was Sport spannend macht: Unberechenbarkeit. Ein Beispiel für Kreativität, die Wert generiert, weil sie der Formel 1 das Publikumsinteresse sichert.

5. Ein gutes Pferd springt knapp. Gute Werbung nicht.

Natürlich ist Kommunikation auch geeignet, um Meinungen zu festigen. Aber in erster Linie ist sie ein Werkzeug, um Meinungen zu verändern und neue Sichtweisen zu formen. Denn erst, wenn sie etwas bewegen darf, zeigt sie ihr ganzes Talent. Insofern ist eine typische Voraussetzung für großartige Kommunikation, dass eine Marke nach den Sternen greift und ein Ziel erreichen will. Je ehrgeiziger, desto besser. Die meisten Erfolgsbeispiele der Marketing-Kommunikation basieren auf ehrgeizigen Zielen. In all diesen Fällen stand Bewegung und Veränderung an. Und eine entsprechend unruhige Mannschaft auf Auftraggeberseite, die Sorge dafür trug, dass das zu bewerbende Produkt der Kommunikation stolz vorausging.

Für keinen Markterfolg wurden wir mehr gelobt als für den Audi-Durchbruch von der techniklastigen, unemotionalen Männermarke zum Lieblingsauto einer trendbewussten Generation. Aber unsere TV-Spots und Anzeigen wären wohl verpufft, wenn nicht das Unternehmen die Basis für den Erfolg gelegt hätte. Audi hatte eine konzertierte Offensive gestartet. Es war das harmonische Ineinanderwirken einer neuen Produkt-Generation, angeführt vom neuen A4, einer neuen Showroom-Welt, einem neuen Anspruch an Händler und Kundenberater – eben Aufbruchstimmung. Die klassische Werbung war nur das Sahnehäubchen. Nicht mehr. Auch nicht weniger.

Eine wichtige Voraussetzung für einen Kommunikationserfolg ist die Vertaktung: Alles muss ineinander greifen. Offensive Kommunikation muss von einer Produkt-Offensive, einer Service-Offensive, einer Vertriebs-Offensive begleitet werden, sonst bleibt sie wirkungslos. Kommunikationserfolg kann nur auf ein neues Niveau gehoben werden, wenn der Impuls hierzu von allen Beteiligten ausgeht. Oft wird versucht, die Welt mit Kommunikation allein zu verändern. Ein sicherer Rohrkrepierer. Enttäuschung beim Auftraggeber. Verbranntes Zelluloid, verbranntes Papier, verbranntes Geld. Es ist, als würde ein Fußballtrainer seine Strategie nur einem einzigen Spieler erklären.

Audi hatte eine Vision und hat an allen Schrauben gleichzeitig und mit Kraft gedreht. So entstand ein hohes Momentum. Ein perfektes Beispiel einer integrierten Offensive, die weit über die reine Kommunikation hinausging. Auch der Durchbruch der Marke BMW in den 70er Jahren zum erfolgreichen Premiumanbieter hat viel mit Angriffslust zu tun. Die Modellpolitik, die Kommunikation, alles war auf Angriff programmiert. Und eine aufstiegsorientierte Klientel dankte es mit Begeisterung. Wer weiß, ob BMW damals schon so viel Produktsubstanz hatte wie heute? Vielleicht nicht, denn auf einer Hauptversammlung gab es den unvergesslichen Zwischenrufer: „Wann sind Ihre Produkte so gut wie Ihre Werbung?" Aber der unaufhaltsame Aufstieg der Marke begann mit Freude an Kommunikation. Und Freude an der Eroberung neuer Marktsegmente.

Eine nie erschienene Anzeige, die damals entstand, war ein subtiler Angriff auf den Mercedes-Stern, mit dem die damalige Agentur die überlegene Triebwerks-Kompetenz von BMW ins Spiel bringen wollte. Die Schlagzeile lautete: „Bei uns ist das Statussymbol unter der Haube." Diese ganz eigene Art offensiver, angriffslustiger Werbung pflegen die Amerikaner seit Jahrzehnten mit ihrer vergleichenden Werbung. Da scheut man sich beispielsweise nicht, einen Panzer über eine europäische Luxuskarosse fahren zu lassen, um zu beweisen, dass das beworbene amerikanische Gegenstück stabiler, sprich sicherer ist.

Das werbehistorische Paradebeispiel für kompetitive Angriffslust ist der Avis-Fall aus den 60er Jahren. Die damals richtungweisende Agentur DDB hatte den relativ unbedeutenden Autovermieter nur unter der Bedingung als Kunden aufgenommen, dass sie kreativ freie Hand bekam. Der Avis-Chef Robert Townsend ging den ungewöhnlichen Handel ein. Es entstand die legendäre Kampagne: „We are only No. 2. But we try harder." Sie ist noch heute ein Lehrstück für Werbetext. Mit jedem Anzeigenmotiv forderte Avis den Marktführer Hertz heraus und stellte ihn als zwar groß und kompetent, aber eben satt und verwöhnt dar. Und Avis als den hungrigen Aufsteiger dagegen.

Hertz nahm den Fehdehandschuh an und konterte kongenial. Es entstand ein Duell, bei dem es letztlich drei Sieger gab: Hertz, die ihre Marktführerschaft ausbauen konnten. Avis, die zu Beginn der Kampagne weit davon entfernt waren, Nummer zwei zu sein, es am Ende aber wurden. Und drittens Amerikas Geschäftsreisende, die das Werbeduell gespannt verfolgten und sich auf die Seite von Avis oder Hertz schlugen, als ginge es um eine Religion. Natürlich gab es auch Verlierer: nämlich alle Autovermieter, die an dem Duell unbeteiligt und damit unbeachtet blieben.

Als in Deutschland Sixt die Nummer eins der Autovermieter wurde, stellte sich die Frage einer Strategieänderung. Nach jahrelanger, schwungvoller Angriffs-Strategie überlegten wir uns, ob jetzt eine souveräne Nummer-eins-Kampagne richtig wäre. So nach dem Motto: Man wird nicht ohne Grund Deutschlands beliebtester Autovermieter. Doch der Instinkt von Herrn Sixt sagte: Nein, die Marke Sixt würde ihren angriffslustigen Charakter und Charme verlieren. Und damit genau das, was der

Geschäftsreisende an der Marke schätzt. So blieb Sixt in der Kommunikation der Angreifer, obwohl es streng genommen gar nichts mehr anzugreifen gab. Und gab diese spannende Position nicht für einen anderen Marktteilnehmer frei.

Abb. 2: Anzeigenbeispiel aus der Sixt-Werbung, 2001

Natürlich gehört auch Verteidigungsarbeit zum erfolgreichen Geschäft. Ein Unternehmen, das nur in der Offensive stark ist, wird auf lange Sicht Niederlagen erleiden, genauso wie die Mönchengladbacher „Fohlenelf" der 70er Jahre mit ihrem bedingungslosen Angriffsfußball. Wer nur Interesse generiert und Kunden erobert, wird seinen Erfolg nicht stabilisieren können.

Doch Werbung ist, auch wenn sie fälschlicherweise immer wieder mit dieser Aufgabe belastet wird, kein Kunden-Bindungsinstrument, sondern ein Kunden-Bildungsinstrument. Die Faktoren, die wirkungsvoll einen Kundenstamm und Marktanteil verteidigen, heißen in erster Linie Produkt und Service.

Von den Kommunikationsdisziplinen ist es vor allem die Direktwerbung, die einen wichtigen Beitrag zur Defensive – sprich zur Kundenbindung – leisten kann. Ganz vorn an der Eroberungsfront steht ganz allein die klassische Werbung. Und zwar in allen Medien – auch das Internet sollte nicht nur als neuer Kanal für alte Werbebriefmechaniken missbraucht werden.

6. Gnädig erlaubt uns der Verbraucher, unser Anliegen vorzutragen.

Was genau macht Werbung effizienter? Welche Art von Kreativität führt zu zählbaren Treffern? Genauso vielfältig wie die Kreativitätserscheinungen sind wahrscheinlich auch die Vorstellungen über Kreativität. Doch genauso, wie ein Medikament erstens nicht alles kuriert und zweitens wohl dosiert eingesetzt werden muss, ist auch Kreativität mit Vorsicht zu genießen. Richtig eingesetzt kann sie Wunder vollbringen. Grundsätzlich gilt: Je höher der Wert einer Botschaft, je interessanter die vermittelten Fakten, desto geringer kann man die Animation dieser Botschaft dosieren.

Natürlich lösen interessante Fakten erst dann emotionale Wirkung aus, wenn sie entsprechend inszeniert werden. Ein gutes Beispiel ist das Klonschaf Dolly, ohne das Genmanipulation niemals so schnell zum Thema der Volksdebatte geworden wäre. Auch eine Werbebotschaft wirkt nachhaltiger, wenn sie durch ein anschauliches Beispiel emotionalisiert wird. Eine Anzeige, in der wir ein Fünfmarkstück hochkant auf einen BMW-Motor gelegt hatten, um die Laufruhe zu demonstrieren, wurde die meistgelesene Auto-Anzeige des Jahres im Spiegel. Eine kreative Idee hilft dort am besten, wo Botschaften austauschbar bzw. kleine Unterschiede dramatisiert werden sollen, die den Verbraucher rational dargestellt langweilen würden. Oder die er verdrängt.

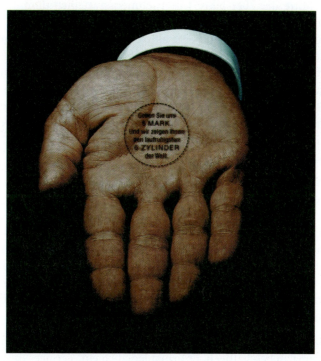

Abb. 3a: Anzeigenbeispiel aus der BMW-Werbung, 2001

Abb. 3b: Anzeigenbeispiel aus der BMW-Werbung, 2001

Wenn bis Mitte der 70er Jahre Unternehmensstrategien dominierten, die das Unternehmen und ihre Produkte an aktuelle Markttrends anpassten, so betreiben Unternehmen seitdem zunehmend eine aktive, zielgerichtete Kommunikationspolitik. Schon allein deshalb, weil sich die Produktlebenszyklen in dem Maße rapide verkürzen, wie die Entwicklungskosten im Gegenzug steigen. Hinzu kommen vielfältige Wandlungserscheinungen in der modernen Gesellschaft. Verschiedenartige Lebensentwürfe und Orientierungsmuster können scheinbar problemlos nebeneinander existieren. Insofern sind Unternehmen erfolgreich, die ihre Produkte jenseits des reinen Funktionsnutzens mit emotionalen Erlebnisqualitäten aufladen.

Produkte symbolisieren Lebensentwürfe und bieten Orientierungsmuster. Die Kommunikation einer solchen flankierenden Zusatzinformation kann aber nur in Geschichten eingebettet erfolgen. Vielleicht beschreibt dies auch der Begriff Kreativität. Nur was der Verbraucher emotional akzeptiert, lässt er in seinen Kopf. Und nicht umgekehrt. Einer unserer Glaubenssätze lautet: Ideen müssen im Bauch stimmen. Und nicht im Kopf. Was rational auf Widerspruch stößt, lässt sich nur emotional verkaufen. Und letzten Endes entscheiden auch die meisten Autokäufer mit dem Bauch, die rationale Rechtfertigung wird hinterhergeliefert. Wäre es anders, müssten viel mehr Menschen Toyota fahren – die Marke, die auf dem Kundenzufriedenheitsindex immer ganz oben steht.

In 98 Prozent aller Fälle zeigt der Verbraucher nur eine geringe Bereitschaft, sich mit einem Thema zu beschäftigen. Er bringt lediglich ein „geringes Involvement" mit und wird den gebotenen Reiz nur peripher verarbeiten. Er schenkt der Werbung nur geringe Aufmerksamkeit, die Verarbeitung ist flüchtig.

Beim hochinvolvierten Verbraucher ist die Reizverarbeitung hingegen zentral; mit klarer Aufmerksamkeit und intensiver Verarbeitung. Diese Situation ist typisch für einen Planungskäufer, der aber leider nur zwei Prozent unseres Publikums ausmacht.

Die größte Herausforderung für uns Werbeleute ist die Aktivierung von „gering Involvierten" und ihre Umwandlung in „hoch Involvierte". Also der Weg von der peripheren hin zur zentralen Reizverarbeitung (Lachmann 2002). Je geringer die Involvierung des Verbrauchers, desto überraschender muss der Effekt einer spannenden Geschichte sein.

Als ich Kind war, verabscheute ich Blaukraut. Immer wieder stand es auf dem Tisch und immer wieder lehnte ich es ab. Eines Tages griff meine Mutter zu einer List. Sie nahm den Topf Blaukraut und fragte: „Möchte jemand noch etwas Starkwerder?" Ich stutzte. Meine Mutter ergänzte lapidar: „Man nennt Blaukraut auch Starkwerder, weil es so stark macht." Ab sofort wurde Blaukraut zur Leibspeise. Die kreative Idee, Blaukraut einfach Starkwerder zu nennen, brachte die entscheidende Veränderung. Meine Einstellung zu Blaukraut war überlistet.

Das ist es, wofür wir Kommunikationsfachleute unser Geld bekommen: plakative Extrakte, die nicht nur eine Tatsache abbilden, sondern einen Prozess auslösen. Und damit Momentum entfachen. Wörter, Sätze, Zitate, hinter denen sich eine Welt auftut. Botschaften, die nicht oben im Kopf hängen bleiben, sondern bis in den Bauch hinabdringen.

Das menschliche Gedächtnis kann man als eine Art Datenverarbeitungsmaschine sehen, mit deren Hilfe wir Informationen – wie zum Beispiel Geschichten – aufbewahren und bei Bedarf auch wieder abrufen können. Der Vergleich mit einem Computer liegt nahe und wird auch immer wieder gern genutzt. Er beschreibt einige bedeutende Eigenschaften des Gedächtnisses, aber Erinnern ist mehr als nur Informationen abrufen. Zur Erinnerung gehört auch die Überzeugung, dass bestimmte Geschichten oder Episoden, derer wir uns erinnern, etwas mit uns zu tun haben, mit anderen Geschehnissen, Erlebnissen oder Wünschen in Verbindung stehen. Unser Alltag wird aber auch von Handlungen geprägt, die wir ausführen können, ohne uns an die spezifischen Umstände des Erlernens erinnern zu müssen. Zum Beispiel, wenn wir unsere Sprache verwenden, einen routinierten Arbeitsablauf ausführen oder Ski fahren. Wir können all dies tun, aber jedes Mal fehlt das subjektive Erlebnis des Erinnerns.

Kognitionswissenschaftler unterscheiden das semantische Gedächtnis, das begriffliches und faktisches Wissen aufbewahrt, und das prozedurale Gedächtnis, mit dessen Hilfe wir Fertigkeiten erlernen und Gewohnheiten erwerben. Es ist wichtig, sich diese Unterscheidung zu vergegenwärtigen, denn wir können uns nur an etwas erinnern, wenn die abzurufenden Informationen in Zusammenhang mit einer bestimmten Zeit und einem bestimmten Ort gebracht werden.

Ich glaube an die Theorie des Siegerpodestes: Sie bezeichnet eine Tendenz, die man auch in der Marktforschung oft wiederfindet. Nämlich, dass nur die drei besten TV-Spots eines Werbeblocks, nur die drei besten Anzeigen einer Zeitschrift und nur die drei besten Plakate einer Autofahrt erinnert werden. Genauso wie bei Olympischen Spielen nur die drei, die auf das Treppchen kommen, im Gedächtnis bleiben. Schon die Nummer vier gehört zum tragischen Club der Vergessenen. Ferner liefen ...

Wir müssen unser ganzes Talent darauf konzentrieren, zu den drei faszinierendsten, markantesten, originellsten, provokantesten, attraktivsten Werbeideen des unmittelbaren Umfelds zu gehören.

Doch unsere Pflicht zur Konzentration geht noch weiter: Auch als Erster, Zweiter oder Dritter haben wir nur das Ticket für etwas Aufmerksamkeit, das aber schnell seine Gültigkeit verliert. Wir sind noch nicht beim Verbraucher gelandet, sondern haben gerade erst die Einflugschneise gefunden. Um wirklich zu landen, muss sich unsere Botschaft auf das Wesentliche konzentrieren. Mancher Werbungtreibende denkt, der Verbraucher sitzt vor dem Fernseher, als wäre er ein Kandidat der damaligen Rudi-Carell-Show „Am laufenden Band": voller Ehrgeiz, in 30 Sekunden möglichst viele Dinge im Kopf zu behalten. Ein teurer Irrtum.

7. Durch Provokation zum Marktführer.

Wer erinnert sich noch an den Prinz von Homburg? Mehr als zehn Jahre hat er geboxt. In weniger als zehn Minuten hat er sich unsterblich gemacht. Der gelernte Schlachter Norbert Grupe, wie er richtig hieß, war vielleicht sogar clever, ganz sicher aber mutig, als er 1969 als Gast im Aktuellen Sportstudio Fernsehgeschichte schrieb. Sein Scoop: Er sagte kein Wort. Er beantwortete jede Frage nur mit Schweigen und Grinsen und schlug den Moderator Rainer Günzler sozusagen rhetorisch k.o. War es seine Idee? War es eine Wette? War es ein Berater, der ihm klarmachte: „Je weniger du sagst, desto intelligenter wirkst du." Si tacuisses, philosophus mansisses. Oder war es authentische Sprachlosigkeit? Wie auch immer: Es war ein Meisterstück der Provokation. Zu einer Zeit, in der es noch keine Privatsender gab und das Aktuelle Sportstudio noch gut eine halbe Nation erreichte.

Oder John Lennon. Viele Bilder von ihm sind in Erinnerung geblieben. Eins ist unauslöschlich. Als er 1969 zusammen mit seiner Frau Yoko Ono die Flitterwochen zu einer einmaligen Friedensdemonstration umfunktionierte. Sie betteten sich im wahrsten Sinne des Wortes eine Woche lang im Amsterdamer Hilton und riefen die Presse. Ihre Aktion nannten sie „hair peace, bed peace". Die Botschaft: Stellt euch vor, die ganze Welt bliebe eine Woche lang im Bett. Es würde eine Woche lang Frieden sein und die Welt würde wissen, wie das ist.

Lauter Beispiele aus einer Zeit, in der besonders provokante Menschen noch einen Namen hatten: Man nannte sie, je nach Standpunkt verächtlich oder bewundernd, Provos. Es liegt nahe, dass auch Provokation den Impuls auslösen kann, der in der Marketing-Kommunikation ein hohes Momentum erzielen kann. In vielen Fällen bietet sie die einzige Chance, wirklich durchzudringen. Der gedankliche Ansatz von Provokation lautet: Nur das Ungewöhnliche, Irritierende, Provozierende findet den Weg ins Bewusstsein unserer Zielgruppe, weil das Gewöhnliche keinen Neuigkeitswert hat und damit nichts bewegt.

Eine Kampagne, die das Stilmittel Provokation immer wieder erfolgreich nutzen konnte, war die Sixt-Werbung. Ich hatte diesen Auftrag vor 17 Jahren übernommen. Damals wurde Sixt in der Mietwagenbranche noch als vernachlässigbare Größe verspottet. Doch eine konsequente Kampfstrategie hat Sixt zum überlegenen Marktführer gemacht. Und den Sprung in den europäischen Markt ermöglicht. Selbst das Ehepaar Sixt räumt ein, dass der Erfolg des Unternehmens ohne diese Werbung nicht möglich gewesen wäre. Doch wir müssen auch zugeben, dass diese Werbung ohne Regine und Erich Sixt nicht möglich gewesen wäre, die provokante, innovative Ideen nicht nur fordern, sondern auch den Mut haben, sie tatsächlich zu bringen. Gerade in Neugeschäftspräsentationen bitten viele Kunden: „Machen Sie uns doch sowas wie Sixt, das finden wir toll." Leider bestimmt dann hinterher nicht der Inhaber, sondern die juristische Abteilung, wie viel Mut die Marke zeigt.

Es ist unbestreitbar, dass provokative Werbung ein höheres Momentum bringt. Trotzdem wird sie nur selten eingesetzt. Ihr Hauptproblem: Die Nebenwirkungen sind nur schwer kalkulierbar. Zwar sammelt man irgendwann Erfahrungswerte, wenn man das Stilmittel Provokation immer wieder benutzt. Aber sicher ist man selten. Weder, dass der Effekt-Turbo wirklich einsetzt. Noch, dass das Effekt-Ärger-Verhältnis am Ende positiv ausfällt. Es gibt aber auch Fälle, wo wir unserem Auftraggeber ziemlich genau voraussagen konnten, welchen Mehrwert provokante Werbung bringt. Nie lagen wir so richtig wie beim TV-Spot „Fulda" für e-Sixt. Bei diesem Spot haben wir auch alle Nebengeräusche einkalkuliert. Und das erstaunlich präzise.

Es ging um einen TV-Spot für das Online-Flugreisen-Angebot von e-Sixt, der möglichst viele Clicks generieren sollte. Unsere Idee war, eine Stadt als die deprimierendste Stadt Deutschlands darzustellen. Und e-Sixt als letzte Hoffnung für die Bewohner, günstig wegzufliegen. Nun mussten wir noch eine geeignete Stadt als Opfer bestimmen. Wir wollten weder eine Ost-Stadt noch einen dieser Klischee-Moloche wie Mannheim, Castrop-Rauxel oder Salzgitter nehmen. Auch Offenbach kam nicht in Frage, zumal Jung von Matt dort vertreten ist. Da ich mal ein sehr unangenehmes Erlebnis in Fulda – nämlich eine langwierige Autopanne – hatte, kamen wir auf Fulda. Nun war noch wichtig, dass die Sixt-Station in Fulda nicht zu viel Umsatz machte. Wir präsentierten den Spot bei Sixt und sagten voraus, dass nach etwa zehn Tagen Ausstrahlung die Medien voll sein würden mit Meldungen wie: „Eine Stadt kämpft um ihre Ehre" etc. Es kam genau so. ZDF, SAT.1 und RTL und unzählige Zeitungen und Zeitschriften von Süddeutsche bis Focus berichteten. Die Münchner TZ hatte an ihren Tausenden von Zeitungskästen ein Plakat mit der Headline: „Wirbel um freche Sixt-Werbung." Eine Woche lang liefen die Drähte zwischen Fulda, Pullach und Hamburg heiß. Natürlich haben wir uns hinterher entschuldigt, sogar mit einem zweiten TV-Spot. Aber auch der hielt vor allem das Thema am Kochen.

Ein treffsicheres Stilmittel der Provokation sind auch die so genannten Tabuthemen der Werbung: Politik und Religion. Vor allem mit Politik ist uns schon mancher Treffer geglückt. Kurz bevor Gerhard Schröder zum Kanzler gewählt wurde, prangerten alle Medien die Unklarheit seines Kurses an. Das nutzten wir für eine Sixt-Anzeige, die Mietwagen mit Navigationssystem ankündigte. Sie zeigte Gerhard Schröder nach rechts und nach links blickend: „Sixt hat Autos für Leute, die noch nicht genau wissen, wo sie hinwollen." Als Oskar Lafontaine nach kurzer Regierungsarbeit das Handtuch warf, schalteten wir eine Anzeige für Sixt-Leasing. Sie zeigte das frisch aufgestellte Regierungskabinett mit einem durchgestrichenen Lafontaine. Die Headline: „Sixt verleast auch Autos für Mitarbeiter in der Probezeit."

Der schönste und größte Coup, der uns mit Politikern gelungen ist, betraf Angela Merkel. Die erste Seite der Anzeige zeigte Frau Merkel mit ihrer viel diskutierten Unfrisur und der Überschrift: „Lust auf eine neue Frisur?" Die zweite Seite zeigte sie mit einer Sturmfrisur: „Mieten Sie ein Sixt-Cabrio!" Das Besondere war: Die CDU-Chefin zeigte beeindruckende Gelassenheit und spielte mit. So brachte ihr die Sixt-Werbung und vor allem das Presse-Echo eine ungeahnte Sympathiewelle ein. Die typische Win-Win-Situation von provokanter Werbung. Die Firma Sixt und Frau Merkel wurden von der Presse bestürmt. Alle großen Fernsehstationen und alle namhaften Zeitungen berichteten. Viele davon mit der Abbildung der Anzeige auf der Titelseite. Ein Mediawert von über 3,2 Millionen Euro entstand. Aus einer Anzeige, die in zwei Titeln geschaltet wurde und keine 100 000 Euro kostete.

Abb. 4: Anzeigenbeispiel aus der Sixt-Werbung, 2001

Wenn Provokation mal nicht ankommt, dann bleibt meist nur der positive Effekt aus. Das Worst-Case-Szenario eines negativen Effekts kommt nur sehr selten vor. Erlebt haben wir das einmal bei Sixt. Wir sollten eine Anzeige machen, die laut und deutlich das Leasingangebot von Sixt ankündigt. Wie immer war maximales Momentum gefragt. Herr Sixt war der Meinung, dass die gesamte Industrie zu viel für ihren Fuhrpark bezahlt, und wollte das Deutschlands Einkaufschefs verdeutlichen. Unsere Idee war, keine herkömmliche Anzeige zu schalten, sondern eine Liste zu veröffentlichen. Schlagzeile: „Hier eine Liste aller Unternehmen, die für ihren Fuhrpark zu viel bezahlen." Darunter waren die 500 größten Unternehmen Deutschlands aufgelistet, eben alle, die für Sixt-Leasing als Kunden in Frage kamen. Die Anzeige löste einen Aufschrei aus, weil sie unerwartet wörtlich genommen wurde. Deutschlands Bosse gingen davon aus, dass die Liste in der Sixt-Anzeige seriös recherchiert war, und stellten ihre Einkäufer und Fuhrparkleiter zur Rede. Sie empfanden es als rufschädigend, öffentlich als Cashburner dargestellt zu werden. Irgendwann schrieb Herr Sixt 500 Entschuldigungsbriefe. Bilanz: Eine Menge Ärger – aber immerhin war das kompetitive Leasing-Angebot von Sixt Gesprächsthema in den Chefetagen.

8. Über Images, Identität und Identifizierung.

Eine Marke ist zunächst etwas Dingliches. Dennoch sprechen wir von der Persönlichkeit einer Marke, ihrer Identität, ihrem Kern. Der Marke werden schon fast magische Kräfte zugeschrieben. Grund genug, dass die Marke als Erlebnis inszeniert wird. Das macht sie für Verbraucher und Rechteinhaber so wertvoll. Was ist nun aber der Unterschied zwischen einem Produkt und einer Marke?

Ein Produkt ist primär ein Funktionsmittel, eine Marke auch ein Profilierungsmittel. Natürlich unterschiedlich je nach Produktbereich: Mit einer Automarke profiliert man sich mehr als mit einem Korkenzieher. Mit einem BMW zeigt dessen Fahrer nicht nur, dass er Wert auf technische Perfektion legt, sondern auch, dass ihm Sportlichkeit und Ästhetik wichtiger sind als Tradition und klassisches Chefgebaren.

Folgt man dem amerikanischen Wirtschaftsjournalisten und Präsidenten des Thinktanks „Foundation on Economic Trends" in Washington, Jeremy Rifkin, wandelt sich die gegenwärtige Ökonomie zu einem Netzwerk zwischen Unternehmen, Lieferanten und Kunden (Rifkin 2000).

Wir sind auf dem Weg vom Markt zum Netzwerk. Vom Eigentum zum Zugang, vom Owner zum User. Ein Automobilhersteller wird in Zukunft vielleicht keine Autos mehr verkaufen, sondern für die Zeitspanne, in der ein Wagen genutzt wird, eine Gebühr verlangen. Der Konsument bekommt dann immer das neueste Modell vor die Türe gestellt. Der Kontakt zur Marke erfolgt nicht nur einmal beim Kauf, sondern während der ganzen Nutzungszeit. Die Marke begleitet den Kunden und bekommt dadurch unzählig viele Möglichkeiten, mit dem Nutzer zu kommunizieren und ihm Zugänge zu weiteren Angeboten zu unterbreiten.

Ford plant in Italien bereits, Kunden ein Rundum-Fahrerlebnis zu liefern – oder, wenn wir uns von diesem produktionstechnischen Terminus trennen können, ein Fahrerlebnis zu bereiten. Das jeweils neueste Auto-Modell, seine Versicherung, das Benzin, die Parkfläche, Autowäsche, sogar die Strafzettel werden von Ford übernommen. Niemand soll in 20 Jahren noch einen Ford kaufen. Dem Kunden wird Zugang zur Netzwerkgesellschaft Ford eröffnet, zur mobilen Ford-Community. Sixt bietet übrigens jetzt schon die Vorstufe dazu an: das Car-Abo.

Die Nummer 1 der Sportwelt besitzt keine Produktionsstätten. Nike besitzt, überspitzt ausgedrückt, nichts außer einem guten Namen und Lizenzen. Symbolisches Kapital in Form einer Markenidee und eines Markennamens. Auch Adidas-Salomon weist eine Fertigungstiefe von nur vier Prozent auf.

Schon sehr früh erkannte McDonald's, dass das Verkaufen einer Idee mehr Geld bringt als das Verkaufen von Hamburgern. Die meisten Filialen gehören bekanntlich nicht McDonald's, sondern Unternehmen, die das Recht für die Namensverwendung auf Zeit von McDonald's gemietet haben. Entscheidend sind die Markenidee und der Markenname. Und die Möglichkeit, den Konsumenten den Zugang zu den Erlebniswelten der Marke zu eröffnen.

Früher hat man sich angehört, was eine Marke zu sagen hat. Heute muss man sich mit der Marke an einen Tisch setzen und kommunizieren. Und was vielleicht noch wichtiger ist: sie kommuniziert für den Verwender. Sie drückt ein Lebensgefühl aus, eine Identität. Auch deshalb ist das Verhalten einer Marke wichtiger als ihre Botschaft. Wer sich eine Rede anhört, ist an einer Meinung interessiert. Wer mit dem Redner hinterher ein Bier trinkt, will mehr. Und heute geht man mit der Marke seines Vertrauens ein Bier trinken.

Die Bedeutung von Kommunikation ist explodiert, weil sich die Marke gewandelt hat: von der Fahne zum Kleid. Früher waren Marken nur Wegweiser, Orientierungshilfen im Dschungel des Angebots. Heute sind sie Teil der Persönlichkeit geworden. Vergessen Sie: Kleider machen Leute. Längst gilt: Marken machen Leute. Wenn Marken zu Bedeutungsträgern werden, bieten sie auch ein ungeheures Potenzial zur Differenzierung, weil man sich in der Kommunikation eines enormen Zeichenvorrates bedienen kann. Differenzierung funktioniert – eben genauso wie im Motorsport – nicht auf der Ideallinie. Wer überholen will, wer angreifen will, muss weg von dieser Linie. Muss vielleicht ein Layout wählen, das mit Sehgewohnheiten bricht. Das vergessen viele Werbungtreibende. Sie lassen sich von Marktforschungstests auf die Ideallinie reden und enden mit einer völlig austauschbaren und damit ineffizienten Kampagne.

Unser Job ist Differenzierung. Differenzierung ist das Gegenteil von Anpassung. Methodisch heißt das, dass die Überlegungen zum USP erweitert werden müssen. Der entscheidende Produktvorteil besteht heute vornehmlich in der Möglichkeit, dem Produkt eine Bedeutungshoheit beizumessen. Nicht im funktionalen Gebrauchsnutzen wie früher: „Nur Pattex klebt wie Pattex." Sondern mit einem emotionalen Mehrwert: „Just do it!" Das Produkt wird somit zu einer Art Zeichensymbolik, zu einer Sprache, die vom Verwender gelesen und verstanden werden kann. Und die auch von anderen verstanden wird – als Aussage des Verwenders. Daher der Trend, Turnschuhe zum Anzug zu tragen.

9. Ich bin der Größte, ich bin der Schönste, ich bin der Stärkste.

Was hatte der NSU RO 80 davon, dass er die Designtrends der Automobilhersteller 20 Jahre antizipierte? Die Hochachtung einiger Experten, aber kaum Markterfolg. Was hatte ein Internetpionier davon, dass er schon Ende der 80er Jahre Antworten auf Fragen hatte, die noch keiner stellte? Was hat ein Avantgardist der Mode davon, dass er einen neuen Stil prägt, der dann eine Saison später von den großen Marken zu Geld gemacht wird?

Im Marketing wird immer wieder beschworen, wie wichtig es ist, den „first mover advantage" für sich zu nutzen, indem man der Erste am Markt ist. Das Paradebeispiel lautet: Lindbergh, der als Erster den Atlantik mit dem Flugzeug nonstop überquerte, ist berühmt geworden. Chamberlin und Levine, die es als Zweite taten, kennt kein Mensch. Auch nicht die Flieger Köhl, Fitzmaurice und von Hünefeld, die als Erste den Atlantik in Ost-West-Richtung überquerten und die die in Fliegerkreisen höher geschätzte Leistung vollbrachten. Natürlich gibt es Branchen, in denen nur der Frühkartoffelpreise erzielen kann, der sein Produkt als Erster anbietet. Dennoch ist die Formel des „first mover advantage" in Frage zu stellen. Wer zu spät kommt, den bestraft vielleicht das Leben. Aber wer zu früh kommt, den bestraft der Markt. Die Wirklichkeit der Marktwirtschaft zeigt: Konsequent zu sein ist oft wichtiger als Erster zu sein.

Größe hingegen ist ein sehr wichtiger Faktor in der Kommunikation. Alain Prost war ein großer Rennfahrer. Er fuhr viele große Rennen und wurde danach groß gefeiert. Manchmal allerdings machte er auch große Fehler. Dann war der 166-Zentimeter-Mann für alle der große Verlierer. Als die knapp 150-Zentimeter-Frau Edith Piaf starb, titelten die Zeitungen: Die große Piaf ist tot.

Warum sind wir fast immer enttäuscht, wenn wir einen berühmten Menschen leibhaftig erleben? Weil wir ihn uns „bigger than life" vorgestellt haben. Wann immer Sie Gelegenheit haben, Madonna oder Maradona gegenüberzustehen, wird Ihnen ein überraschendes Gefälle auffallen. Es ist nicht das Gefälle zwischen Ihnen und dem Star. Sondern das zwischen Ihrer Vorstellung von ihm und der Realität.

Wer eine Person beschreiben will, erfasst zunächst die Körpergröße und das, was wir Figur nennen. Körpergröße ist ein Karrierefaktor. Größe weckt Vertrauen. So wie das Rotkäppchen im Märchen dem Wolf vertraut, vertraut man auch großen Menschen mehr als kleineren Menschen. Große Menschen erzeugen Unterwürfigkeitsinstinkte aus grauer Vorzeit. Und der große Mensch fühlt, dass er groß ist und dass er derjenige sein kann, der vorausgeht. Große Menschen werden vorgeschickt. Und mit „Short People and little Criminals" kommentiert Randy Newman ironisch seine fehlenden Zentimeter. Es ist unzweifelhaft, dass Größe eine inhaltliche Dimension hat. Es gibt große Neuigkeiten, große Sensationen und großen Erfolg. Gemeint sind bedeutende Neuigkeiten, bedeutende Sensationen und bedeutende Erfolge. Größe steht für nichts anderes als für Bedeutung.

Jeder Mensch hat gelernt: Was groß in der Zeitung steht, ist bedeutend. Was einspaltig klein dasteht, ist nebensächlich. Jeder Mensch erlebt täglich: Was in der Tagesschau minutenlang berichtet wird, ist weltbewegend. Was nur kurz gestreift wird, ist vergleichsweise unwichtig.

Wenn Bild auf Seite eins formatfüllend „Schumi Unfall" schreibt, denkt man sofort an etwas Schlimmes. Wenn der gleiche Text im Kleingedruckten steht, denkt man: Michael Schumacher wird sich bei Testfahrten den Frontspoiler verbogen haben. Größe verändert den Inhalt, egal ob bei Bild oder F.A.Z. Das physikalische Gesetz der Kommunikation lautet „The size is the message". (Ohne Marshall McLuhan zu nahe treten zu wollen.)

Als in Berlin das neue Bundeskanzleramt eingeweiht wurde, richtete sich die Kritik gegen die Größe des Bauwerks. Das wiedervereinte Deutschland repräsentiere mit einem zu großen, zu teuren, kurz, mit einem monumentalen Verwaltungskomplex. Hier wird Größe zum Insignium von Macht. Es ist nicht nur die Bedeutung, die sich verändert. Es ist auch der Respekt, der steigt. Katholische Kirchen und Jil-Sander-Shops sind aus keinem anderen Grund so hoch gebaut, als dass sich der Mensch klein fühlt. Die Höhe des Raums flößt Respekt und – im wahrsten Sinne des Wortes – Hochachtung ein. Und diese Hochachtung bringt zählbaren Erfolg. Schließlich muss es sich rechnen, wenn Verkaufsräume weltweit über zwei Etagen gebaut werden und entsprechend viel Miete und Energie verschlingen.

Warum ist es für Werbungtreibende so schwer, dieser Gesetzmäßigkeit zu folgen? Oft wird Werbeagenturen zum Beispiel unterstellt, teure Doppelseiten statt doppelt so viele einseitige Anzeigen zu empfehlen, weil sie mehr daran verdienen würden. Genau besehen bedeutet aber ein Haufen kleinerer Anzeigen mehr Aufwand, der dem Kunden natürlich in Rechnung gestellt wird. Warum erkennen die Entscheider also nicht, dass ihre Produkt- oder Markenbotschaft durch ein großes Format wichtiger erscheint? Warum nutzen sie die einfachste Chance nicht, ein höheres Momentum zu erzielen? Weil die meisten Werbungtreibenden in Frequenzen denken. Sie gehen im vorauseilenden Misstrauen davon aus, dass ihre Botschaft so uninteressant ist, dass sie so oft wie möglich wiederholt werden muss. Dabei gilt eher: Größe beeindruckt. Penetranz nervt.

Wiederholungen wirken von vornherein hilflos. Jeden Morgen wird Tausenden von Vielfliegern erklärt, wie sie die Sicherheitsgurte anlegen sollen und wo im unwahrscheinlichen Fall eines Druckverlusts die Sauerstoffmaske herausfällt. Die Luftfahrtbehörde schreibt diese Ansage vor, aber kein Mensch hört zu. Jeder ist enttäuscht, wenn ein Vortrag sich als Wiederholung entpuppt. Niemand mag abgedroschene Thesen hören. Jung ist jedes Mal beleidigt, wenn in einem Meeting dasselbe zwei- oder dreimal gesagt wird: „Haltet ihr mich für senil?" Warum soll es dem Verbraucher anders gehen, wenn ihm an einem Fernsehabend in jedem Werbeblock immer wieder dasselbe vorgekaut wird?

Kein Zeitungs-Redakteur würde bei einem packenden Artikel sagen: Der muss aber mindestens sechsmal kommen. Auch ein Fernsehsender kann sich nicht über Wiederholungen profilieren. Die Quote fällt mit jeder Ausstrahlung (vielleicht mal abgesehen von Kult-Klassikern wie „Casablanca"). Und das Image des Senders leidet. Trotzdem versuchen die meisten Werbungtreibenden, die Häufigkeit ihrer Schaltungen zu maximieren. Im alten Dilemma zwischen Format und Frequenz haben wir eine klare Meinung. Wir glauben: Werbung muss ein Erlebnis sein, das der Verbraucher mit einer Marke hat. Wenn dieses Erlebnis stark ist, reicht eins aus. Wenn es schwach ist, sind auch zehn noch zu wenig. Der Verbraucher fühlt, aber er zählt nicht mit.

Unser Auftraggeber Sixt hat diese Erkenntnis schon früh gehabt. Von der ersten Anzeige an ging es immer um den Marktführer-Anspruch der Marke. Kleine Formate kamen schon deshalb nicht in Frage. Die Marke sollte nie als vorsichtig taktierend, sondern von Anfang an als Platzhirsch erlebt werden. Um diese Strategie finanzierbar zu machen, konzentrierte man sich ganz auf die Zielgruppe Geschäftsreisende, platzierte genau und schaltete lieber wenig.

10. Was wir alle von der Formel 1 lernen können.

Immer wieder wird vom Technologie-Transfer gesprochen, den die Formel 1 den Serienfahrzeugen bietet. Von einem der Automobilhersteller einmal auf die kompakte Formel gebracht: „We race, you win." Und natürlich gibt es sie auch, diese Erkenntnisse der Hochtechnologie, die in die Serie einfließen – wer's nicht glaubt, sollte mal den neuen BMW M3 CSL fahren.

Abb. 5: Anzeigenbeispiel aus der Einführungswerbung des BMW M3 CSL, 2003

Aber das allein kann sicher die enormen Aufwendungen für ein Formel 1-Engagement nicht rechtfertigen. Formel 1 ist in erster Linie Marketing, genau gesagt, eine Form der Marketing-Kommunikation, die insofern hochriskant ist, als sie von den erzielten Erfolgen abhängt. Hunderte von Millionen in ein Hinterbänklerteam zu stecken, ist der worst case dieser Art der Kommunikation. Und die Wahrscheinlichkeit, am Ende nicht bei den drei besten Teams zu landen, ist hoch: Sie beträgt präzise 70 Prozent.

Das Interessante dabei ist, dass in den hoch entwickelten Kommunikationskanälen wie klassischer Werbung, Direktwerbung etc., der Trend zu immer mehr Vorhersehbarkeit der Kommunikationseffekte ungebrochen ist: Teststudios haben Hochkonjunktur, was seine Wirkung nicht sofort belegen kann, hat kaum eine Chance. Auf der anderen Seite wird beim Sport-Sponsoring, insbesondere in der Formel 1, selbstverständlich akzeptiert, dass die Wirkung weder per Test noch per fachmännischem Urteil antizipierbar ist. Es gibt also doch Mut in der Kommunikation, sogar, wenn es um Zig-Millionen-Beträge geht. Nur bei der klassischen Marketing-Kommunikation scheint er oft zu fehlen.

Wenn der Erfolg dann eintritt, können Rennerfolge in der Tat einen sehr wichtigen Beitrag zum Markenwert leisten. Umgekehrt macht aber eine starke Marke einen Rennsieg nicht wahrscheinlicher. Der Stoppuhr ist es egal, ob ein Ferrari oder ein Renault die Lichtschranke kreuzt. Hier zählt das Package aus Team und Etat und sonst nichts. Und hätte Minardi das beste Package, würde Minardi nicht nur Markenweltmeister, sondern hätte auch die besten Zukunftsaussichten: Es liegt nahe, dass die talentiertesten Fahrer dort fahren wollen, wo ihr Talent Funken sprühen kann. Das ist übrigens auch für den Nachwuchs in der Werbebranche ganz typisch.

Vielleicht taugt die Formel 1 sogar als wirtschaftstheoretisches Modell: In den letzten Jahren stotterte der Motor der „Deutschland AG". Und wie in jeder Wirtschaftsflaute ist die Kommunikationsindustrie besonders betroffen, die Etats wurden heruntergefahren, vor allem die Medien erlitten markante Einbußen. Im übertragenen Sinne erleben wir eine – ziemlich lange – Pace-Car-Phase. Alle fahren brav nebeneinanderher, schonen ihre Ressourcen, achten auf ihre Position, aber keiner greift an. Alle warten darauf, dass das Pace-Car endlich wieder ausschert und die Wirtschaft das Zeichen „Go!" bekommt. Der Unterschied: In der Formel 1 basiert der Nicht-Angriffspakt auf den Regeln. Wer jetzt überholt, wird herausgewunken. Die freie Marktwirtschaft ist frei: Jeder könnte diese Phase mit einer antizyklischen Investition durchbrechen und einen komfortablen Vorsprung herausfahren.

Bildlich gesprochen: Gelblicht bei der Formel 1, alle fahren brav hintereinander her. Plötzlich gibt Frentzen Vollgas, überholt alle und kommt mit riesigem Vorsprung ins Ziel. Die Zuschauer jubeln und die Konkurrenten schimpfen: „Dieser Hund hat antizyklisch Gas gegeben und uns alle kalt erwischt." In der Wirtschaft wäre das erlaubt. Spricht man Unternehmer auf den möglichen Effekt von antizyklischen Investitionen an, nickt jeder. Gerade in der Kommunikation bietet sich ein Überraschungsangriff an. Dann in Werbung investieren, wenn alle sich zurückhalten: Der Mechanismus ist plausibel. Trotzdem tut es kaum einer. Vielleicht auch hier, weil man sich lieber anpasst, um keine Fehler zu machen? Weil man ja „kein Risiko" angekreuzt hat? Weil man doch immer „Normal" getankt hat?

In guten und in schlechten Zeiten gilt, dass Kommunikation an ihre Grenzen gehen muss, um ihre Wirkung zu maximieren. Wie sagte doch der ehemalige Formel-1-Weltmeister Mario Andretti: „If things seem under control, you are just not going fast enough."

Jean-Remy von Matt

Inhaber und Gründer, Jung von Matt AG

Jean-Remy von Matt, geboren am 2. November 1952 in Brüssel, absolvierte nach dem Abitur in Zürich eine Ausbildung zum eidgenössisch diplomierten Werbekaufmann. 1975 begann er seine berufliche Laufbahn als Junior-Texter bei Ogilvy & Mather in Frankfurt. Zwischen 1979 und 1986 arbeitete er als Creative Director für Eiler & Riemel/BBDO in München. Danach wechselte er von 1986 bis 1991 als Gesellschafter und Geschäftsführer zu Springer & Jacoby in Hamburg. 1991 gründete er die Agentur Jung von Matt.

Kapitel 4

Markenführung Revisited – Stellhebel eines modernen Markenmanagements

Fabian Brandt und Dr. Andreas Spengel,
Mercer Management Consulting
Simon Schnurrer

Fabian Brandt, Dr. Andreas Spengel, Simon Schnurrer

1. Ausgangslage

Die Rückgewinnung eines verlorenen Kunden kostet ein Vielfaches dessen, was es kostet, einen bestehenden Kunden zu halten. Aktuelle Studien rechnen für die Rückgewinnung verlorener Kunden mit dem drei- bis siebenfachen der Kosten, die für die Bindung von Kunden notwendig sind. Kundenbindung wird somit zum strategischen Erfolgsfaktor des Markenmanagements.

Doch wie können Kunden nachhaltig an die Marke gebunden werden? Kundenbindung und das damit einhergehende Markenvertrauen und -image unterliegen langen Zyklen. Es müssen eine Vielzahl von Faktoren gezielt gesteuert werden. Basis hierfür ist die Identifikation der zugrunde liegenden Treiber. Aktuelle Studien räumen hierbei drei Einflussgrößen eine herausragende Rolle ein: *Händlertreue, Markentreue* und *Produkt-* und *Dienstleistungszufriedenheit*.

Die Händlertreue als erster zentraler Erfolgsfaktor determiniert die Markentreue maßgeblich. Operationalisieren lässt sich die Verbundenheit mit einem Händler über verschiedene Kriterien wie Auslieferungstreue, Betreuungsqualität, Beschwerdemanagement oder Kundendienstqualität. Entscheidend ist jedoch, dass ein beträchtlicher Anteil für Markentreue auf die Qualität des Händlers zurückzuführen ist. Dies begründet auch, weshalb beim Wechsel der Marke eines „guten" Automobilhändlers der Händler nur einen Teil seiner Kunden verliert.

Ein weiterer wichtiger Erfolgsfaktor für die Kundenbindung ist die direkte Markentreue der Kunden. Am Beispiel eines einfachen Vergleichs lässt sich dieses Phänomen eindrucksvoll zeigen. Obwohl die Marke Toyota drei der ersten fünf Plätze bei der Zuverlässigkeit ihrer Fahrzeuge im Vergleich mit anderen Herstellern einnimmt, wird sie von nur einem Drittel aller Autofahrer als zuverlässig eingestuft. Umgekehrt sieht es bei Mercedes-Benz aus: Das zuverlässigste Fahrzeug (der SL) landet auf Platz 37, den letzten Platz nimmt ebenfalls ein Fahrzeug von Mercedes-Benz ein. Trotzdem sind 88 Prozent der Mercedes-Benz Fahrer mit der Zuverlässigkeit sehr zufrieden, und selbst 61 Prozent aller Autofahrer halten Mercedes-Benz für das zuverlässigste Fahrzeug.

Den eindeutig stärksten Einfluss auf die Markenloyalität hat jedoch die Zufriedenheit mit dem Fahrzeug selbst. So wirkt sich die Produktzufriedenheit am stärksten auf den Wiederkauf einer Marke aus. Produktzufriedenheit wiederum lässt sich am besten mit Qualitätsmerkmalen messen, wie etwa Verarbeitung, Zuverlässigkeit, Sicherheitsstandards, Wiederverkaufswert, Styling etc. Mercedes-Benz beispielsweise verwendet zur Messung von Produktqualität fünf Kriterien: Konzeptqualität, Zuverlässigkeit, Auslieferungsqualität, Wirtschaftlichkeit und Langzeitqualität. Je besser diese Kriterien erfüllt werden, desto höher ist die Produkt- und in Folge die Marken- und Kundenzufriedenheit.

Produktzufriedenheit darf dabei nicht auf die Produktleistung selbst verkürzt werden, sondern muss auch die Zufriedenheit mit „Downstream"-Services umfassen.

Der Grund hierfür liegt in den nur noch eingeschränkten Möglichkeiten für eine nachhaltige technische Alleinstellung im Markt. Waren früher technische Ausstattungsmerkmale wie Direkteinspritzung, permanenter Allradantrieb oder ABS Garanten für eine längerfristige Differenzierung gegenüber dem Wettbewerb, werden solche Wettbewerbsvorsprünge heute innerhalb kürzester Zeit egalisiert. Die Ursachen hierfür liegen zum einen in der zunehmenden Ausreifung des Kernprodukts Auto, aber auch der kontinuierlichen Reduktion der Wertschöpfungstiefen. Insbesondere die Auslagerung ganzer Komponenten an Zulieferer führte in den vergangenen Jahren zu einer deutlichen Angleichung bei den Produkteigenschaften.

Über die technische Differenzierung hinaus setzten die Hersteller konsequent auf die kontinuierliche Steigerung der eigenen Qualität. Im Ergebnis führte der Qualitätswettbewerb auf der einen Seite zu einer immer weitergehenden Ausreifung der angebotenen Modelle, auf der anderen Seite zu einer Angleichung der Qualitätslevel. Hohe Qualitätsniveaus, die einstige Domäne deutscher Automobilhersteller, werden zunehmend in vergleichbarem bzw. höherem Maße auch von vermeintlichen Billiganbietern erreicht.

In Verbindung mit sich angleichenden Kostenstrukturen und Preisspannen stehen die Fahrzeughersteller vor der Herausforderung, optisch und funktional immer ähnlichere Automobile gegenüber dem Wettbewerb abzugrenzen. Eine der zentralen Aufgaben liegt deshalb in der Markenpositionierung der eigenen Fahrzeuge im Wettbewerbsumfeld. Eine strategische Ausrichtung der Kommunikationsaktivitäten sowie ein gezieltes Markenmanagement werden somit zu zentralen Elementen der Gesamtunternehmensstrategie.

Eine erfolgreiche Markenkommunikation muss dabei den Herausforderungen eines zunehmend dynamischen Wettbewerbs mit immer kürzeren Innovationszyklen und einer verstärkten Angleichung von Produkten etwas entgegen zu setzen, das Bestand hat und sie aus Sicht der Kunden von der Masse der Wettbewerber eindeutig differenziert. Voraussetzung hierfür ist ein systematisch betriebenes Markenmanagement, das die einzigartige Positionierung des eigenen Leistungsversprechens am Markt sicherstellen muss.

Eine zentrale Besonderheit des Markenmanagements in der Automobilindustrie liegt in der Tatsache begründet, dass die Höhe der Investition den Automobilkauf für den Kunden zu einem wirtschaftlich bedeutsamen Themenkomplex machen. Die Entscheidung über einen Fahrzeugkauf ist mit einem extensiven Kaufentscheidungsprozess verbunden. Im Gegensatz zu Konsumgütern, bei denen es häufig zu Spontankäufen kommt oder bei denen die tatsächliche Distribution einen entscheidenden Einfluss auf die Abverkäufe hat („No one ever walks a 100 metres for a Snickers"), entscheidet der Kunde beim Automobilkauf sehr differenziert. Hierzu zählt die gezielte Vorabinformation über Händler, Fachpresse, Testberichte sowie der Kalkulation der Investition über alternative Finanzierungsmodelle. Die potenziellen Kunden nutzen zur Information die gesamte Palette der Informationskanäle.

Im Vorfeld dieses Informationsprozesses kommt den Marken eine erste wichtige Funktion zu: Sie signalisieren den potenziellen Kunden in einem schwierigen Kaufprozess stark verdichtet, welche Eigenschaften das jeweilige Fahrzeug besitzt. Die durch die Marke verkörperten Eigenschaften beschränken sich dabei nicht ausschließlich auf technische oder rational erklärbare Eigenschaften, sondern umfassen ebenso emotional besetzte Dimensionen, die die potenziellen Kunden in der heutigen Produktwelt immer stärker bei der Produktwahl beeinflussen.

Marken erfüllen für die Kunden gleichzeitig eine soziale Signalfunktion. Über die Wahl der entsprechenden Marke und des Modells signalisieren die Kunden die Zugehörigkeit zu bestimmten Gesellschaftsschichten. Diese Prestige- und Imagefunktion ist nicht zu unterschätzen und bewegt viele Kunden zu einer höheren Preisbereitschaft. Die Marke bzw. die Reputation des Herstellers wird zum Garanten für das Niveau der eigentlichen Produktleistung und unterstützt den Vertrauensaufbau.

Die Marke (bzw. auch die Loyalität zur „eigenen" Automobilmarke) steht dabei nicht nur im Wettbewerb zu anderen Automobilmarken und dient nicht nur zur Differenzierung zwischen den Automobilherstellern. Automobilmarken stehen immer stärker auch im Wettbewerb um Kaufkraft mit den Erlebniswelten anderer Marken. Erlebniswelten wie Wohnen (Möbel, Home-Entertainment, Garten etc.), Freizeitgestaltung (Sport, Hobbys etc.) oder Urlaub (Reisen, Hotels etc.), selbst Arbeitswelten (Branchen, Unternehmen, Gewerkschaften etc.) haben eigene, starke Marken.

Die Auffächerung der Modellpaletten als Reaktion auf veränderte Kundenbedürfnisse stellt die Hersteller darüber hinaus vor die Herausforderung, die Positionierung der einzelnen Modelle unterhalb eines Markendachs aufeinander abzustimmen. Die Auffächerung der Modell- und Markenpaletten verlangt dabei nach einer differenzierten Marktbearbeitung, die sicherstellt, dass

- die einzelnen Modelle und Marken auf das Gesamtsystem einzahlen und
- gleichzeitig die Erschließung neuer Kundensegmente nicht innerhalb der eigenen Modell- und Markenpalette kannibalisiert wird.

In diesem Wettbewerbsumfeld von nur noch geringen Differenzierungsoptionen auf Basis von technischen Leistungsmerkmalen, intensiven Kaufentscheidungsprozessen bei den Kunden sowie breit ausgebauter Modell- und Markenpaletten müssen die Automobilhersteller ihre Markensteuerung permanent verbessern, um sich auch in Zukunft gegenüber den Wettbewerbern durchzusetzen.

2. Stellhebel der Markenführung in der Automobilindustrie

Traditionell lag der Schwerpunkt der Anstrengungen zur Kundenbindung und zum Aufbau von Markentreue auf den Instrumenten der klassischen Werbung sowie der kaufnahen Vertriebskommunikation:

- Die Werbung der Premiumhersteller betonte etwa Imagedimensionen wie Sicherheit, Sportlichkeit oder Prestige, wohingegen Massenhersteller eher Dimensionen wie Preis hervorhoben.

- Die kaufnahe Vertriebskommunikation wurde durch eine ansprechende Gestaltung der Verkaufsräume, Probefahrten, Broschürenpakete etc. unterstützt.

Markenführung reduzierte sich in der Vergangenheit häufig auf eine mit großen Mitteln ausgestattete Massenkommunikation, die kombiniert mit der direkten Überzeugungsarbeit am Kunden der eigenen Marke zum Erfolg verhelfen sollte. Dieser Ansatz wird zukünftig jedoch nicht länger ausreichend sein.

Bislang lag der Schwerpunkt der Kommunikationsaktivitäten der Fahrzeughersteller auf der Produktvermarktung in der Kauf- und der unmittelbaren Vorkaufphase. In den Zwischenzeiten versuchten die Hersteller, über klassische Werbung das eigene Image möglichst nah an die Idealvorstellungen ihrer jeweiligen Zielgruppen heranzuführen. Diese Konzentration ist jedoch besonderen Risiken ausgesetzt und bedarf einer grundlegenden Neuausrichtung.

Zum einen existieren entstehen große Streuverluste in der breiten Massenkommunikation. Neben der Austauschbarkeit der visuellen Erscheinung nehmen die potenziellen Abnehmer nur einen Bruchteil der Werbung tatsächlich wahr. Das kommunikative Grundrauschen der klassischen Werbung erreicht die Kunden immer weniger: So müssen sich die Hersteller in einem von stetig steigender Kommunikationsdichte geprägten Wettbewerbsumfeld durchsetzen. Ihre Botschaften werden im Werbedschungel immer weniger wahrgenommen. Kann man heute davon ausgehen, dass 98 Prozent der Werbeinformationen von den umworbenen Kunden überhaupt nicht mehr wahrgenommen werden, so wird schnell deutlich, an welche Grenzen dieser Weg der Markenführung stößt.

Viel schwerwiegender ist jedoch, dass das Leistungsversprechen der Automobilhersteller und Automobilhändler nicht immer den Tatsachen in der Realität standhält. So werden heute Milliarden in die Werbung und die Präsentation von Fahrzeugen investiert. Riesige Glasbauten und Werbekampagnen (Autostadt, Automuseen, Kundenzentren etc.) erzeugen beim Autofahrer die Erwartungshaltung, dass das in der Marketingwelt geschaffene Leistungsversprechen – perfektes Design, höchste Transparenz und Sauberkeit, bester Service – auch erfüllt wird. Die Realität, nämlich geringe Liefertermintreue, unzumutbare Wartezeiten bis zum Servicetermin, arrogant auftretendes Verkaufspersonal, unvollständig ausgeführte Reparaturen, sieht oft anders aus. Die Differenz zwischen Wirklichkeit (mit Fehlern) und Anspruch (die heile Erlebniswelt Auto) wird dabei immer größer und Leistungsversprechen („Value proposition") und Leistungsrealität („Value for money") klaffen weit auseinander. Hier müssen Automobilhersteller, -zulieferer und -händler die Glaubwürdigkeitslücke schließen, um die Markentreue nachhaltig erhöhen zu können.

Ein sichtbares Ergebnis dieses Missverhältnisses ist, dass die tatsächliche Markentreue von Automobilkunden in den letzten fünf Jahren um 18 Prozent abgenommen hat. Vielmehr noch wird sie weiter sinken (siehe Abb. 1). Zu diesem Ergebnis kommt eine aktuellen Studie von Mercer Management Consulting, in der 2 500 Automobilfahrer in den USA, Frankreich, Großbritannien und Deutschland befragt wurden. So ist zwar die potenzielle Markentreue (Produktinteresse und Kaufabsicht) beim Auto gestiegen, die tatsächliche (Kauf des Fahrzeugs der bisherigen Marke) jedoch gesunken.

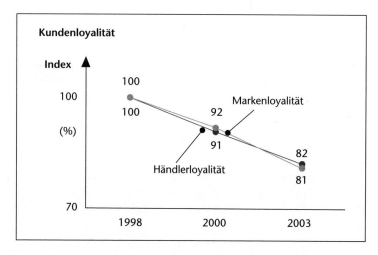

Abb 1: Die Entwicklung von Markenkunden und Händlerloyalität

Hervorzuheben ist dabei, dass dies nicht nur für Automobilkunden zutrifft, die bereits Erfahrungen mit der Marke haben, sondern auch für Neukunden. Hohe Markentreue von „Altkunden" zieht demnach auch Neukundenakquisitionen nach sich, ebenso wie der Verlust eines Kunden gravierende Auswirkungen hat.

Markentreue hängt dabei zu einem großen Teil vom Kauferlebnis beim Händler und vom Kundendienst des Markenhändlers ab. Hier wirken die hohen Werbeausgaben der Massenkommunikation nur noch bedingt. Vielmehr entscheidend wird die tatsächliche Leistung des Händlers bzw. der Vertragswerkstatt vor Ort. In diesem kritischen Kontaktpunkt ist heute jedoch nur ein niedriger Anteil der Automobilkunden mit dem Verkauf (45 Prozent) bzw. mit der Service-/Reparaturleistung (34 Prozent) des eigenen Markenhändlers sehr zufrieden. Die Dienstleistungsqualität muss deshalb in den Fokus des Managements gerückt werden.

Markenführung Revisited

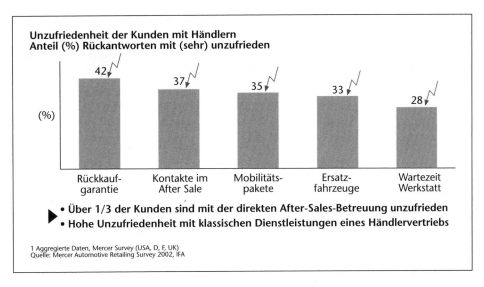

Abb. 2: Unzufriedenheit mit Services

Das Verbesserungspotenzial wird deutlich, wenn die Kunden nach konkreten Erlebnissen im Servicebereich befragt werden. Insbesondere klassische Dienstleistungen der Händlervertriebe erhalten schlechte Bewertungen durch die Kunden. Besonders hervorstechend ist die Unzufriedenheit mit den Kontakten im After-Sales-Geschäft. Aber auch einfache Serviceleistungen wie die Bereitstellung eines Ersatzfahrzeugs werden bei einem Drittel der Kunden nur mangelhaft erbracht und führen immer wieder zu negativen Erlebnissen während der Nutzungsphase des Automobils.

Hierin wird die Diskrepanz deutlich, die sich zwischen Anspruch und Wirklichkeit in der heutigen Markenführung ergibt. Das „Downstream"-Geschäft, das neben der hohen wirtschaftlichen Bedeutung auch einen hohen Einfluss auf die Markenbildung und die Etablierung von Markentreue hat, wird bislang nur stiefmütterlich behandelt. Das Verhältnis zwischen Neufahrzeugumsatz und „Downstream"-Umsatz (Service, Reparatur, Tanken, Versicherung, Finanzierung, Ersatzteile, Gebrauchtwagen etc.) liegt jedoch bei 1:3! Markentreue (zufriedene) Kunden konsumieren dabei einen deutlich höheren Anteil dieses profitablen Geschäfts bei „ihrer" Marke (Markenhändler, Markenbank, Markenersatzteile etc.).

Dies in Kombination mit der Erkenntnis, dass Qualität zunehmend über mit dem Produkt verbundene Dienstleistungen wie Services, Finanzierungen etc. wahrgenommen wird, ergibt ein hochexplosives Gemisch für ein traditionell ausgerichtetes Markenmanagement. Das hochqualitative Produkt ist nurmehr der erste Schritt zum gezielten Aufbau von Markentreue. Darüber hinaus haben in der Nutzungszeit des Automobils die wiederkehrenden Kontaktpunkte bzw. „moments of truth" eine herausragende Bedeutung für die Absicherung der Markentreue.

Es wird deutlich, dass breit streuende Kommunikation mit ihren riesigen Etats allein nur geringe Beiträge zur Kundenbindung und zum Aufbau von Markentreue leisten kann. Vielmehr stellt sie das kommunikative Vehikel dar, um dem Kunden die eigene Markenerlebniswelt zu vermitteln. Die konkrete Kundenbindung findet jedoch im direkten Kontakt statt. Der persönliche Kontakt sowie der erlebbare Servicelevel gewinnen an Bedeutung und werden zukünftig zu zentralen Stellhebeln des Markenmanagements werden.

Zur Verdeutlichung der ungenutzten Potenziale reicht es, sich die heutige Situation vor Augen zu führen. Insbesondere während der Phase des Produktkaufs nutzen die Hersteller intensiv die Möglichkeit, die potenziellen Kunden von den Vorzügen ihrer Produkte zu überzeugen. Nach dem eigentlichen Kauf findet jedoch häufig ein starker Rückgang der Kommunikationsaktivitäten statt. Während dieser Phase reduzieren sich die Aktivitäten auf die Kanäle der klassischen Werbung, und der Kontakt zum Kunden bricht geradezu ab.

Potenziell wertvolle Kontaktpunkte wie Reparaturen oder Inspektionen werden nur unzureichend genutzt. Als Folge stehen die Hersteller heute vor dem doppelten Problem durchschnittlich lediglich 1,3 Kundenkontakte pro Jahr zu haben und darüber hinaus diese wenigen Kontakte nur unterdurchschnittlich für die Markenpflege im Sinne der Kundenzufriedenheit zu nutzen.

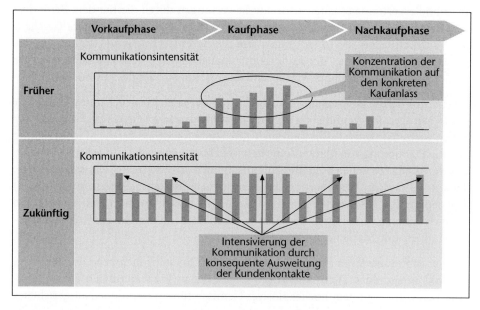

Abb. 3: Anspracheanlässe im Kauf- und Nutzungszyklus

Ziel muss es deshalb zum einen sein, die Kundenkontaktfrequenz zu erhöhen. Dies kann beispielsweise erreicht werden über die Erweiterung des eigenen Produktspektrums um Services, die es dem Hersteller ermöglichen, regelmäßig mit den Kunden in Kontakt zu treten. Neben der reinen Frequenz der Kundenkontakte müssen gleichzeitig bestimmte Mindestanforderungen an Servicelevels erreicht werden. Hier klafft heute zwischen Anspruch der Markenpositionierung und der tatsächlichen Erreichung von Servicelevel eine erhebliche Lücke.

BMW adressiert solche Mängel beispielsweise über die Verzahnung von Internet und stationären Händlern. Kundenanfragen aus dem Internet werden zunächst an die Vertragshändler weitergeleitet, die sich binnen 48 Stunden mit den Kunden in Verbindung setzen müssen. Falls der Vertragshändler sich nicht beim Kunden meldet, wird automatisch eine Kundenansprache von Seiten der Zentrale initiiert und somit eine Verärgerung des Kunden vermieden.

Dies sind jedoch nur erste Ansätze. Vielfach besteht akuter Handlungsbedarf, und der Vertrieb gerät regelmäßig in eine defensive Position gegenüber dem Kunden.

Vertriebskommunikation muss deshalb weitaus mehr umfassen als die reine Verkaufskommunikation, um eine systematische Markenführung gezielt unterstützen zu können. Hierzu ist eine systematische Erweiterung der angebotenen Services und Dienstleistungen notwendig. Neben Standardservices auf hohem Qualitätsniveau müssen Dienstleistungspaletten entwickelt werden, die dem Kunden einerseits einen direkten Mehrwert liefern, andererseits eine konsistente Markenpositionierung unterstützen.

Die Konsistenz und glaubwürdige Inszenierung der Markenpersönlichkeiten darf sich deshalb nicht auf das Produkt beschränken, sondern muss die gesamte Vermarktungskette im Automobilhandel beinhalten. Hierzu zählen

- das System der bislang exklusiven Vertriebskanäle im Neuwagen- und Gebrauchtwagenverkauf. Hier stehen die Automobilhersteller nach dem Wegfall der Gruppenfreistellungsverordnung (GVO) vor besonderen Herausforderungen.

- das Angebot von Serviceleistungen. Hierbei kann es sich zum einen um direkte Leistungen am Automobil handeln. Zum zweiten müssen auch weitergehende Dienstleistungen wie Finanzierungen und Leasingangebote dem gesamten Markenauftritt gerecht werden. Dies ist insbesondere von Bedeutung, wenn es sich bei den Finanzdienstleistungen um Angebote konzerneigener Finanztöchter handelt.

- die Schaffung von Markenerlebniswelten. Hierzu zählen erlebnisorientierte und zugleich verkaufsnahe Flagship Stores, in denen die Marke weitaus besser inszeniert werden kann, als dies häufig im dezentralen Vertriebsnetz möglich ist.

Solche markenunterstützende Kontaktpunkte müssen zu einem Eckpfeiler werden, das Potenzial der eigenen Marke erlebbar zu machen und gegenüber Angriffen der Wettbewerber zu stärken.

Die größte Herausforderung, die Markentreue zu verbessern, liegt im Management von Produkt- und Servicequalität der jeweiligen Marke. Produkt-Servicequalität bemisst sich zum einen an der tatsächlichen Produktleistung und wird dort auch täglich erlebbar. Hierbei spielen Services eine herausragende Rolle, da hier nach dem Kauf eines Automobils die meisten Kontaktpunkte über den gesamten Lebenszyklus entstehen. Gezieltes Management dieser Kontaktpunkte ist notwendig.

Qualität ist nicht nur für das Fahrzeug selbst, sondern auch im Service entscheidend. Im Wort Dienstleistung steckt das Wort „dienen" – und damit haben viele Personen in der Fahrzeugindustrie noch ihre Probleme. Es bedarf einer ausgeprägten Servicekultur, um hervorragende Qualität im Verkauf und im „Downstream"-Geschäft zu erzeugen. Hierbei steht der Mensch im Mittelpunkt, also die Person, die die Leistung für den Kunden erbringen soll: der Neuwagenverkäufer, der Mechaniker, der Versicherungsspezialist, die Rezeptionistin, der Lagerist, der Pannenspezialist, bis hin zum Lehrling oder dem Geschäftsführer. Auch wenn beim Schaffen von Erlebniswelten Glaspaläste und eine angenehme Verkaufs- und Serviceatmosphäre wichtig sind – entscheidend sind die Menschen im Prozess. An zwei Beispielen wird dies deutlich.

- Mit der Neubelebung der Marke Maybach musste Daimler-Chrysler auch die Frage des richtigen Services klären. Maybach hat sich entschlossen, persönliche „Liason"-Manager für jeden Maybach Kunden zu verpflichten: 24 Stunden, lebenslang! Dieses „Mädchen für alles" stellt den perfekten Service sicher; mit einer eigenen Taste im Maybach wird der „Liason"-Manager direkt angefunkt und steht dann für seinen Maybach Kunden zur Verfügung.

- Die Marke Volvo genießt nicht nur als sicheres Auto ein hohes Markenimage. Die Händlerleistung wird – obwohl nicht so flächendeckend wie bei anderen Premiumherstellern und obwohl noch nicht mit dem entsprechenden Verkaufsambiente wie bei BMW oder Audi ausgestattet – seit Jahren in den top fünf Prozent von den Kunden bewertet. „Autos werden von Menschen gefahren" – das schreibt Assar Gabrielsson, einer der Gründer von Volvo, bereits 1936 in einem Verkaufshandbuch für seine Mitarbeiter. Heute sind die meisten Volvohändler noch Eigentümer geführte Betriebe mit einem hohen Engagement der Inhaber und der Mitarbeiter. Dies zahlt sich durch markentreue und händlertreue Kunden aus.

In die gleiche Kerbe schlägt auch der Umgang mit Kundenbeschwerden. In empirischen Untersuchungen hat sich gezeigt, dass sich aus der Verärgerung eines Automobilfahrers positive Effekte für die Markentreue generieren lassen, das heißt, selbst in negativen Situationen kann der richtige Umgang mit Beschwerden die Loyalität zur Marke fördern. Diese so genannten „moments of truth" sind von entscheidender Bedeutung. Durch die Kommunikation des Kunden mit anderen Autofahrern über das Erlebte bei der Bewältigung des Problems entsteht ein Muliplikatoreneffekt. Der Markenkunde berichtet darüber, wie gut und reibungslos seine Beschwerde bearbeitet wurde.

Weitere Herausforderungen für ein konsistentes Markenmanagement ergeben sich durch die Ausweitung des Leistungsspektrums auf automobilfremde Leistungen wie Finanzierungen, Finanzanlageprodukte etc. Auch hier bedarf es einer gezielten

Steuerung, um eine konsistente Markenpositionierung sicherzustellen. Die besondere Herausforderung liegt zum einen darin, dass es sich bei diesen Leistungsangeboten nicht um originäre Kernleistungen handelt, die direkt mit den Kernwerten einer Automobilmarke verbunden sind. Zum anderen sind insbesondere die Standardangebote im Financial-Services-Bereich leicht durch Wettbewerber imitierbar und bieten nur bedingt die Chance zur nachhaltigen Profilierung. Für das Markenmanagement bedeutet dies, dass solche branchenfremden Standardservices lediglich zur Unterstützung globaler Image-Elemente wie „Freundlichkeit des Services" oder „angemessene Produktleistung" herangezogen werden können.

Insbesondere jedoch das Feld von Angeboten, die dem Kunden die nur schwer zu kalkulierenden Risiken eines Autokaufs abnehmen, erscheinen eine interessante Option, die eigene Markenpositionierung zu stärken. So können über innovative Finanzierungsangebote wie die 3-Wege-Finanzierungen dem Kunden Risiken des Rest- und Gebrauchtwagenwerts abgenommen werden. Für den Kunden tritt hierdurch wieder die Produktleistung in den Vordergrund und wird nicht durch eventuelle Risiken am Ende der Nutzungsdauer getrübt.

Eine Erweiterung zu einem Rundum-sorglos-Paket lässt sich realisieren, wenn über entsprechende Service-Pakete auch Werkstatt- und Inspektionskosten abgedeckt werden und für den Kunden somit die Mobilität kalkulierbar wird.

Wie die Beispiele gezeigt haben, lassen sich Konsistenz und Glaubwürdigkeit der Markenkommunikation nicht auf den reinen Produktverkauf beschränken. Insbesondere durch die zunehmende Bedeutung von „Downstream"-Aktivitäten muss sich die Markenführung an der gesamten Vermarktungskette orientieren. Speziell die serviceintensiven und dienstleistungsnahen „Downstream"-Aktivitäten stellen das Markenmanagement vor besondere Herausforderungen hinsichtlich der konsistenten Markenführung.

Die Inszenierung der Marke muss deshalb zukünftig in einem Gesamtkonzept integriert werden. Konsequente Kommunikation der Marke über die gesamte Wertschöpfungskette muss heißen, die Kundenkontaktfrequenz deutlich zu steigern und dabei durchgängige positive Markenerlebnisse zu vermitteln, die die Kundenbindung zum Ziel haben.

Eine konsequente Markenkommunikation muss bereits bei den ersten Kontakten am Point of Sale sichergestellt werden und bedeutet, dass Verkaufsräume zukünftig neben ihrer originären verkaufsbezogenen Funktion auch wesentlich als Inszenierungsstätten ihrer Marken dienen müssen.

Die bislang produktzentrierte Sichtweise muss um eine konsequente Dienstleistungs- und Serviceorientierung ausgeweitet werden. Dies kann beispielsweise bedeuten, dass dem Kunden angeboten wird, bereits frühzeitig mit seinem zukünftigen Automobil in Kontakt zu treten und bereits an der „Geburt" teilzuhaben, wie dies Volkswagen in der so genannten „Gläsernen Manufaktur" praktiziert. Eng hiermit verbunden sind Inszenierungen der eigenen Automobile in eigenen Erlebnisparks, wie dies beispielsweise Volkswagen mit der Autostadt als erster Hersteller durchgeführt hat. In diesem Erlebnispark haben die Besucher die Option, Automobile und Konzern in einer inszenierten Landschaft kennen zu lernen. In einem solchen Umfeld wird das Erlebnis der Marke mit direkten persönlichen Erlebnissen verknüpft.

Telematik-Anwendungen können dazu benutzt werden, um mit dem Kunden anlassbezogen ins Gespräch zu kommen. Per Ferndiagnose lassen sich Fehler identifizieren sowie zukünftige Verschleißteile identifizieren. Hierdurch lassen sich Ersatzteile zeitnah beschaffen, sodass die Werkstattzeiten für den Kunden minimiert werden. Insbesondere für größere Inspektionen lassen sich in Verbindung mit hauseigenen Banken Produkte entwickeln, die einem zentralen Kundenbedarf entgegenkommen: Nicht einmalige hohe Rechnungen, sondern gezielte und vorausschauende Planung müssen das Ziel von kundenbedarfsorientierten Serviceleistungen sein. Eine solche Bedarfsorientierung kann zumindest temporär zum Alleinstellungsmerkmal werden und für den Anbieter einen Imagegewinn bedeuten. Es geht nicht länger um kurzfristige Werkstattrechnungen, hinter denen auch gerne „Geldschneiderei" vermutet wird, sondern bedarfsgerechte Lösungen, die dem Kunden ein gutes Gefühl einer Rundum-Versorgung bieten.

Auch die Kundenbindungsprogramme der Automobilhersteller lassen sich noch erheblich verbessern. Zwar haben die meisten bereits ein Kundenbindungprogramm etabliert, doch beschränken die Hersteller momentan ihr Angebot meist noch auf Privilegien wie Notrufservices, Garantieleistungen, Winterchecks oder Routenplaner. Erst die Weiterentwicklung dieser Services durch Erweiterung um Sammel- bzw. Statusprogramme werden jedoch zu Veränderungen bei der Loyalität führen. Erst dort, wo Markentreue zunächst mit Prämien und später auch mit erlebbarem Status belohnt wird, erfüllen Kundenbindungsprogramme ihre Aufgabe wirklich. Solche Kundenbindungsprogramme können mit emotional besetzten und die Marke unterstützenden Services verzahnt werden, indem beispielsweise Fahrertrainings oder exklusive Testmöglichkeiten für neue Fahrzeuge angeboten werden.

Unter dem Aspekt der Markenwertsteigerung gewinnen solche bislang eher am Rand angebotenen Services eine vollkommen neue Perspektive. Es sind nicht länger die lästigen Anforderungen des Kunden, sondern herausragende Chancen, dem Kunden die eigene Markenwelt näher zu bringen und erlebbar zu machen. Hieraus abgeleitet muss jeder Hersteller die eigene Service- und Dienstleistungspalette systematisch auf die Beiträge zum Markenwert untersuchen und sich kritisch die Frage stellen, welche Services wirklich werthaltig für den Kunden sind und welche insbesondere auf den Markenwert einzahlen.

Die gezielte Erweiterung und Intensivierung der Kommunikationsaktivitäten verlangt auf Seiten der Markensteuerung nach einer systematischen Ausrichtung aller Aktivitäten. Ziel einer solchen integrierten Markensteuerung muss die übergreifende **Steigerung der Effektivität** der kommunikativen Aktivitäten zur Steigerung des Mar-

Markenführung Revisited

kenwerts sein. Hierzu notwendig ist die konsequente Abstimmung der Einzelaktivitäten in den einzelnen Kommunikationsplattformen und -kanälen. Die Optimierung verlangt nach einem kritischen und konsequenten Hinterfragen sämtlicher Kommunikationsaktivitäten. Dabei muss sich das Marketingmanagement mit zwei zentralen Fragestellungen auseinander setzen:

- Wie werthaltig sind die einzelnen kommunikativen Maßnahmen?
- Wie müssen die Maßnahmen aufeinander abgestimmt werden, um den Markenwert langfristig auszubauen?

Vor dem Hintergrund dieser Fragestellungen wird eine „Integrierte Kommunikation" zum Schlüsselelement der Markensteuerung. Klassische Werbung wird dabei zukünftig nur noch ein Baustein der Gesamtkommunikation sein. Personalisierte Websites, Serviceangebote sowie professionalisierte und differenzierte Ansprache durch perfekt geschulte Mitarbeiter sprechen die Kunden direkter an und schaffen die Basis für eine emotionalere Bindung an die Marke. Die Inszenierung muss sich jedoch auch im Dienstleistungsniveau wieder finden, das heißt, die Leistung muss die zuvor gemachten Versprechungen widerspiegeln.

Weitergehend muss eine Abstimmung zwischen den Kanälen existieren. Hierzu müssen für jeden Kommunikationskanal klare und eindeutige Ziele formuliert werden. Ein direkter Vergleich der Zielerreichungsgrade in den unterschiedlichen Kanälen muss anschließend sicherstellen, dass die knappen Kommunikationsmittel effektiv eingesetzt werden. Hierzu sind insbesondere immer wieder Wirkungsanalysen in Form von Markttests notwendig, mit Hilfe derer überprüft wird, wie effektiv die jeweiligen Kommunikationskanäle zur Erreichung der Zielsetzungen sind. Hierzu notwendig sind insbesondere durchgängige Controllingsysteme, die einen abgestimmten Mitteleinsatz sicherstellen.

3. Zusammenfassung und Fazit

Markentreue wird für die Automobilindustrie zusehends wichtiger. Der Verlust eines Kunden ist mit dem Verlust von Folgegeschäften (Neufahrzeug und „Downstream") sowie mit hohen Aufwändungen bei der Wiedergewinnung verbunden. Entscheidend für die Markenloyalität sind die Produktqualität und zunehmend die Servicequalität des Automobilherstellers und -händlers. Zur Steigerung der Markenbindung über Produkt- und Servicequalität bieten sich zahlreiche Ansätze an. Die hohe Bedeutung der Kommunikation für Automobilhersteller ist dabei unumstritten, jedoch konzentrieren sich die Anstrengungen der Hersteller bislang schwerpunktmäßig auf werbliche Kommunikation sowie direkte Vertriebskommunikation rund um das Kernprodukt.

Die Kundenbeziehung und damit eng verbunden die Kundentreue wird neben den technischen Eigenschaften jedoch wesentlich durch die angebotenen Serviceleistungen beeinflusst. Hier liegt ein zentraler Stellhebel, um die Zufriedenheit mit dem in aufwändig gestalteten Werbekampagnen aufgebauten Image in Einklang zu bringen.

Neben der Erschließung der nicht unerheblichen Ertragspotenziale lassen sich über Services die Kundenbeziehung weitaus besser intensivieren als über den Launch einer weiteren Werbekampagne. Insbesondere Services und Dienstleistungen, die direkt auf den Markenwert einzahlen, indem sie Kunden mit gezielten Markeninszenierungen an die eigene Markenwelt heranführen, werden zukünftig deutlich an Bedeutung gewinnen.

Damit diese Services nicht losgelöst von der restlichen Kommunikation auf den Kunden einwirken, müssen sie in ein Gesamtkonzept integriert werden. Dabei müssen unter Effizienz- und Effektivitätskriterien die werthaltigsten Kanäle identifiziert und aufeinander abgestimmt werden.

Astronaut?
Lokführer?
Ingenieur?

Ja

Willkommen im
Bosch Engineering-Team.

Ungewöhnliche Aufgaben erfordern außergewöhnliche Ideen. Und genauso faszinierend und exklusiv sind auch die Aufgaben, denen sich das Team von Bosch Engineering täglich stellt: Von der Einzelanfertigung bis zur Spezialapplikation – das Einzige, was wir in Serie produzieren, sind neue Fassetten zukunftsweisender automobiler Faszination. Die liefert das Bosch Engineering-Team in bester Qualität. Garantiert und zertifiziert wird dies durch ISO und CMMI, Level 2. Und weil die Zukunft des Automobils auf internationaler Ebene weitergeschrieben wird, zeichnen sich unsere Ingenieure auch überall auf der Welt durch innovative Systeme und neue Konzepte aus. **www.bosch-engineering.de**

BOSCH
Technik fürs Leben

Fabian Brandt

Berater, Mercer Management Consulting

Fabian Brandt wurde am 3. Juli 1974 in Elmshorn geboren. Nach seinem Studium der Betriebswirtschaftslehre in Münster und Madrid trat er 1999 bei Mercer Management Consulting in München ein. Als Projektleiter im Automotive-Bereich bearbeitet er neben dem Thema Markenmanagement zahlreiche Strategiethemen im Bereich Automobilentwicklung und -vertrieb sowie Fragestellungen zum Thema Organisation.

Dr. Andreas Spengel

Berater, Mercer Management Consulting

Dr. Andreas Spengel, Jahrgang 1970, ist Absolvent der Universität Bayreuth (Schwerpunkt Marketing und Organisationslehre).

Seit 1998 ist er bei Mercer Management Consulting in München tätig. Der Fokus seiner Projekterfahrung liegt im Bereich Marketing und Vertriebssteuerung von B2C-Geschäftsmodellen. Insbesondere der Bereich der Markenführung sowie Marketing-ROI-Steuerung bilden hier die Schwerpunkte seiner Tätigkeit.

Simon Alexander Schnurrer

Simon Alexander Schnurrer wurde am 10. März 1976 in Darmstadt geboren. Nach seinem Studium an der Universität Mannheim trat er als Berater in ein Consulting-Unternehmen ein. Schwerpunkte seiner Tätigkeit waren neben dem Markenmanagement auch Marketing-Strategien, F&E-Management und Organisationsprojekte. Nach vier Jahren in der Unternehmensberatung ist Herr Schnurrer inzwischen im strategischen Marketing eines führenden Automobilherstellers tätig.

Kapitel 5

Brand Challenges and Understanding the Brand Core

Managing Complex Brand Portfolios in the Automotive Industry

Kenneth J. Roberts
Chairman and Chief Executive Officer, Lippincott Mercer

*Buying, selling and growing brands can be a costly,
but potentially rewarding pursuit.*

Automakers are in the brand business like never before. The surge of mergers and acquisitions in the 1990s left many corporate brand portfolios muddled. Inside these newly merged firms, divisions are often left to fight for resources for multiple competing brands in crowded portfolios. In this rapid consolidation, Ford, DaimlerChrysler, Volkswagen and BMW have joined General Motors in the often treacherous and costly pursuit of selling multiple brands with disparate and distinct personalities, histories and values. What's more, they're selling them to multiple audiences in the same markets. Compounding the difficulty is the enormous pressure on manufacturing and marketing costs, which requires these companies to share as much engineering as possible across product and brand lines. Additionally, Toyota, Nissan, Honda and Hyundai are each selling two brands (Hyundai controls Kia), with vehicles that often overlap on price and segment. Toyota is in process of adding a third brand, Scion, to chase the youth market, the so-called Generation Y.

Managing corporate and brand identity through deft product planning, vehicle design and marketing communication has never been more difficult for these global giants, and at the same time never more important. Brand image, a brand's "software," is more important than ever because there are so many new products entering the market, creating niches within niches, and so much actual "hardware" being shared among brands under the same corporate roof.

Not long ago these companies were parents of just one or two brand "families" whose "children" largely did not compete with one another. Indeed, Ford viewed its three-brand portfolio as a ladder: Ford was for everyone; Mercury was for people who wanted a little bit more; and Lincoln was for people who had arrived. The pioneer of this strategy, GM, featured a stable of brands to cover every social and economic segment and provide the ideal ladder for people bent on success. Chevy and Pontiac customers were expected to trade up to Buick and Oldsmobile as they became more successful, and to Cadillac when they made the big bucks. Each brand child had its own room in the house. After all the acquisitions, though, many automakers now have brands that overlap and compete to create a kind of sibling rivalry.

Brand management in the auto industry for most companies is no longer a vertical proposition, like a ladder, but rather a horizontal stage. Chevrolet, GM's value-driven mass brand, for example, sells more vehicles priced over $35,000 – trucks, SUV and the Corvette – than any other marque in the industry, including its own Cadillac brand. And Chevy has begun sharing truck platforms with GM's prestige brand, Cadillac. The choice between a loaded Chevy Tahoe and Cadillac Escalade is a legitimately hard choice for some consumers.

All of the newly formed brand families have struggled to cope with the growing pains of children forced to share rooms, beds, closets and toy boxes – or, in this case components, whole vehicle platforms, management attention and marketing budgets. Not all the new families have been awash in bliss. Vast sums have been spent and lost trying to achieve peace and prosperity under one roof. Some brands acquired in the last decade have already been sent off to live with other families, such as when BMW sold Land Rover to Ford and Rover to a British investment group, or been forced to an early grave like Oldsmobile and Plymouth. Lincoln, once lumped in with Jaguar, Volvo, Land Rover and Aston Martin to share operational costs, has been moved back to the Ford-Lincoln-Mercury group.

For companies who are making financially driven decisions to share parts, components and whole platforms for vehicles under marques with vastly different price tags and brand characters, the rules for managing a brand's true value are simple if often difficult to execute.

- Understand and respect the brand, especially in the context of its own history. Spend enough time with the brand to understand its DNA, the qualities and dimensions that made it worth acquiring in the first place. Dedicate enough resources to give it room to breathe, grow and prosper even if sometimes it means spending more than the accountants think wise. BMW could have moved design and production of Rolls Royce and MINI to Germany or even the U.S., and saved a bundle. Appreciative of the brands' unique British history and character, however, BMW re-tooled and rebuilt facilities in the U.K. that serve as both production plants and "brand centers" alike.

- Understand the true target audience of the brand. It's unwise to chase customers in age, education and income brackets under-represented in the brand's sales. Rather than chasing new customers, evolve and perhaps re-focus the brand's communication and marketing touchstones so that more people will notice and identify with the brand. Though many marketers attempt it, it's folly to try and change the brand to appeal to new customers. Buick in the late 1990s skated from strategy to strategy like an impatient shopper trying to find the shortest check-out line. It tried advertising that featured talking cows. Later it resorted to a short lived tagline, "It's All Good," that was inspired by hip-hop lyrics. For Buick! In 2002, it launched a campaign featuring the ghostly image of GM's storied designer Harley Earl. Meanwhile, it had the good fortune to sign golf idol Tiger Woods as spokesman. Volkswagen in the mid 1990s finally scrapped years of marketing communications that had alternated engineering themes meant to get consumers to take Volkswagen more seriously with novelty ideas like "Fahrvergnugen." The company scrapped those strategies for more personality driven advertising of a type that had been key to VW's rise in the U.S. in the 1960s and 1970s. That reclamation of its own brand values was key to the company's North American comeback.

- Understand what can and should not be changed in the brand. BMW reckons it should never introduce a front-drive car to its brand. Porsche realized it was pointless to introduced a sports sedan to its brand in the early 1990s, but decided it was acceptable and prudent to develop an SUV despite its strict association with sports cars. It had its first-year production of the Cayenne SUV in 2003 pre-sold to customers before the first one rolled off the line. Porsche resisted an offer to put a VW engine in the SUV, realizing that customers would need to see a Porsche engine under the hood of such a radically different – for Porsche – vehicle. It also built a new plant in Germany in which to assemble the vehicle in order to maintain a "Made Only In Germany" positioning.

DaimlerChrysler says that there will be no platform sharing between Chrysler and Mercedes-Benz, but is encouraging as much component sharing as the products and brands will tolerate to cut costs.

The job of management is to understand the brands they have, the roles they play inside the company and with customers, as well as the DNA and character of the brands they are acquiring. Without understanding both, the value of both the established and acquired brands will fall. And it can happen in a remarkably short space of time.

1. The High Costs of Adoption

When brands are acquired, change owners and get new barns, their cores are disrupted. The reasons they were sold in the first place was not so much because their identities and values were damaged, but that previous owners mismanaged the companies around the brands. A lack of investment, for example, created old products and quality problems; Jaguar, Land Rover, MINI and Rolls Royce are such cases. It is a common mistake to think that because a brand is financially unhealthy, it is therefore weak and needs overhaul. It's nearly always the structure around the brand that needs changing and overhaul.

- Confronting the harsh, late 1980s reality that its Lincoln customers were dying off and their adult offspring were not even considering trading up to the stately, conservative Lincoln brand, Ford spent $11 billion to acquire Jaguar, Volvo, Land Rover and Aston Martin over a decade. Then, it spent billions more fixing and upgrading factories that produce those cars in Britain and Sweden. It is a broad portfolio strategy to compete against GM, Lexus, Mercedes, Acura and BMW in the 21st century. That's an all consuming challenge on top of having to keep its Ford and Mercury brands fed and shod, as well as leveraging and caring for its controlling stake in Mazda.

After absorbing its British brands, plus Volvo, Ford posted a loss of $5.45 billion in 2001 and more than $1 billion in 2002. It's undergoing a painful restructuring of its company that isn't scheduled to return the company to normal profitability until 2006 at the earliest. That will make for five years of under-performing earnings, arguably costing the company well over $20 billion of missed "normal" profits. To be sure, Ford is not losing all that money solely because it acquired a brood of broken brands. But management acknowledges that absorbing so much in a short time on top of the Jaguar brand in 1989, which required billions in overhaul, and spreading its capital and management attention over so many new children starved its core Ford, Lincoln and Mercury brands of timely new products and distracted the entire organization from the basics of a business that drove what had long been producing the most admired profits and cash flows in the industry.

- BMW, arguably the most benchmarked brand in the auto industry in or out of the luxury segment, acquired the Rover Group in 1994 for nearly $1.2 billion in an attempt to enter the exploding sport utility segment through the Land Rover brand, as well as the volume car business with the Rover brand. A few years later it also purchased the rights to the Rolls Royce brand. That deal did not result in BMW retaining the employees, products and aging plant of the storied British brand, but merely the right to develop new Rolls Royce vehicles with Bavarian know-how. BMW's travails with Rover are well documented, selling Land Rover off to Ford in 1999 for $2.7 billion, and reportedly paying the Phoenix Consortium in Britain around $700 million to take Rover off its hands (though Phoenix paid a token British ten-pound note to acquire Rover) after losing billions between 1994 and 1999. Today, BMW retains only the MINI brand from the Rover acquisition, as well as the separately purchased Rolls Royce brand to complement its own BMW core brand.

BMW Timeline

1994	Purchased Rover
1998	Purchased Rolls-Royce name (VW owned until 2002)
2000	Sold Land Rover to Ford
	Sold Rover and MG to UK Group
2001	Launch MINI Cooper
2003	Start Rolls-Royce production

Fig. 1: BMW Timeline

- Daimler-Benz paid $38 billion in stock for the Chrysler Group, including its Dodge, Jeep and Plymouth brands in a strategy designed to achieve greater economies of scale and grow sales volume beyond what it could hope to do with its Mercedes-Benz brand alone, especially in North America. Along the way, Daimler also spent billions to acquire stakes in Hyundai and Mitsubishi. DaimlerChrysler has lost more than all the market value of Chrysler after the deal. In 2000, the company lost $4.6 billion as the company was forced to replace Chrysler's American management with its own German managers and begin a three-year turn-around. It has also had to pour money and people into the financially ailing Mitsubishi. Costs have been slashed and operating profit returned at both Chrysler and Mitsubishi. New products jointly developed between Chrysler and Mercedes are beginning to show up in Chrysler dealerships, such as Chrysler Crossfire and Pacifica in 2003, and auto show cars like Dodge Magnum and Chrysler 300 due in 2004.

- GM, the most practiced of the brand portfolio managers, if not always the most successful or savvy, added to its stable in the 1990s by acquiring the Saab and Hummer brands, while buying stakes in Fiat/Alfa Romeo and Subaru parent Fuji Heavy Industries. In 2002, GM bought assets of Daewoo. And it has long had major stakes in Suzuki and Isuzu. GM spent more than $2 billion to acquire 20 per cent of Fiat's auto business in 2000, and by 2002 had written down the investment because of Fiat's falling fortunes in Europe. It has sunk billions into a perennially financially ailing Isuzu. The period between 2004 and 2007 should be quite interesting for GM as a flood of jointly produced vehicles hits the market, such as Saabs built off a Subaru and a Chevy truck, and a Chevy car built off a Korean Daewoo designed in Italy.

- Volkswagen AG now presides over six brands. On top of its core "people's brand" Volkswagen, Audi, Skoda and Seat, it spent about $700 million to acquire Bentley in 1998 and then added Italian marques Bugatti and Lamborghini in 1999.

Volkswagen AG's chairman through most of the 1990s and into the close of 2002 was Dr. Ferdinand Piech, one of the last great auto tycoons with a bloodline to the beginnings of the auto industry (his grandfather was Ferdinand Porsche). Piech, recognized as one of the best vehicle development men of the 20th century, fell in love with the strategy of not only expanding Volkswagen AG in the lower half of the auto price ladder (below $35,000) by expanding Seat, Skoda and Audi with new products that were re-badged Volkswagens (Audi versions were better differentiated than the others) but building up a portfolio of premium and super-premium brands. The premium strategy is meant to deliver greater sales of higher profit vehicles to offset the relatively poor profits in the lower end of the market. At the same time, thought Piech, just the association with acquired super premium brands like Bentley, Bugatti and Lamborghini will cast gold dust on VW, Audi, Skoda and Seat. The hope is that the gold dust will help the cheaper brands command better prices and residual values. That is an idea that looks good on paper, but will only pan out in reality with extraordinary brand management skills and a good bit of luck.

- Less complicated and with better and faster financial rewards than other marriages was the partial acquisition of Nissan by Renault, and Renault's takeover of Nissan's management. By speedily forcing cost reductions through joint development and purchasing, and Nissan's CEO Carlos Ghosn making savvy and logical product development choices that long eluded Nissan's Japanese management, the company has managed to keep both brands completely distinct and prosperous while earning a hefty $4.1 billion in 2002 with a lusty 10.5 per cent operating margin.

Volkswagen Timeline	
1966	Purchased AUDI
1986	75% of SEAT
1990	70% of SKODA
1998	Rolls-Royce Motor cars
	Bugatti
	Automobil Lamborghini
2000	34% of Scania
	100% of SKODA
2002	Loses rights to Rolls-Royce name. Retains Bentley & other brands.

Fig. 2: Volkswagen Timeline

2. How Low Can You Go? How High Can You Go?

Expanding brand breadth – also known as brandwidth these days – by storming new product segments is fraught with as much danger as a basketball star suddenly deciding he can compete in the boxing ring or play professional baseball. Recall that the greatest U.S. basketball star of the twentieth century, Michael Jordan, left the wood courts in the mid 1990s to compete as a Major League Baseball player only to find that he couldn't make it out of the Minor Leagues.

Companies are torn between leveraging a brand's core values for greater sales volume and spreading it too far, thus diluting the brand to the point where the new vehicles aren't worth very much in the marketplace.

There is a drama unfolding among the proud German manufacturers, BMW, Mercedes-Benz and Volkswagen to see how many product and price segments they can compete in; how high up the price ladder they can take their brands, and how low they can go without diluting their brand values. This drama's audience – the buying public and the motor press – is still judging the action.

Mercedes-Benz, of course, has a different brand franchise in Europe than elsewhere in the world. In Europe, Mercedes Benz E Class sedans serve as common taxi cabs. And Europeans are already accustomed to seeing a quirkily-styled EUR22,000 A Class and EUR 20,000 Smart cars, which were developed specifically for the unique conditions of European city driving and high petrol prices. While Mercedes is viewed in Europe mostly for its engineering excellence and history, actual prestige has always played a much greater role in its brand positioning and value in North America and elsewhere. And for good reason. American taxi and car services in the U.S. are most likely to employ Chevys, Fords and Lincolns. And until recently, hardly a Mercedes has been sold in the U.S. under $30,000. Mercedes has announced plans to launch the A Class in the U.S. by mid-decade, taking the brand's pricing in North America closer to $20,000. It has also announced plans to bring the separately branded diminutive European Smart city cars to the U.S. at about the same time, taking vehicles clearly associated with Mercedes down to the $20,000 level in North America for the first time. In Europe, especially in Germany, Mercedes is almost like a combined Toyota and Lexus in one brand. It is now trying to export that strategy worldwide in order to drive greater sales volume and market share. The Chrysler brand has limited potential in Europe.

Mercedes introduced the C Class in 1994. But it is only recently, after eight years and its second version that the C Class is seen by the motor press, especially in North America where prestige is more important, as truly worthy of the Mercedes star logo and a legitimate alternative to the BMW 3 Series. The C230 coupe, the least expensive C Class introduced in 2002, has been marketed more on price and affordability in the U.S. Its sales success has been somewhat questionable, with many selling on subsidized leases to people who otherwise could not afford a Mercedes. Another questionable exercise in Mercedes' brand expansion has been the M Class SUV, the company's first SUV to be sold widely to the public and the first to be built at a U.S. assembly plant. It's not that Mercedes shouldn't have an SUV. But the stubby design of the M Class has had plenty of detractors both for quality issues and brand relevance. It's an SUV, yes. But is it a Mercedes SUV?

Fig. 3: Mercedes-Benz Product Price Segmentation

BMW's first SUV, the X-5, was launched in the late 1990s at its first U.S. plant. Though poor quality rankings by J.D. Power and U.S. consumer magazines relative to its other vehicles and several recalls have been nettlesome, it's been more positively received by the motoring press. The X-5 is viewed as a better reflection of BMW's brand than the M Class to its Mercedes' brand.

BMW is venturing further down the price ladder with a 1 Series in 2004, but it will do so more easily and with less potential trauma than Mercedes did with the C Class and A Class. Here's why. The heart of BMW's product lineup has long been its celebrated 3 Series. Held up by every automaker as the absolute benchmark for an entry-level premium car, the 3 Series has been studied by Mercedes, Infiniti, Lexus, Jaguar, Acura and Volvo. The proof that BMW knows its business is in the fact that even in its fifth year, it was posting sales increases in the U.S. in late 2002 while every other competitor in the entry-level segment was down. In early 2004, BMW will launch the 1 Series in Europe as a way to logically build its business below the 3 Series, which priced in 2003 in the U.S. between $27,000 for the 325 and around $43,000 for a convertible. The 1 Series will follow in the U.S. in 2006 at the earliest. The move to the $20,000 to $27,000 segment where the 1 Series is expected to be priced, should be viewed as a much more logical and natural extension of BMW's brand below the 3 Series than Mercedes' journey downmarket outside Europe with the A Class. BMW's brand equity is tied up less in actual prestige or luxury as it is in performance and sporty driving. It literally invented the notion of sporty sedans with the late 1960s with the 2002, the grandfather of the 3 Series. The 3 Series, its lowest price model, remains BMW's "center of gravity". BMW's brand values are not as anchored to price, and in the amenities higher prices bring, as is the prestige of the Mercedes brand. BMW could launch a vehicle with a spare interior, for example, as long as the driving dynamics were right and the fit and finish of manufacturing are up to snuff, and still deliver on its brand promise of agile, sporty driving. A Mercedes in North America, on the other hand, without leather, genuine wood trim, pricey electronics and interior furnishings closer to a Honda Accord than a Mercedes E Class might work in the small car culture of Europe, but it's viewed in North America as just a lesser Mercedes.

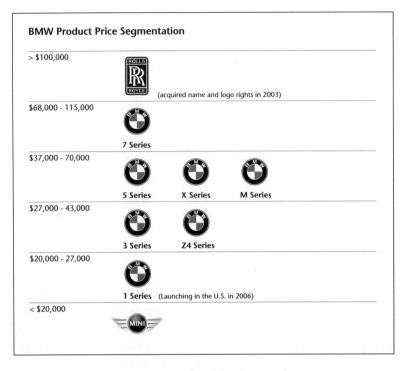

Fig. 4: BMW Product Price Segmentation

It all comes down to expectations met or not met. The heart of Mercedes-Benz's brand still lies in the E Class, S Class and its sports coupes like the CLK, SL and SLK. The C Class has had a difficult time establishing full credibility. The A Class will have a tougher time yet in North America, delivering even less of the prestige that Mercedes buyers and prospects look for in the brand.

Volkswagen could potentially be the most troubling case of identity crisis among any brand portfolio in the industry. VW has long divided its core vehicle businesses between VW and Audi, with Seat and Skoda serving specific geographic needs in Eastern and Western Europe. VW was the volume brand while Audi was the premium marque. Contrast VW's experience with that of GM and Ford, which admit to making a hash of their brand stables into the mid 1990s – GM selling identical sedans at Chevrolet, Pontiac, Buick, Oldsmobile and Cadillac, in some cases down to the paint colors, and Ford selling barely differentiated sedans at both Ford and Mercury. VW raised so-called 'platform engineering' to a fine craft during that time. The VW Golf, New Beetle, Audi A4, Audi A3 and Audi TT are among the cars built off a common platform at a great cost savings with no customers the wiser and motor press critics praising the company for its ingenuity and craftsmanship. VW showed for a time that it knew clearly what could and shouldn't be done with its brands.

VW's current strategy of expanding premium and luxury product offerings at Audi and among its acquired brands – Bentley, Bugatti and Lamborghini – makes sense from the standpoint of corporate and financial planning. It's trying to spread engineering costs and sell greater numbers of high profit vehicles to offset the threadbare profits of the vehicles at the lower price range. But the idea of giving Volkswagen an almost parallel product lineup to Audi makes far less brand planning sense. VW's management justifies the expansion of VW's product line above $40,000 with the VW Passat W8, a $35,000-$45,000 VW Touareg SUV and up to nearly $100,000 in the 2003 for the highest price VW Phaeton sedan, with more future products planned in price brackets above $40,000 including competitors to the Mercedes E Class and SLK. The argument is that VW customers do not typically cross-shop or aspire to own an Audi. Just four per cent of Audi buyers were former or current VW owners, says the company. VW management says if they don't expand the VW product range, they will continue to lose too many customers to other brands offering up-market sedans and SUVs. At the same time, VW maintains it won't sell a Bentley as low-priced as $100,000 for fear of corrupting its brand value. But what is the more logical play? A $80,000-$100,000 Volkswagen or a $99,000 Bentley? A cheaper Bentley will be easier to digest.

Ford plans to test the waters of democratizing a so-called super premium brand by selling a $100,000 Aston Martin AMV8 Vantage, scheduled to debut in 2005. It seems more plausible than a $100,000 Mercury.

The problem is that all of these companies are afraid to not have every possible product niche covered with each of their brands. It's an old story of trying to be all things to all people. But if too many brands do that, who is to notice what separates them? Companies think they can separate the brands through different marketing approaches. But since when are these big automakers such consistently deft marketers that each brand's communications will pack that much punch?

VW has struggled with the Passat W8 so far. And the Phaeton, while technically a very good car, has been slow to be accepted in a depressed European economy, which may not turn around for a few more years. Its acceptance in the U.S. is even less certain when it launches there in late 2003. A $80,000+ VW sedan, the motoring press has said, is simply the answer to a question no one was asking. Given the unenthusiastic reception, residual values of the car will be closely watched. More diverse products in the $30,000-$40,000 and $25,000 to $35,000 ranges for VW makes much more sense, and is a more logical expansion of the brand. And because new vehicles can take four years to develop – longer in VW's case – and economic climates are hard to predict, it makes sticking to brand values in good times and bad all the more important. Witness the strong sales success of the BMW 3 Series in the U.S. in late 2002, despite cutting the bottom-priced 318 out of the lineup, and the successful launch of the new Mercedes E Class in 2002.

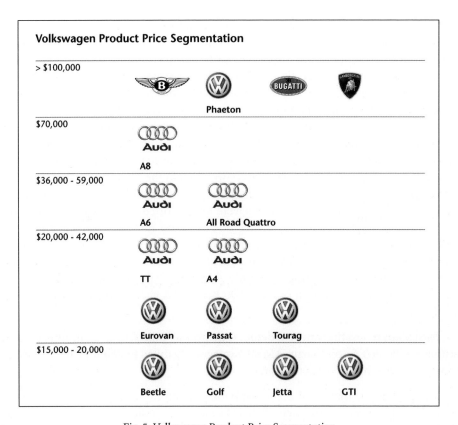

Fig. 5: Volkswagen Product Price Segmentation

3. Identifying the Automotive Genome

Brand management has advanced since the days when brands were merely tag lines managed by marketing executives and built by spending money on general advertising. Managers today understand that brands are intangible assets that can be leveraged to build or protect shareholder value. But these managers are often at a loss to understand their brands' true equity, the attributes of a brand that influence customer behavior: its DNA.

The battles over what to do and what not to do with an acquired brand result in some of the toughest decisions managers make, especially under the crushing pressure to lower product development costs. These decisions have tremendous long-term effect on brand value. Consider that thirteen years after Ford acquired Jaguar, the division lost $500 million despite record sales. According to Edmunds.com, transaction costs in 2003 for the Ford-created S-Type were about $2,000 less than the manufacturer's list price. That compares with BMWs, even the dated 3 Series, selling for the manufacturer's suggested retail price. The price of a three year old 8 cylinder S-Type in 2003 was $27,714, according to Edmunds, compared with $64,600 for a 2003 8 cylinder S-Type. That is a dreadful rate of depreciation despite massive quality and servicing improvements achieved under Ford ownership. The price of a used 2000 BMW 325i in 2003 was $24,658, according to Edmunds, compared with $33,320 for a new 325i. The difference between BMW's and Jaguar's residual values is astounding. But whereas the BMW enjoys a reputation for being an authentic BMW, the S-Type has labored for credibility under the weight of the motoring press judging the vehicle in light of the car being built off the same chassis as the Ford Thunderbird and Lincoln LS. It's a battle between brand authenticity and a brand seen as diluted.

In the case of the Jaguar X-Type, credibility of the car in the context of the brand has been judged in the harsh light of knowledge that it was developed off the front-drive Ford Mondeo (Jaguar vowed for years it would never do a front-drive car), which Ford sells in Europe. Jaguar sells the X-Type standard with all-wheel-drive in North America, feeling that the anti-front-drive bias is stronger in the U.S. than in Europe. Top managers at Ford acknowledge privately that the proportions of the car are wrong for a Jaguar, but justify the decision in pure practical terms. Without an entry-level sedan to draw in new customers and generate much needed sales volume, the brand and its dealers would go on losing money. Though the S-Type and X-Type are substantially different in appearance from the Ford cousins, the long reach between Ford and Jaguar in terms of brand identity and what drives those brands, makes the platform sharing a tougher pill to swallow for Jaguar devotees than for those who aren't put off by shared platforms between Volkswagen and Audi.

GM's Saab unit is experiencing the same sort of crisis of practical concerns. Until late 2002, GM, which acquired Saab's car business in the 1990s, left the Swedish brand alone for exactly the reason that it did not want to make the mistake with Saab's brand equity that it had with Cadillac's in the 1980s when GM sold a re-badged Chevrolet Citation as a Cadillac Cimmaron. But a major financial loss at Saab in 2002 spurred GM CEO Rick Wagoner to take Saab by the horns and force two new products into Saab's portfolio – in the face of initial resistance of Saab's Swedish management – a Saab 9-2 built off Subaru's Impreza WRX platform due in 2004, and a Saab SUV built off the Chevrolet Trailblazer due in the North American market after that.

Saab CEO Peter Augustsson is pragmatic. "It is not an ideal situation for us, but it would take us ten years to develop and bring to market an SUV of our own developed at Saab. By taking this SUV now, we will attract more customers and be able to fund a vehicle that is perhaps closer to Saab's brand DNA sooner than ten years from now", Augustsson told USA Today at the 2003 New York Auto Show where it announced its plans.

The transfer of the Subaru product, with its unusual Boxer engine, all-wheel-drive and critical praise from the motoring press as a close competitor to the BMW M3 performance sedan (for $20,000 less) is a much closer reach to Saab's brand DNA than a Chevy Trailblazer. The WRX is also far less ubiquitous than the Trailblazer and identical GMC Envoy. GM's product chief Bob Lutz believes GM's and Saab's engineers can make a credible Saab SUV out of the Trailblazer. Buoyed by his decision to adopt the GM-owned Australian Holden Monaro as a new Pontiac GTO in the U.S., and GM's seemingly successful adaptation of a Chevy Tahoe into a credible Hummer H2, Lutz thinks it can be done without inflicting lasting hurt on Saab's brand equity. He is counting on lowering the Trailblazer's ground clearance and the ability of Saab engine and suspension tuners to transfer, or "dial in", enough Saab brand character to the SUV to satisfy Saab customers who generally do not follow the crowd, but who also want an SUV.

BMW has felt the need to expand sales volume and saw room below the 3 Series. It will be covering those sales volume goals with the 1 Series, projected to sell 200,000 worldwide by 2007 and the MINI, expected to reach 200,000 sales by the end of the decade. That is substantial growth for a company selling just over one million vehicles worldwide in 2002. BMW executives said they did not fully see the potential that MINI has when it bought Rover in 1994. The Brits themselves had long ignored it, letting it grow aged without significant update. But what BMW quickly realized, with research to back it up, was that MINI was oozing with brand character and depth on which it is difficult to put an accurate financial value. Winning numerous accolades for design and performance in its maiden year in the U.S., the MINI is an example of a car selling for thousands of dollars more per vehicle than other small car competitors – all because of the brand DNA; the Britishness, the hipness, the cuteness, the rough and tumble ride that might be seen as a shortcoming on another brand, but an endearing quality in the MINI.

MINI is effectively the only "premium small car" in Europe, North America and Japan. This is a case of BMW going down the price ladder, but staying utterly within its brand character. The MINI, while not donning the BMW name anywhere, is the "BMW of small cars". As the MINI is a front-drive car, the BMW logo would never appear on the car, says BMW chairman Helmut Panke. BMW decided years ago that BMWs always had to be rear-drive vehicles to maintain "brand authenticity", which is rooted in the driving personality of the cars. Much of that personality is driven by the sheer balance of the rear-drive cars BMW designs. The 1 Series for the same reason will be a rear-drive front-engine car despite its small size. It will be the only such configured car in the segment, making it as unique in the segment as the MINI is in the "mini-car" segment.

Saab, Jaguar, Mercedes, BMW all fear the financial might and product proliferation of Toyota and Honda, especially into the premium segments with their Lexus and Acura brands. And a revitalized Nissan, after more than a decade of false and wrongheaded starts in both product and marketing, seems poised to grow Infiniti with recent products that have been highly praised by the motoring press. The advantage those brands have, of course, is that they are still in the process of defining what their core brand values are, not redefining, which is a much more difficult task.

Brands like BMW, Jeep and Volkswagen have long known that their customers are driven more by brand character and aura than price. Just as it was not unusual to find people of means with a Volkswagen Beetle in the garages in the 1960s and 1970s alongside vehicles three and four times as expensive, Jeep buyers have been motivated by buying *authentic* SUVs. As with BMW, Jeep buyers, many of whom can be characterized as brand *advocates*, and not just customers, place a high value on the notion of authenticity. Brands that maintain authenticity, such as VW, Jeep, BMW and MINI are all brands that are able to gather thousands of owners on holiday, in some cases every year, to "celebrate" the brand they own. When a brand is able to organize such gatherings, it's a sign that it is worth more than its competitors.

4. But What Can't a Brand Do?

Different brands are making different concessions, testing what they can and can't do. Managers of the Jeep brand, for example, under German ownership, now say that every Jeep need not be capable of traversing the Rubicon Trail, a product performance measurement previously thought to be vital to the brand's DNA. Research, if it has been done right, however, indicates to Chrysler that it can bring out vehicles that are capable off-roaders, but without having to engineer in the severe requirements to make every Jeep Rubicon worthy. As long as some Jeeps are Rubicon worthy, the brand will stay healthy in an increasingly crowded field of SUVs. The practical problem has been that by engineering every Jeep for the Rubicon, it made the vehicles less comfortable to drive on the road where 99.9 per cent of driving takes place – 100 per cent with most Jeep owners. The Jeep Wrangler, for example, will always be Rubicon worthy, but a future Jeep priced under $20,000 may not be. Only one version of the next Grand Cherokee may be Rubicon ready. In 2002, Jeep modified its logo from just the "Jeep" graphic to a symbol that looks like the distinctive front end of the Wrangler. That logo now appears in all Jeep communications and is on the grille ornament of all Jeeps.

Ford is beginning to cross-develop vehicles between its Ford, Volvo and Mazda brands. Of the three, Volvo clearly has the clearest and deepest brand equity, associated with safety engineering. The first of these vehicles will be launched in late 2003 as a Volvo and Mazda. Key to the development was allowing Volvo product engineers to lead on certain critical aspects of the architecture and components being shared with Ford as a future Focus and Mazda as the Mazda3, a successor to the Protégé. Standards for seats, front-end bumper construction and driver cage (the crush zone of the vehicle that intrudes on the driver and passenger in an accident), were all set by Volvo. Though Ford will likely never advertise this association, it is counting on the motoring press to write extensively about Volvo's influence on the Ford and Mazda models, just as Chrysler is hoping the auto press will remind readers over and over again how much Mercedes engineering and component sharing is creeping into Chrysler and Dodge vehicles. And BMW is very happy for people to know that its Bavarian engineers worried over the very British MINI, as well as the 2003 Rolls Royce Phantom, without ever advertising the fact or flagging BMW's logo anywhere on those vehicles. For brands like Mercedes, Volvo and BMW it is necessary that they be deftly and conservatively managed so that customers recognize the value when they cast their "gold dust" on their siblings.

5. Managing a Portfolio

GM has struggled with managing its portfolio without obvious overlap since 1970. But it appears the world's largest automaker is sorting it out after a decade of restructuring and management shift. Its products are better differentiated than a decade ago even as it reduces the number of vehicle "architectures" it draws from. And its vehicles are of better quality, actually surpassing Nissan for quality, according to J.D. Power and Associates 2002 ranking for Initial Quality to trail just Toyota and Honda. But consumers have long memories. Where BMW's association with MINI and Mercedes' association with Chrysler have been received positively, GM has the opposite problem. GM's Bob Lutz says that clinics of consumers examining the mid-decade small car for Pontiac that will replace the Grand Am scores nearly five out of a possible five points for "customer appeal" when the car is unbranded. But when the Pontiac logo and brand name are on it, the score falls well below three out of five with consumers. This problem, which is very costly in terms of the pricing of the new vehicle and difficult to overcome, shows how long a brand can hold a negative profile in a consumer's consciousness when poor product executions are combined with inconsistent marketing communications.

GM is clearly getting better at the platform engineering approach pioneered by Volkswagen. GM's new Epsilon vehicle architecture will spawn no less than ten vehicles, including an $18,000 Chevy Malibu and a $26,000-$40,000 Saab 9-3. Though most of these vehicles are not in the marketplace yet, the ones that are on sale now, plus the vehicles shown at auto shows in 2002 and 2003, are a far cry from the identical Chevy Celebrity, Pontiac 6000, Buick Century and Oldsmobile Cutlass Ciera that GM foisted on the pubic at different price points in the late 1980s. Still, we won't know for another five years if the public recognizes GM's gains and improvements and is willing to buy GM's cars and crossovers without hefty rebates.

GM's Cadillac division is making a strong comeback with new products like the CTS sedan, which starts at $35,595, and with a crossover SUV built off the same vehicle, the SRX, to be priced at $40,000-$50,000. Cadillac is adding a sports car, the XLR, at around $70,000 and plans are for a large rear-drive sedan later in the decade in the same $70,000 price neighborhood. What Cadillac won't do, say GM executives, is go further down market than the CTS. It rightfully feels it has the entry-level premium car market covered with Saab for European intenders and Buick for more traditional premium car buyers. And though GM has taken some brickbats for rushing an Escalade SUV based off the GMC Yukon and Chevy Tahoe into Cadillac dealerships, it has been a tremendous sales success and made Cadillac relevant again to baby-boomer buyers who weren't even considering Cadillac when all it had to offer were Deville and Seville sedans.

For all the difficult and questionable portfolio decisions Ford has had to make with Jaguar, it is entering the mid decade with a much sharper sense of portfolio management among its Ford, Lincoln and Mercury brands. Though it has proliferated models off the same vehicle platforms, such as the Ford Explorer, Mercury Mountaineer and Lincoln Aviator, the current generation of SUVs shows far greater design separation with regard to the execution of exterior trim and interior design. The current Lincoln Aviator, for example, has more visually in common with the Lincoln Navigator inside and out than with the Ford Explorer on which it is based.

At the same time Mercedes-Benz is expanding to lower price points with vehicles like the C230 coupe, the A Class and Smart cars, it's worth noting that DaimlerChrysler's Chrysler brand is making a strong move into higher price territory than it has enjoyed in the past. In addition to loaded Town & Country minivans that sell close to $40,000, it is launching a Crossfire coupe and Pacifica touring wagon in 2003 with prices above $35,000 in most transactions. At first glance, it makes the company's brand portfolio somewhat puzzling and full of overlap with Mercedes. The strategy, however, is this: Since Mercedes-Benz buyers and Chrysler-Dodge buyers rarely ever cross shop the two brands, the company needs to stretch each brand's product line as far as it will go so as not to lose a customer. It is similar to Volkswagen's case for creating parallel product lines at VW and Audi. The one concession Chrysler Group is making is realizing that Dodge and Chrysler buyers are likely to shop both brands. So, the company is pursuing a product strategy, probably wisely, to separate future Dodge and Chrysler vehicles built off the same platforms by putting the trucks, wagons and hybrid car-based crossovers in Dodge showrooms and the three-box sedans in Chrysler's stores. If executed properly, this will result in buyers perhaps no longer seeing vehicles like the Chrysler Cirrus and Dodge Stratus, and Chrysler Concorde/Dodge Intrepid as interchangeable. The first execution of this was seen in the 2003 Detroit and New York motor shows where the company showed the Dodge Magnum touring wagon and Chrysler 300 sedan. This is a smart, yet utterly simple, approach to differentiating brands through savvy visual differentiation.

6. Brand Experience: Keys to Customer Loyalty and Profit

The late 1980s saw the end of yuppies and junk bonds. And with the launch of Lexus, Infiniti and Saturn, the late 1980s also ushered in a new era of customer handling and dealership environment as important aspects of the brand experience, especially premium brands.

Lexus and Saturn, which have dominated J.D. Power's Customer Satisfaction Index since their launches, turned visits to the dealership for purchase or service into case studies that awoke every automaker to the importance of taking care of customers like never before and improving the physical environment of the dealership. Lexus dealers freely supply pick-up and drop-off service of vehicles being serviced and provide loaner cars. Customers who come to the dealership for servicing are commonly fed and fussed over. Saturn dealers take price "haggling" out of the transaction, gift a dozen roses to new customers, hold fairs at dealerships and provide breakfast to customers in for service. Saturn, which came into existence in the late 1980s with vehicles that were far from acclaimed by the motor press, placed customer care the cornerstone of its marketing. Customer handling actually was a bigger part of its brand message than the performance and quality of its vehicles.

Nissan North America is undergoing a significant overhaul of its Nissan brand retail presence. Having established a signature "zen-like" look for its Infiniti stores when the luxury division was launched in 1989, Nissan, after years of getting by with ad hoc dealership designs is now establishing a visual identity as strong as Infiniti's. The design features bolder signage, a more welcoming entrance, distinctive architecture and fixtures that reflect the design language of Nissan's new vehicles best exemplified in the new Altima, 350Z, Maxima and Quest. In fact, Lippincott Mercer worked with Nissan's vehicle designers to establish a palette of finishes, colors and shapes that would be compatible and reflective of their work on current and future vehicle models.

"When Mr. Ghosn came in, he made rebuilding Nissan's brand power a major goal of his revival plan", says Mark Perry, Nissan's director of corporate brand management. "A slew of new products are core to his plan, but he didn't feel the dealership brand experience was aligned with the new products. And all of the things we try to do to fulfill our brand promise to our customers can go for naught if, at the dealership, these efforts aren't delivered."

The new dealerships revolve around a theme of "transparency", which reflected customer input indicating a need for trust and customer control of the sales process. An open glass pavilion free of interior walls or cramped corridors resulted, with calculated use of Nissan's red, as well as white and silver and metallic finished aluminum composite and glass. A system of metal louvers lets dealers control light in the showrooms for maximum comfort yet maintains a sense of openness and transparency in the design scheme that puts customers at ease. Once inside the dealership, a clearly defined "hospitality zone", including reception and information area welcomes the customer. Then there is a child play area, business workstation, lounge and seating next to refreshment to address the next stage if customer needs, whatever they may be, before an exchange between customer and dealer takes place. The firm interviewed dealership personnel and customers in six cities spread over North America. Though some geographic nuances surfaced, priorities were consistent in every city. Consumers said they want to feel more control over the purchase process. They don't want to navigate a maze (Where is the front entrance anyway? Where should I park?). They wanted comfortable work areas to review trim and finance options and pricing that was not on the other side of a 4'x2' sales desk. Many wanted Internet access available. One customer expressed it this way: "When you walk into Target, you know exactly where everything is."

Service bays are visible from the front of the dealership, not unlike service successful franchise stories like Jiffy Lube. Traditionally, dealership service bays were in the back of stores, hidden away from customers, making the service experience somewhat mysterious. In the new design, service technicians are in easy view of customers. The goal of all this work is to close a "brand gap" of several thousand dollars in price per car between Nissan and competitors such as Honda and Toyota.

Fig. 6: Nissan Dealership Experience

Automakers and dealerships are keen to grab more of the booming aftermarket accessory business. But many dealerships are not set up or properly oriented to display and merchandise accessories even if their dealership staff is knowledgeable. Land Rover and Hummer have been following the example of Harley-Davidson's standard setting approach to accessory sales. Ford is undergoing an overhaul of its customizing services to keep more of the business from going to outside firms and stores at the Ford dealership. Toyota's Scion venture revolves around showrooms that are separate from Toyota's and set up to help with extensive accessorizing of the cars. Over time, the objective is simple. A better, more brandcentric retail environment improves the buying process, encourages return to the dealership for service and over time may even get customers to return to the dealership for add-on accessories if they find the environment welcoming and not intimidating. A better environment also improves the professionalism of dealership staff and can improve retention.

Consistency of message and execution is more important than many automakers think. When Lexus launched, its finance forms and information, as well as its owners manual, carried many indications that Lexus was part of Toyota. Through consistent marketing over its first decade, revolving around "The Relentless Pursuit of Perfection", and later "The Passionate Pursuit of Perfection", Lexus has not only surpassed Cadillac as a gold standard brand, as in "The Lexus of espresso makers", but it no longer needs Toyota references to comfort customers. Instead of financing a Lexus at Toyota Motor Credit, it is now done at Lexus Financial Services. And the windshield sticker denoting the place of manufacture says Lexus now, not Toyota. Honda's Acura division has not made those same changes, and still finances Acura through a Honda finance subsidiary.

Most relationships in life, whether they are between spouses or between parent and child, come unglued because of poor communications. The same is true in brand management. And despite efforts by auto makers to import people and principles from cookie and soap companies in the 1990s to help apply more science to managing auto brands, the result has been the realization that auto brands are just not manageable along the same lines as soap and crackers. Most people only make a buying a decision every four or five years. Many times, it's longer. They can't change their minds the next week if they feel they've made a bad choice. And most people buy a car that says something about what kind of person they are, even if they tell you they don't. Help them feel smart about the purchase they make and they feel smart about themselves too.

It's worth remembering that a strong, clearly defined brand can always make up for a product that is either of mediocre performance (the original Saturn) or of mediocre quality (Volkswagen). GM has spent billions improving its processes and quality to the point where it's Chevrolet brand is of nearly equal quality as Toyota. Because of the long muddled product design and communications strategy of Chevy passenger cars, though, consumer perception of Chevy quality is only half what it actually is. Volkswagen, the better managed brand, has a quality perception twice what is actually reports to be. It shows there are literally billions to be lost or gained each year by getting the brand story right.

Kenneth J. Roberts

Chairman and Chief Executive Officer, Lippincott Mercer

Kenneth J. Roberts was born in New York City on 24th February 1946. With over 35 years of experience as an identity consultant, Mr. Roberts is a specialist in integrated communications and branding systems and their relationship to marketing and business strategies. He has extensive experience in the areas of positioning, corporate identification, brand portfolio evaluation, brand equity evaluation, marketing communications and implementation.

Mr. Roberts has managed identity programs for both US and international organizations in a wide variety of industry categories. Clients have included Air Products, AT&T, Chase, Chrysler, Citibank, Deloitte & Touche, Dow Chemical, Electronic Data Systems, ExxonMobil, Goldman Sachs, Hoechst-Celanese, IBM, Mayo Clinic, Nissan, Owens-Corning, Pfizer, Samsung Group, Southern Company, Sprint, Telmex, The Bank of New York, The McGraw-Hill Companies and Verizon.

Mr. Roberts holds a B.A. from the University of Virginia and an M.B.A. from The Wharton Graduate Division of the University of Pennsylvania. He is a member of the board of directors of Mercer Management Consulting and is a Trustee of the Kenyon Review.

Kapitel 6

Strategiewahl –
Premium- oder Massenmarkt?

Prof. Dr. Willi Diez
Leiter des Instituts für Automobilwirtschaft (IFA)
an der FH Nürtingen

Im Hinblick auf die strategische Ausrichtung der Markenpolitik kann nur die Empfehlung zum Aufbau ausbalancierter Markenportfolios gegeben werden, die in gleicher Weise Premium- wie auch Massenmarken umfassen. Entscheidend ist dabei eine klare Fokussierung der unterschiedlichen Markentypen auf verschiedene Markt- und Preissegmente. Auf diese Weise können Kannibalisierungen vermieden und gleichwohl eine umfassende Marktabdeckung erreicht werden.

Prof. Dr. Willi Diez

1. Einleitung: Vom Lean Management zur Renaissance der Markenpolitik

Überblickt man die Entwicklung der Automobilindustrie in etwas längeren Zeiträumen, so lässt sich etwa in der Mitte der 90er Jahre des vergangenen Jahrhunderts ein bemerkenswerter Wechsel des dominierenden strategischen Paradigmas erkennen. Als Folge der Aufsehen erregenden Studie „The Machine that Changed the World", in der die Strategie des Lean Management aus den Erfolgen der japanischen Automobilhersteller abgeleitet wurde, galten Anfang der 90er Jahre hohe Produktivität und Kosteneffizienz als die beiden entscheidenden, wenn nicht sogar ausschließlichen Erfolgsfaktoren für global agierende Automobilhersteller. Nicht zuletzt die offenkundigen Probleme einiger japanischer Automobilunternehmen deuteten jedoch schon bald auf die Grenzen der Gültigkeit dieses strategischen Paradigmas hin.

Es waren dann vor allem die deutschen Automobilhersteller, die ab Mitte der 90er Jahre deutlich machten, dass Kostensenkung allein noch keine Wachstumsstrategie ist. Obwohl sie die Lektionen des Lean Managements durchaus gelernt und umgesetzt haben, gingen sie in der Folge einen Schritt weiter: Mit Produktoffensiven, der Technologieführerschaft in kundenrelevanten Bereichen (wie etwa der Fahrzeugsicherheit und der Diesel-Technologie) sowie einer konsequenten Markenpflege konnten sie ihren Weltmarktanteil, insbesondere auf dem vielleicht wettbewerbsintensivsten Markt der Welt, den USA, sukzessive ausbauen.

Als besonders erfolgreich erwiesen sich dabei die deutschen Premiummarken, die ihre ohnehin starke Weltmarktposition noch weiter ausbauen konnten und heute im weltweiten Markt für Premiumautomobile über einen Marktanteil von 40 Prozent verfügen. Weil nichts überzeugender ist als Erfolg, führte dies dazu, dass auch andere Automobilhersteller versuchten und versuchen, in die Premiumsegmente des Marktes einzudringen, teils durch Uptrading-Strategien mit ihren vorhandenen Marken, teils durch die Akquisition von Premium- und Luxusmarken. Der Konsolidierungsprozess, den die Automobilindustrie in den 90er Jahr durchlaufen hat, war jedenfalls ganz wesentlich Marken-getrieben.

Am Beginn des neuen Jahrhunderts haben sich die konjunkturellen und teilweise auch die strukturellen Rahmenbedingungen des Weltautomobilmarktes verändert. Der Boom der 90er Jahre ist in den großen Triade-Märkten in eine Stagnation gemündet, der teilweise durch massive Incentive-Programme gegengesteuert wird. Hinzu kommt, dass sich mittlerweile auch in den Premiumsegmenten des Marktes eine Verlangsamung des Wachstums abzeichnet. Vor diesem Hintergrund ist erneut die Frage aufzuwerfen, ob die Zukunft den Premium- oder den Massenmarken gehört und welche strategischen Erfolgsfaktoren im Rahmen der Unternehmensstrategien vorrangig zu beachten sind.

2. Struktur und Bedeutung des Premiummarktes

2.1 Was macht eine Marke zur Premiummarke?

Unter einer Premiummarke ist eine Marke zu verstehen, der es gelingt, bei ihren Produkten einen höheren Preis im Markt durchzusetzen als andere Marken mit Produkten, die vergleichbare tangible Funktionen aufweisen (vgl. Kapferer 2000, S. 320). Kennzeichnend für eine Premiummarke ist also das Preispremium, definiert als die positive Preisdifferenz zum Wettbewerb, die sie im Markt erzielt. Das Preispremium kann sich dabei sowohl auf die positive Preisdifferenz zum Durchschnittspreis auf dem Gesamtmarkt wie auch zum Durchschnittspreis in einzelnen Marktsegmenten beziehen – eine Unterscheidung auf die später noch zurückzukommen sein wird. Demgegenüber erzielen Volumenmarken mit ihren Produkten bestenfalls die jeweils durchschnittlichen Preise im Markt bzw. in einzelnen Marktsegmenten.

2.2 Quellen des Preispremiums gegenüber Massenmarken

Definiert man eine Premiummarke über die positive Preisdifferenz gegenüber Volumenmarken, so stellt sich naheliegenderweise die Frage, worauf ihr Preispremium gegenüber anderen – im Hinblick auf die tangiblen Funktionen – vergleichbaren Produkten gründet. Oder anders ausgedrückt: Warum sind Kunden bereit, für die Produkte einer bestimmten Marke mehr zu bezahlen als für die Produkte einer anderen Marke, obwohl diese letztlich die gleichen Funktionen erfüllen?

Unter Rückgriff auf die Theorie des Konsumentenverhaltens lässt sich diese Frage dahingehend beantworten, dass Konsumenten bereit sind, für bestimmte Produkte überdurchschnittlich viel Geld auszugeben, wenn sie diese für überdurchschnittlich wertvoll halten. Der vom Konsumenten wahrgenommene Wert setzt sich dabei aus drei Elementen zusammen: dem Prime Value, dem Labor Value und dem Symbolic Value (Abb. 1).

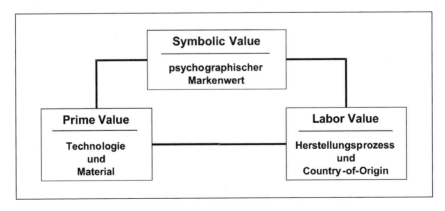

Abb. 1: Quellen des Produktwertes (Quelle: Karmasin 1998)

Unter dem *Prime Value* ist der Wert eines Produktes zu verstehen, der durch die eingesetzte Technologie und das verwendete Material bestimmt wird. Innovative Technologien, die die für den Kunden wesentlichen Produkteigenschaften verbessern (z.B. Sicherheit, Komfort, Fahrleistungen, Zuverlässigkeit), wirken wertsteigernd. Dies gilt auch für die Qualität der eingesetzten Materialien: Der Einsatz hochwertiger Materialien, die für die Kunden wahrnehmbar sind, macht ein Produkt für sie wertvoller und erhöht damit ihre Preisbereitschaft.

Eine zweite Quelle von Wert ist der *Labor Value*, also der Wert eines Produktes, der aus dem Herstellungsprozess resultiert. Dazu gehört zunächst einmal das eingesetzte Bearbeitungsverfahren. So gelten handgefertigte Produkte als wertvoller als industriell in Großserie hergestellte Produkte. Daher besteht insbesondere bei Luxusprodukten die Tendenz, auf den handwerklichen Charakter der Herstellung explizit hinzuweisen. Beispielhaft sei hier das neue Automobilwerk von Volkswagen in Dresden genannt, in dem das Oberklassemodell „Phaeton" hergestellt wird und das explizit als „Manufaktur" bezeichnet wird. Auch bei Daimler-Chrysler ist im Werk Sindelfingen für das Luxusmodell Maybach speziell eine „Maybach Manufaktur" eingerichtet worden. Selbstverständlich wird auch bei den Luxusmarken Rolls-Royce und Bentley auf den handwerklichen Charakter der Herstellung hingewiesen.

Im weiteren Sinne gehört zum Labor Value aber auch der Standort, an dem ein Produkt hergestellt wird, da sich mit bestimmten Standorten die Vorstellung einer besonders sorgfältigen Herstellung verbindet. Dieser auch als „Country-of-Origin"-Effekt bezeichnete Sachverhalt ist gerade bei Automobilen von einer nicht zu unterschätzende Bedeutung (vgl. Hausruckinger/Helm 1996, S. 270ff). Folgerichtig hat beispielsweise Porsche die Entscheidung getroffen, seinen Geländewagen Cayenne nicht in der Slowakei, sondern in Deutschland in einem neuen Werk in Leipzig zu montieren. Auch die Standortentscheidung von BMW, sein neues Werk ebenfalls in Leipzig zu errichten, muss vor diesem Hintergrund gesehen werden.

Eine dritte Quelle des Produktwertes ist schließlich der *Symbolic Value*. Er besteht in der zeichenhaften (semiotischen) Bedeutung eines Produktes. Definiert man Marken als Bedeutungsträger, so ist der Symbolic Value identisch mit dem psychographischen Markenwert, also dem Wert einer Marke, der sich aus ihrer Verankerung in der Vorstellungswelt der Konsumenten ergibt. Es liegt auf der Hand, dass der Symbolic Value bei Premiummarken überdurchschnittlich stark ausgeprägt ist.

Die Stärke des Symbolic Value bzw. des psychographischen Markenwertes basiert auf sechs Faktoren (vgl. Diez 2001c, S. 91ff):

1. der schöpferischen Innovation durch die aktive Gestaltung von Trends,

2. der Unverwechselbarkeit durch die Besetzung generischer Markencodes,

3. der Attraktivität durch Emotionalisierung,

4. der Glaubwürdigkeit durch die Herstellung von Authentizität,

Strategiewahl – Premium- oder Massenmarkt?

5. der Konsistenz im Markenauftritt durch die Beherrschung des Code des Elitären sowie

6. der Kontinuität durch eine konsequente Traditionspflege.

Die Gestaltung dieser sechs Faktoren ist die Aufgabe einer konsequenten Markenführung bei Premiummarken, die damit über einen „spirituellen Mehrwert" verfügen (vgl. Bolz 2002, S.18ff).

2.3 Premium- versus Luxusmarken

Vielfach werden Premium- und Luxusmarken voneinander unterschieden (vgl. Kapferer 2000, S. 323f). Aus rein *ökonomischer Sicht* erscheint eine solche Unterscheidung nicht zwingend notwendig. Eine Luxusmarke wäre hier allenfalls nach der Höhe des Preispremiums von einer Premiummarke abzugrenzen, wobei die Unterscheidung dann rein gradueller Natur wäre.

Anders verhält es sich, wenn man Premium- und Luxusmarken unter *psychographischen Gesichtspunkten* betrachtet. Kennzeichnend für eine Premiummarke oder ein Premiumprodukt ist die Perfektion in allen tangiblen Funktionen und Eigenschaften. Von einem Premiumautomobil wird der Einsatz von Spitzentechnologien und hochwertigen Materialien ebenso erwartet wie ein Höchstmaß an Fertigungsqualität.

Kennzeichnend für ein Luxusprodukt ist demgegenüber das Merkmal der verschwenderischen Fülle, der Verfeinerung und des Exzessiven (vgl. Kapferer 2000, S. 328; Sombart 1986, S. 85). So dient der Grenzaufwand bei einem Luxusprodukt nicht mehr der Steigerung der produktspezifischen Perfektion, sondern der Steigerung von Eigenschaften, die nicht zwingend in der Logik des Produktes liegen (z.B. ein spezieller Kühler für Champagner).

Aus diesem Unterschied ergeben sich weitreichende Konsequenzen für die Führung von Luxusmarken nicht nur im Hinblick auf die Produktpolitik und die anderen marketingpolitischen Instrumente, sondern auch im Hinblick auf das gesamte Geschäftssystem von Luxusmarken. Für die weitere Darstellung soll der Begriff der Premiummarke jedoch als Oberbegriff auch für Luxusmarken beibehalten werden.

2.4 „Klassische" und „moderne" Premiumsegmente

Der Markt für Premiumfahrzeuge stellt kein in sich homogenes Gebilde dar. Er setzt sich vielmehr aus unterschiedlichen Teilsegmenten zusammen, die aus einem allgemeinen vertikal-horizontalen Segmentierungsmodell für den Automobilmarkt abgeleitet werden können (vgl. Diez 2001a, S. 35ff). Im Hinblick auf die Markenführung ist es zudem sinnvoll, die Segmentierungsdimensionen „Aufbauformen" und „Preisklassen" durch ein weiteres, qualitatives Merkmal zu ergänzen, nämlich die „Premiumaffinität".

Unter *Premiumaffinität* soll dabei die Stärke des Premiumimages der verschiedenen Marktsegmente verstanden werden. Die Stärke der Premiumaffinität wird vom Technologie- und Qualitätsniveau der in diesen Segmenten angebotenen Produkte einerseits, von ihrer rein stückzahlmäßigen Bedeutung andererseits bestimmt. Je höher das durchschnittliche segmentspezifische Technologie- und Qualitätsniveau ist und je kleiner die dort verkauften Stückzahlen sind, desto höher ist die Premiumaffinität eines Marktsegmentes.

Die höchste Premiumaffinität weisen bislang noch die Limousinen-Segmente der Luxusklasse, der Oberklasse und der oberen Mittelklasse sowie die Top-Segmente im Sportwagenbereich auf. In diesen Segmenten besteht ein überdurchschnittlich hohes Technologie- und Leistungsniveau, sodass Fahrzeugen, die in diesen Segmenten angeboten werden, von den Konsumenten zumeist pauschal ein Premiumcharakter zugeschrieben wird. Diese Segmente können auch als die „*klassischen Premiumsegmente*" bezeichnet werden. Für eine Premiummarke ist es existentiell wichtig, mit ausreichenden Marktanteilen in den genannten fünf Top-Segmenten der Luxusklasse, der Oberklasse, der Oberen Mittelklasse sowie der Luxus- und Oberklassen-Sportwagen vertreten zu sein. Umgekehrt bedeutet dies aber auch, dass Volumenmarken nur dann den Sprung zur Premiummarke schaffen, wenn sie in diesen Segmenten mit attraktiven Produkten vertreten sind und einen nennenswerten Marktanteil erreichen.

Nun ist allerdings zu berücksichtigen, dass die Premiumaffinität einzelner Marktsegmente nicht ein für allemal festgelegt ist. Sie ist vielmehr eine dynamische Größe, die einem teils durch soziokulturelle Faktoren, teils durch Marktstrategien von Premiummarken ausgelösten Wandel unterliegt. So zeichnet sich der Trend ab, dass sich die Premiumaffinität einzelner Marktsegmente durch den Eintritt von Premiumanbietern in diese Segmente verändert. Von dieser Entwicklung zum „Premium in allen Klassen" profitieren insbesondere Segmente wie der Markt für Kombis, Geländewagen, Vans und Kompaktwagen bis hin zu Kleinwagen. Die sich in diesen Marktsegmenten herausbildenden Premiumsegmente können – im Gegensatz zu den weiter oben definierten „klassischen Premiumsegmenten" – als „*moderne Premiumsegmente*" bezeichnet werden.

Gründe für das Entstehen dieser modernen Premiumsegmente sind:

- Der Wertewandel weg von der Statusorientierung hin zur Erlebnisorientierung mit der Folge, dass Erlebniskonsum das Sozialprestige positiver beeinflusst als Statuskonsum (z.B. Trend zu kompakten Roadstern).

- Das Upgrading im Zweitwagenbereich durch den wachsenden Mehrfachbesitz von Automobilen. Erfolgte früher die soziale Differenzierung durch die Trennlinie zwischen privaten Haushalten, die einen Zweitwagen haben, und solchen, die sich keinen leisten können, so tritt jetzt die Differenzierung über die Marke ein: Nicht mehr ob, sondern was man als Zweitwagen fährt, wird wichtig.

- Die Entdeckung einer „neuen automobilen Intelligenz" durch Anpassung an die beengter werdenden Verkehrsverhältnisse, insbesondere in Ballungszentren. Dabei verbindet sich die „ökologische Verkehrswende" hin zum Kleinwagen mit ausgesprochenen Lifestyle-Elementen (z.B. Smart Coupe, Mini).

Die Folge dieser Entwicklungen ist, dass sich tendenziell auch in den unteren Marktsegmenten eine Nachfrage nach hochwertigen Automobilen herausbildet und sich dementsprechend Chancen ergeben, in diesen Marktsegmenten Premiumpreise durchzusetzen. Das Preispremium wird hier also nicht mehr im Vergleich zum Gesamtmarkt, sondern zum Durchschnittspreis in den jeweils relevanten Marktsegmenten bestimmt (Abb. 2).

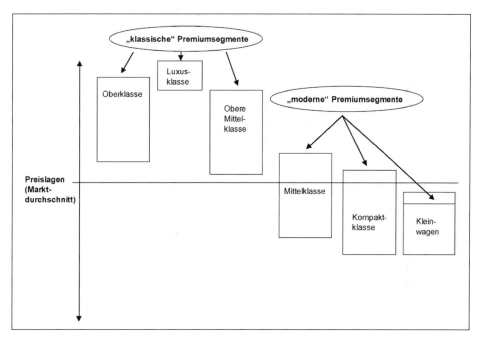

Abb. 2: „Klassische" und „moderne" Premiumsegmente
(Quelle: Institut für Automobilwirtschaft)

2.5 Zur Typologie der Premiummarken

Abbildung 3 zeigt im Überblick, wie die verschiedenen Premiummarken den weltweiten Premiummarkt abdecken. Wie unschwer zu erkennen ist, weisen die verschiedenen Marken eine sowohl qualitativ wie auch quantitativ sehr stark unterschiedliche Marktabdeckung auf. Eine herausragende Position nehmen im Premiummarkt die deutschen Marken Mercedes, BMW und Audi ein, die sowohl im Hinblick auf ihre globale Präsenz als auch im Hinblick auf die Breite ihres Produktprogramms als wirkliche Premium-Generalisten bezeichnet werden können.

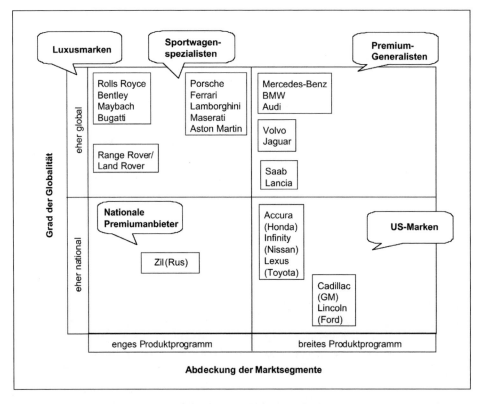

Abb. 3: Typen von Premiummarken
(Quelle: Institut für Automobilwirtschaft)

Eine zweite große Gruppe bilden die Premium-Spezialisten, zu denen sowohl die Sportwagen-Spezialisten als auch die Luxusmarken gehören. Eine weitere Gruppe bilden ferner die stark auf den nordamerikanischen Markt fokussierten Premiummarken, und zwar insbesondere die der US-amerikanischen sowie einiger japanischer Hersteller.

Wie die Premiumaffinität der verschiedenen Marktsegmente ist jedoch auch die aufgezeigte Positionierung der Premiummarken in starke Bewegung geraten. So versuchen insbesondere Volvo und Jaguar mit der Ausdehnung ihrer Produktprogramme ihre Position im Feld der Premiumgeneralisten zu stärken. Die Marke Volkswagen will mit ihren Modellen Passat W8, dem Oberklassen-Modell Phaeton sowie dem Geländewagen Touareg ebenfalls in das Feld der Premiumgeneralisten vorstoßen. Nicht ganz so stark ausgeprägt ist diese Tendenz bei Renault mit den Modellen Vel Satis und dem mittlerweile allerdings eingestellten Modell Avantime. Ferner drängt die Marke Lexus mit einem Ausbau der Marktposition in Europa in das Feld der Premiumgeneralisten.

Strategiewahl – Premium- oder Massenmarkt?

Weiterhin ist das Feld der lebenden Luxusmarken durch die Wiederbelebung der Marken Maybach von Daimler-Chrysler und Bugatti von Volkswagen ergänzt worden. Außerdem wird das Produktprogramm der Marke Bentley nach unten erweitert. Demgegenüber sind bei den Sportwagenspezialisten bislang nur wenige Diversifikationsbestrebungen in andere Produktsegmente erkennbar. Eher eine Ausnahme stellt hier der Porsche Cayenne dar, mit dem die Marke Porsche ihr Angebot in das Segment der SUVs hinein erweitert hat.

Schließlich drängen aber auch die klassischen Premiummarken immer stärker in neue, unterhalb ihres traditionellen Produktprogramms liegende Marktsegmente hinein. Ziel ist es dabei, die „modernen" Premiumsegmente zu erschließen (z.B. Mercedes A-Klasse, BMW/Mini, Audi A2).

3. Marktattraktivität: Vom Charme des Premiums

3.1 Marktwachstum und Wertschöpfung

Was macht den Premiummarkt so attraktiv, dass immer mehr Hersteller in diesen Markt eindringen wollen? Zunächst einmal sicher nicht die Stückzahlen, die im Premiummarkt naturgemäß relativ klein sind. Mit rund 6,25 Mio. verkauften Fahrzeugen im Jahr 2002 und einem Anteil von etwa zwölf Prozent am gesamten Weltautomobilmarkt ist der Premiummarkt auf den ersten Blick von einer eher untergeordneten Bedeutung. Die auf Stückzahlen basierende Marktstatistik ist jedoch zur Abschätzung der Bedeutung des Premiummarktes untauglich. Unterstellt man, dass der Durchschnittspreis in den klassischen Premiumsegmenten des Automobilmarktes etwa drei Mal so hoch wie im Volumenmarkt ist, so würde dies bedeuten, dass der umsatzbezogene Anteil des Premiummarktes am gesamten Automobilmarkt immerhin 36 Prozent beträgt, wobei der umsatzbezogene Marktanteil in den Triade-Märkten schätzungsweise bei 50 Prozent liegen dürfte.

Was hinzukommt, ist die Erwartung, dass der Premiummarkt in Zukunft überdurchschnittlich ansteigen wird. Diese Prognose basiert im Wesentlichen auf drei Annahmen:

- Erstens ist eine weitere Einkommensdifferenzierung sowohl in den reifen Automobilmärkten als auch in den Schwellenländern zu erwarten.
- Zweitens führt das Phänomen des „Verlusts der Mitte" zu einer Polarisierung des Kaufverhaltens auf die oberen und unteren Preisklassen (vgl. Becker 1998, S. 71f).
- Und schließlich entstehen auch im Bereich kompakter und kleinerer Fahrzeuge neue Premiumsegmente.

Betrachtet man die Entwicklung in der Vergangenheit, so ist der Markt für Premiumfahrzeuge von 1996 bis zum Jahr 2002 weltweit um rund 25 Prozent angestiegen.

Prof. Dr. Willi Diez

Im Vergleich zum gesamten Weltautomobilmarkt, der sich im gleichen Zeitraum um zehn Prozent erhöhte, bedeutet dies ein überdurchschnittliches Wachstum (vgl. Diez 2002a, S. 14). Wie Abbildung 4 zeigt, wiesen einzelne Marktsegmente sogar eine noch stärkere Wachstumsdynamik auf. Die gilt vor allem für Premium-SUVs, deren Mengenwachstum im Betrachtungszeitraum bei weltweit 50 Prozent lag.

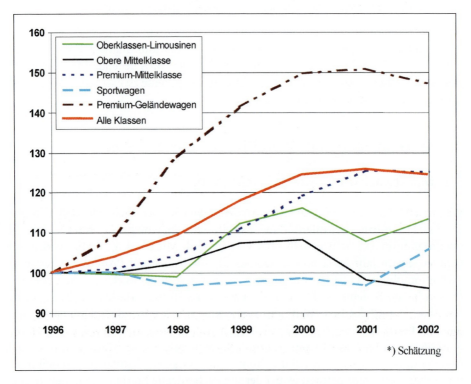

Abb. 4: Der Weltmarkt für Premiumautomobile
(Quelle: Institut für Automobilwirtschaft)

Nach einer Prognose des *Instituts für Automobilwirtschaft (IFA)* dürfte der Markt für Premiumautomobile bis zum Jahr 2010 von heute 6,25 Mio. auf weltweit 7,95 Mio. Fahrzeuge ansteigen, wobei sich diese Prognose ausschließlich auf die „klassischen Premiumsegmente" bezieht. Allerdings ist zu berücksichtigen, dass alle Automobilhersteller – angezogen von der überdurchschnittlichen Marktentwicklung in der Vergangenheit – eine weitere Ausdehnung ihrer Produkt- und Produktionsprogramme planen, sodass es auch in diesem Marktsegment zu einem Verdrängungswettbewerb kommen dürfte (vgl. Diez 2002a, S. 19ff). Die Einstellung des Renault Avantime sowie die verschiedentlich schon bekannt gewordenen Rücknahmen von Mengenzielen für künftige Premiummodelle bestätigt die Richtigkeit dieser These.

Strategiewahl – Premium- oder Massenmarkt?

3.2 Höhere Gewinnpotenziale im Premiummarkt

Vielfältige Indikatoren wie die hohe Preisstellung von Premiumfahrzeugen und die Bilanzergebnisse typischer Premiumanbieter sprechen dafür, dass die alte Regel „Small cars small profits, big cars big profits" noch immer gilt. Dieses Phänomen lässt sich sowohl preis- als auch wettbewerbstheoretisch begründen.

Aus *preistheoretischer Sicht* kann im Premiummarkt eine geringere Preiselastizität der Nachfrage vermutet werden, da aufgrund stärker ausgeprägter Markenpräferenzen als im Volumenmarkt Preiserhöhungen nicht zu entsprechenden Nachfrageausfällen führen. Der „quasi-monopolistische" Preisbereich ist daher für Premiumanbieter höher als für Volumenmarken (vgl. Diez 2001a, S. 253).

Wettbewerbstheoretisch kann das überdurchschnittliche Gewinn-Niveau im Premiummarkt auf die höheren Markteintrittsbarrieren und auf die daher geringere Zahl von Anbietern als im Volumenmarkt zurückgeführt werden. Die Markteintrittsbarrieren sind im Premiummarkt deshalb höher, weil die Gewinnung von Kunden hier sehr stark vom Aufbau eines entsprechenden Markenimages abhängig ist. Der Aufbau eines solchen Markenimages erfordert aber erhebliche Vorleistungen sowohl in der Produkt- als auch in der Distributions- und Kommunikationspolitik.

3.3 Geringere Konjunkturanfälligkeit

Der Premiummarkt hat sich in der Vergangenheit insgesamt gesehen als weniger konjunkturanfällig als der Volumenmarkt erwiesen, was allerdings nicht heißt, dass es auch im Premiummarkt oder in einzelnen Premiumsegmenten zu rezessiven Marktentwicklungen kommen kann. Als wesentliche Gründe für die größere Konjunkturresistenz des Premiummarktes können genannt werden:

- Die Privatkäufer im Premiummarkt verfügen in der Regel über überdurchschnittliche und konjunkturstabilere Einkommen als die Privatkäufer im Volumenmarkt.

- In einigen Teilsegmenten des Premiummarktes, insbesondere im Bereich der Oberklasse und oberen Mittelklasse, spielen gewerbliche Kunden eine sehr wichtige Rolle. Geschäftsfahrzeuge werden eher in regelmäßigen Zyklen angeschafft, da hier steuerliche Gesichtspunkte wie die Abschreibungsfristen einen nicht unerheblichen Einfluss auf das Beschaffungsverhalten haben. Außerdem ist der Leasing-Anteil in diesem Segment mit fest definierten Laufzeiten eher verbreitet als im normalen Privatkundengeschäft des Volumenmarktes.

Die geringere Konjunkturanfälligkeit ist nicht nur aus absatzwirtschaftlicher Sicht, sondern auch unter Kostengesichtspunkten von Bedeutung, da sie eine gleichmäßigere Auslastung der fixkostenintensiven Produktionsanlagen ermöglicht.

Prof. Dr. Willi Diez

3.4 Sicherung von Technologieführerschaft

Zahlreiche Beispiele, wie etwa ABS, Airbag und Navigationssysteme, zeigen, dass technische Neuerungen im Automobilmarkt überwiegend in den oberen Marktsegmenten eingeführt werden und sich dann nach und nach in den unteren Marktsegmenten ausbreiten („Trickle-down-Effekt"). Die Gründe für diesen im Automobilmarkt typischen Mechanismus der vertikalen Diffusion von Innovationen sind (vgl. Diez 1988, S. 20ff):

- In den oberen Marktsegmenten ist aufgrund der spezifischen Kundenstruktur die Bereitschaft und die Fähigkeit, für technische Neuerungen einen überdurchschnittlichen Preis zu bezahlen, stärker ausgeprägt als in den unteren Marktsegmenten.

- Innovationen in Premiumfahrzeugen finden sowohl auf Messen als auch in den Medien in der Regel eine stärkere öffentliche Beachtung als technische Neuerungen in Volumenfahrzeugen.

- Jede technische Innovation ist mit einem gewissen Entwicklungsrisiko behaftet. Bei Einführung einer solchen Innovation in Fahrzeugen mit kleinen Stückzahlen lassen sich solche Risiken eher beherrschen als bei Großserienfahrzeugen.

Vor diesem Hintergrund ist es nicht überraschend, dass Premiummarken zumeist auch als Technologieführer in der Branche gelten.

3.5 Imagetransfers

Eine etablierte Premiummarke kann ihr Image im Rahmen von Proliferations-Strategien für Imagetransfers nutzen. Dies gilt sowohl für die Ausweitung des Produktprogramms in Richtung Nischenfahrzeuge (horizontale Produktproliferation) als auch im Hinblick auf die Einführung von Produkten in den unteren Marktsegmenten (vertikale Produktproliferation). Allerdings setzt die Gefahr der Markenüberdehnung bei Trading-down-Strategien solchen Imagetransfers enge Grenzen.

Umgekehrt können Volumenmarken mit der Einführung von Premiummodellen ihr Image unter Umständen verbessern und eine Höherpositionierung ihres gesamten Produktprogramms erreichen. Gelingt es, diese Höherpositionierung auch im preislichen Bereich durchzusetzen, ist eine Steigerung der Gewinne je Fahrzeug möglich.

4. Markenführung von Premium- und Massenmarken im Vergleich

4.1 Strategische und operative Markenführung

In Abbildung 5 sind die wesentlichen Unterschiede in der Führung von Premium- und Massenmarken zusammenfassend dargestellt. Hinzuweisen ist hier allerdings darauf, dass die dargestellten Unterscheidungen relativen Charakter haben, wie ja auch die Unterscheidung zwischen Premium- und Massenmarken selbst eine relative ist. So können zwischen Premium- und Massenmarken so genannte Value Brands angesiedelt werden, die stückzahlmäßig ganz eindeutig im Massenmarkt agieren, jedoch im Hinblick auf die Markenführung sich vielfach an Konzepte der Premiummarken anlehnen. Beispiele für Value Brands sind etwa Volkswagen, Peugeot, Renault und Toyota.

	Premiummarken	Massenmarken
Grundsätze		
Innovation	Trendsetting durch antizipative Innovation	Schnelle, bezahlbare Imitation
Generischer Markencode	Hochwertige Qualität, Sicherheit, Wertbeständigkeit, fortschrittliche Technik, Sportlichkeit, Exklusivität	Zuverlässige Qualität und Technik, attraktives Preis-/Leistungsverhältnis
Attraktivität	Exklusiv, aber für viele erreichbar	Bezahlbare Qualität für alle
Authentizität	Prinzipien steuern Marktauftritt	Popularität und finanzieller Erfolg steuern Marktauftritt
Code des Elitären	Zeitgemäße Distinktion durch Geschmack, Kennerschaft und Erlebnis	Code des Populären (mit Zitaten aus der Welt des Elitären)
Markenhistorie	Markenhistorie als Quelle von Glaubwürdigkeit, Orientierung und Innovation	Markenhistorie als Anlass für Jubiläen und Sondermodelle
Instrumente		
Produktpolitik	Technische Perfektion	Austauschbare Qualität und Technik
Preispolitik	Preisdisziplin	Preis als aktives Marketinginstrument
Distributionspolitik	Direktvertrieb/harte selektive Distribution/Pull-Prinzip	Weiche selektive Distribution/Push-Prinzip
Kommunikationspolitik	Breiter Kommunikations-Mix mit starkem Below-the-line Anteil	Massenkommunikation

Abb. 5: Erfolgsfaktoren bei der Führung von Premium- und Volumenmarken (Quelle: Institut für Automobilwirtschaft)

Als die wichtigsten Unterschiede in der operativen Führung von Premium- und Massenmarken sind hervorzuheben:

- Premiummarken müssen über eine Technologieführerschaft bei einem oder mehreren für den Kunden relevanten Produktfeatures verfügen (z.B. Sicherheit, Sportlichkeit).

- Premiummarken dürfen im Gegensatz zu Massenmarken kein aggressives Preismarketing betreiben.

- Premiummarken müssen im Vertrieb eine harte Selektionspolitik im Hinblick auf ihre Händlernetze umsetzen und gegebenenfalls auch Direktvertrieb über werkseigene Niederlassungen durchführen.

Außerdem müssen Premiummarken eine zurückhaltende Mengenpolitik realisieren. Im Hinblick auf die Absatzsteuerung bedeutet dies die Sicherstellung eines hohen Anteils an auftragsbezogener Fertigung. Kennzeichnend für Premiummarken ist also die Anwendung des Pull-Prinzips, während bei Massenmarken das Push-Prinzip dominiert. Der frühere Vorstandsvorsitzende der BMW AG, Eberhard von Kuenheim, hat die für eine Premiummarke notwendige Mengendisziplin griffig auf die Formel gebracht, ein Premiumhersteller müsse immer ein Auto weniger produzieren als der Markt verlange.

4.2 Organisation und Steuerung der Markenführung

Premium- und Massenmarken erfordern eine unterschiedliche Organisation und Steuerung. Hinsichtlich der *Organisation* ist bei einer Premiummarke ein hoher vertikaler Integrationsgrad sicherzustellen. Unter vertikaler Intergration ist dabei die Zusammenfassung der wesentlichen Wertschöpfungsstufen (Entwicklung, Produktion, Vertrieb) unter einer einheitlichen Führung zu verstehen. Ein hoher vertikaler Integrationsgrad ist bei Premiummarken zwingend, um eine starke Markenidentität sicherzustellen.

Für den langfristigen Erfolg von Premiummarken sind die jeweils eingesetzen *Steuerungsgrößen* von erheblicher Bedeutung, da sie weit reichende Konsequenzen für die Durchführung der Geschäftsprozesse haben. Während bei den klassischen finanzwirtschaftlichen, heute weitgehend kapitalmarktgetriebenen Steuerungsgrößen (Shareholder Value) zwischen Premium- und Massenmarken keine Unterschiede auftreten, ist eine Differenzierung bei den vertrieblichen Steuerungsgrößen notwendig.

Die Vertriebspolitik von Massenmarken wird in der Regel über Stückzahlen und Marktanteile gesteuert. Dies ergibt sich aus der großen Bedeutung, die die Realisierung von Skalen-Effekten im Volumenmarkt hat. Eine Ausrichtung der Vertriebspolitik von Premiummarken an diesen beiden Größen würde zum Verlust des Premiumimages führen, da sie letztlich einen aktiven und vor allem aktionistischen Einsatz des preispolitischen Instrumentariums zur Folge haben würde. Dementsprechend müssen bei Premiummarken andere Steuerungsgrößen stärker zum Einsatz kommen. Neben dem Bruttoertrag je Fahrzeug und dem gemessenen Preispremium sind dies vor allem psychographische Größen wie die Kundenzufriedenheit und die Markenloyalität.

4.3 Der riskante Weg von der Massen- zur Premiummarke

Die Führung, Organisation und Steuerung von Premiummarken steht – wie im vorausgehenden Kapitel skizziert wurde – in einem Gegensatz zum Management von Massenmarken. Dennoch kann grundsätzlich jede Massenmarke zu einer Premiummarke entwickelt werden, sofern die entsprechenden Grundsätze der Markenführung beachtet werden.

Das eigentliche Problem einer Uptrading-Strategie liegt in der Übergangsphase von einer Massen- zu einer Premiummarke, weil das Verhältnis der den wirtschaftlichen Erfolg eines Unternehmens letztlich bestimmenden Faktoren Preis, Menge und Kosten sich bei einer Premiummarke völlig anders darstellt als bei einer Massenmarke. Der Erfolg einer Premiummarke basiert auf einer durch starke Käuferpräferenzen möglichen überdurchschnittlichen Preisstellung der Produkte bei einer vergleichsweise geringeren Absatzmenge und dementsprechend höheren Kosten. Demgegenüber ist für eine Massenmarke ein hohes Absatzvolumen ausschlaggebend für den Erfolg, da sich daraus die notwendigen Economies-of-Scale-Effekte ergeben. Insofern basieren Premium- und Massenmarken nicht nur auf unterschiedlichen Grundsätzen der Markenführung, sondern auf unterschiedlichen Geschäftsmodellen.

Das Problem besteht nun darin, dass in der Übergangsphase zur Premiummarke eine Massenmarke zunächst in höhere Käuferpräferenzen „investieren" muss, was zwangsläufig auch eine Anhebung des Kostenniveaus erfordert. Gleichzeitig erlaubt ein glaubwürdiges Uptrading allenfalls ein Mengenwachstum in der Größenordnung des Gesamtmarktes, was bei stagnierenden Märkten also auch den Verzicht auf Volumensteigerungen bedeuten kann. Insofern ist die Ausgangssituation für eine Uptrading-Strategie völlig anders als bei einer Downtrading-Strategie: Während eine Premiummarke, wie das Beispiel von Mercedes-Benz zeigt, bis zu einer gewissen Grenze durch eine Downtrading-Strategie Volumen gewinnen kann, ohne ihr Premiumimage nachhaltig zu gefährden, müsste sich eine Volumenmarke, die eine Uptrading-Strategie verfolgt, zwingend im Hinblick auf ihr Absatzvolumen Grenzen auferlegen und die dadurch verloren gehenden Economonies-of-Scale-Effekte durch Preisanhebungen kompensieren.

Auf der anderen Seite benötigt nun aber die Schaffung von stärkeren Käuferpräferenzen und damit die Durchsetzung höherer Preise zur Deckung der insgesamt höheren Stückkosten Zeit. Oder anders ausgedrückt: Zwischen der Kostenerhöhung und der Möglichkeit zur Erhöhung des Preisniveaus besteht ein Time-Lag, der in der Übergangsphase von der Massen- zur Premiummarke zwangsläufig zu einer Ergebnisverschlechterung führt. Die Frage ist daher, ob ein Unternehmen bereit und in der Lage ist, eine solche Phase sinkender Gewinne durchzuhalten.

Zusammenfassend lässt sich also festhalten, dass eine Uptrading-Strategie für eine Massenmarke ein hoch riskantes Unterfangen ist. Letztlich geht es hier nicht nur um eine Neuausrichtung der Marketing-Strategie, sondern um die komplette Neugestaltung des zugrunde liegenden Geschäftsmodells und der jeweiligen Geschäftsprozesse. Das aber ist in einem reifen Markt mit erheblichen Friktionen verbunden. Erfahrungen mit Premiumstrategien von klassischen Massenmarken in der jüngsten Vergangenheit scheinen diese Befürchtungen zu bestätigen.

5. Strategie-Mix: Das Management komplexer Markenportfolios

Als Alternative zum Uptrading von Massen- zu Premiummarken bietet sich für Automobilhersteller die Akquisition oder Wiederbelebung von Premium- und Luxusmarken an. Im Rahmen gemischter Markenportfolios kann eine vollständige Abdeckung sowohl der Massen- wie auch der Premiumsegmente des Marktes erreicht werden. In der Tat ist die Mehrmarken-Strategie in den 90er Jahren zum klar dominierenden Strategietyp in der Weltautomobilindustrie geworden. So haben sich bei vielen Automobilherstellern vertikal geschichtete Markenportfolios herausgebildet, die von Luxus- bis zu Massenmarken reichen (Abb. 6)

	General Motors	Ford-Konzern	Daimler-Chrysler	VW-Konzern	Toyota
Luxusmarken	----	Aston Martin	Maybach	Bentley Bugatti Lamborghini	----
Premiummarken	Cadillac Saab	Lincoln Volvo Jaguar Land Rover	Mercedes-Benz	Audi	Lexus
Value Brands	Buick Pontiac Saturn	Mercury	Chrysler Smart Jeep	VW	Toyota
Massenmarken	Chevrolet Opel Vauxhall	Ford Mazda	Dodge Mitsubishi	Skoda Seat	Daihatsu

Abb. 6: Markenportfolios in der Automobilindustrie
(Quelle: Institut für Automobilwirtschaft)

Die Gestaltung und Führung solcher Markenportfolios stellt an die Unternehmenspolitik erheblich höhere Anforderungen als noch zu Zeiten der Mono-Markenstrategien. Die sich daraus ergebenden Aufgabenstellungen können im Rahmen dieses Beitrages abschließend nur kursorisch angesprochen werden.

Strategiewahl – Premium- oder Massenmarkt?

Im Vordergrund des Managements komplexer, das heißt Massen-, Premium-, Luxus- und eventuell auch Nischenmarken umfassender Markenportfolios steht neben der Frage der Markenpositionierung und der segmentspezifischen Marktbearbeitung das grundsätzliche Problem, welcher Grad der Differenzierung bzw. Vereinheitlichung in der Produktentwicklung, der Produktion und im Vertrieb innerhalb eines Konzerns als optimal anzusehen ist.

Was die *Produktentwicklung* und *Produktion* anbelangt, betrifft dies vor allem die Verfolgung von Gleichteile- und Plattform-Strategien. Hier kann ganz klar der Grundsatz formuliert werden, dass Plattformen und weitergehende Gleichteile-Strategien nur innerhalb einer Premiummarke und nicht zwischen Premium- und Volumenmarken realisiert werden sollten, da sonst langfristig mit Imageproblemen zu rechnen ist (vgl. Diez 2001b, S. 153ff).

Im *Vertrieb* geht es vorrangig um die Ausgestaltung der Vertriebsnetze und der Betriebstypen im Handel. Grundsätzlich gilt hier, dass bei Premiummarken Exklusivität im Verkaufsraum anzustreben ist, was sich nach der neuen Gruppenfreistellungsverordnung (GVO) Nr. 1400/2002 heute aber erheblich schwieriger darstellt als in der Vergangenheit (vgl. Diez 2002c). Darüber hinaus stellt die Markenpräsentation im Rahmen von so genannten Brand Lands und Flagship Stores ein wichtiges Instrument zur Positionierung von Premiummarken dar.

Insgesamt kann der Spagat in der Führung von Markenportfolios, die sowohl Premium- als auch Massenmarken umfassen, auf die Formel gebracht werden: So viel Differenzierung wie möglich und so viel Vereinheitlichung wie notwendig. Die Umsetzung dieses Grundsatzes kann letztlich aber nur konzernspezifisch erfolgen.

6. Ausblick

Wie eingangs erwähnt, haben das überdurchschnittliche Wachstum des Premiummarktes und die Erfolge klassischer Premiummarken Ende der 90er Jahre dazu geführt, dass einige Automobilhersteller ihr Heil in Uptrading-Strategien von Massenmarken und der Akquisition von Premium- und Luxusmarken gesucht haben. Hier scheint zwischenzeitlich eine gewisse Ernüchterung eingetreten zu sein. Die Gründe dafür sind vielfältig: Zum einen wurde deutlich, dass die Führung und Pflege von Premiummarken hohe Aufwendungen und teilweise völlig andere Geschäftsmodelle erfordert, als sie bei Massenmarken üblich sind. Weiterhin hat sich der Premiummarkt als nicht so konjunkturresistent erwiesen, wie dies vielfach erwartet wurde. Und schließlich wurde auch deutlich, dass Premiummarken nicht beliebig dehnbar sind und dementsprechend die Realisierung von Economies-of-Scale-Effekten schwierig ist.

Schließlich ist aber insgesamt erkennbar geworden, dass auch beim Aufbau von Markenportfolios nicht das Maximum das Optimum darstellt, weil jede Marke letztlich eine intensive Pflege durch markenspezifische Investitionen – sei es in der Pro-

duktentwicklung, in der Produktion oder auch im Vertrieb – erfordert. Es sei daher an dieser Stelle die Prognose gewagt, dass die Zahl der lebenden Automobilmarken, die gegenwärtig bei rund 50 international verbreiteten Marken liegen dürfte, in Zukunft nicht zunehmen, sondern eher abnehmen wird.

Im Hinblick auf die strategische Ausrichtung der Markenpolitik kann nur die Empfehlung zum Aufbau ausbalancierter Markenportfolios gegeben werden, die in gleicher Weise Premium- wie auch Massenmarken umfassen. Entscheidend ist dabei eine klare Fokussierung der unterschiedlichen Markentypen auf verschiedene Markt- und Preissegmente. Auf diese Weise können Kannibalisierungen vermieden und gleichwohl eine umfassende Marktabdeckung erreicht werden. Diese ist aber sowohl unter Wachstums- als auch unter Risiko- und Ertragsgesichtspunkten in Zukunft im Weltautomobilmarkt zwingend notwendig.

7. Literaturverzeichnis

Becker, J. (1998): *Marketing-Konzeption*, 6. Auflage, München 1998

Bolz, N. (2002): *Der spirituelle Mehrwert der Marke*, in: Thexis Nr. 4/2002, S. 18-20

Bourdieu, P. (1992): *Die feinen Unterschiede*, Frankfurt/M. 1992

Diez, W. (1988): *Vertikale Diffusion: Zur Ausbreitung technischer Neuerungen auf dem deutschen Automobilmarkt*, in: ifo-Schnelldienst Nr. 29/88, S. 20-26

Diez, W. (2001a): *Automobil-Marketing*, 4. Auflage, Landsberg a. Lech 2001

Diez, W. (2001b): *Nur unverwechselbare Produkte schaffen Markenwerte – Die Automobilindustrie zwischen Kosten- und Markenmanagement*, in: Brandmeyer, K., Deichsel, A. und Prill, Chr.(Hrsg.): Jahrbuch Markentechnik 2002/2003, Frankfurt/M. 2001, S. 153-168

Diez, W. (2001c): *Herausforderungen und Perspektiven für Automobile*, Forschungsbericht Nr. 22/2001 des Instituts für Automobilwirtschaft (IFA) an der Fachhochschule Nürtingen, Geislingen/St. 2001

Diez, W. (2002a): *Premium Brand Monitor: Der automobile Premiummarkt im Zeichen von Börsencrash und Konjunkturflaute*, Arbeitspapier Nr. 6/2002 des Instituts für Automobilwirtschaft (IFA) an der Fachhochschule Nürtingen, Geislingen/St. 2002

Diez, W. (2002b): *Vom Nutzen des scheinbar Nutzlosen*, in: Stuttgarter Zeitung vom 12. Oktober 2002

Diez, W. (2002c): *GVO 2002 – Die neue Herausforderung im Automobilhandel*, Ottobrunn b. München 2002

Esch, F.-R. (1999): *Aufbau starker Marken durch integrierte Kommunikation*, in: Esch, F.-R. (Hrsg.): Moderne Markenführung, Wiesbaden 1999, S. 535-574

Hausruckinger, G. und Helm, R. (1996): *Die Bedeutung des Country-of-Origin Effekts vor dem Hintergrund der Internationalisierung von Unternehmen*, in: Marketing ZFP Nr. 4/1996, S. 267-278

Kapferer, J.-N. (1992): *Die Marke – Kapital des Unternehmens*, Landsberg a. Lech 1992

Kapferer, J.-N. (1999): *Luxusmarken*, in: Esch, F.-R.(Hrsg.): Moderne Markenführung, Wiesbaden 1999, S. 317-336

Karmasin, H. (1998): *Produkte als Botschaften*, 2. Auflage, Wien 1998

Lasslop, I. (2002): *Identitätsorientierte Führung von Luxusmarken*, in: Meffert, H., Burmann, Chr. Und Koers, M. (Hrsg): Markenmanagement, Wiesbaden 2002, S. 327-351

Reitzle, W. (2001): *Luxus schafft Wohlstand*, Reinbek/Hamburg 2001

Veblen, T. (1987): *Theorie der feinen Leute*, Frankfurt/M. 1987

Vishwanath, V. und Mark, J. (1997): *Premiummarken richtig führen*, in: Harvard Business Manager Nr. 4/97, S. 31-38

Prof. Dr. Willi Diez

Leiter des Instituts für Automobilwirtschaft (IFA), FH Nürtingen

Prof. Dr. Willi Diez, geboren 1953 in Nürtingen, studierte Wirtschaftswissenschaften an den Universitäten Freiburg i.Br. und Tübingen. Von 1979 bis 1991 war er mit verschiedenen Aufgaben bei DaimlerChrysler betraut, zuletzt als Vorstands-Referent. Seit 1991 ist er Professor an der Fachhochschule Nürtingen/Außenstelle Geislingen im Studienzweig „Automobilwirtschaft".

Prof. Dr. Willi Diez ist seit 1995 Leiter des Instituts für Automobilwirtschaft in Geislingen/Steige. Das Institut für Automobilwirtschaft hat in den letzten Jahren zahlreiche Projekte zu Fragen des Automobilmarketings und des Automobilvertriebs für führende Automobilhersteller durchgeführt.

Prof. Dr. Willi Diez ist Mitglied in Aufsichts- und Beiräten verschiedener Unternehmen der Automobilbranche sowie Honorary Adviser im Rahmen des „International Car Distribution Programmes" (ICDP), einem international angelegten Forschungsprogramm auf dem Gebiet des Automobilvertriebs und des Automobilhandels.

Er ist Autor zahlreicher Beiträge und Aufsätze zum Automobilvertrieb und Automobilhandel. Buchveröffentlichungen: „Automobilmarketing – Erfolgreiche Strategien, praxisorientierte Konzepte, effektive Instrumente", „Grundlagen der Automobilwirtschaft" (gemeinsam mit Hannes Brachat), „Prozessoptimierung im Automobilvertrieb" sowie „Kostenmanagement im Kfz-Betrieb". Herausgeber des Sammelwerkes: „GVO 2002 – Die neue Herausforderung im Automobilhandel".

Teil II

Markenführung in der Automobilindustrie

Kapitel 1

Audi –
Innovation, Technik und Design

Der Aufbau einer Flaggschiffmarke im Sportsegment des Volkswagen-Konzerns

Prof. Dr. rer. nat. Martin Winterkorn
Vorsitzender des Vorstands, AUDI AG

Dass mit dem Audi quattro 1980 ein Coupé mit 200 PS auf den Markt kam, hat für großes Aufsehen gesorgt: Ein Allradfahrzeug, dessen Platz nicht auf dem Feldweg, sondern auf der linken Autobahnspur war.

Prof. Dr. Martin Winterkorn

1. Summary

Audi ist eine stark emotional aufgeladene Marke, der in hohem Maße Attribute wie „sportlich", „technikorientiert" oder „sympathisch" zugeschrieben werden. Die Marke umfasst sechs Modellreihen mit zahlreichen Derivaten, nimmt eine überdurchschnittliche Preisposition im Wettbewerb ein und verzeichnet seit elf Jahren jeweils neue Bestwerte bei den Auslieferungen an Kunden. Vor rund zehn Jahren wurde die Basis für den raschen Aufstieg der Marke vom mittleren Marktsegment in die Topklasse der deutschen Automobilhersteller gelegt: Entscheidend waren der Einstieg in den Luxuslimousinenmarkt, der Entwurf und die weltweite Durchsetzung einer spezifischen Corporate Identity, die Einrichtung eines eigenständigen Vertriebs und die Realisierung des Markenkerns „Vorsprung durch Technik" über trendsetzende technische Innovationen.

In der sportlichen Markengruppe innerhalb des VW-Konzerns mit Audi, SEAT und Lamborghini nimmt Audi die Funktion der Leitmarke wahr. Kernelemente der Gruppe sind die Faktoren Sportlichkeit, Technik und Design. Hauptaufgaben sind die Höherpositionierung der Marke SEAT und die weitere Schärfung des Audi Profils in Richtung Hochwertigkeit und Sportlichkeit.

2. Markenwandel: Von der Mittelklasse ins Topsegment in zehn Jahren

Wenn unsere Kunden ein Auto kaufen, dann geht es nicht um „fahrbare Untersätze" für den Transport von A nach B. Es geht vielmehr um geballte Gefühlspakete, lang gehegte Träume, manifeste Lebenseinstellungen und vierrädrige Visitenkarten. Dieser Beitrag soll die wichtigsten Meilensteine des Markenwandels bei Audi beleuchten. Er reflektiert die Bedeutung des Audi-Leitmotivs „Vorsprung durch Technik" und thematisiert jüngste Entwicklungen wie die Bildung der Audi-Markengruppe.

Noch vor 15 Jahren wurden Audi-Fahrzeuge gekauft, weil sie als zuverlässig galten, ein akzeptiertes Preis-Leistungs-Verhältnis hatten, statusneutral waren – und vielleicht, weil es ein Auto mit Allradantrieb sein sollte. Dieser Allradantrieb, der bei Audi „quattro" heißt und 1980 in dem gleichnamigen Auto erstmals vorgestellt wurde, hatte bedeutenden Anteil an der Höherpositionierung.

quattro – das war das Greif- und Erfahrbarmachen einer *unique selling proposition*. Keine andere Marke konnte einen Vierradantrieb in schnellen Personenwagen anbieten. Zum ersten Mal wurden die Vorteile des „Vorsprung durch Technik" für jeden offenkundig, der einmal so einen Wagen gefahren hatte. Oder für die vielen Menschen, die die Erfolge der Audi quattro Rallyefahrzeuge in den 80er Jahren mitverfolgten.

Audi – Innovation, Technik und Design

Dann fiel die Entscheidung: Audi soll die Premiummarke des Volkswagen-Konzerns werden, mit einem eigenständigen Auftritt und einer eigenständigen Vertriebsorganisation. Neu an diesem Ansatz war, dass Audi das Element der Fortschrittlichkeit (des „Vorsprungs") ins Premiumsegment einbringen sollte. Denn bis dahin war eine Premiummarke per definitionem statusorientiert und konservativ.

Der „Kurs nach oben" war nicht ohne Risiken: Audi hatte sich eine ambitionierte Produktoffensive vorgenommen. Die Marke wagte, den beiden Weltmarktführern im Luxuswagensegment mit dem unerhört neuartigen A8 Paroli zu bieten. Aus den ehemals zwei Produktreihen – Audi 80 und 100 – wurden erst drei, dann vier und heute mit A3, A4, Audi TT, A6, A8 und Q7 schließlich sechs.

Abb. 1: ASF Studie

1994 war das entscheidende Jahr: Die Marke wurde neu positioniert, mit einem neuen Logo, mit neuen Produktbezeichnungen und einer bahnbrechenden Luxuslimousine. Aus dem althergebrachten ovalen Audi-Signet wurde ein modernes Logo, das die vier Ringe selbstbewusst in den Vordergrund stellte. Aus dem Audi 80 wurde mit dem Modellwechsel der A4, aus dem Audi 100 der A6. Und der A8 kam auf den Markt: ein Konzentrat an Hochtechnologie, dem andere Marken lediglich ihren Status entgegensetzen konnten. Das erste Vollaluminium-Serienfahrzeug der Welt. Die erste Luxuslimousine der Welt mit Allradantrieb. Als erste Marke hatte Audi im A8 auch einen Achtzylinder-TDI-Motor vorgestellt.

1996 hat Audi den Premiummarkt nach unten erweitert: Viele Experten hatten angezweifelt, ob im Kompaktsegment eine „Premiumvariante" existieren könne. Der A3 hat diese Zweifel schnell ausgeräumt. Bei einem Gesamtvolumen von rund 900 000 verkauften Fahrzeugen in der ersten Fahrzeuggeneration zeigte er ausgesprochen geringe Absatzschwankungen über den gesamten Modellzyklus. Zwei Faktoren haben dem A3 zum Erfolg verholfen: sportliche Motorisierungen und Hochwertigkeit in jedem Detail.

Ein weiterer Schritt der Marken-Neupositionierung war das Hinzufügen von leistungsfähigen Sechs-, Acht- und sogar Zwölfzylindermotoren. Eine wichtige Rolle spielten auch die TDI-Aggregate, die einen guten Teil des Audi Vorsprung-Images begründet haben.

Audi hatte eine höchst aufwändige Produktoffensive unternommen – und gleichzeitig sehr viel in die Verbesserung der Produktqualität investiert. Ein Audi sollte im Wettbewerb das Fahrzeug mit den hochwertigsten Materialien sein, mit der bestmöglichen Verarbeitung und der größtmöglichen Zuverlässigkeit.

Aber gute Produkte allein sind bei weitem nicht genug, im Wettbewerb dauerhaft bestehen zu können – geschweige denn, um erfolgreicher zu sein als andere. Daher wurde eine langfristige Strategie implementiert, um spezialisierte Audi Partner mit eigenem Management und Personal aufzubauen. Die Anzahl der Händler wurde sukzessive stark reduziert, um den Handelspartnern größere Volumina zu ermöglichen – und damit die Investitionsbereitschaft zu steigern.

Abb. 2: Fernsehspot „Spuren im Schnee"

Die neue Corporate Identity sagt jedem Kunden sofort: Hier ist Audi. Es wurde eine ganze „Audi Welt" geschaffen, vom Logo über die Geschäftsausstattung und den Ahornboden im Verkaufsraum bis zur typischen Hangar-Architektur.

In der Werbung ging Audi einen damals neuen Weg: Während Wettbewerber die Print- und elektronischen Medien für rationale Information nutzten, brachte Audi so etwas wie eine charmante Provokation. Zu den einprägsamsten TV-Spots zählen die Beiträge mit dem Eskimo-Großvater, der dem Enkel Schneespuren erklärt (erst Bär, dann Wolf und schließlich Audi quattro, siehe Abb. 2) oder dem geschäftsreisenden TDI-Fahrer, der sich fragt: „Wo ist der Tank?"

Jenseits von Produkten und Werbung trug auch der Motorsport zum Aufbau der Premiummarke Audi bei. Im Motorsport erfolgreich zu sein, ist eines der ältesten Rezepte für die Etablierung von Automarken – und es hat oft funktioniert, wie die Geschichte zeigt. Schon August Horch erregte Aufsehen, als er mit seinem ersten Audi Wagen Sieger bei der großen Alpenrundfahrt in den Jahren 1912 bis 1914 wurde.

70 Jahre später hat Audi die quattro Kompetenz im Rallye-Sport eindrucksvoll dokumentiert. In den 90er Jahren kamen publikumswirksame Erfolge bei verschiedenen Tourenwagen-Meisterschaften dazu.

Abb. 3: Rallye Akropolis

Prof. Dr. Martin Winterkorn

Abb. 4: Fünfter Le Mans-Sieg für Audi im Jahr 2005

Im Jahr 2002 hat Audi den dritten Sieg in Folge bei einem der härtesten Automobilrennen der Welt erringen können, bei den 24 Stunden von Le Mans. Bei diesem dritten Sieg kamen erstmals turbo-aufgeladene Benzindirekteinspritzmotoren zum Einsatz: ein weiterer „Vorsprung-durch-Technik-Erfolg". Ein fünfter Sieg bei diesem Extremrennen im Jahr 2005 stellt Audi in eine Reihe mit den erfolgreichsten Motorsportmarken in der Geschichte.

3. Vorsprung durch Technik: mehr als ein Slogan – ein Technikansatz, der Synthesen statt Kompromisse und damit Mehrwert für Kunden schafft

Ein Motto wie „Vorsprung durch Technik" ist das fortwährende Versprechen an den Kunden, nicht nur Autos anzubieten, sondern zuverlässige Innovationsträger. Anhand einiger Beispiele soll im Folgenden dargestellt werden, wie sich dieser „Vorsprung" bei Audi manifestiert hat (und es weiter tut). Ein zentrales Merkmal des genannten Vorsprungs ist das Auflösen von technischen Widersprüchen, Zielkonflikten oder Vorurteilen mit dem Ziel, den Kunden nachvollziehbaren Mehrwert zu bieten: eine ganz eigene Interpretation des Begriffs „Kundenorientierung".

1. „Permanenter Allradantrieb taugt nur für den militärischen Einsatz" – das ist ein Satz, der vor 25 Jahren noch völlig unwidersprochen stehen bleiben konnte. Audi hat gezeigt, dass der Allradantrieb nicht nur in spartanischen Geländefahrzeugen Vorteile bringt, sondern auch in schnellen Personenwagen. Dass mit dem Audi quattro im Jahr 1980 ein Coupé mit 200 PS auf den Markt kam, hat für großes Aufsehen gesorgt: ein Allradfahrzeug, dessen Platz nicht auf dem Feldweg, son-

dern auf der linken Autobahnspur war. Wer Technik so ungewöhnlich einsetzt, muss möglicher Kritik klare Fakten entgegensetzen können: der Audi quattro hat das durch seine souveränen Fahrleistungen getan. Die bereits erwähnten Rallye-Erfolge haben ebenfalls zum Ruf des Audi quattro Antriebs beigetragen.

Aus der quattro-Technik ist einer der großen Trends in der Automobiltechnik von heute geworden. Die Zulassungszahlen von Allrad-Fahrzeugen steigen stetig. Ein Audi Mitbewerber bietet Allrad nach dem Beispiel des A8 quattro jetzt sogar in seinen Luxuslimousinen an.

2. Sportlich und trotzdem sparsam mit einem Diesel zu fahren, galt vor 15 Jahren noch als unmöglich. Die Lösung war der turboaufgeladene, direkteinspritzende TDI-Motor, den Audi 1989 zur Serienreife brachte. Ein Motorentyp, der einen bis heute anhaltenden Megatrend in der Automobilindustrie auslöste. Das wirkungsgradstarke, aber unkultivierte Direkteinspritzer-Prinzip aus der LKW-Technik adaptiert und mit antrittsschnellen Turboladern kombiniert zu haben – das war hier die entscheidende Leistung, der entscheidende Vorsprung. Und für etliche Jahre eine unique selling proposition der Marke mit den vier Ringen.

3. Audi hat es geschafft, den Kombi aus der Sphäre des bloßen Transports in die Sphäre des begehrenswerten Lifestyle zu verschieben. Mit dem ersten A4 Avant ist so etwas wie die Schaffung des „Lifestyle-Kombis" gelungen. Die Käufer dieses Modells sind so etwas wie die Idealkunden für eine aufstrebende, sportliche Marke: im kauffreudigsten Alter zwischen 30 und 40, beruflich erfolgreich und – markenbewusst.

Wie attraktiv die Verbindung der Avant-Idee mit leistungsstarken Motoren ist, zeigen besonders die Markenerfolge der RS4- und RS6-Modelle und der Avant-Typen unserer S-Baureihen.

4. „Computer sind ohne Schulung nicht zu gebrauchen" – beim Bediensystem „Multi Media Interface" (MMI) des neuen Audi A8 haben wir uns vorgenommen, diesen Satz Lügen zu strafen: Wir haben den Tausenden von potenziellen Einstellmöglichkeiten bei einem so hochkomplexen Auto den Wunsch nach intuitiver Bedienung entgegen gesetzt. Kunden, Medien und Fachleute bewerten dieses Bediensystem als ausgesprochen benutzerfreundlich. Für uns ist das eine der einprägsamsten Formen von Kundenorientierung.

Die Liste dieser aufgelösten Widersprüche könnte noch fortgesetzt werden. Klar ist das Ziel, das dahintersteckt: neue, kundenorientierte Produktideen durch Paradigmenwechsel finden. Das ist die Langfassung der Formel „Vorsprung durch Technik".

Natürlich hätte man die „Erbinformation" des Vorsprungs – den Markenkern – auch anders auslegen können: im Sinne eines „schneller, höher, weiter" oder im Sinne von „Technik als Selbstzweck". Das wäre ein sicher einfacherer Weg gewesen. Aber ein Weg in eine Sackgasse. Was die Marke Audi positiv differenziert, ist der Mehrwert für den Kunden. Dieser Mehrwert ist von zwei Säulen getragen: Technik und Design.

4. Markenführung, Leitmarke und Markengruppe

Eine Marke erleben, das heißt zuerst einmal: Autos auf der Straße wahrnehmen. Psychologen haben herausgefunden, dass eine Zehntelsekunde genügt, um einen Menschen sympathisch oder unsympathisch zu finden – „auf Anhieb", wie man sagt. Bei Autos ist das nicht anders: der erste visuelle Eindruck entscheidet über „mag ich" oder über „mag ich nicht". Deswegen legen wir großen Wert darauf, dass das Design unserer neuen Modelle die Menschen nicht nur im Kopf anspricht, sondern vielmehr im Bauch. Da, wo die wichtigen Entscheidungen gefällt werden.

Ein Audi soll Muskeln zeigen. Er soll nicht damit protzen, aber unmissverständlich klar machen: „Hier steckt Dynamik drin." Ein Audi soll auf den ersten Blick signalisieren: „Ich bin ein Sportler." Design ist also ein K.o.-Kriterium – positiv wie negativ. Das wird alljährlich in einer großen repräsentativen Kundenumfrage bestätigt, die die deutschen Autohersteller erstellen lassen: Design ist bei uns eindeutig Kaufgrund Nummer eins.

Auf der Basis der in der ersten Phase aufgebauten „Technik- und Designmarke" wird nun das Differenzierungsmerkmal „Sportlichkeit" und damit die Emotion stärker gespielt: im Hinblick auf Fahrdynamik und Agilität und im Hinblick auf die äußere Form der Fahrzeuge. Eine wichtige Rolle spielt dabei das weiterentwickelte Design unserer Kernbaureihen, des neuen A4 Cabriolets und des Q7. Aktuelle Umfrageergebnisse aus den vergangenen Monaten bestätigen den Erfolg dieser erneuten Repositionierung der Marke Audi in Richtung Sportlichkeit deutlich.

Design ist eine der wichtigsten Gemeinschaftsfunktionen innerhalb der Markengruppe, zusammen mit der technischen Entwicklung. Diese beiden Bereiche sind als erste unter der Verantwortung von Audi zusammengeführt worden. Wir haben auch die Produktplanung von SEAT und Lamborghini an die Audi Produktplanung gekoppelt.

Audi – Innovation, Technik und Design

Abb. 5: Audi TT

Die Grundlagen zur Idee der Markengruppen finden sich im Beitrag von Dr. Pischetsrieder. Sie werden an dieser Stelle deswegen nur kurz angesprochen.

Abb. 6: Eckdaten Markengruppe

Um die Bedeutung der Audi-Markengruppe besser einordnen zu können, hier nur drei der wichtigsten Eckdaten: Unsere Gruppe hat im vergangenen Jahr rund 1,2 Millionen Autos weltweit ausgeliefert. Insgesamt sind rund 66 000 Mitarbeiter in der Markengruppe beschäftigt. Der Umsatz für Fahrzeuge der Marken Audi, SEAT und Lamborghini betrug im vergangenen Jahr knapp 27 Milliarden Euro.

Hinter der Idee, den Volkswagen-Konzern in Markengruppen aufzuteilen, steckt ein alter Grundsatz: „divide et impera". Es leuchtet ein, dass drei Marken leichter zu führen sind als acht.

Die drei Kernelemente der sportlichen Markengruppe sind bei Audi wohl am harmonischsten ausgeprägt:

Abb. 7: Charakteristika der Audi Markengruppe

Sport, Technik und Design. Diese drei Begriffe sind das Reservoir, aus dem die Mitglieder unserer Markengruppe schöpfen. Sie sind der gemeinsame Nenner und durchaus unterschiedlich verteilt. Das mag auch dazu dienen, verschiedene Geschmäcker von Kunden anzusprechen. Was sind nun die Charaktereigenschaften der einzelnen Marken? Fangen wir bei Audi an:

Abb. 8: Audi Markenwerte

Wenn man den „Vorsprung durch Technik" bei Audi in Markenwerte übersetzt, dann ergibt das die Markenwerte sportlich, progressiv, hochwertig, die bereits ausführlich beschrieben worden sind.

Abb. 9: Lamborghini Markenwerte

Bei Lamborghini sind die Markeneigenschaften noch schärfer umrissen: Wer immer einen Murciélago oder Gallardo gefahren hat, der weiß, dass ein Lamborghini ganz sicher ein extremes Auto für extreme Erfahrungen ist. Kompromisse sind für die Entwickler bei Lamborghini ein rotes Tuch, und man merkt beim Temperament eines Lamborghini sofort: Dieses Auto muss aus Italien kommen. Manche unserer italienischen Kollegen sagen sogar: „Ein Lamborghini muss immer sein wie ein Schlag in die Magengrube."

Audi als Leitmarke hat bei Lamborghini vor allem eine große Herausforderung zu meistern:

Abb. 10: Lamborghini, Herausforderung

Die Kunst, die Marke aus Sant'Agata weiter zu entwickeln, heißt, die Produkte zu perfektionieren, ohne den wilden, extremen, kompromisslosen, italienischen Charakter der Marke zu verwässern. Uns war bewusst, dass wir den Audi Einfluss auf die junge italienische Tochter anfangs sehr zurückhaltend dosieren mussten. Die Annäherung haben wir also nicht von heute auf morgen, sondern im ständigen Dialog und Schritt für Schritt vollzogen.

Dass ein Lamborghini mittlerweile so hochwertig verarbeitet ist, wie das zu seiner Preisposition gehört, dass ein Lamborghini nun auch Langzeitqualität aufweist, das sind erste Ergebnisse dieser Arbeit. Und ebenfalls die Erweiterung der Produktpalette. Unterhalb des großen Supersportwagens Murciélago gibt es nun eine zweite Produktreihe, den Gallardo. Mit diesem Modell hat Lamborghini im Jahr 2004 einen historischen Auslieferungsrekord aufgestellt.

Abb. 11: SEAT Markenwerte

Kommen wir zu SEAT. Ein SEAT ist, wenn wir die neueren Modelle und vor allem die Studien betrachten, bestimmt kein Auto, das konservative Menschen anspricht. Ein Ibiza Cupra R oder die SEAT-Studien Tango und Toledo sind sportlich und zeigen das auch unverhohlen. Ein SEAT ist unkonventionell. Bei einem SEAT müssen sich die Muskeln unter dem Blech deutlich abzeichnen dürfen.

Ein SEAT ist von seiner Preisposition her unterhalb von Audi angesiedelt. Der Schwerpunkt der Marke liegt künftig im A-Segment. SEAT spricht auch stärker jüngere Kunden an als Audi oder Lamborghini.

Abb. 12: SEAT Herausforderungen

Dass gerade bei SEAT diese drei Markenwerte auf die Zukunft ausgerichtet sind, muss nicht betont werden. Bei SEAT sind es mehrere Herausforderungen, denen wir uns stellen:

- Höherpositionierung der Marke: Hier geht es um die betriebswirtschaftliche Notwendigkeit, die Preisposition von SEAT zu verbessern.

- Markencharakter beleben: SEAT wurde vor gut 50 Jahren als Staatsunternehmen gegründet und hatte jahrzehntelang kein ausgeprägtes Profil.

- SEAT muss vom Prestige von Audi profitieren können: mit eigenem Charakter, aber doch der wahrnehmbaren Handschrift von Audi.

Seit einigen Jahren wird die Modellpalette von SEAT konsequent erneuert. Wenn Sie sich die jüngsten Modelle ansehen, dann wird deutlich, wohin die Reise geht: hin zur Emotion, hin zu vergleichsweise jungen, designbewussten Kunden.

Die erfreuliche Resonanz auf das erste SEAT-Produkt, das unter der Regie der Markengruppe entstand, bestätigt unsere Vorgehensweise: der neue SEAT Altea.

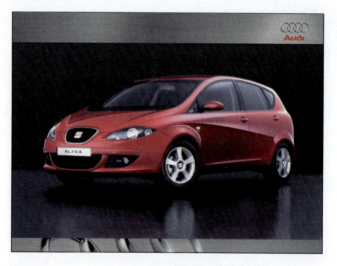

Abb. 13: SEAT Altea

Ein SEAT wird, wie alle Fahrzeuge unseres Konzerns, nach sehr strengen Qualitätskriterien gefertigt. Die empfundene Qualität „draußen beim Autofahrer" liegt aber einigen Untersuchungen zufolge erkennbar unter der objektiv messbaren Qualität. Dieses subjektive Qualitätsempfinden wollen wir in den kommenden Jahren deutlich steigern. Ohne natürlich die objektive Qualität zu vernachlässigen.

Unser Ziel ist ganz klar: Wir wollen sportliche Fahrer in allen Marktsegmenten gezielt ansprechen. Anders ausgedrückt: Wer immer einen sportlichen Wagen zwischen 15 000 und 250 000 Euro sucht, wird bei den Produkten unserer Gruppe fündig.

Dabei ist eines klar: Als Markengruppe treten wir nicht öffentlich auf. Sinn dieser Vereinigung ist, die gemeinsamen Ressourcen besser auszuschöpfen. Besser im Hinblick auf Markenführung, aber natürlich auch im Hinblick auf Synergien, und damit letztlich auf den Gegenwert, den unsere Fahrzeuge den Kunden bieten.

Zum Beispiel bei der Entwicklung. Jetzt, in der Markengruppe, nutzen wir das Potenzial, das die Frauen und Männer der Entwicklungsabteilung von SEAT mitbringen. Der A3 Sportback wurde beispielsweise zu einem großen Teil im Centro Tecnico der SEAT SA entwickelt. Die Projektleitung lag bei Audi.

Ein anderes Beispiel für interne Zusammenarbeit: Der Aluminium-Space-Frame des zweiten Lamborghini-Modells Gallardo ist mit Hilfe der Leichtbaukompetenz unseres Aluminiumzentrums Neckarsulm entstanden.

Die SEAT SA ist keine Tochtergesellschaft von Audi, aber sie arbeitet dennoch unter der Regie von Audi. Die wichtigste Verbindung der beiden Unternehmen stellt der SEAT-Präsident dar, der zugleich Mitglied im Audi Vorstand ist.

Abb. 14: Designskizze Walter de'Silva

Synergien gibt es auch bei dem so wichtigen Thema Design. Wir haben in unseren drei Marken für jedes sichtbare Detail eine Designsprache festgelegt, die sich zwar erkennbar von den anderen beiden unterscheidet, aber doch Verwandtschaft zeigt. Im Exterieur gibt es typische SEAT-, Audi- oder Lamborghini-Linien. Im Interieur gibt es charakteristische Typologien zum Beispiel für Sitze, Lenkrad, Armaturenbrett und vieles mehr.

Die Anforderung an die Führung der Markengruppe heißt also, auf der einen Seite economies of scale zu fördern und auf der anderen Seite die Individualität der Marken weiter zu steigern. Wir können unsere Kompetenzen da ausbauen, wo wir seit langem stark sind, wo aber auch der Wettbewerb arbeitet: zum Beispiel bei der Dieseltechnik oder beim quattro Antrieb. Zusätzlich können wir unsere Stärken da ausbauen, wo wir ebenfalls anerkannt stark sind: bei der Elektronik.

Ein weiterer Synergie-Aspekt hat ebenfalls sehr viel mit Fixkosten und Wirkungsgrad zu tun: Durch das „Drehscheiben"-Konzept des Volkswagen-Konzerns kann die Markengruppe die Produktionskapazität an verschiedenen Standorten besser nutzen.

Abb. 15: Anforderungen an die Markenführung

Wenn wir also einen Blick in die Zukunft der Audi Markengruppe werfen, dann gibt es folgende wichtige unternehmerische Ziele: Wir wollen Qualität und Zuverlässigkeit weiter erhöhen. Wir wollen unsere Flexibilität und damit unsere Wettbewerbsfähigkeit stärken. Und schließlich wollen wir unsere Erträge steigern. Über diesen drei Zielen steht ein weiteres, sozusagen das Credo unseres Handelns: Kundenorientierung. Damit ist nicht nur der Service gemeint, sondern vor allem das Bestreben, Autos zu bauen, die die Menschen faszinieren können und ihnen einen Mehrwert geben. Denn das ist für mich eine der wichtigsten Gegenleistungen für den Kaufpreis: Faszination.

Kundenorientierung – das heißt für uns auch, dass wir bei der Strategie-Entwicklung nicht im stillen Kämmerlein brüten, sondern immer wieder den Abgleich mit der Wirklichkeit vollziehen. Wir untersuchen die Akzeptanz möglicher neuer Konzepte bei ausgewählten Kunden.

Diese Audi Markengruppe – das ist eine Trainingspartnerschaft, in der mehrere Athleten gemeinsam die Sportanlagen und das Wissen ihrer Trainer nützen. Eine Trainingspartnerschaft, in der die Partner von den Kenntnissen, Möglichkeiten und Fertigkeiten der anderen profitieren. Und dabei spielt es überhaupt keine Rolle, ob alle drei in ein und derselben Leistungsklasse antreten.

Abb. 16: Zusammenfassung

Prof. Dr. rer. nat. Martin Winterkorn

Vorsitzender des Vorstands der AUDI AG

**Mitglied des Vorstands der AUDI AG
Geschäftsbereich Technische Entwicklung**

Mitglied des Vorstands der Volkswagen AG

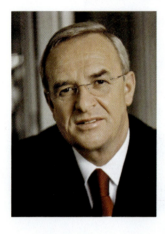

Dr. Martin Winterkorn wurde am 24. Mai 1947 in Leonberg (Deutschland) geboren. Er studierte von 1966 bis 1973 Metallkunde und Metallphysik an der Universität Stuttgart. Von 1973 bis 1977 war er Doktorand am Max-Planck-Institut für Metallforschung und Metallphysik, wo er 1977 promovierte.

Seine berufliche Laufbahn begann Dr. Martin Winterkorn 1977 als Fachreferent im Forschungsbereich „Verfahrenstechnik" bei der Robert Bosch GmbH. Von 1978 bis 1981 war er als Leiter der Kältemittelverdichter-Entwicklungsgruppe „Stoffe und Verfahren" bei der Robert Bosch GmbH und der Bosch-Siemens-Hausgeräte GmbH tätig.

1981 begann Dr. Martin Winterkorn bei der AUDI AG als Assistent des Vorstands für Qualitätssicherung. Zwei Jahre später übernahm er die Leitung der Abteilung „Messtechnik/Bemusterung und Prüflabor" bei Audi. Anfang 1988 wurde er Bereichsleiter der „Zentralen Qualitätssicherung", 1990 Leiter der Audi Qualitätssicherung. 1993 wurde er zum Leiter der „Konzern-Qualitätssicherung" der Volkswagen AG und im März 1994 zum Generalbevollmächtigten der Volkswagen AG bestellt. Von Juni 1995 an war er zusätzlich für das VW-Konzern-Produktmanagement verantwortlich. Im Januar 1996 übernahm Winterkorn die Funktion des Markenvorstands für die „Technische Entwicklung" der Marke Volkswagen. Von Juli 2000 an war er Mitglied des VW-Konzernvorstands für den Geschäftsbereich „Forschung und Entwicklung".

Dr. Martin Winterkorn ist seit 1. März 2002 Vorsitzender des Vorstands der AUDI AG. Er leitet die am 1. Januar 2002 neu gebildete Markengruppe Audi, zu der die Marken Audi, SEAT und Lamborghini gehören. Darüber hinaus übernahm Dr. Martin Winterkorn zum 1. Januar 2003 die Verantwortung für den Geschäftsbereich Technische Entwicklung der AUDI AG. In seiner Eigenschaft als Vorstandsvorsitzender der AUDI AG ist Winterkorn Mitglied des Vorstands der Volkswagen AG.

Im Juni 2003 wurde er zum Honorarprofessor an der Technischen und Wirtschaftswissenschaftlichen Universität Budapest ernannt, 2004 zum Honorarprofessor für „Leichtbauwerkstoffe im Fahrzeugbau" an der TU Dresden.

Kapitel 2

BMW Group – BMW, Rolls-Royce und MINI

Emotionale Strahlkraft in Reinkultur

Torsten Müller-Ötvös, Vice President Central Marketing
and Brand Management BMW, BMW Group;

Ian Robertson, Chairman and CEO,
Rolls-Royce Motor Cars;

Dr. Kay Segler,
Vice President Brand Management MINI

Der Erfolg unserer Marken ist das Ergebnis von emotionaler Ausstrahlung, Fokussierung auf unsere Stärke und Kontinuität in der Markenführung.

1. Markenmanagement in der BMW Group

Die Anschaffung eines Automobils hat für Konsumenten in aller Regel größte Bedeutung. Zum einen handelt es sich aufgrund des finanziellen Umfangs um eine Kaufentscheidung, die lange und sorgfältig überlegt wird. Zum anderen kommen hier eine Vielzahl rationaler und emotionaler Bedürfnisse zusammen, die alle befriedigt werden wollen. Entsprechend komplex ist der Kaufentscheidungsprozess: Das Automobil ist das „High involvement"-Produkt schlechthin.

In kaum einem anderen Konsumgütermarkt ist daher das Bedürfnis nach Orientierung durch Marken ähnlich stark ausgeprägt. In kaum einer anderen Branche wird ein ähnlich großer Aufwand betrieben, wenn es darum geht, Kunden zu gewinnen, zu begeistern und an eine Marke zu binden. Und wie nur wenige andere Wirtschaftszweige erfordert das Automobilmarketing einen breiten und differenzierten Ansatz in der Markenpolitik und beim Einsatz der Marketing-Mix-Instrumente.

1.1 Das Markenverständnis der BMW Group

Dass eine Marke weit mehr als nur ein Name plus Logo ist, ist kein Geheimnis. Die Markenführung der BMW Group basiert auf der Definition einer Marke als Vertrauen des Kunden in das Leistungsversprechen des Anbieters. Dieses Vertrauen bzw. diesen Vertrauensvorschuss muss sich der Anbieter durch jahrzehntelange, wiederholte Bestätigung der Kundenerwartungen verdienen.

Eine stabile Identifikation des Kunden mit der Marke verspricht größere Erfolgschancen für ein Unternehmen, als ein über Kosten und Preisnachlässe geführter Verdrängungswettbewerb. Hersteller mit emotional profilierten, charakterstarken Marken verfügen damit über einen entscheidenden Vorteil und werden aller Voraussicht nach auch künftig die vorderen Startplätze im Kampf um Markenstärke und Profitabilität belegen.

Zur Steuerung der BMW Group wurde ein Zielsystem entwickelt, das für den Gesamtkonzern wie für alle Marken auf unterschiedlichen Ebenen verbindliche Ziele definiert und nachhält. Die Markenorientierung spielt dabei eine zentrale Rolle: Für alle Konzernressorts ist sie fester Bestandteil der Zielvereinbarung.

1.2 Das Markenportfolio der BMW Group

Im Grundsatz verfolgt die BMW Group mit ihren Marken die gleichen Ziele wie viele andere markenbewusste Unternehmen auch: Zunächst werden durch überzeugende Profilierung und Differenzierung der Marken und Produkte Wettbewerbsvorteile generiert. Diese sind Voraussetzung für die Erzielung eines Preispremiums, welches die Ertragskraft des Unternehmens und damit langfristig dessen Zukunftsfähigkeit sichert.

Die Stärke einer Marke ist oftmals umgekehrt proportional zur Breite ihrer Produktpalette. Je mehr sich eine Marke auf ein klar definiertes Leistungsversprechen konzentriert, desto fokussierter kann sie ihre Botschaft an den Kunden formulieren. Deshalb verfügt die BMW Group über ein Markenportfolio, in dem BMW, Rolls-Royce und MINI eine klar abgegrenzte und für den Konsumenten jederzeit nachvollziehbare Position einnehmen. Für die Strukturierung des BMW Group Markenportfolios sind drei Prinzipien gleichermaßen maßgebend:

- **Premiumfähigkeit:** Jede Marke muss beim Kunden die Bereitschaft wecken, für einen im Vergleich zum relevanten Wettbewerb höheren Gegenwert auch ein entsprechendes Preispremium zu bezahlen.

- **Überschneidungsfreiheit:** Die Marken müssen untereinander eine trennscharfe Positionierung ermöglichen. Dies gilt sowohl für die Produktpalette als auch für die avisierten Zielgruppen. Nur so ist die Minimierung von Substitutionseffekten innerhalb des Markenportfolios gewährleistet.

- **Marktabdeckung:** Mit den vorhandenen Marken sollte von der Kleinwagen- bis zur Superluxus-Klasse ein umfassendes Spektrum automobiler Bedürfnisse abgedeckt sein.

1.3 Die Rolle des Markenmanagements in der BMW Group

Durch den historisch bedingten Produktions- und Technikfokus der Automobilindustrie beschränkt sich das Markenmanagement häufig auf Kommunikationsaufgaben und ist in unternehmerische Entscheidungen nur bedingt eingebunden. Die strategische Bedeutung der Marke ist in der Regel zwar erkannt, die operative Umsetzung lässt allerdings häufig keinen „Owner" der Marke erkennen, sondern verteilt die Verantwortung auf unterschiedliche Bereiche. In der Konsequenz führt dies häufig dazu, dass sich das Management des Markenwerts technischen Vorgaben oder operativen Sachzwängen unterordnen muss.

Daher geht die Rolle des Markenmanagements in der BMW Group weit über ein kommunikationsgeprägtes Marketingverständnis hinaus: Es hat hier den Auftrag, als „oberster Gestalter" der Marken die Steigerung ihres Wertes mitzusteuern und voranzutreiben. Dies bezieht sich sowohl auf die Entwicklung der Markenstrategie als auch auf deren Umsetzung in Produkte, Kommunikation und in der Vertriebsorganisation.

2. Die Markenstrategie der BMW Group

Marken sind ein Phänomen der Wahrnehmung, die in den Köpfen der Verbraucher entsteht und vom Anbieter beeinflusst werden kann. Entscheidend für den Markterfolg einer Marke ist also die positive subjektive Einstellung der Konsumenten im

Kaufprozess. Diese Wahrnehmung wird in der BMW Group für jede Marke nach einheitlichen, strategischen Grundsätzen gesteuert.

2.1 Konzentration auf die Premiumsegmente

Eine Entwicklung, die sich schon seit einigen Jahren nicht nur im Automobilmarkt manifestiert, ist die zunehmende Polarisierung der Nachfrage. Nicht zuletzt durch die Entwicklung der Informationstechnologie und neuer Medien verfügen Kunden heute über ein hohes Wissen darüber, welches Produkt ihre individuellen Bedürfnisse auf welche Weise erfüllen kann. Sie entscheiden sich daher immer häufiger nach zwei Mustern: Entweder sie wählen Produkte von Marken, welche ihre rationalen Basisbedürfnisse zu einem optimalen Preis befriedigen. Oder aber sie wählen Produkte von Marken, die über den Basisnutzen hinaus Zusatznutzen bieten, der auch die Emotionen anspricht. Dafür sind sie bereit, das entsprechende Preispremium zu bezahlen. So definiert sich auch die aus dem angelsächsischen Sprachgebrauch stammende Bezeichnung „Premium Brand" oder „Premiummarke".

Zwischen diesen beiden Konsummustern schrumpft die Nachfrage: Marken, die sich hier „zwischen den Stühlen" positionieren, haftet häufig der Makel des Kompromisses an. Oftmals sehen sie sich früher oder später gezwungen, sich in eine der beiden genannten Richtungen zu repositionieren.

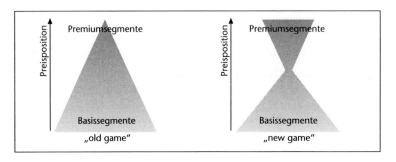

Abb. 1: Konsummuster und Polarisierung der Nachfrage (Prinzipdarstellung)

Die BMW Group ist der einzige Automobilhersteller weltweit, der mit allen seinen Marken ausschließlich in den Premiumsegmenten vertreten ist. Diese zeichnen sich im Vergleich zu den Basissegmenten durch mehrere profitabilitätsfördernde Faktoren aus:

- die Kunden verfügen über höhere Kaufkraft,
- die Nachfrage ist weniger abhängig von Konjunkturzyklen,
- die Produktzyklen sind markenunabhängig um ca. zwei bis vier Jahre länger,

- die Loyalitätsraten sind durchschnittlich etwa zehn Prozent höher und
- die Nachfrage wächst langfristig signifikant stärker.

Sicherlich ist dies auch ausschlaggebend dafür, dass derzeit viele Hersteller versuchen, eine oder mehrere ihrer Marken in den Premiumsegmenten zu repositionieren. Das Rover Engagement machte deutlich, wie wenig profitabel diese Anstrengungen sein können. Deshalb wurde im Jahr 2000 die BMW Group auf eine reine Premiumstrategie mit den Marken BMW, Rolls-Royce und MINI neu ausgerichtet.

2.2 Authentische Marken

Dass Konsumenten eine Marke *kennen,* reicht oftmals für den Markterfolg nicht aus – sie muss ihnen auch etwas *vermitteln.* Deshalb verfügt jede Marke der BMW Group über eine klar definierte Markenidentität. Diese Identitäten sind unternehmensweit kommuniziert und vereinbart – nicht nur in Marketing und Vertrieb, sondern auch in allen anderen Ressorts, wie beispielsweise der Entwicklung oder der Produktion. Eine Markenidentität in der BMW Group

- zeigt die typischen Charakteristika der Marke auf,
- bringt zum Ausdruck, wie potenzielle und bestehende Kunden die Marke wahrnehmen sollen,
- dient als Korridor für alle markenrelevanten Aktivitäten im Unternehmen,
- differenziert die Marke durch ihre Einzigartigkeit vom Wettbewerb und
- muss Spielraum für eine evolutionäre Weiterentwicklung der Marke lassen.

Bei organisch über viele Jahre gewachsenen Marken ist im Mitarbeiterstamm oftmals der sensible Umgang mit ihnen intuitiv verankert. Die Herausforderung bei der Definition einer Markenidentität besteht darin, dieses latent vorhandene Wissen, welches über Jahrzehnte sehr unterschiedliche Ausprägungen erfahren hat, in ein griffiges Konzept zu fassen. Dabei müssen einerseits die vielfältigen Aspekte der Marke umfassend abgedeckt werden, anderseits sollte die Darstellung möglichst nachvollziehbar und praxistauglich sein. Komplexe, mehrdimensionale Konstrukte mögen den Marketingtheoretiker mit der Zunge schnalzen lassen – in der Unternehmenspraxis landen sie oftmals in der Schublade und bleiben dort.

In Anlehnung an das Konzept von Aaker besteht die Struktur der Markenidentitäten in der BMW Group daher aus folgenden Komponenten:

- **Markenkern.** Er bringt die Mission der Marke bzw. den ultimativen Kundennutzen zum Ausdruck.
- **Markenwerte.** Sie beschreiben den Markenkern und konkretisieren seine Botschaft.

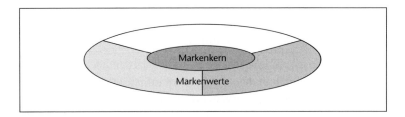

Abb 2: Struktur einer Markenidentität in der BMW Group (Prinzipdarstellung)

Die Authentizität von MINI, BMW und Rolls-Royce beruht auf vier Faktoren:

- **Fokus:** Jede Marke verfügt über ein klar definiertes Profil und ein individuelles Wertesystem. Dieses wird im gesamten Vermarktungsprozess der Marke umgesetzt. Die klar definierten Schwerpunkte minimieren Überschneidungen beim Produktportfolio und in der Kundenansprache.

- **Emotion:** Jede Automobilmarke muss zunächst die Basisanforderungen der Kunden, zum Beispiel an Qualität oder Sicherheit, erfüllen. Dies tun die Produkte der Marken MINI, BMW und Rolls-Royce auf hervorragende Weise. Premiummarken leben darüber hinaus aber von den Emotionen, die sie wecken. Die Marken der BMW Group bieten ihren Kunden daher in hohem Maße emotionalen Zusatznutzen, wie beispielsweise bei BMW durch die bereits sprichwörtliche „Freude am Fahren". Diese Emotionalität ist ein wesentlicher Faktor für eine tiefe und dauerhafte Kundenbindung.

- **Innovation:** Kunden von Premiumprodukten sind anspruchsvoll. Ihre Bedürfnisse entwickeln sich permanent weiter. Gleichzeitig versuchen Wettbewerber, die Produkte der Premiummarken zu imitieren. Nur durch permanente Innovation sowohl auf Produkt- als auch auf Vermarktungsseite sind Premiumhersteller in der Lage, ihren Vorsprung und ihre Führungsrolle abzusichern.

- **Kontinuität:** Um eine Premiummarke zum Gütesiegel für ein Leistungsversprechen aufzubauen, bedarf es Jahrzehnte konsequenter Arbeit. MINI, die jüngste Marke im Unternehmen, ist seit über fünfzig Jahren ein Begriff, die älteste, Rolls-Royce, feiert gerade einhundertjähriges Bestehen. Markenbotschaften und Markenwerte müssen über lange Zeiträume verankert werden und sollten nur behutsam an den gesellschaftlichen Wertewandel angepasst werden. Dazu gehört auch die Disziplin, insbesondere bei kritischen Marktschwankungen auf Aktionismus und Verwässerungen der Positionierung zu verzichten. Die richtige Balance aus Kontinuität und Innovation ist sicherlich eine Gratwanderung, bei der neben ausgefeilten Instrumenten auch Intuition und langjährige Erfahrung notwendig sind.

2.3 Breite Produktpalette mit charakterstarken Modellen

Um das Wachstum der Premiumsegmente optimal auszuschöpfen, geht die BMW Group in der Produktpolitik drei unterschiedliche Wege:

- Erstens wächst die Produktpalette der Kernmarke BMW sukzessive durch neue **Karosserie- und Antriebsvarianten** der Kernmodelle.
- Zweitens expandiert das BMW Produktprogramm durch **neue Konzepte**, wie z.B. Premium-Roadster oder Sports Activity Vehicle.
- Drittens wird dieses Produktprogramm mit **separaten Marken und ihren Produkten** nach oben mit Rolls-Royce und nach unten mit MINI abgerundet. Denn eine zu starke Erweiterung der Marke BMW in neue Segmente würde das fokussierte Profil und damit die Authentizität der Marke beschädigen.

Das Management eines Mehrmarkenportfolios bewegt sich in einem Spannungsfeld: Einerseits muss dem steigenden Kundenbedürfnis nach Identifikation durch Marken mit möglichst individueller, authentischer *Profilierung* begegnet werden. Andererseits entsteht aus der Notwendigkeit zur Kostenreduktion ein gewisser Zwang zur *Standardisierung*. Die ressourcenintensive Entwicklung und Herstellung von Automobilen bietet naturgemäß einen großen Hebel zur Kosteneinsparung. Die rasche Realisierung von Rationalisierungs- und Skaleneffekten war in der Branche einer der Hauptfaktoren für den Zukauf von Marken und Plattformstrategien. Allerdings erweist sich die Übertragung einer Fahrzeugarchitektur auf mehrere Marken als nicht unproblematisch. Standardisierung erfordert häufig Kompromisse in der Produktsubstanz. Dazu kommt das Risiko, dass durch die zunehmende Ähnlichkeit der Produkte verschiedener Marken deren Charakter zunehmend verwässert wird.

Damit erhöht sich die Wahrscheinlichkeit von Substitutionseffekten innerhalb der Produktpalette eines Mehrmarkenkonzerns: Dem Zuwachs an Effizienz in Entwicklung und Produktion steht das Risiko der geringeren Differenzierung in der Wahrnehmung des Kunden gegenüber. Plattformstrategien, die zu Lasten der Markenauthentizität die maximale Ausschöpfung von Kosteneffekten zum Ziel haben, scheiden in der BMW Group daher von vornherein aus.

Zielführend für BMW, Rolls-Royce und MINI ist vielmehr der Transfer von Komponenten, die nicht unmittelbar vom Kunden wahrgenommen werden und daher den Markeneindruck nicht verwässern. Dies trifft zum Beispiel für viele Antriebs- oder Elektronikkomponenten zu. Hier lassen sich bereits Einsparungseffekte über mehrere Baureihen und Marken hinweg realisieren.

Selbst wenn kein Gleichteil in verschiedenen Modellen zum Einsatz kommt, bietet der Transfer von Technologien ein breites Feld für Synergien. Dies gilt beispielsweise für Motoren, Fahrwerksentwicklungen, Sicherheitsausstattungen oder Leichtbautechnologie. Auf diesen Gebieten ist BMW seit Jahrzehnten führend, so dass sich durch den Transfer und entsprechende Anpassung einer Technologie zu MINI und Rolls-Royce Kosten einsparen lassen.

2.4 Kaufkräftiges Kundenspektrum

So, wie jeder Hersteller das Angebot im Automobilmarkt zum Beispiel nach Preis- und Größenklassen kategorisiert, ist zur effektiven Zielgruppenansprache auch nachfrageseitig eine entsprechende Segmentierung der Konsumenten erforderlich. Als tragfähiger Ansatz hat sich hier die Milieuforschung erwiesen. Die Clusterung von Konsumenten ist eine sehr komplexe Aufgabe, da hier die Vielfalt individueller Werte- und Verhaltensmuster anhand weniger Kriterien in eine für die Marktbearbeitung operationalisierbare Form gebracht werden muss.

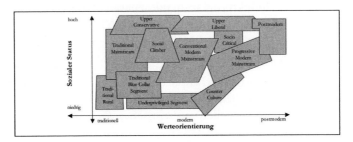

Abb. 3: Clusterung von Konsumenten nach Sozialen Milieus für Europa (Quelle: Sigma 2004)

Als besonders hilfreich hat sich ein Ansatz erwiesen, der Konsumenten nach ihrem Wertesystem in Soziale Milieus gruppiert. Milieustudien werden für alle wichtigen Märkte und Branchen weltweit erstellt und weisen speziell in den entwickelten Märkten der Triade ähnliche Strukturen und Entwicklungstendenzen auf. Anhand ausgefeilter diagnostischer Beschreibungen der jeweiligen Milieus lassen sich hier für jede gesellschaftliche Gruppe präzise, quantifizierbare Rückschlüsse in Bezug auf Produktpräferenzen und Kaufverhalten ableiten.

In der Positionierung für jedes Modell der BMW Group werden Zielmilieus definiert, die den Schwerpunkt der Kundenansprache bilden. Die Käufer von Premium-Automobilen finden sich vor allem in den so genannten „gehobenen Milieus". Von deren überdurchschnittlicher Kaufkraft profitieren sämtliche Marken der BMW Group. In diesen oberen Schichten haben BMW, Rolls-Royce und MINI zudem unterschiedliche Milieuschwerpunkte, so dass die Marken weitestgehend überschneidungsfrei das gesamte Spektrum von Premium-Automobilkäufern abdecken.

Natürlich lassen sich nicht alle Käufertypen präzise einem Sozialen Milieu zuordnen. Die Zielmilieus bilden häufig nur den Anker einer Zielgruppenpositionierung, das tatsächliche Käuferspektrum ist meist breiter gefächert. Denn selbstverständlich darf und soll jeder Kunde gemäß seiner Präferenz die Produkte seiner Marke erwerben.

2.5 Globale Marktpräsenz

Der die Automobilindustrie lange Zeit prägende „country-of-origin-effect", der besagt, dass eine Automobilmarke vor allem im Heimatmarkt erfolgreich ist, wurde spätestens mit der Globalisierung von Produktion, Angebot und Nachfrage hinfällig. Schon früh hat die BMW Group dem Rechnung getragen. Heute verfügt sie mit ihren Marken über Produktionsstandorte in Deutschland, USA, Großbritannien, China, Brasilien und Südafrika. Vertriebsgesellschaften gibt es derzeit in den 32 bedeutendsten Märkten weltweit. Dieser globale Marktzugang erleichtert die weltweit kohärente Markenpositionierung.

Dementsprechend ausgewogen ist die regionale Verteilung des Absatzvolumens. Deutschland, das übrige Kontinentaleuropa und Nordamerika machen jeweils ungefähr ein Viertel der Auslieferungen aus. Großbritannien und Asien stehen für jeweils mehr als ein Zehntel, wobei der asiatische Raum starke Wachstumsraten aufweist. Diese globale Ausrichtung minimiert die Abhängigkeit von lokalen Konjunkturzyklen.

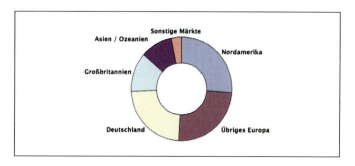

Abb. 4: BMW Group Neuwagen-Kundenauslieferungen in 2004 (1.208.732 Einheiten)

In einigen Unternehmen werden bei globaler Präsenz einer Marke auch deren Produkte an regionale Bedürfnisse angepasst. Dieser Ansatz wird bei BMW, Rolls-Royce und MINI nicht verfolgt. Produkte dieser Marken werden in erster Linie so entwickelt, dass sie ihre Markenidentität verkörpern. Denn die Nachfrage nach diesen Automobilen ist kein lokal spezifisches Phänomen, speziell in den avisierten Zielgruppen, deren Lebensstil auch international geprägt ist. Marktspezifische Anpassungen werden in der BMW Group daher lediglich über Ausstattungs- und Motorisierungsvarianten vorgenommen.

3. Die Marken der BMW Group: BMW – das Rückgrat

3.1 Historie: von Flugzeugtriebwerken zu Motorrädern und Automobilen

BMW ist die Kernmarke und der Ursprung der heutigen BMW Group. 1916 begann das Unternehmen, sich im Bau von Flugzeugmotoren einen Namen zu machen. Das BMW Markenzeichen symbolisiert bis zum heutigen Tag einen rotierenden Propeller. Der Einstieg von BMW in die Motorradproduktion erfolgte 1923. Sechs Jahre danach wurde mit dem „Dixi" das erste BMW Automobil produziert. Im folgenden Jahrzehnt entwickelte sich BMW zum Synonym für Fahrvergnügen, hohe Qualität und Erfolge auf der Rennstrecke: Der 328 war der schnellste Seriensportwagen seiner Klasse und begründete die dynamische Ausstrahlung der Marke BMW. 1940 entstand ein BMW 328 mit stromlinienförmiger Leichtmetallkarosserie aus einer Aluminium-Magnesium-Legierung, der souverän bei der „Mille Miglia" siegte. Damit wurde dieses Automobil endgültig zur Legende.

Das erste Nachkriegsmodell kam 1951 auf den Markt. Schon bald gehörte BMW mit dem 501 und dem Roadster BMW 507 wieder zu den technisch führenden Herstellern. Der Markterfolg stellte sich allerdings nicht wie erhofft ein. 1962 brachte der BMW 1500 („Neue Klasse") dann den Durchbruch: Die bis dato einzigartige Kombination aus Motorleistung und sportlichen Fahreigenschaften, gepaart mit voller Alltagstauglichkeit, traf die Nachfrage exakt. Mit dem BMW 1500 gelang es erstmals, ein Modell in großen Stückzahlen abzusetzen, was den bis heute andauernden Erfolg der Marke mitbegründete. Weitere Modellreihen, die dieser Philosophie folgten, erweiterten kontinuierlich das Produktprogramm.

Abb. 5: Historische Meilensteine für die Marke – der BMW 328 „Mille Miglia" (1940) und der BMW 1500 „Neue Klasse" (1962)

In den Jahren von 1972 bis 1977 wurde der Grundstein für die heutige Programmstruktur gelegt: Die 3er und 5er Reihe etablierten BMW endgültig am Markt, 6er und 7er Reihe stießen in die Luxusklasse vor.

In den 80er Jahren beschloss BMW, sein Know-how in der höchsten Klasse des Motorsports unter Beweis zu stellen: Das Formel 1-Aggregat entwickelte aus vier Zylindern und 1,5 Liter Hubraum über 800 PS. 1983 wurde Nelson Piquet damit Formel 1 Weltmeister.

Mit dem ersten 12-Zylindermotor aus deutscher Fertigung seit über 40 Jahren stellte BMW 1987 erneut seine Kernkompetenz „Antriebstechnologie" unter Beweis. Diese wurde mit den innovativen Triebwerken der M-Reihe (Hochdrehzahlkonzept) kontinuierlich ausgebaut: Diese Motoren bewiesen, dass sich hohe Leistung und niedriger Kraftstoffverbrauch bei entsprechendem konstruktivem Aufwand nicht ausschließen müssen.

In den 90er Jahren erweiterte BMW die Produktpalette mit neuen, innovativen Konzeptvarianten, die sich schnell am Markt etablierten: BMW Z3 und X5 definierten erfolgreich eine jeweils neue Produktkategorie. Ebenso wurde aus dem Ein-Marken-Hersteller BMW mit dem Zukauf weiterer Marken die BMW Group, die im Geschäftsjahr 2002 erstmals über eine Million Neufahrzeuge an Kunden auslieferte.

Abb. 6: Erschließung neuer Premiumsegmente mit dem BMW Z3 (1996) und dem BMW X5 (1999)

3.2 Markenpositionierung: Freude am Fahren und mehr

Die fein austarierte Balance aus Fahrdynamik, Komfort und Funktionalität ist es, die BMW zum Symbol für „Freude am Fahren" macht. Dies ist der Ursprung der Marke. Und auch wenn viele Wettbewerber versuchen, die dynamische Ausstrahlung von BMW zu imitieren, zeigt die Marktforschung, das niemand die Marke hier ernsthaft gefährden kann. Doch BMW steht für mehr als nur Sportlichkeit. BMW steht auch für technische Kompetenz und Professionalität. Die Marke ist ein Erfolgssymbol, dessen Ästhetik eher zum Understatement als zur Extravaganz neigt.

BMW hat sich auch durch neue Ideen und Innovationen Anerkennung erarbeitet. So wird beispielsweise mit dem ersten Bordcomputer, dem ersten Navigationssystem, mit iDrive und mit dem ersten Head-up-Display die Cockpitfunktionalität seit vielen Jahren kontinuierlich verbessert. Auch auf dem Antriebssektor ist BMW zukunftsweisend, zum Beispiel mit dem ersten Variable Twin Turbo Dieselmotor, dem in seiner Hubraumklasse stärksten und gleichzeitig leichtesten und sparsamsten Diesel Aggregat der Welt. Oder CleanEnergy: Bereits auf der EXPO 2000 war eine Flotte BMW 7er mit Wasserstoffverbrennungsmotor im Einsatz, und noch in diesem Jahrzehnt ist die Auslieferung erster Kundenfahrzeuge geplant.

3.3 Produktpolitik: Wachstum mit bestehenden Baureihen und Expansion in neue Segmente

Der BMW 3er, 5er und 7er sind seit Jahrzehnten die fest etablierten Säulen des Produktprogramms. Diese Modelllinien werden kontinuierlich um neue Karosserie- und Antriebsvarianten erweitert. Zusätzlich trägt die Internationalisierung der Marktausschöpfung dazu bei, dass der Absatz dieser angestammten Produktreihen seit vielen Jahren stetig wächst. Darüber hinaus ermöglichen zum Beispiel in der 3er Reihe die sechs Konzeptvarianten (Limousine, Touring, Coupé, Cabrio, compact und M) eine zeitliche Staffelung der Produktionsanläufe, womit starke Schwankungen in der Werkauslastung und somit in der Profitabilität vermieden werden.

Über dieses Kernproduktprogramm hinaus expandiert BMW sukzessive in neue Fahrzeugsegmente. Dies begann bereits mit dem BMW Z3 bzw. Z4 und X5. In 2004 wurden gleich drei neue Baureihen eingeführt: der BMW 6er, X3 und 1er.

Der BMW 6er verdichtet die typischen Merkmale der Marke zu einem sehr emotionalen Konzentrat: modernste Antriebstechnik, agile Fahrdynamik, moderne und dabei zeitlose Ästhetik kombiniert mit einem für Sportwagen überraschenden Platzangebot. Die Ausstrahlung des BMW 6er auf die gesamte Marke wirkt dabei gleich doppelt: als Coupé oder als separat entwickeltes Cabrio.

Abb. 7: Der BMW 6er – emotionales Konzentrat der charakteristischen Produkteigenschaften

Mit dem BMW 1er und dem X3 spricht die Marke zunehmend neue und jüngere Zielgruppen an: Diese Modelle zielen auf Käufer, die schon früh über überdurchschnittliche Kaufkraft verfügen. Sie sind oft gut ausgebildet, übernehmen beruflich schnell Verantwortung und haben an sich und ihr Automobil hohe Ansprüche. Lebensqualität definieren sie nicht ausschließlich über beruflichen Erfolg, sondern mit der Balance aus Job, Freizeit und Familie. Diese Käuferschicht identifiziert sich in hohem Maße mit der Ausstrahlung von BMW.

Obwohl der BMW 1er und der X3 für die Marke Neuland betreten, sind sie doch durch und durch typische BMW. Beide definieren zum Beispiel in ihrer Klasse den Begriff „Fahrfreude" völlig neu: Der BMW 1er als erster Vertreter der Kompaktklasse mit Hinterradantrieb, der X3 mit seinem einzigartigen xDrive Antriebskonzept. Auch die Motorisierungen, Designsprache oder Individualisierbarkeit sind charakteristisch für einen BMW.

Abb. 8: Die profitable Expansion wird fortgeführt mit dem BMW 1er und dem BMW X3

Mit diesen Modellen wird das profitable Wachstum der BMW Group weiter fortgesetzt. Für die Zukunft gilt: Nicht jedes noch nicht besetzte Segment ist automatisch attraktiv für BMW. Nur wenn eine für die Marke typische Lösung Erfolgsaussichten hat, wird sie zur Marktreife gebracht.

3.4 Kommunikation: BMW Sport Marketing

In der Kommunikationsstrategie, die sämtliche klassischen und nicht-klassischen Instrumente umfasst, nimmt das BMW Sport Marketing eine besondere Rolle ein. Kein anderer Automobilhersteller richtet sein Sportsponsoring ähnlich umfassend und systematisch aus. Das BMW Sport Marketing basiert auf den drei Säulen Formel 1, Yachtsport und Golfsport. Damit wird nicht nur die gesamte Bandbreite von Sponsoring über klassische Werbung bis hin zu CRM abgedeckt – das Involvement der Marke geht weit über Kommunikation hinaus.

- **BMW Formel 1:** Die Formel 1 ist die Motorsport-Serie mit den höchsten technologischen Anforderungen. Außerdem versammelt sie jedes Rennwochenende weit über 200 Millionen Zuschauer vor dem TV, so viele wie keine andere Sportart. Als Motorenlieferant des WilliamsF1 Teams gelang in der Debutsaison bereits der dritte Rang in der WM, 2002 folgte der zweite Platz und 2003 war man bis zum Finale Titelkandidat. Doch der Einfluss des Motors auf das Siegpotenzial des Gesamtpaketes ist in Relation zurückgegangen. Nur in einem integrierten Team ist die volle Kontrolle über Chassis, Reifen, Fahrerwahl und Renntaktik möglich. Deshalb wird die Marke BMW durch den Erwerb von Mehrheitsanteilen am Team Sauber ihr Engagement über die bisherige Rolle als Motorenpartner ausdehnen.

- **BMW ORACLE Racing:** Der Segelsport hat sich in den letzten Jahren enorm entwickelt, sowohl technisch als auch in puncto Medieninteresse. Segeln passt zudem hervorragend zu den Markenwerten und den Zielgruppen. Auch zwischen ORACLE und BMW besteht eine enge Partnerschaft, die weit über reines Sponsoring hinausgeht: Neben Kommunikation, PR und Merchandising bringt BMW sein Know-how beispielsweise bei Werkstoffen, Materialerprobung oder Strömungssimulation ein. Schon bei der ersten Teilnahme belegte BMW ORACLE Racing in der Endausscheidung für den America's Cup (LouisVuitton Cup) den zweiten Platz.

- **BMW Golfsport:** Diese Sportart betont die Exklusivität der Marke und ist fester Bestandteil des Lebensstils vieler Kunden. Hier steht auch weniger die Technik, sondern vor allem der Mensch im Mittelpunkt. Konsequenterweise organisiert BMW jedes Jahr eines der größten internationalen Amateur-Turniere mit weit über 100 000 Teilnehmern aus ca. 35 Ländern. Zusätzlich werden Profi-Turniere der PGA gesponsert, sowie die BMW Championship, die BMW International Open und die BMW Asian Open durchgeführt, welche beide Teil der PGA International Tour sind.

Abb. 9: BMW WilliamsF1 Team, BMW ORACLE Racing und BMW Golfsport – die drei Säulen des BMW Sport Marketing

3.5 Vertrieb: ein weltweit kohärenter Auftritt

Im Vertrieb an den Endkunden setzt BMW auf den selbstständigen Händler-Unternehmer, und das wird auch in Zukunft so bleiben. Bei weltweit über 3 000 Handelsbetrieben ist es eine Herausforderung, gegenüber den Kunden immer und überall markenadäquat in Erscheinung zu treten. Mit einer einheitlichen Handels-CI war BMW bereits in den frühen 80er Jahren Vorreiter für die Autobranche. Gerade für eine Premiummarke ist es essenziell, dass das in der Kommunikation geschaffene Markenimage und das Markenerlebnis vor Ort vom Kunden als übereinstimmend wahrgenommen werden.

Abb. 10: Internationale Beispiele für Händlerarchitektur – konsistente Markenerfahrung vor Ort für die Kunden weltweit

Heute ist die markenadäquate Innen- und Außenarchitektur fester Bestandteil der Händlerverträge. Das Zentrale Marketing entwickelt hier internationale Standards und leistet Beratung bei der Umsetzung vor Ort. Wie gut diese gelingt, zeigen die Beispiele aus unterschiedlichen Märkten.

3.6 BMW Welt

Um den Erlebnischarakter von BMW weiter zu stärken und die Marke in ihrer Gesamtheit wahrnehmbar zu machen, entsteht derzeit in München in unmittelbarer Nähe des BMW Stammwerks und des „Vierzylinders" die BMW Welt. Diese ist kein Handelsbetrieb und steht somit nicht in Konkurrenz zu den Vertriebspartnern. Vielmehr bietet sie ab Winter 2006/2007 ein multisensuales Markenerlebnis und ermöglicht den direkten Kontakt zwischen dem Besucherpublikum, den Kunden, die ihr Fahrzeug abholen und den BMW Mitarbeitern.

Die BMW Group versteht Architektur als imageprägendes Element und als Teil seiner Unternehmensphilosophie. Deshalb wurde für das Projekt der BMW Welt ein internationaler Wettbewerb ausgeschrieben. Der Entwurf des Gewinners COOP HIMMELB(L)AU erfüllt in jeder Hinsicht die architektonischen und funktionalen Ansprüche der Marke und die städtebaulichen Anforderungen. Ein zukunftsweisendes neues Wahrzeichen für die Marke BMW und die Stadt München.

Abb. 11: Die BMW Welt (Fotomontage) – Eröffnung Winter 2006/2007

3.7 Weiterentwicklung der BMW Markenidentität

Der Aufbau von Orientierung und Vertrauen durch eine Marke erfordert langjährige, kontinuierliche Arbeit. Doch so wichtig es ist, nicht bei jedem kurzfristigen Trend in Aktionismus zu verfallen, so entscheidend ist es, den Wandel von Wertvorstellungen in der Gesellschaft, Veränderung von Altersstrukturen oder verfügbarer Einkommen etc. genauestens zu beobachten und die Markenstrategie entsprechend anzupassen. Gerade in der Automobilindustrie hat das Beharren auf alte Stärken zum Niedergang vieler einst großer Marken geführt. „Soviel Kontinuität wie möglich, soviel Wandel wie nötig" ist daher die Leitlinie. Wie sich dieser Balanceakt in der Praxis gestaltet, könnte kaum etwas besser zum Ausdruck bringen, als die Entwicklung des BMW Markenlogos und des charakteristischen Kühlergrills in Form einer Doppelniere. Und das wird auch in Zukunft so bleiben.

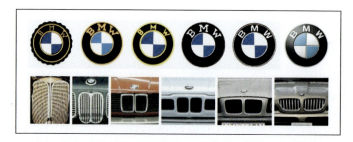

Abb. 12: Evolution einer Marke – soviel Kontinuität wie möglich, soviel Wandel wie nötig

4. Die Marken der BMW Group: Rolls-Royce – die Krönung

4.1 Die Geschichte – von den Anfängen bis zum Jahr 2002

Vor mehr als 100 Jahren, am 4. Mai 1904, fand im Midland Hotel in Manchester das glückliche erste Zusammentreffen zweier Männer, Charles Rolls und Henry Royce, statt, die ihre Talente vereinigten, um ein Automobil und schließlich eine Legende zu schaffen: Rolls-Royce.

Henry Royce war ein Ingenieur mit besonderen Fähigkeiten, der ein ausgeprägtes Gespür für die optimale Lösung einer technischen Aufgabe besaß. Zusammen mit dem unbändigen Wunsch, die besten Automobile der Welt zu bauen, machten diese Qualitäten die Produkte der Rolls-Royce Ltd. zu Werken höchster Ingenieurskunst.

Der Honourable Charles Rolls entstammte der britischen Aristokratie – er war beliebt und hatte die richtigen Beziehungen zu den höchsten Rängen der englischen Gesellschaft der Jahrhundertwende. Ebenfalls inzwischen ein fähiger Ingenieur, war Rolls bereits seit seiner Kindheit ein Enthusiast des Verbrennungsmotors. Als passionierter Motorrad- und Autofahrer leitete er ein Autohaus, CS Rolls & Co im Londoner Stadtteil Fulham. Bestrebt, seinen Kunden die allerbesten Automobile anzubieten, verkaufte Rolls Fahrzeuge vom europäischen Kontinent, bevorzugt der französischen Marken Panhard und Mors.

Lange Zeit hatte Rolls nach einem Hersteller in Großbritannien gesucht, der seinen Ansprüchen gerecht werden würde. Es war diese Suche nach dem britischen Automobil von unvergleichlicher Qualität, das ihn zu dem Treffen mit Henry Royce bewegte. In Manchester war Rolls so beeindruckt von dem 10hp Royce Automobil, dass er sofort mit Henry Royce in Verhandlungen trat. Aufzeichnungen belegen, dass Rolls bereits während der Reise mit seinem Freund und Mittelsmann Henry Edmunds den Wunsch äußerte, seinen Namen mit einem Automobil in Verbindung zu bringen, das ein Begriff werden sollte wie Broadwood für Pianofortes oder Chubb für Safes. Während heutzutage niemand vom Broadwood oder Chubb der Autos spricht, würden einige gerne von sich sagen, sie seien der Rolls-Royce der Pianos oder Safes.

Im Dezember 1904 folgte als erster gemeinsamer öffentlicher Auftritt von Rolls und Royce die Teilnahme am Pariser Autosalon, wo das 10hp Automobil präsentiert wurde. 1907 folgte der Silver Ghost, ein Fahrzeug, welches wegen seiner beispiellosen Laufruhe, Langlebigkeit und Zuverlässigkeit schnell den Ruf des besten Autos der Welt erlangte.

Abb. 13: 1907 Silver Ghost

Was der Entwickler Royce genial erdacht hatte, wurde vom Verkäufer Rolls kongenial vermarktet. Dank seines aristokratischen Hintergrunds hatte Rolls Zugang zu den Reichen und Berühmten der Gesellschaft in Großbritannien unter König Edward. Zu sportlichen oder gesellschaftlichen Anlässen erschien Rolls stets im neuesten Rolls-Royce und bot gerne all jenen eine Mitfahrgelegenheit an, die als mögliche Käufer in Frage kamen oder einen Interessenten positiv beeinflussen könnten. Damit hatte Rolls-Royce einen bedeutenden Wettbewerbsvorteil gegenüber anderen Herstellern, die ihre Käufer nur durch schwer zu vermittelnde Qualitäten von Konstruktion und Technik für sich gewinnen konnten.

Rolls starb im Jahr 1910 als erster Brite bei einem Flugzeugunglück, aber auch nach seinem Tod entfaltete das Unternehmen weiter seine Stärken. Der Name Rolls-

Royce war gut etabliert und die Verkaufszahlen stiegen. Von 1922 bis 1929 wurde der 20hp produziert, ein wiederum erfolgreiches, kleineres Selbstfahrer-Auto. Mit der Einführung eines kleineren schnelleren Autos im Jahr 1933 widmete sich das Unternehmen auch dem sportlicheren Fahrer. Bereits 1931 hatte Rolls-Royce die Firma Bentley Motors erworben, und nun wurde ein völlig neues Auto unter diesem Namen angeboten. Dieser „Derby"-Bentley wurde bis zum Ende der 30er Jahre produziert.

Als Royce 1933 starb, war seine Philosophie in Konstruktion und Technik im Unternehmen so weit verankert, dass das Unternehmen auch ohne ihn weiterhin antreten konnte, die besten Autos der Welt zu bauen: „Strebe nach Perfektion in allem was du tust, nimm das Beste und mache es besser. Falls es nicht existiert, dann baue es."

Nach Kriegsende traf das Unternehmen eine wegweisende Entscheidung: komplette Automobile mit Stahlkarosserie zu bauen. Bis dahin hatte man nur Fahrgestelle mit Motor an Karosseriebauer geliefert, die Aufbauten aus Holzrahmen mit Aluminiumbeplankung anfertigten – viele Einzelstücke, oft elegant und wunderbar verarbeitet, aber stets teuer. Ende der 40er Jahre konnte sich kein Automobilhersteller mehr nur auf Kunden konzentrieren, die solche Einzelanfertigungen kauften, egal zu welchem Preis.

Zwar war das erste nach dem Krieg gebaute Auto ein Rolls-Royce Silver Wraith, ein Modell, das es nur mit handgefertigter Karosserie gab, aber die eigentliche Produktion begann mit dem weniger teuren Bentley Mk VI. 1949 wurde schließlich der Rolls-Royce Silver Dawn eingeführt, identisch bis auf den Rolls-Royce Grill. Lange Zeit hatten alle Bentleys die selbe Bodengruppe und die selben mechanischen Grundkomponenten wie die Rolls-Royce Modelle, von denen sie abgeleitet waren. Häufig konnte man die beiden Marken nur durch die unterschiedlichen Kühlergrills und Markenzeichen unterscheiden. Erst mit Beginn der 80er Jahre wurden die Unterschiede wieder größer: Rolls-Royce widmete sich weiterhin Laufruhe, Kultiviertheit und Komfort, während die Modelle von Bentley immer sportlicher und leistungsorientierter wurden.

Der Aufwand für Forschung und Entwicklung wurde stets ein Problem für die verschiedenen Eigentümer des Unternehmens. Wenige neue Modelle boten bei ihrer Einführung sowohl eine neue Bodengruppe als auch eine neue Mechanik. Das erwähnte Gleichteileprinzip für Rolls-Royce und Bentley war eine dringende Notwendigkeit – weshalb sich weder die einen noch die anderen Produkte perfekt für ihren jeweiligen Markt eigneten. In den 80er und 90er Jahren hoffte man mit aufgeladenen Bentleys und deren verbessertem Fahrverhalten gerade jüngere, sportlichere Käufer gewinnen zu können. Dies war zwar der Fall – allerdings stiegen die Verkaufszahlen von Bentley größtenteils zu Lasten ihrer Rolls-Royce Schwestermodelle, nicht aber zu Lasten anderer Marken.

Schließlich konnte 1997 der damalige Eigentümer von Rolls-Royce and Bentley Motors ltd, die Firma Vickers plc, ihren Aktionären nicht mehr empfehlen, das in Crewe ansässige Unternehmen weiter zu behalten.

Im Jahr 1998 kaufte die Volkswagen AG von Vickers plc die Vermögenswerte der Rolls-Royce and Bentley Motors ltd, inklusive der Rechte an der Marke Bentley. Die BMW Group ihrerseits erwarb im Gegenzug die automobilen Rechte am Markennamen Rolls-Royce von Rolls-Royce plc, dem Hersteller der Flugtriebwerke und Eigentümer der Marke Rolls-Royce.

Volkswagen und BMW vereinbarten die weitere Vermarktung der Rolls-Royce Produkte durch Crewe bis zum 31.12.2002, am 01.01.2003 sollten die Markenrechte an die BMW Group bzw. an die neu zu gründende Rolls-Royce Motor Cars ltd. übergehen. Damit hatte die BMW Group gut vier Jahre Zeit und nur eine Chance, die Grundlagen für die erfolgreiche Fortführung einer annähernd 100 Jahre alten Legende zu schaffen.

4.2 Vom Mythos zur Legende

Bereits 1914 genoss die Marke Rolls-Royce den Ruf „das beste Auto der Welt" zu bauen. Der 40/50hp war laufruhiger, so seidenweich in seinem Fahrverhalten und deutlich zuverlässiger als alle anderen Autos der Zeit, dass das Publikum, ohne technische oder mechanische Kenntnisse, keine Zweifel hinsichtlich der Überlegenheit von Rolls-Royce hegte. Die Legende war geschaffen. Bis zum Zweiten Weltkrieg baute Rolls-Royce Autos, die diesen Titel weiter für sich in Anspruch nehmen konnten: Der Phantom II Continental und der Phantom III mit V12-Motor sind herausragende Beispiele. Auch die „kleineren" Modelle wie der 20/25hp, der 25/30hp und der Wraith waren innerhalb ihrer jeweiligen Klassen herausragend positioniert.

Abb. 14: 1932 Phantom II Continental

Als 1946 die Produktion wieder begann, waren die neuen Modelle zwar nach wie vor wettbewerbsfähig, aber andere Marken holten auf. 1955 wurden die Nachkriegsmodelle durch Silver Cloud und Bentley S-Type ersetzt. Der Silver Cloud galt zwar bis zur Produktionseinstellung 1965 als Rolls-Royce par excellence, war aber technisch wie auch im Design nicht mehr auf dem neuesten Stand. Die Einführung der Baureihe SY – Silver Shadow/T-Type mit selbsttragender Karosserie – war also dringend notwendig und schließlich so erfolgreich, dass diese Modelle 15 Jahre lang gebaut wurden. Ihre Nachfolger aus der SZ-Baureihe, der Rolls-Royce Silver Spirit und Bentley Mulsanne, benutzten weiterhin dieselbe Plattform sowie viele ihrer Komponenten.

In einem Wagen der SZ-Reihe wie auch den folgenden Silver Seraph/Bentley Arnage-Modelle zu reisen war noch immer ein Genuss, die englischen Karosseriebauer pflegten weiterhin höchste Automobilbaukunst. Dennoch änderten sich die Ansprüche der Kunden, neue Modelle von Rolls-Royce und Bentley würden sich gemäß den Markenwerten stärker voneinander unterscheiden müssen. Davon abgesehen aber galt ein Rolls-Royce mit der berühmten „Spirit of Ecstasy" auf dem Kühlergrill weiterhin als Inbegriff und Symbol für Automobilbau auf höchstem Niveau.

Als die BMW Group 1998 die Rechte für die Produktion von Rolls-Royce Automobilen erwarb, war man sich der Herausforderungen wie den Stärken der Marke durchaus bewusst. Die zukünftigen Fahrzeuge mussten den mit der BMW Group assoziierten hohen Standards genügen. Klar war außerdem, dass die interessierte Öffentlichkeit den nächsten Rolls-Royce nicht akzeptieren würde, wenn dieser als umbenannter BMW wahrgenommen würde. Um wirklich eine Klasse für sich zu bilden, musste der neue Rolls-Royce von Grund auf neu entwickelt werden. Gestützt auf alle technischen Ressourcen und Testmöglichkeiten der BMW Group ergaben sich ungehinderte Entwicklungsmöglichkeiten, wie sie Rolls-Royce seit vielen Jahren nicht mehr zur Verfügung gestanden hatten.

Nach sorgfältiger Prüfung des Marktes war die endgültige Entscheidung für das neue Fahrzeug schnell getroffen: Der neue Rolls-Royce mit der internen Modellbezeichnung RR01 sollte eine große viertürige Limousine mit ganz eigenen Dimensionen sein. Gefragt waren Fahrleistungen und Handlingeigenschaften, die jedes andere Luxusfahrzeug übertreffen sollten. Natürlich musste das neue Modell sämtliche absehbaren gesetzlichen Bestimmungen erfüllen, genau so wie es Fahrer und Passagieren einzigartiges Wohlbefinden zu bieten hatte.

Der RR01 sollte die perfekte Verkörperung der Rolls-Royce Werte sein – automobile Ingenieurskunst auf höchstem Niveau. Seine Qualitäten und der dazu notwendige Aufwand würden ihren Preis haben, nur wenige Menschen würden als Kunden in Frage kommen.

4.3 Der Rolls-Royce Phantom

Die BMW Group entschied, dass das „Projekt Rolls-Royce" volle Autonomie bekommen sollte, auch wenn die Kompetenzen und Expertisen der BMW Group jederzeit zur Verfügung stehen würden. Diese „freie" Zusammenarbeit war der Garant für ein Auto, das in jeder Hinsicht wie ein echter Rolls-Royce aussehen, sich anfühlen und sogar „riechen" soll, gleichzeitig aber alle Qualitäten eines Automobils mit modernster Technik und kompromisslosem Luxus besitzt.

Aufbauend auf dieser Philosophie wurde ein Designstudio im Zentrum Londons errichtet – ganz in der Nähe des Stadtteils Mayfair, der „Hochburg" der Rolls-Royce Besitzer. Hier konnten die Designer Ideen und Konzepte aufgreifen und entwickeln, die für potentielle Kunden der Zukunft geradezu maßgeschneidert waren. Unter dem ständigen Einfluss einer vibrierenden, aktiven und aufregenden europäischen Hauptstadt konnte man hier bereits von Beginn an spüren und nachvollziehen, wie das neue Modell eines Tages von seinen Besitzern eingesetzt werden würde.

Während die hohen Standards und Ansprüche der BMW Group von Anfang an die Messlatte für die Wiedergeburt von Rolls-Royce als echtes Beispiel souveräner Automobiltechnik darstellten, wurden gerade im Design die Wünsche und Bedürfnisse der zukünftigen Käufer ohne jeden Kompromiss berücksichtigt: Mit äußerster Konzentration und Akribie konsultierte man prominente Rolls-Royce Besitzer, Kenner und Enthusiasten der Marke sowie Experten und Spezialisten, die bereits an früheren Modellen mitgearbeitet hatten. Damit wurde sichergestellt, dass das neue Design sämtliche Eigenschaften und Stärken aufwies, die die Marke und ihre Produkte über so viele Jahre so einzigartig und stark gemacht hatten.

Das Exterieurdesign war von grundlegender Bedeutung für die Widerspiegelung der Markenwerte von Rolls-Royce. Chefdesigner Ian Cameron forderte, dass man das neue Modell als echten Rolls-Royce selbst aus einem Blickwinkel erkennt, aus dem weder der Kühlergrill noch die Kühlerfigur zu sehen sind. Marek Djordjevic, einer von Camerons Designspezialisten, schuf auf dieser Grundlage ein optimales Designkonzept mit Anleihen aus der Vergangenheit in perfekter Kombination mit modernen Designmerkmalen, ohne den geringsten „Retro"-Effekt. Damit bietet die Marke Rolls-Royce weiterhin die von der Öffentlichkeit und speziell von Kunden erwartete Tradition, die zusammen mit den neuesten und progressivsten Eigenschaften als typische Stärken von Rolls-Royce anerkannt waren.

Durch Aluminium-Spaceframe-Technologie und entsprechenden Leichtbau bietet der Rolls-Royce Phantom geradezu hervorragende Fahreigenschaften. Der völlig neue Motor mit einem Hubraum von 6,75 Litern garantiert herausragendes Drehmoment bereits bei sehr niedrigen Drehzahlen. Genau diese Stärke ist es, die die einzigartige Mühelosigkeit in der Leistungsentfaltung, die so genannte „Waftability", die man von einem Rolls-Royce erwartet, ermöglicht. Die großen Räder, die sich automatisch regulierende Luftfederung und der kaum hörbare Motor vermitteln zusammen das einzigartige Fahrgefühl, wie auf einem „fliegenden Teppich" dahin zu gleiten.

Abb. 15: Rolls-Royce Phantom

Aus der Sicht des Fahrers unterstützt der Rolls-Royce Phantom die typischen Markenwerte durch das Konzept der „bedarfsgerechten Funktionalität" – die häufiger benutzten Bedienelemente und Instrumente beschränken sich auf einige wenige Einheiten, die das Fahren zu einem Vergnügen und das Mitfahren zu einem Erlebnis von absolutem Luxus machen. Sämtliche sonstigen Funktionen werden durch einen entsprechenden Steuerknopf mit dem zugehörigen Display voreingestellt. Die Fahrerposition und der gesamte Fahrgastraum sind so ausgelegt, dass der Fahrer das Auto selbst fahren und sämtliche Systeme mit maximaler Leichtigkeit und minimaler Ablenkung von der Straße steuern kann.

Schließlich werden diese einzigartigen Eigenschaften mit einem ebenso einzigartigen Interieur im typischen Stil von Rolls-Royce kombiniert. Es ist die Qualität der edlen Hölzer und ausgesuchten Leder, die meisterliche Detailverliebtheit der handwerklichen Verarbeitung, die jeden Insassen beeindrucken.

4.4 Wie es weitergeht

Ein auf Spaceframe-Technologie aufgebautes Fahrzeug lässt sich leichter umbauen und für andere Konzepte verwenden als ein konventionelles Automobil.

Mit dem Rolls-Royce 100EX wurde bereits die erste Variante des Phantoms vorgestellt. Bei Rolls-Royce tragen die Experimentalfahrzeuge seit den Zeiten von Sir Henry Royce die Bezeichnung „EX", jeweils mit einer Nummer davor. In diesem Falle verweist die Zahl „100" auf das 100-jährige Jubiläum der Marke im Jahr 2004. Als einmalige Designstudie eines zweitürigen, viersitzigen Cabriolets fordert der 100EX den wahren Enthusiasten auf, die Küstenstraßen in Kalifornien, die Serpentinen an der Cote d'Azur und alle anderen Straßen der Paradiese dieser Welt in ihrer ganzen Pracht zu genießen.

Es ist geplant, ein viersitziges Cabriolet, inspiriert vom 100EX, 2007 in den Markt einzuführen und damit einen wichtigen weiteren Schritt für die Marke Rolls-Royce zu gehen.

Abb. 16: Rolls-Royce 100 EX

4.5 Die Manufaktur

Mit der Entscheidung, den Phantom in einer neuen, speziell für diesen Zweck gebauten Manufaktur zu produzieren, ergab sich auch die Chance, den Sitz des Unternehmens als einen integralen Bestandteil der Marke zu nutzen. Verkehrsgünstig von London und den großen internationalen Flughäfen zu erreichen, wurde die Produktionsstätte vom Architekten Sir Nicholas Grimshaw auf einem 170 000 Quadratmeter großen Grundstück konzipiert und angelegt. Die Gebäude mit einer Fläche von 33 000 Quadratmetern mussten dabei – zusätzlich zu den üblichen Anforderungen an eine solche Manufaktur – gleich mehrere weitergehende Kriterien erfüllen. Zum einen ging es darum, die Philosophie der Marke Rolls-Royce richtig wiederzugeben. Zum anderen musste die Landschaftsgestaltung sowohl attraktiv als auch funktionell sein, zum Beispiel mit einem künstlich angelegten See als Kühlungsreservoir für die Klimaanlage in den Gebäuden. Die Dächer wurden bepflanzt, verändern somit mit den Jahreszeiten ganz natürlich ihre Farbe und sind so gerade aus der Sicht des nahe gelegenen Goodwood House hervorragend in die Landschaft integriert. Die Verwendung einer „lebenden" Dachbedeckung dient außerdem als Wärmeisolierung.

Der umfangreiche Einsatz von gläsernen Fronten und Glasdächern betont die Strukturelemente innerhalb der Produktionsstätte und ihre technischen Bauteile.

Hier werden Interessenten und Kunden begrüßt, hier erleben sie eine Welt, die den einzigartigen Standard von Rolls-Royce im Hinblick auf Qualität und Stil verkörpert.

Abb. 17: Rolls-Royce Motor Cars – Manufaktur und Firmensitz

Das für diese Zwecke ausgesuchte Grundstück auf dem Landgut Goodwood in der Nähe der Stadt Chichester in der Grafschaft West Sussex erfüllt nicht nur all diese Anforderungen, sondern bietet auch den typischen englischen Lebensstil, den zahlreiche Besitzer eines Rolls-Royce Phantoms so schätzen.

4.6 Die Händler

Ein Auto mit der Klasse und Aura eines Phantoms muss auf einer sehr persönlichen, fast intimen Basis angeboten werden. Gerade die persönliche Beziehung zwischen Händler und Kunde ist hier von einzigartiger Bedeutung und muss entsprechend gefördert werden.

Es wurde daher beschlossen, die frühere Organisation mit 143 Händlerbetrieben auf lediglich 70 Händlerbetriebe zu reduzieren, mit einer entsprechenden Erhöhung der Händlerrendite einerseits und mit besseren Möglichkeiten im Service und bei der Kundenbetreuung andererseits. Bei der Auswahl der Händler für den Phantom wurde darauf geachtet, die „Partnerschaftserfahrung" zwischen Rolls-Royce und den Interessenten bzw. Kunden fortzusetzen und weiter zu verstärken. Obwohl praktisch alle Händler auch andere Marken verkaufen, mussten sie sich dazu verpflichten, den Phantom in einem klar abgetrennten Showroom zu präsentieren, und zwar nach einheitlichen, weltweit gültigen Standards. Außerdem benötigen sie einen eigenen, von Rolls-Royce ausgebildeten Verkäufer. Nur so lässt sich eine echte Beziehung der Marke zu ihren Interessenten und Kunden aufbauen.

4.7 Die Marke aus dem Blickwinkel der Öffentlichkeit

Es wird allgemein anerkannt, dass das neue Unternehmen nur eine einmalige Chance hatte, ein Auto zu bauen, das in der Lage sein würde, den Titel „das beste Auto der Welt" zurückzuerobern. Aber wie soll man solche Qualitäten beurteilen? Natürlich gibt es Fahrzeuge, die eine kurvenreiche Strecke noch schneller absolvieren, die noch schneller beschleunigen, noch mehr Fahrgäste mitnehmen, weniger Kraftstoff verbrauchen und weniger Parkfläche benötigen. Es gibt kostengünstigere Fahrzeuge, Autos mit noch mehr Elektronik und Fahrzeuge, die auch die schwierigsten Offroadstrecken bewältigen können. Das beste Auto innerhalb dieses Marktsegments zeichnet sich durch beste Qualitäten und die Fähigkeit aus, die exklusiven Ansprüche der Kunden zu erfüllen. Demnach muss ein Automobil im höchsten Luxussegment seinen Insassen gerade im Hinblick auf Komfort, Souveränität und Wohlbefinden das Optimum bieten. Ebenso wichtig sind einwandfreies Handling und ein einzigartiges Fahrerlebnis. Gerade aus diesem Blickwinkel werden sich Automobilhistoriker beim Rückblick auf das erste Jahrhundert von Rolls-Royce besonders an vier Modelle erinnern, die herausragen: der erste Silver Ghost, der Phantom II Continental, der Phantom III – und eben der neue Phantom aus Goodwood.

Es sind die Designer und Ingenieure, die ein Auto bauen, das letzten Endes durch seine Qualitäten überzeugt. Es sind die Marketingspezialisten, die wissen, was der Kunde will, was er sucht und daher tragen sie diese Informationen an die Designer weiter. Und es sind auch eben diese Marketingspezialisten, die die Öffentlichkeit mit dem Produkt vertraut machen. Während Rolls-Royce Motor Cars ltd intern eine ganz klare Meinung vom „besten Automobil der Welt" hat, würde man dies niemals ausdrücken, ja nicht einmal andeuten. Denn dies zu beurteilen ist einzig und allein das Recht des Kunden – er soll sich seine eigene Meinung bilden.

5. Die Marken der BMW Group: MINI – the world's most exciting premium small car brand

Als sich die BMW Group entschloss, beim Verkauf der Rover Group im Jahr 2000 an der Marke MINI festzuhalten, spielten vier Überlegungen eine entscheidende Rolle.

1. Im Kleinwagensegment gab es kein Premiumangebot.
2. Das Kleinwagensegment wuchs mit hoher Dynamik, die sich auch in den nächsten Jahren fortsetzen wird.
3. Zwischen Premium- und Basisangeboten entwickelte sich eine zunehmende Polarisierung, wobei das stärkere Wachstum bei den Premiumfahrzeugen liegt.
4. Gleichzeitig entkoppeln sich Premium und Fahrzeuggröße zusehends. Auch die Käufer von Kleinwagen suchen dezidiert nach Premium-Automobilen und zunehmend hochwertiger Produktsubstanz.

Der Relaunch einer 40 Jahre alten, britisch geprägten Marke MINI bot demnach eine hervorragende Gelegenheit, die Premium-Markenstrategie der BMW Group im Kleinwagensegment abzurunden.

Bei seiner Einführung 1959 galt der MINI mit Frontantrieb, quer eingebautem Motor und cleverer Raumausnutzung als technischer Geniestreich. Er wurde zu Europas Auto des Jahrhunderts gewählt und erzielte im Rennsport eine Reihe legendärer Erfolge. Ein Marken-Juwel und ein Produkt, das sich – über vier Jahrzehnte hinweg fast unverändert – über fünf Millionen Mal verkaufte. Ein Juwel allerdings, das dringend einen neuen Schliff brauchte: Der old MINI entsprach vielen Kundenanforderungen immer weniger. In seinem letzten vollen Produktionsjahr fand er nur noch 12 000 Käufer.

Obwohl die Produktattraktivität sank, schaffte die Marke noch hohe Sympathiewerte, und das über alle soziale Schichten, Altersgruppen und Nationalitäten hinweg. MINI löste Emotionen und Begeisterung aus. Allerdings war das Imageprofil nicht mehr eindeutig – es schwankte zwischen „nonkonformistisch" und „skurril".

Beim Relaunch im Jahr 2001 kam es darauf an, dieses Imagepotenzial des old MINI zu aktualisieren, es modern zu definieren, und dabei den emotionalen Appeal der Marke zu wahren, in der Modellpolitik ebenso wie in der Kommunikation.

Es ging um die Herausforderung, MINI als erste Premiummarke im Kleinwagenmarkt weltweit und als eigenständige Marke zu positionieren. Dafür war ein konsequentes Markenmanagement erforderlich, das mit allen Elementen eines Marketing-Mix die weltweit einheitliche Repositionierung von MINI leisten sollte.

5.1 Die modernen Milieus als Zielgruppe

Neben der Abrundung des Produktportfolios zielte die BMW Group mit der Marke MINI vor allem darauf ab, neue Zielgruppen in den Modernen Milieus zu erobern. Diese Modernen Milieus sind kaufkräftig, sehr anspruchsvoll und ihr Anteil an der Bevölkerung nimmt stetig zu.

Die Konsumenten sind zumeist zwischen 25 und 45 Jahre alt und arbeiten häufig in kreativen Berufen. Ihr Lebensstil ist experimentierfreudig und spontan. Ästhetik und Design spielen eine wichtige Rolle, bei großen Anschaffungen ebenso wie bei den Dingen des Alltags.

Das Auto stellt für diese Konsumenten kein Statussymbol dar, sondern ist Ausdruck der Persönlichkeit. Nicht Größe entscheidet über den Kauf, sondern Substanz und Individualität. Eine ideale Voraussetzung für MINI.

Die Zielgruppe lebt bevorzugt im urbanen Umfeld und ähnelt sich in vielen Aspekten, unabhängig vom jeweiligen Land. Diese internationale Ausrichtung bot die Chance, MINI auch international konsistent zu positionieren. Natürlich stellt diese komplexe und anspruchsvolle Zielgruppe zugleich auch eine enorme Herausforderung dar.

Ein weiteres Ziel von MINI ist es, den BMW Besitzern einen Zweit- oder Drittwagen mit Premiumcharakter anbieten zu können.

In Haushalten, die bereits über mehrere Fahrzeuge verfügen, sind Kleinwagen ein wichtiges Thema. Für diese Kunden hatte die BMW Group kein Angebot im Portfolio – bis MINI kam, um diese Garagenplätze zu erobern.

5.2 A Case for Excitement

MINI bietet eine einzigartige Kombination von rationalen und emotionalen USPs. Die MINI Kommunikation soll das Image und den Charakter der Marke nachhaltig auf die Zielgruppe übertragen. Das bedeutet, dass alle Kommunikations-Tools und -Kanäle aufeinander abgestimmt und die Markeninhalte global konsistent verbreitet werden.

Bei der Entscheidung für ein Auto spielen rationale und emotionale Kriterien eine wichtige Rolle. Premiumprodukte wie MINI bieten daher zusätzlich zum rationalen Nutzen einen großen emotionalen Zusatznutzen.

Die Marke MINI steht nicht nur für technisch und qualitativ hochwertige Automobile, sondern unterstreicht das einzigartige emotionale Erlebnis, das die Marke auslöst. MINI ist mehr als nur ein Fahrzeug, mit dem man von A nach B gelangt, sondern eine Möglichkeit, ein extrovertiertes, spontanes Lebensgefühl zum Ausdruck zu bringen. MINI gilt als Symbol für schicke, trendige und individuelle Produkte quer durch alle Alters- und Bevölkerungsschichten. Hier sind Marke und Produktebene unzertrennbar miteinander verbunden und ergänzen sich gegenseitig.

Konsistente Markenkommunikation

Die Kommunikation hat die Aufgabe, das Profil der Marke weltweit einheitlich durchzusetzen, auf der Basis und im Rahmen einer eigenständigen, unverwechselbaren MINI Brand Identity.

Für die erfolgreiche Etablierung der Marke war es nicht nur erforderlich, sämtliche relevanten Medien zu nutzen, sie miteinander zu verzahnen und die Brand Identity in jedem Medium adäquat umzusetzen. Vielmehr kommt es auf die besondere MINI Tonalität an. Die Umsetzung muss sich immer stark gegenüber allen weiteren Automobilherstellern differenzieren, streng nach dem Motto: „Only MINI can do".

Die MINI Markenkommunikation unterstreicht die Authentizität der Marke und knüpft mit dem Relaunch nahtlos an die positiven Werte der einzigartigen Markenhistorie an. So wird MINI vom Automobil zur Lifestyle-Marke mit einer langen, lebendigen Tradition, einem kontinuierlichen und nachhaltigen Aufbau der Marke und der Kraft, sich jederzeit auf neue Situationen einzustellen.

E-Branding:
Onlinepositionierung und permanenter Dialog mit der Zielgruppe

Bereits zwölf Monate vor der Weltpremiere des MINI auf dem Automobilsalon in Paris 2000 gingen www.MINI.com und sechs nationale Websites online. Ziel der Websites war ausschließlich die Positionierung der Marke sowie die Lead-Generierung und Qualifizierung. Je näher der Launch rückte, desto mehr trat das Produkt in den Mittelpunkt. Durch die Sogwirkung immer neuer Inhalte und konkreter werdender Informationen entstand schon vor der Markteinführung eine Community von mehr als 100 000 registrierten Usern, die über einen mehrstufigen Prozess von „Interessenten" zu „Prospects", also zu potenziellen Käufern qualifiziert wurden.

Auch im fünften Jahr nach der Markteinführung ist MINI seiner Zeit voraus und nutzt aktuellste Online-Technologien als Plattform für einen interaktiven Austausch mit der Zielgruppe, wie zuletzt mit sechs Filmclips im Rahmen der Einführungskampagne des MINI Cabrio sowie die Aktivitäten zur Einführung der MINI Characters.

Unconventional Marketing: MINI Kommunikation ist innovativ

Mit MINI, so die Botschaft, wird man jeder Situation das der Marke eigene „Excitement" abgewinnen. Nach dem Motto „the excitement comes on top" fuhren zum Beispiel in allen US-Metropolen Geländewagen statt mit den sonst üblichen Sportgeräten mit einem MINI auf dem Dach. An der Nationalbibliothek in Paris sorgte die weltweit größte Lichtinstallation für Begeisterung. Weitere Beispiele waren der MINI Cooper als „Ehrengast" im Football-Stadion inmitten der Zuschauer oder man sah im Playboy als Centerfold zur Abwechslung das knackige MINI Topmodell anstatt der sonst üblichen Playmates des Monats.

Ein aktueller Marketing-Clou ist die MINI Stretchlimo, die bei großen Events medienwirksam eingesetzt wird. Der fast sieben Meter lange MINI XXL ruft überall, wo er auftritt, nicht nur durch seinen Jacuzzi Sympathie und Begeisterung hervor.

Solche Aktionen – der Phantasie sind keine Grenzen gesetzt – unterstreichen den unkonventionellen Charakter von MINI.

Ein MINI, der wie selbstverständlich Fassaden herauffährt, ein MINI, der einen ganzen Intercity-Zug zieht, ein MINI, dessen Fahrtwind auf einem Billboard sogar die Palmen beugt – das sind nur einige Beispiele dafür, wie MINI neue Wege in der Kommunikation geht.

Events und Kooperationen

Eine der großen Stärken des old MINI war die Nähe zu Trendsettern in Fashion, Design und Film – jeder wusste, dass die Beatles, Modedesigner Paul Smith, Schauspieler wie Michael Caine und viele andere seit den Sixties selbst begeisterte MINI Fahrer waren. Das Auto wurde in Filmen gecastet. So entstand um die Marke eine Aura von Lifestlye und internationaler Urbanität, ohne dass es besonderer Werbeanstrengungen bedurft hätte.

Genau diese Eigenschaften der Marke MINI sind es, die auch in dem Filmprojekt „The Italian Job" zum Tragen kamen. Mit seinen speziellen Produkteigenschaften wie Wendigkeit und Handling, ist der MINI das einzige Modell, welches für diesen „Job" überhaupt geeignet war.

Aktuell ist MINI eine Partnerschaft mit der italienischen Premium Accessoire Marke „Mandarina Duck" eingegangen. Gemeinsam wurde ein stilvolles Gepäckset entwickelt, das speziell auf die Kofferraummaße des Cabrio abgestimmt ist.

Edge Culture Lifestyle-Magazin: MINIInternational

Noch bevor der MINI zu den Händlern ausgeliefert wurde, kam die erste Ausgabe des Kundenmagazins MINIInternational auf den Markt. Das Magazin soll als kreatives, avantgardistisches Kommunikationsinstrument mit internationaler Ausrichtung Meinungsführer für die Marke begeistern. Deshalb betont das Magazin die unkonventionellen „edge"-Aspekte des MINI.

MINIInternational passt sich nicht den bekannten Magazinkonzepten an, sondern geht neue Wege. Das Magazin bündelt die kreativen Impulse aus Design, Musik, Fashion, Kunst und Architektur. Jede Ausgabe ist einer Metropole dieser Welt gewidmet und berichtet mit Schreibern und Fotografen aus der jeweiligen Stadt, deren Spirit und Lifestlye – ein Konzept, das wegen seiner Authentizität, der innovativen Grafik und der journalistischen Qualität bei postmodernen Trendsettern sehr gut angenommen wird.

Automobilausstellungen als emotionale Inszenierung der Marke

Für MINI sind Automobilmessen einerseits Schaufenster der Produkte, zum anderen eine Gelegenheit, die Welt der Marke einem breiten Publikum näher zu bringen. Die Brand Identity ermöglicht auch in 3D eine konsistente Umsetzung. Dabei könnte die Stand-Architektur zusammen mit DJs von MTV durchaus als Szeneclub eine gute Figur machen. Viele Besucher kommen gerne nur zum „Grooven" vorbei.

Die internationalen Above-the-line-Kampagnen

Im August 2001 startete die internationale Werbekampagne. Der Slogan „Is it love?" charakterisiert die Emotionen, die beim Anblick des MINI aufkommen: Begeisterung und das einzigartige MINI Feeling. Das Besondere an der Kampagne ist die durchgängige Umsetzung auf allen fünf Kontinenten. TV- und Kino-Spots, Printmotive, Megaposter und Radiospots kommunizierten die weltweite Markteinführung des MINI. Die internationale Konsistenz der MINI Werbekampagne ist Benchmark für die gesamte Automobilindustrie. Dabei war die große Herausforderung, den Produktlaunch des MINI und den Relaunch der Marke mit einer einzigen Kampagne zu verbinden. Der zum internationalen Cabrio Launch weltweit eingesetzte Claim „MINI Cabrio. Always open." symbolisiert den grenzüberschreitenden, konsistenten Auftritt der Marke MINI – und gleichzeitig den großen emotionalen Sympathiewert des Produkts.

Die neue Modellüberarbeitung wurde unter der Kampagne „Let's MINI" gelauncht. Welches andere Fahrzeug hat schon ein solch starkes Image, dass die Marke schon per se zu einer Weltanschauung und einem bestimmten mind-set avanciert?

5.3 Exklusives Markenerlebnis am Point of Contact (PoC)

Die Entscheidung, welchen Vertriebskanal MINI nutzen sollte, wurde maßgeblich durch drei Kriterien beeinflusst.

1. Das Händlernetz sollte weltweit flächendeckend aufgebaut sein.
2. Der Kunde sollte auch an jedem PoC den qualitativen und exklusiven Standard einer Premiummarke erleben können.
3. Händler sollten mögliche Synergien optimal nutzen können.

Diese Kriterien ließen sich zu Beginn am besten auf der Basis der bestehenden BMW Handelsorganisation realisieren. Um die zusätzlichen Anforderungen der Marke optimal im Handelsbetrieb verankern zu können, erhalten die ausgewählten MINI Händler einen eigenen Händlervertrag.

Der Händler als einer der wichtigsten Botschafter der Marke gewährleistet sowohl das markentypische Erscheinungsbild im Showroom als auch die zielgruppengerechte Ansprache durch das Verkaufspersonal. Diese Vermittlung eines markenspezifischen Erlebnisses am PoS ist einer der wesentlichen Erfolgsfaktoren.

Um dieses zu gewährleisten, existieren unterschiedliche Betriebstypen, die sich im Grad der Markenexklusivität unterscheiden. Markenexklusivität bedeutet in diesem Zusammenhang sowohl die räumliche Eigenständigkeit als auch den Einsatz MINI exklusiven Verkaufspersonals.

Bei der Selektion der MINI Handelsbetriebe ist die Bereitschaft zu Investments in eine eigenständige MINI Markenwelt, die Gebietsabdeckung sowie die Rentabilität des Händlers entscheidend.

Neben dem direkten Verkaufserlebnis wird vermehrt darauf geachtet, auch im kundennahen Aftersales-Bereich die durchgängige Markenwelt zu erhalten.

5.4 Balance von Produktsubstanz und Emotionalität

Für die erste komplette Neuentwicklung des MINI nach über vierzig Jahren gab es verschiedene Konzepte, sie reichten von retro bis futuristisch und wurden ausgiebig evaluiert und analysiert. Resultat: Am vielversprechendsten schien es, die Kerneigenschaften des old MINI beizubehalten, sie aber neu zu interpretieren und weiterzuentwickeln. Gleichzeitig wurde die Produktsubstanz erheblich aufgewertet und die Qualität und Sicherheit auf den BMW Group Standard gebracht – in der Welt der Kleinwagen eine noch nicht dagewesene Synthese. Die Kerneigenschaften des old MINI, die der neue MINI modern verkörpert, sind:

- Charakteristisches Design innen wie außen. Er wirkt nun muskulöser und erwachsener als der Vorgänger. Auf oberflächliche Styling- oder Retro-Effekte wurde bewusst verzichtet: Jedes Detail erfüllt auch eine Funktion.
- Clevere Raumausnutzung mit vollwertigen vier Sitzplätzen und erstmals einem vollvariablen Kofferraum.
- Stark differenzierende Farbgebung, Interieurs und Ausstattungen mit einer außergewöhnlichen Bandbreite von Individualisierungsmöglichkeiten, die aus beinahe jedem MINI ein Einzelstück werden lassen. Mehr als 130 000 verschiedene Varianten sind zum Beispiel bei einem MINI Cooper möglich. Die Liste von Ausstattungsmöglichkeiten gleicht der von Premiumfahrzeugen aus größeren Fahrzeugklassen.
- Allen MINI Modellen gemein ist das unkopierbare Go-Kart-Feeling, das von einem einzigartigen Fahrwerk unterstütz wird.

Zunächst wurde der MINI in den Varianten MINI One und MINI Cooper angeboten, bis 2003 ist das Angebot um die Varianten MINI Cooper S und MINI One D gewachsen. Unter dem Label John Cooper Works werden darüber hinaus auch Tuning Kits angeboten. 2004 wurde mit der Markteinführung der jeweiligen Cabrio-Modelle die Produktfamilie weiter substanziell ausgebaut.

5.5 Shifting to a Higher Gear

Im fünften Jahr nach dem Relaunch steht fest, MINI ist der erfolgreiche und nachhaltige Relaunch als Premium-Kleinwagenmarke geglückt. Die MINI Produktfamilie wächst weiter. Parallel stieg der Absatz stetig und geht im Jahr 2005 in Richtung 200 000 Fahrzeuge. Die Bekanntheit der Marke nahm dabei kontinuierlich zu.

Bei den Zielgruppen erreicht MINI die starke Verankerung in den Modernen Milieus. 1 400 Betriebe in über 70 Ländern auf fünf Kontinenten bilden bis jetzt das Vertriebsnetz. MINI ist im Vertrieb die einzige globale Marke im Kleinwagensegment.

Auch die Positionierung als Premium-Produkt hat MINI durchgesetzt. Seit MINI steht fest: Premium ist nicht länger eine Frage der Größe! Dies drückt sich auch dadurch aus, dass das erreichte Preispremium deutlich über dem Mittelwert im Kleinwagensegment liegt.

Und natürlich der wichtigste Faktor, das MINI Team, welches mit seiner einzigartigen und starken Kultur hinter der Marke steht.

Mit dieser vielversprechenden Entwicklung hat MINI die Basis für einen weiteren erfolgreichen und nachhaltigen Markenaufbau geschaffen, um auch langfristig die Ziele als Teil der BMW Group zu erfüllen.

6. Resümee

Die Automobilindustrie ist fast ausschließlich von Multimarkenherstellern geprägt. Jeder einzelne verfügt über ein spezifisch strukturiertes Markenportfolio, sodass Normstrategien oder die komplette Übertragung von „best practice" als wenig sinnvoll erscheint. Vielmehr muss jeder Hersteller seinen eigenen Ansatz zum (Multi-) Markenmanagement entwickeln.

Die Bedeutung der Marke im Kaufprozess hat im Automobilmarkt stark zugenommen. Eine klare Vorstellung über die Identität und den Wert der eigenen Marke(n) ist daher Grundvoraussetzung für erfolgreiches Wirtschaften. Dafür zu sorgen, dass sich dieses Bewusstsein in einem Unternehmen unter Berücksichtigung kultureller Unterschiede weltweit durchsetzt, verlangt nach einer Markenorganisation, die strategische Visionskraft und operatives Geschick gleichermaßen beherrscht. Dies ermöglicht substanzhaltige Produkte, stimmige Kommunikation, einen kohärenten Auftritt im Handel und letztlich begeisterte, loyale Kunden.

Die BMW Group hat für BMW, Rolls-Royce und MINI ein klare Strategie, die geprägt ist von der Konzentration auf die Premiumsegmente, von Markenauthentizität, charakteristischen Produkten, einem kaufkräftigen Käuferspektrum und von globaler Marktpräsenz.

Dabei verzichtet die BMW Group ganz bewusst auf jegliche Aktivitäten, die mit dieser Strategie nicht in Einklang zu bringen sind. Diese Philosophie ist alles andere als revolutionär – ganz im Gegenteil. Hans Domizlaff, bisweilen auch „Urfaust der Markenstrategie" genannt, schrieb bereits in seinem 1939 erschienenen Klassiker zur Markentechnik: „Ganz große Erfolge sind nur durch Einschränkung denkbar."

Torsten Müller-Ötvös

Vice President Central Marketing and Brand Management BMW, BMW Group

Torsten Müller-Ötvös, geboren 1960 in Düsseldorf, studierte Betriebswirtschaftslehre in Augsburg und München. 1988 trat er in das Internationale Trainee-Programm der BMW Group ein und hat seitdem verschiedene Führungsfunktionen im strategischen Marketing durchlaufen. Nach mehrjähriger leitender Tätigkeit in der Produktstrategie übernahm Torsten Müller-Ötvös die Führung der Markenstrategie sowie der Markt- und Trendforschung der BMW Group. Im September 2000 übernahm er die Funktion „Markenführung und Produktmanagement MINI" und war damit verantwortlich für den weltweiten Relaunch der Marke. Seit Januar 2004 leitet Torsten Müller-Ötvös den Bereich „Zentrales Marketing und Markenführung BMW".

Ian Robertson

Chairman and Chief Executive Officer von Rolls-Royce Motor Cars

Ian Robertson, geboren 1958, startete 1979 seine Karriere in der Automobilindustrie als Trainee bei der Rover Group. Nach unterschiedlichen Funktionen innerhalb der Rover Group wurde er 1994 Managing Director of Land Rover Vehicles.

1999 übernahm Ian Robertson der Verantwortung für BMW Südafrika. In dieser Zeit expandierte die Gesellschaft stark und die USA wurden der größte Exportmarkt für BMW Südafrika.

Im Februar 2005 wurde er zum Chairman and Chief Executive Officer von Rolls-Royce Motor Cars berufen.

Dr. Kay Segler

Vice President Brand Management MINI

Kay Segler wurde 1955 in Braunschweig geboren, studierte Betriebswirtschaftslehre an der Universität Mannheim. Nach Promotion und Tätigkeit in der Unternehmensberatung Droege & Comp., Düsseldorf, übernahm er 1988 eine Funktion in der Unternehmensplanung der BMW Group. Nach der Leitung eines internationalen Vertriebsstabs war er von 1995 bis 1998 Präsident der Vertriebsgesellschaft BMW Asia Pte Ltd in Singapur. Nach weiteren leitenden Funktionen in Teilevertrieb und -logistik übernahm er 2003 das Management der Marke MINI.

Mit Leidenschaft für Sicherheit

CREATIVITY FOR PEOPLE

KiSi® –
der integrierte Kindersitz

In der Grundposition ist der KiSi® ein Erwachsenensitz. Variabel verstellbar schützt er Kinder von 9 Monaten bis 12 Jahre. Separate Sicherheitsgurte mit Fünf-Punkt-System und eine Seitenkomfortkopfstütze sorgen für beste Sicherheit.

CKRS® –
die crashaktive Kopfstütze

CKRS® basiert auf einem pyrotechnischen oder mechanischen Element. Es katapultiert die Kopfstütze bei Auffahrunfällen in Millisekunden nach vorn, bevor Oberkörper und Kopf vom Aufprall nach hinten geworfen werden.

Mehr Insassenschutz und Komfort für Menschen unterwegs – dieses Ziel verfolgen wir mit Know-how, Erfahrung und persönlichem Engagement. Unsere innovativen Lösungen machen das Fahren im Auto sicherer und setzen neue Maßstäbe auf dem Markt.

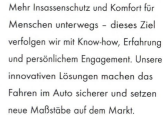

GRAMMER AG • Automotive • Postfach 14 54 • D-92204 Amberg
Telefon +49 (0) 96 21/6 01-0 • Fax +49 (0) 96 21/6 01-394 • www.grammer.com • E-Mail: info@grammer.com

Anzeige

Starke Automobilmarken – GRAMMER steht dahinter

Die Schlagkraft internationaler Premium-Automarken steht und fällt mit der Zulieferqualität: Fahrzeughersteller, die spürbar bessere Materialien und Bauteile verwenden, kommen in Fachmedien und bei Verbrauchern besser an. Innenraumkomponenten von GRAMMER, Bereich Automotive, machen die Wertigkeit einer Automarke hautnah erfahrbar. Ganz konkret stillen sie die Bedürfnisse automobiler Menschen: durch intelligenten Insassenschutz, ergonomischen Fahrkomfort und durch neuartige Oberflächen in angenehmer „Wohlfühl-Haptik". Als weltweit produzierender Systemlieferant bündelt GRAMMER daher hohe Qualitätsansprüche und innovative Technik.

KISI® – der integrierte Kindersitz

Von den über 7.000 Mitarbeitern im GRAMMER Konzern entwickeln und fertigen rund 5.000 Mitarbeiter bei GRAMMER im Bereich Automotive Kopfstützen, Armlehnen, Mittelkonsolen, Auskleidungen und integrierte Kindersitze. An seinen 22 Standorten in 13 Ländern beherrscht der Marktführer aus Amberg alle Schritte der Produktwerdung.

Zehn Business Services steuern und sichern eine Vielzahl unterschiedlichster Prozessketten: von der Beschaffung bis zur Logistik, von der Grundlagenforschung bis zur Wall-to-Wall-Fertigung. Zu den Kunden zählen sowohl internationale Fahrzeughersteller als auch Tier-One-Systemlieferanten.

„Fährt sich klasse" – Markenpflege mit GRAMMER

Produkte von GRAMMER im Bereich Automotive überzeugen durch hohe Qualität und innovative Neuerungen. Immer wieder entwickelt der Zulieferer völlig neue Fertigungstechnologien und Produkte. Dies geschieht auf zwei Wegen: entweder in kompletter Eigenregie oder aber nach Kundenvorgabe.

Oftmals unterstützt GRAMMER seine Kunden bereits im Vorfeld. Mit fundierten Marktanalysen gelingt es, zukünftige Verbraucherbedürfnisse zu erfassen. Ganz im Sinne des Time-to-Market kann GRAMMER so seine Kunden, die OEMs, für bestimmte Marktlücken und Potenziale sensibilisieren. Den Nutzen haben beide Seiten: GRAMMER kann gemeinsam mit dem Kunden präzisere Entwicklungsvorgaben erarbeiten, da beide die Wünsche des Marktes kennen. Und für den OEM ergeben sich handfeste Vorteile auf dem Weltmarkt. So entstehen Produkte, die den Bedürfnissen der Käufer entsprechen.

Als verlässlicher Partner und Impulsgeber beeinflusst GRAMMER das Markenmanagement der Automobilhersteller positiv: GRAMMER forciert imagefördernde Technik besonders in den Bereichen Insassenschutz, Reisekomfort und in der haptischen Optimierung von Oberflächen.

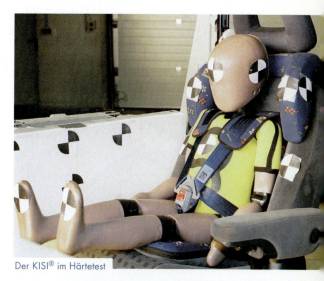

Der KISI® im Härtetest

„Gut für mein Kind und superpraktisch" – KISI® weckt Sympathien

Ein gutes Beispiel für gemeinsame Markenpflege liefert der integrierte Kindersitz KISI®. Sein in die Pkw-Rückbank oder in den Van-Sitz eingebautes Booster-System führte GRAMMER in Eigenregie bis zur Serienreife. Der KISI® hat den einmaligen Vorteil, dass er mit Kindern zwischen neun Monaten und zwölf Jahren stufenweise „mitwächst". Außerdem verwandelt er sich in nur zwei bis drei Handgriffen in einen komfortablen Sitz für Erwachsene.

Der KISI® wird in die Fahrzeuge der Volkswagen Gruppe integriert. Dort hat man das Marktpotenzial des Systems schnell erkannt und beschlossen, gemeinsam mit GRAMMER dessen Weiterentwicklung voranzutreiben. Dank KISI® nimmt der Verbraucher Volkswagen einmal mehr als Pionier neuer Technologien wahr. Mit dem KISI® an Bord finden die Claims der OEM ihre kongeniale Ergänzung und Bestätigung, denn damit sind sie Wegbereiter und Innovator. Besser kann kein Zulieferer das Markenmanagement des OEM unterstützen.

„Hier bin ich sicher" – crashaktiv ist USP

Auch die Qualität eines Zulieferers unterstützt die Marke des Automobilherstellers. Hohe Qualität zeigt sich zum einen in erstklassigem Material und sorgfäl-

Crashaktive Kopfstütze mit pyrotechnischem Gasgenerator

tiger Verarbeitung, zum anderen in guten Ideen und funktionalem Design. GRAMMER bringt all diese Eigenschaften immer wieder zusammen: durch Gespür für Produktbedarf wie beim KISI®, aber auch durch stete Verbesserung bestehender Technologien.

Einen qualitativen Wendepunkt im aktiven Insassenschutz markierte GRAMMER mit der crashaktiven Kopfstütze. Seit 2001 leistet sie im BMW 7er und seit Juli 2003 auch im BMW 5er aktiven Insassenschutz. Beim Heckaufprall fährt sie blitzartig nach vorne und fängt den von der Kollision nach hinten geworfenen Kopf des Insassen rechtzeitig ab. Dies beugt schmerzhaften Überdehnungen der Halswir-

Gussverfahren für PU-Häute

belsäule vor. Ähnliche Kopfstützen gibt es schon seit Jahren. Doch bislang funktionierten sie über träge Hebelmechaniken. GRAMMER, Bereich Automotive, hat daher ein völlig neues, reaktionsschnelleres Prinzip entwickelt: die Aktivierung durch einen pyrotechnischen Gasgenerator. Er beschleunigt die Abfangbewegung der Kopfstütze enorm und verbessert deshalb den Schutz der Halswirbelsäule. Mit der crashaktiven Kopfstütze von GRAMMER demonstriert die BMW Group Weitblick beim Insassenschutz. Denn die künftige Herausforderung lautet Schutz vor rückwärtigen Kollisionen. Wer diesen Paradigmenwechsel von Beginn an mitgestaltet, ist Impulsgeber und Vorbild zugleich.

„Mein Auto fühlt sich gut an" – Markenbindung dank PU-Gießhaut

Imagepflege basiert auf technischem Fortschritt. Für GRAMMER heißt dies, mit hochqualitativen Produkten einem Kunden und seiner Marke immer auch Wertzuwächse zu liefern. Im Falle BMW geschieht dies durch die crashaktive Kopfstütze und durch die von GRAMMER im Bereich Automotive entwickelte PU-Gießhaut. Sie bietet angenehme Haptiken von bislang ungeahnter Qualität: tastfreundliche Oberflächen in jeder gewünschten Variation.

Der BMW 5er zum Beispiel sollte gepolsterte Türarmauflagen und Konsolenabdeckungen mit besonders ledrigem Touch erhalten. Also entwarf GRAMMER, Bereich Automotive, ein bislang einmaliges Gussverfahren: für PU-Häute mit enorm feiner und gleichmäßiger Struktur, die jeden Polsterdruck fast unverfälscht durchlassen.

Relevant für die Marke BMW sind gegossene PU-Häute, weil kostengünstige Oberflächen mit hochwertigen, naturnahen Haptiken das bestimmende Thema der Innenraumgestaltung sind. Angenehme Haptiken tragen maßgeblich dazu bei, dass sich Pkw-Insassen wohl fühlen.

Das neue PU-Gießhaut-Verfahren überzeugt durch hohe Effizienz. In ein und demselben Werkzeug wird der Lack aufgetragen, vorgetrocknet und dann erst die PU-Haut in die noch feuchte Lackschicht gegossen. Dies vermeidet aufwändige Wege zwischen Gießerei und Lackiererei und fixiert den Lack optimal auf der PU-Haut. Als Abnehmer für gegossene PU-Häute kommen nicht nur Premium-Marken in Frage. GRAMMER sieht in der PU-Gießhaut große Potenziale, um nach oben strebende Automobilmarken aufzuwerten: Denn durch ihre besondere Haptik spürt man Wertigkeit hautnah. Automobilmarken profitieren von dieser Qualität. GRAMMER liefert sie.

Kapitel 3

Chrysler Group – Disciplined Pizzazz: Leveraging the Strengths of Two Automotive Giants

Dr. Dieter Zetsche
President and Chief Executive Officer, Chrysler Group
Member of the Board of Management, DaimlerChrysler AG

1. Overview

Winning and losing in the automobile industry inevitably comes down to product. Great brands succeed over time by communicating a consistent position to consumers and providing distinctive products that fulfill the brand promise. It's a lesson imprinted upon the Chrysler Group from its very origins – when the 1924 Chrysler Six became a best-seller – to our recent successful product offensive that includes the Chrysler 300, Dodge Magnum and Jeep® Grand Cherokee.

Chrysler Corporation was one of eight new automobile companies formed in the U.S. in 1925, but it's the only one that has survived and thrived. The company has always had a maverick spirit, and its freewheeling attitude has helped it earn a reputation for risk taking and innovation.

To allow this creative spirit to continue to flourish, Chrysler has needed to re-engineer itself in order to survive the realities of the modern global automotive market. The 1998 merger of Chrysler Corporation and Daimler-Benz to form DaimlerChrysler opened up new possibilities for Chrysler to meet the challenges in its home market and capitalize on emerging opportunities outside of North America. The key to making this merger work is to bring the two companies' strengths together to create what we've internally called „Disciplined Pizzazz" – a combination of the quality driven engineering processes of Daimler-Benz with the creative thinking from Chrysler.

Before discussing how Disciplined Pizzazz is helping us build brand identities through outstanding products today, it's helpful to understand the historical context of how Chrysler and its brands have evolved over time.

2. A History of Peaks and Valleys: Chrysler Corporation Before the Merger

Walter P. Chrysler was an accomplished mechanic who also had highly developed managerial skills derived from a successful early career in the railroad industry. He joined the burgeoning automotive industry in 1912 as plant manager for Buick. After rising to the presidency of Buick, Chrysler moved to Willys-Overland in 1920, reorganizing and saving the company. While still at Willys-Overland, he was recruited to salvage the foundering Maxwell-Chalmers Company.

When Walter Chrysler and his small group of dedicated engineers introduced the first Chrysler Six to the public in January 1924, automakers were still jostling for position in the budding market. Described by some automotive historians as „the first modern car", this original Chrysler Six stood out from the competition. It was lighter, performed better and stopped more quickly than other cars of its size and class. The Chrysler Six boasted several mechanical and engineering firsts for an American car, including a high compression engine, four-wheel hydraulic brakes, oil filter, air cleaner and independent hand brake. Its top speed was 70 mph (about 110 km/h) – a performance figure attained by only a few high-priced competitive models.

Picture 1: Walter P. Chrysler with original 1924 Chrysler Six

The Chrysler Six became a best-seller and the foundation for the Chrysler Corporation, which was formed in 1925. Walter Chrysler imbued his company with a deep understanding and respect of engineering as well as a total commitment to the quality of his vehicles.

Walter Chrysler also had an intrinsic grasp of the importance of brand positioning. He understood that a key to success was to develop a brand that offered premium products – above mass sellers like Chevrolet and Ford – but not at a premium price.

„*Chrysler Automobiles will offer performance and excellence at a low cost – cars that will outperform Packards and Pierce Arrows for one-third or one-half the price.*"
– Walter P. Chrysler (1924)

In 1928, Chrysler Corp. expanded by acquiring the Dodge Brothers Company and by developing the Plymouth line. Dodge became a division of Chrysler Corp. and enjoyed even greater instant success. It also brought to the fold access to a national dealer network that provided critical distribution for the young company.

The first Plymouth automobile went into production in 1928 to replace the four-cylinder Chrysler and compete as an entry-level brand. Plymouth went head-to-head against Chevrolet and Ford, with Walter Chrysler, appearing in a famous 1932 print ad, asking buyers to „Look at all Three."

Early on, Chrysler developed a reputation for daring, innovative vehicles and technology leadership. In 1931, Plymouth introduced the Model PA with Floating Power, a radically new system of mounting the engine that significantly reduced engine vibrations. The 1934 Chrysler Airflow was a breakthrough in construction and aerodynamics, basically equalizing the weight distribution between the front and the rear in contrast to other cars of the day, which were strongly weighted to the rear.

Picture 2: Chrome accents reflect brightly on this 1934 Chrysler Airflow, which features a signature „waterfall" grille.

The engineering advancements continued in 1951 when Chrysler made power steering commercially available and also introduced the „HEMI®", a powerful and efficient V-8 engine designed with hemispherical combustion chambers. During the „muscle car" era of the 1960s, the HEMI helped forge Chrysler's reputation for bold, powerful cars like the Dodge Charger and Plymouth Road Runner.

Photo 3: Chrysler Corporation introduced the first minivans, the Plymouth Voyager and Dodge Caravan, in early 1984, thereby creating a completely new category of vehicles. The photo shows the Plymouth Caravan.

Chrysler's reputation for innovation also stemmed from its knack for inventing entirely new segments, notably the minivan. Introduced in 1984, the Dodge Caravan and Plymouth Voyager redefined the market, offering a „garageable"-sized vehicle with seven-passenger seating and excellent fuel economy. Chrysler dominated the minivan market by constantly improving the product and paying close attention to customers' needs.

In 1987, Chrysler acquired American Motors Corporation from French automaker Renault. The major reason Chrysler wanted AMC was its Jeep division. Jeep's product planners brought with them the plans for a new Jeep Grand Cherokee – code-named ZJ – which enabled Chrysler to successfully exploit the emerging market for upscale sport-utility vehicles.

Picture 4: Chrysler acquired American Motors Corporation from Renault in 1987, makers of the Jeep®Wrangler, with the hopes of leveraging the Jeep brand to expand the emerging sport-utility market.

In the 1990s, Chrysler took head-turning concept cars, like the Dodge Viper and Plymouth Prowler, and turned them into successful low-volume production vehicles that brought new excitement to the brands. The company also strengthened its design leadership with its „cab-forward" design, first applied on the 1993 LH series of family sedans (Chrysler Concorde, Dodge Intrepid and Eagle Vision). The design „pushed the wheels to the corners," extending the vehicle cabin forward and creating a spacious passenger compartment.

Pictures 5 and 6: 1996 Dodge Viper and 1997 Plymouth Prowler – two of Chrysler's concept cars that ultimately became low volume production vehicles and enhanced Chrysler's reputation as a company that took risks.

Trucks became a major strength for the company in the '90s. As more and more customers turned to trucks, Chrysler positioned itself as a significant player with the launches of the bold Dodge Ram full-size pickup, Dodge Dakota mid-size pickup and Jeep Grand Cherokee sport-utility vehicle. Chrysler also owned 55 percent of the minivan market, and by the mid '90s, 70 percent of the company's sales were vehicles classified in the light-truck category.

Over the years, Chrysler earned a reputation as the „comeback" company, eluding bankruptcy more than once. Because of its relatively small size compared to its two major U.S. competitors (General Motors Corporation and Ford Motor Company), Chrysler was more nimble and more likely to take risks. The downside was that

Chrysler had a smaller margin for error, and any mistake or miscalculation would lead to a crisis. Starting in the 1950s, Chrysler faced a financial crisis at least once every 10 years.

Chrysler orchestrated one of the most famous turnarounds in corporate history with the aid of the federal Chrysler Loan Guarantee Act of 1979. Under this legislation, the federal government provided $1.5 billion in loan guarantees contingent on Chrysler coming up with about $2 billion from cutting costs and from financial assistance from other sources. Chrysler rebounded, turning itself into a more efficient operation and using the K-car platform as the basis for a series of new fuel-efficient, front-wheel-drive cars. All of the federally guaranteed loans were paid off by 1983, seven years ahead of schedule.

Another significant turnaround was achieved in the early 1990s when Chrysler implemented the „platform team" concept, under which lean, multi-disciplinary teams developed new products. The platform teams sped up the simultaneous development of the innovative vehicles such as the LH sedans, Jeep Grand Cherokee and Dodge Ram, while also reducing costs.

Chrysler's comeback was capped in 1996, when it posted record earnings and sales, and Forbes magazine named it „Company of the Year." With an outstanding leadership team in place, a great portfolio of products and a strong balance sheet, Chrysler once again had risen from the ashes to become an industry darling. Nevertheless, some observers questioned whether the company was too small to compete in an era of increasing global competition and consolidation, especially because Chrysler was dependent on a few key segments – minivans, sport-utility vehicles and trucks – for its survival.

3. 1998 Merger of Daimler-Benz and Chrysler Corporation

While both Daimler-Benz AG and Chrysler Corporation enjoyed success in the mid-1990s, leadership at both organizations independently concluded that they needed to merge with another company. Chrysler was concerned about survival in a global marketplace against much larger competitors, while Daimler-Benz sought to grow its volume beyond the Mercedes-Benz luxury brand, especially in North America. In May 1998, Daimler-Benz and Chrysler announced the merger of the two firms to form DaimlerChrysler AG.

Picture 7: Daimler-Benz Chairman Jürgen Schrempp and Chrysler Corporation Chairman Bob Eaton sign the official agreement that forms a new global automotive, transportation and services company, DaimlerChrysler. (1998)

For Chrysler, the merger laid the foundation for global transformation, bringing the promise of global growth and opportunity. It was now part of a true global powerhouse, with global resources. Many analysts regarded it as an ideal marriage in which both parties would benefit from combining Chrysler's innovative product development process, bold styling and marketing savvy with Daimler's engineering prowess and reputation for quality.

This global model also helped the company leverage technology – both in terms of investment and expertise – across the entire company. Through the pooling of resources, the new company would be ideally positioned to gain an edge over competitors by developing and bringing to market exciting new products even more quickly and efficiently, while spreading research and development costs across higher volumes. For Chrysler, the merger also meant having access to global assets, like the state-of-the-art rear-wheel drive system featured in the 2005 Chrysler 300C and Dodge Magnum or the 2.8L common-rail turbo diesel sold in the Jeep Liberty.

However, the new millennium brought an industry transformation that created a new set of problems for the Chrysler Group, as the U.S. auto market became the battleground for the global industry. The U.S. market is not only the biggest and most profitable market, but it is open to all comers as it is essentially free of tariff and non-tariff barriers, and its consumers are very open to buying foreign brands.

The fierce competition came from all sides and in every segment. European brands successfully built an image and a reputation for prestige and technology. Japanese brands, which first gained a toehold based on quality and reliability, moved up into both the middle and the higher ends of the market. They also began to target traditional American-dominated markets such as sport utilities and trucks, eroding profits in those segments. Meanwhile, Korean brands filled the „value" vacuum left by the Japanese automakers on the low end of the market.

The competitive environment was further exacerbated by a tremendous overcapacity of automobile production aimed at the U.S. market. The result was the launch of an „incentive war," with automakers taking rebates and other promotional offers to record levels in order to seduce buyers to take product off of dealer lots. The constant focus on „the deal" negatively impacted many automakers' brand images, as well as their bottom lines.

In order for DaimlerChrysler's North American operations to regain competitiveness under these difficult business circumstances, management changes and further restructuring were required. Overall cost structure, workforce and production levels needed to be adapted to marketplace realities while still maintaining investments in future products. The Chrysler Group needed a sound new strategy that would build on the strengths of the old company, while taking advantage of the tremendous new opportunities presented by the merger.

4. Transforming the Business with „Disciplined Pizzazz"

To transform DaimlerChrysler's North American operations, our new management team began implementing a turnaround plan in early 2001. The plan put a sharp focus on three aspects of the business:

- Operational Excellence, to raise productivity and reduce cost
- Customer Experience, through improving quality
- Product Leadership, through styling, segment innovation and product innovation

We summed up the new operating philosophy as „Disciplined Pizzazz" – leveraging the traditional strengths of the two merged companies, with much of the discipline coming from proven practices of Daimler-Benz, and much of the „pizzazz" coming from Chrysler's many years of innovation in products and defining new segments. Disciplined Pizzazz is the cultural platform that would enable us to continually bring exciting, technically advanced vehicles to market with top quality, and within budget.

Picture 8: To transform DaimlerChrysler's North American operations, the management team laid out a plan that put a sharp focus on three aspects of the business, summing up the new operating philosophy as „Disciplined Pizzazz".

4.1 Operational Excellence

Our efforts in the three areas of focus are paying off. Lean processes, greater speed-to-market and a low cost structure provide the basis for Operational Excellence. According to The 2004 Harbour Report North America, the industry benchmark, Chrysler Group was the most improved automaker in manufacturing efficiency in 2003 compared to 2002, with a 7.8 percent year-over-year improvement – and the Chrysler Group passed Ford for the first time ever in the annual study. It was the second straight year that the Chrysler Group was the most improved in productivity, according to Harbour, and the total two-year productivity gain totaled about 16 percent in assembly, engine, transmission and stamping operations.

Growing global competition drives the need to continuously reduce material costs. By volume bundling, pursuing innovative solutions both internally and with suppliers, and leveraging the DaimlerChrysler base of global suppliers, the Chrysler Group has reduced its material costs at twice the rate of the competition. With annual improvements of 5 percent or more, by the end of 2004 the Chrysler Group achieved nearly a 20 percent net reduction in its cost of materials.

Flexibility is another challenge. In some industry models, the process dictates design and package. For us, it's critical that the systems be flexible enough to accommodate products that address current or emerging tastes in the marketplace – and do it quickly. Platform flexibility, one example of our efforts in this area, allows us to develop distinctive derivatives from interchangeable designs, such as the Chrysler 300C, Dodge Magnum and Dodge Charger, which are all based on the same all-new rear-wheel-drive architecture.

4.2 Customer Experience

The focus on Customer Experience begins with quality. There, the most important measure of our success is warranty costs. As the result of quality initiatives within engineering, within our plants and with our supplier partners, the Chrysler Group's new vehicle warranty costs declined more than 34 percent between 2001 and 2004. Warranty costs were actually cut in half between 1996 and 2004. We remain well aware of the „quality gap" that has existed far too long between the North American-based automakers and the best of the Japanese automakers. The Chrysler Group intends to eliminate this quality gap by 2007, and we believe we are on track. After 14 years of consecutive improvements in the J.D. Power Initial Quality Survey, Chrysler Group was able to maintain its momentum as it launched nine significant new products in the last year without a decreased score in this important quality performance metric.

The Chrysler Group also set a goal to define and develop brands with distinct identities and attributes. Defining the brand promise – and helping others understand and appreciate the brand values – is essential to ultimately defining the product. Once the brand is defined, the focus can turn to filling the product pipeline with new vehicles that reflect these core brand values and meet – or exceed – the expectations of customers. The ultimate goal is to move our customer base from „deal-of-the-day" buyers to well-informed brand enthusiasts and advocates.

To this end, we are focused on instilling the Chrysler, Dodge and Jeep brands with unique characteristics, each fulfilling a distinct brand promise. We want Chrysler brand vehicles to be recognized as expressive, refined, athletic and romantic. The terms we use to define the Dodge brand are bold, powerful, capable of doing more, and full of life. And the Jeep brand stands for authenticity, mastery, reach and freedom.

4.3 Product Leadership

Historically, product leadership is how the Chrysler Group differentiated itself from the competition, and this remains our strategy today. To create bold and distinctive products that have a Unique Selling Proposition (UPS), we are focused on maintaining design leadership as a core competency; bringing to market segment-busting and segment-defining vehicles that fit within the defined brand identities of Chrysler, Dodge and Jeep; and utilizing technology to create real customer value. This Product Leadership is the ultimate goal of Disciplined Pizzazz.

5. Leveraging Chrysler's Three Distinct Brands

The marketing of the three brands has evolved over time. The journey has included recruiting celebrities such as Clark Gable, Ginger Rogers and Bing Crosby to promote Dodge vehicles and Gary Cooper, Walt Disney and Carole Lombard to advertise the

DeSoto in the 1930s, enlisting actor Ricardo Montalban of „fine Corinthian leather" fame to serve as the Company's spokesperson in the 1970s and launching the new „Magic Wagon" – or minivan – in 1984 with advertising starring magician Doug Henning.

But the ultimate goal, and the key to the Chrysler Group's success to date and in the future, is the ability to apply and translate USPs in distinct ways across all three brands. Great products that reflect core brand positioning increase the value of the brands and resonate with customers.

5.1 Chrysler Brand

At its essence, the Chrysler brand goes back to Walter P. Chrysler's vision from 80 years ago – the engineering brand with superior products. From 1993 to 2003, Chrysler brand sales increased 109 percent – more than any other American automotive brand over that period – growing from 221,990 units to more than 463,000. Our objective is to grow market share and enhance the Chrysler brand image through elegant designs, inspired engineering and exceptional value.

The Chrysler brand advertising theme line, „Inspiration Comes Standard," reflects this commitment to continue to deliver innovation with practical benefits for consumers. An example of this kind of innovation is the Stow 'n Go seating and storage system on the Town & Country minivan, in which the second- and third-row seats fold flat in the floor.

Picture 9: Chrysler introduced the innovative PT Cruiser with its unique blend of distinct styling and everyday practicality in 2001. „Too cool to classify", the PT Cruiser created another new segment for the company and has spawned several unique variations including a convertible.

The Chrysler PT Cruiser is an example of innovative packaging and model lineup „too cool to classify." The PT Cruiser Sedan has attracted loyal customers with its unique blend of distinctive appearance and everyday practicality. The PT Cruiser Convertible, which was designed from the outset as a convertible, extends the lineup with its own strong personality and distinctive design.

For the 2005 model year, Chrysler introduced a revamped lineup of Chrysler Pacifica sports tourers, which are a cross between a minivan, sedan and SUV. The new models include an entry-level Pacifica priced at less than $25,000, a well-equipped Pacifica Touring model and a top-of-line Pacifica Limited model. Pacifica models feature plush, „business-class" seating in the first and second rows and a high degree of safety, receiving the U.S. government's highest crash test rating of five stars for both front- and side-impact when equipped with optional side-curtain air bags.

Unfortunately, the Pacifica became an example of the need to reevaluate price positioning if the initial marketing doesn't succeed. When first introduced in early 2003 as a 2004 model, the Pacifica carried high levels of standard equipment that put the base price over $30,000 and fully loaded models more than $40,000. The later introduction of an entry-level model at less than $25,000 provided an exceptional value for this versatile vehicle and almost immediately expanded its customer base.

Picture 10: The Chrysler 300C redefined the classic American car. When introduced as a 2005 model, it was the first rear-wheel drive V-8 powered Chrysler brand automobile in more than a decade.

The Chrysler 300C is the new flagship of Chrysler. It redefines the classic American car with its high levels of comfort and spaciousness, strikingly beautiful styling and outstanding performance. It's the first rear-drive, V-8 powered Chrysler brand automobile in more than a decade. The 300C also marks the return of the HEMI engine to the Chrysler brand, in the form of a modern, high-performance, fuel-efficient, 340-horsepower powerplant, the 5.7-liter HEMI V-8. This engine features the innovative Multiple Displacement System, which seamlessly turns off fuel consumption in four cylinders when V-8 power is not needed, improving fuel economy up to 20 percent. The 300C also is available in all-wheel drive, and for international markets, a „Touring" model, right-hand drive and diesel power are available.

Picture 11: The Chrysler Crossfire represents a blend of creative American design and solid German technology – the first example of how the merger benefited the Chrysler Group.

The Chrysler Crossfire represents a blend of creative American design and solid German technology – where Route 66 intersects with the Autobahn. A Roadster version was added for the 2005 model year, with a low-slung, sculpted appearance that captures the distinctive lines and dynamic proportions of the Coupe. Its proven engineering ensures a tight, solid and quiet ride. The Crossfire Roadster further establishes the Chrysler brand's leadership in convertibles, joining the Chrysler PT Cruiser Convertible and the best-selling Chrysler Sebring Convertible. Also debuting as a 2005 model was the Crossfire SRT-6, with race-inspired performance in both coupe and roadster forms. The Crossfire SRT-6 is the first Chrysler brand vehicle to carry the SRT designation. While Dodge brand SRT performance is extreme, Chrysler brand SRT performance is delivered in a more sophisticated, refined manner befitting the brand.

5.2 Dodge Brand

Dodge is a brand that has largely been known for its trucks, such as the Ram full-size pickup, the Dakota mid-size pickup and Durango sport utility. Dodge Caravan and Grand Caravan have been the world's best-selling minivans for 20 years.

However, the rest of the Dodge product line – particularly cars – has struggled to define a clear identity. As part of the effort to develop more clarity, Dodge advertising introduced an aggressive new theme – „Grab Life by the Horns" – in August 2001, replacing „Dodge Different." The new ad theme grew out of the need to be more relevant and break through the clutter of media advertising, and at the same time to capture the essence of upcoming products. Up to then, Dodge products possessed the attributes that would appeal to customers, but lacked the personality to attract attention in a crowded marketplace. The strength of the product alone carried the brand through many tough times – but in an increasingly competitive market, Dodge needed to build a strategy that combined product strength with personality. Proud, tough and full of energy, „Grab Life" became a rallying cry for Dodge customers – street smart people with active lifestyles who are not afraid to express themselves by driving break-the-mold cars and trucks.

Dodge is continuing its dominance in trucks with established leadership claims in power, speed, strength and capabilities. The Ram 1500 boasts the 5.7-liter HEMI Magnum engine, making it the most powerful mass production light-duty pickup on the market. The Ram SRT-10 – powered by the 8.3-liter, 500-horseower Viper V-10 engine – is the fastest production pickup ever at more than 154 mph, as certified by Guinness World Records. For the family-oriented truck enthusiast who needs more interior space and more utility, the Ram SRT-10 Quad Cab is the fastest, most powerful four-door pickup in the market. The strongest pickup on the market is the Ram Heavy Duty Cummins „600" Turbo Diesel, with a class-dominating 600 lb.-ft. of torque. And the Ram Power Wagon lays claim as the most capable off-road production pickup ever, with HEMI power, class-exclusive electric locking front and rear differentials, standard 33-inch tires and a custom-built Warn 12,000-pound winch.

To bolster the car side of its business, Dodge announced a return to NASCAR Winston Cup racing beginning in 2001, after an absence of more than two decades. The return to NASCAR provided a cornerstone for integrated marketing efforts to raise awareness of Dodge products and their capabilities, while at the same time helping to expedite the development of performance and safety enhancements that could then be incorporated into production vehicles.

Picture 12: To bolster the car side of its business, Dodge returned to NASCAR Winston Cup racing in 2001, after an absence of more than two decades.

The effort to revitalize the car side of the Dodge brand was boosted significantly with the early 2004 introduction of the Magnum sedan. The new shape of American muscle, the Magnum is a perfect blend of power and versatility. The 5.7-liter HEMI V-8 provides the muscle, while its design and packaging configuration makes it exceptionally versatile. Magnum marked the return of rear-wheel drive to Dodge after more than 30 years, and also offers an optional all-wheel-drive system for optimal control under all traction conditions. Dodge will use the same rear-wheel-drive architecture for the new Charger, with the legendary muscle-car name which returned to both showrooms and NASCAR race tracks in 2005.

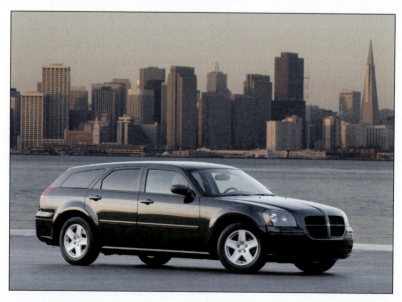

Picture 13: The Dodge Magnum was introduced in early 2004 in an effort to revitalize the car side of the Dodge brand. A perfect blend of power and versatility, the Magnum is powered by the legendary HEMI® engine, which marked the return of rear-wheel drive to Dodge after more than 30 years.

Picture 14 and 15: Dodge advertising featuring the HEMI proved to be one of the most popular television campaigns in the U.S., with the catch line – „That thing got a HEMI?" – striking a cross-generational chord and becoming part of popular culture. Shown here are clips from the spot called „Revenge".

The HEMI itself has become an important brand. The revival of the HEMI – a great American engine brand and technology – has generated as much power with customers as the engine itself puts on the road. The modern version of the HEMI is a high-performance, fuel-efficient, durable engine. While the HEMI has predominantly been a Dodge cue to communicate power and boldness, the power of the HEMI engine and brand is now being successfully extended to the Chrysler and Jeep brands. Dodge advertising featuring the HEMI was launched in October 2002 and proved to be one of the most popular television campaigns in the U.S., with its catch line – „That thing got a HEMI?" – striking a cross-generational chord and becoming part of popular culture. The HEMI brand equity also has great pull in international markets.

The Dodge brand is expanding into Europe, beginning with the 2004 launch of the Viper SRT-10 sports car, followed by a portfolio of new international Dodge passenger cars in Europe and other markets outside North America starting in 2006. These Dodge products will embody the powerful and bold American attributes of the brand in an affordable package to meet the tastes of customers around the world.

5.3 Jeep Brand

One of the most globally recognized brands – and the strongest in the Chrysler Group portfolio – is Jeep, the benchmark of off-road mastery the world over. The Jeep brand hallmarks – freedom, adventure, mastery, authenticity and the capability to go anywhere – have been established over six decades of SUV leadership. Jeep invented the SUV segment with the introduction of the first civilian Jeep, CJ2A, in 1945. Today, it is the only American brand dedicated solely to the sport utility segment – while some manufacturers have an SUV in their line, Jeep has a line of SUVs. Just as importantly, Jeep continues to deliver on its brand promise to provide rugged, versatile, innovative four-wheel-drive vehicles.

Picture 16: The Wrangler is the icon of the Jeep brand. In 2004, Jeep introduced the Wrangler Unlimited, which offers more versatility with 15 inches added to its overall length and 13 inches to its cargo area.

The Wrangler is the icon of the Jeep brand, offering open-air fun and freedom with award-winning off-road capability to young buyers, seasoned off-road enthusiasts and those who are young at heart. The Wrangler Unlimited, which debuted in 2004, provides more versatility with 15 inches added to its overall length, 13 inches more cargo area and 2 inches more cargo area. Wrangler Unlimited maintains the spirit of the original Wrangler while broadening its appeal by providing more space for passengers and cargo.

The Jeep Liberty expanded the depth and breadth of the brand, providing Jeep 4x4 capability and on-road refinement to the mid-size sport utility segment. The 2005 Liberty Renegade, with a distinct exterior and more rugged design, provides a more classic Jeep appearance.

New from the ground up for 2005, the Jeep Grand Cherokee holds true to its Jeep heritage while enhancing both on-road refinement and off-road capability. It also features best-in-class power with the available HEMI 5.7-liter V-8, a new exterior design and a number of premium amenities. The new Grand Cherokee is designed, engineered and built to master every imaginable day-to-day driving condition, whether on paved or unpaved surfaces. Reflecting the combination of a new level of refinement along with classic Jeep capabilities, the Grand Cherokee advertising theme is, „The Off-Road Legend Continues … On Road."

Picture 17: New from the ground up for 2005, the Jeep Grand Cherokee holds true to its Jeep heritage while enhancing both on-road refinement and off-road capability.

In order to communicate to consumers the extensive level of off-road requirements that all Jeep 4x4 vehicles must meet, the Jeep Trail Rated designation was adopted in 2003. Jeep Trail Rated objectively measures and predicts off-road performance for all Jeep vehicles in a variety of challenging off-road conditions, including Traction, Ground Clearance, Maneuverability, Articulation and Water Fording. Print and television advertising communicated the stringent requirements that need to be met to earn the Jeep „Trail Rated" badge. The unique emblem also reinforces the idea that all Jeep vehicles will continue to be what they have always been – the real thing.

Jeep owners are known for their passion for the brand. Since 1994, Chrysler has helped build and reinforce this brand loyalty by sponsoring Camp Jeep, an annual summertime gathering of Jeep enthusiasts. The Camp Jeep program features Jeep 101, a series of specially constructed courses that help owners become familiar with the amazing capabilities of their vehicles, and learn important safety skills. In addition, Camp Jeep offers more than 150 activities for the entire family, concluding with Jeep Jubilee, consisting of live musical performances and fireworks. Camp Jeep is one of several owner-loyalty programs. Jeep Jamborees, which began in the 1950s, are the original off-highway vacation and attract approximately 7,000 owners to more than 30 events held each year. In addition, the enthusiastic response to Camp Jeep led to the spin-off of Jeep 101 driving courses held across the nation.

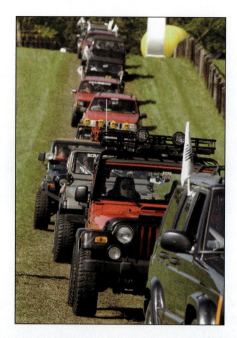

Picture 18: The Chrysler Group has helped build and reinforce brand loyalty by sponsoring Camp Jeep, an annual summertime gathering for Jeep owners, which celebrated its tenth anniversary in 2004.

6. What Does the Future Hold?

The Chrysler Group's product offensive is achieving tangible positive results. Through the first three quarters of 2004, both sales volume and net income had increased as the result of consumer acceptance of its new products. This is just the beginning. We're bringing a total of 25 all-new vehicles to the market in just 36 months during calendar years 2004 through 2006. We're attacking virtually every segment of the auto market. And we're continuing to focus on achieving meaningful gains in both productivity and quality so that we can continue to raise the level of excitement in our new vehicles.

One example of how the DaimlerChrysler merger is paying off is that we were able to drive the performance and refinement of our successful new family of rear-wheel and all-wheel drive vehicles – the Chrysler 300 and Dodge Magnum – while holding costs down by drawing on the engineering expertise within the DaimlerChrysler family. This is ultimately what we mean by Disciplined Pizzazz – the ability to bring got-to-have-it vehicles with top quality to market quickly and profitably by working together, combining strengths and effectively leveraging our resources.

We're not content to just let the competition bring the fight to us. The Chrysler Group sells vehicles in more than 125 countries around the world, and sold over 160,000 vehicles outside North America in 2004. Between 2003 and 2007, our plan is to double the number of Chrysler Group vehicles available in markets outside of North America, increasing the current number of available models to more than 18. During that same period, we will also significantly increase the number of right-hand drive vehicles and diesel-powered models in international markets. As part of this increased focus on international sales, the Chrysler Group and Magna Steyr reached agreement under which Magna Steyr's Graz, Austria facility will build the Chrysler 300C Touring and Sedan vehicles for European and rest-of-the-world distribution, starting in 2005. The Graz plant already assembles the Jeep Grand Cherokee and Chrysler Voyager.

Picture 19: Like the Dodge Viper and Plymouth Prowler, the Chrysler Group continues to develop concept cars that define and evolve each of the brands. The Chrysler ME Four-Twelve is Chrysler's first-ever mid-engine super car – an ultimate engineering and design statement that balances elegance and power.

Meanwhile, the Chrysler Group is continuing to develop concept vehicles that define and evolve each of our three brands. For example, the Chrysler ME Four-Twelve is Chrysler's first-ever mid-engine super car – an ultimate engineering and design statement that balances elegance and power. The Jeep Rescue concept is the ultimate execution of a Jeep off-road vehicle, designed for the most extreme situations and unforgiving conditions. And the Dodge Tomahawk – a four-wheel, single-passenger bike powered by a Viper V-10 engine – makes a passionate statement about Dodge's commitment to shattering the barriers of conventional thinking. While not all concept cars and trucks lead directly to production vehicles, they provide a way to stretch the brand envelope and gather public reaction to new designs and technologies.

In summation, the 1998 merger of the former Daimler-Benz and Chrysler Corporation into DaimlerChrysler is a prime example of the global evolution that continues to occur across our competitive industry. There's no question that the long term viability of the Chrysler Group family of brands was greatly improved. As part of a global enterprise, Chrysler is in a better position today to continue to do what has always been the key to its success – build strong brands based on outstanding, breakthrough products.

Dr. Dieter Zetsche

**President and Chief Executive Officer, Chrysler Group
Member of the Board of Management, DaimlerChrysler AG**

Dr. Dieter Zetsche has been President and CEO of the Chrysler Group since November 17, 2000. In this capacity, he is responsible for the worldwide operations of Chrysler, Jeep® and Dodge. He has been a member of the DaimlerChrysler AG Board of Management since the Company was officially formed on November 17, 1998. He was initially elected a member of the former Mercedes-Benz AG Board of Management in 1992 and the former Daimler-Benz Board of Management in 1997.

Zetsche joined Daimler-Benz AG in the research division in 1976. He held several domestic and international management positions before becoming the chief engineer for Mercedes-Benz do Brasil in 1987, and a member of that unit's management board one year later. Zetsche was named the presidentof Mercedes-Benz Argentinia in 1989, before becoming the president of Freightliner Corporation, in the United States, in 1991.

Zetsche was born on May 5, 1953, in Istanbul, Turkey. After being raised and educated in Frankfurt, Germany, he received his master's degree in Electrical Engineering from the University of Karlsruhe in 1976. He was awarded his doctoral degree in Mechanical Engineering from the Paderborn Technical University in 1982.

His work experience includes:

- Member, Board of Management, DaimlerChrysler AG and President and CEO, Chrysler Group, November, 2000

- Member, Board of Management, with responsibility for Commercial Vehicle Business, DaimlerChrysler AG, 1999

- Member, Board of Management, with responsibility for Sales and Marketing, Mercedes-Benz, DaimlerChrysler AG, 1998

- Member, Board of Management, with responsibility for Sales and Marketing, Daimler-Benz AG, 1997

- Member, Board of Management, with responsibility for Sales and Marketing, Mercedes-Benz AG, 1997

- Deputy member, Board of Management, Chief Engineer Passenger Cars, Mercedes-Benz AG, 1992
- President and CEO, Freightliner Corporation, 1991 President, Mercedes-Benz Argentinia, 1989
- Member, Board of Management, Mercedes-Benz do Brasil, 1988
- Chief Engineer, Mercedes-Benz do Brasil, 1987
- Senior Manager, Chief Engineer of Cross-Country Vehicle Unit, Daimler-Benz AG, 1986
- Coordinator, Development Activities, Comercial Vehicle Development, 1984
- Assistant to Chief Engineer, Commercial Vehicle Division, 1981
- Research Division, 1976

Kapitel 4

Ford – Emotionalisierung einer großen Traditionsmarke in Europa

Bernhard Mattes,
Vorsitzender der Geschäftsführung, Ford-Werke GmbH;

Jürgen Stackmann,
Vice President Marketing, Ford of Europe;

Dr. Martin Koers,
Leiter einer Vertriebsregion, Ford Deutschland

Ford – Besser ankommen.

Bernhard Mattes, Jürgen Stackmann, Dr. Martin Koers

1. Markenführung als Königsdisziplin in der Automobilindustrie

In fast keinem anderen Markt kommt der Markenführung zur Differenzierung im Wettbewerb sowie zur Präferenzbildung beim Konsumenten eine so herausragende Bedeutung zu wie im Markt für Automobile. Hier müssen sich Marken in einem Umfeld profilieren, in dem nur markierte Leistungen und keine „no names" angeboten werden. Automobilmarken mit einem eindeutig wahrgenommenen Kompetenzprofil dienen dem Konsumenten nicht nur als Orientierungshilfe, sondern schaffen durch ihren ideellen Zusatznutzen auch eine emotionale Zugehörigkeit bzw. Verwirklichung des eigenen Lebensstils. Durch Ausschöpfung des über dem Grundnutzen liegenden Zusatznutzens eröffnen sie Unternehmen einen preispolitischen Spielraum, sodass Marken zum Schlüsselfaktor unternehmerischen Erfolgs geworden sind.

Dabei ist es heute vor allem für Volumenhersteller wie die Marke Ford von besonderer Bedeutung, das eigene Profil zu schärfen. Denn während Premiumanbieter ihr Angebot mittels Downsizing-Strategien „nach unten" erweitern und damit selbst immer mehr zu Volumenherstellern werden, dringen bisher traditionelle Niedrigpreisanbieter verstärkt in klassische Volumensegmente vor (vgl. Abbildung 1). Um sich in diesem Zusammenhang als Volumenhersteller nicht „zwischen den Stühlen" zu positionieren – also weder Premium- noch Niedrigpreisanbieter –, ist eine klare Profilierung und Differenzierung der Marke mehr denn je erforderlich. Insofern kann Markenführung heute auch als „Königsdisziplin der Automobilindustrie" verstanden werden.

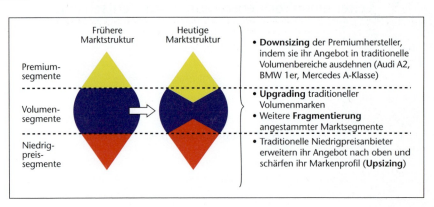

Abb. 1: Veränderte Struktur im Automobilmarkt

Um jedoch erfolgreich zu sein, müssen Marken konsequent über einen langen Zeitraum geführt werden, damit sie eine eigenständige Position im Markt entwickeln. Diese Aufgabe obliegt der Markenführung, deren neu definierter Stellenwert eine neue Ära der Unternehmensführung bei Ford als eine der ältesten Automobilmarken der Welt eingeläutet hat.

2. Ausgangslage der Marke Ford im Markenportfolio der Ford Motor Company

Die Marke Ford wurde 1903 in den USA gegründet. Dank der bahnbrechenden Erfindung Henry Fords, dem Fließband für die industrielle Großfertigung, gelang es dem Unternehmen als Pionier, das Automobil auch für „den einfachen Mann" erschwinglich zu machen. Seit 1925 produziert Ford auch in Deutschland.

Ford operiert heute mit geteilten, aber weltweit koordinierten Entwicklungs- und Produktionskompetenzen: Während die Kompetenzen für große Fahrzeuge sowie Geländewagen und Trucks primär in den USA liegen, werden Klein- und Mittelklassefahrzeuge vor allem in Europa entwickelt. Der Ford-Konzern ist der größte Hersteller für Trucks und zählt mit General Motors und Toyota volumenmäßig zu den drei größten Automobilherstellern der Welt. Abbildung 2 zeigt in diesem Zusammenhang die historischen Highlights der Ford Motor Company.

Oben und Mitte: Henry Ford I

William Clay Ford Jr.

1903 Ford wird in den USA gegründet
1913 Ford setzt als erstes Unternehmen das Fließband ein
1917 Ford führt den ersten Ford Truck ein
1922 Ford kauft Lincoln Motor Co.
1925 Ford gründet Tochtergesellschaft in Deutschland
1938 Mercury schließt die Preislücke zwischen Ford und Lincoln
1947 Henry Ford I. stirbt im Alter von 83 Jahren
 – In den Ford-Werken Deutschlands ruht drei Tage die Arbeit
1956 Ford geht an die Börse
1959 Ford Bank wird gegründet
1966 Der 1 Mio. Mustang läuft nach weniger als zwei Jahren vom Band
1967 Ford Europa wird gegründet
1979 Erwerb der Mazda-Anteile
1981 Escort-Produktion: schnellste erste Mio. Pkw, die je gebaut wurden
1987 Aston Martin und Hertz werden gekauft
1990 Jaguar wird gekauft
1991 Ford gründet Quality Care
1993 Erwerb von Aston Martin
1996 Ford feiert das 250-Millionste Fahrzeug
1997 Ford gründet Visteon Automotive Systems
1999 Ford gründet Premier Automotive Group
1999 Ford kauft Volvo Cars
2000 Europäische Transformationsstrategie leitet das neue Jahrtausend ein. Ford kauft Land Rover und schließt Visteon Spinn-Off ab
2001 F-Serie feiert 25. Geburtstag als Amerikas meistverkaufter Truck. Mit William Clay Ford Jr. kehrt ein direkter Nachfahre von Henry Ford an die Unternehmensspitze zurück
2002 Ford Focus in 2001 und 2002 meistverkauftes Auto der Welt. Ford ist meistverkaufte Marke in den USA seit 16 Jahren in Folge
2003 100-jähriges Bestehen der Ford Motor Company
2004 Wiederbelebung von Legenden wie dem Ford GT und Mustang; Einführung des Ford Focus II
2005 Weitere Beschleunigung der Qualitätsoffensive sowie Emotionalisierung der Marke Ford

Abb. 2: Historische Highlights der Ford Motor Company

Im Jahr 2005 umfasst das Markenportfolio der Ford Motor Company neben den Marken Ford, Mercury, Mazda und Lincoln die Premiummarken Aston Martin, Jaguar, Volvo und Land Rover im Rahmen der Premier Automotive Group (PAG). Darüber hinaus vereint das Unternehmen verschiedene Dienstleistungsmarken aus dem Finanz- und Servicesektor unter dem Dach der Automotive Consumer Service Group. Der Konzern ist somit in nahezu allen Fahrzeugklassen vertreten und verfolgt eine klar definierte Mehrmarkenstrategie (vgl. Abbildung 3).

Abb. 3: Markenportfolio der Ford Motor Company (Stand 2005)

In diesem Gesamtportfolio nimmt die Dachmarke Ford als Ursprungsmarke der Ford Motor Company und als eine der meistgekauften Automobilmarken der Welt eine besondere Stellung ein. Ford kann wie wohl kaum eine andere Marke auf eine erfolgreiche und traditionsreiche Geschichte zurückblicken und gehört laut dem renommierten Markenforschungsinstitut Interbrand zu den wertvollsten Marken der Welt. Auch in Deutschland ist die Marke allseits bekannt und omnipräsent. Allerdings verbinden Konsumenten in dem wohl emotionalsten Automobilmarkt der Welt kein wirklich eindeutiges Profil mit der Marke Ford. Vorhandene Markenwerte wie „gutes Preis-Leistungs-Verhältnis und Qualität" stammen noch aus den 60er und 70er Jahren und bilden im gegenwärtigen Markenumfeld kein Potenzial zu emotionaler Attraktivität. Insofern fühlen sich viele potenzielle Kunden heute nicht wirklich angesprochen von Ford. Haben Konsumenten jedoch einmal Kontakt zur Marke aufgenommen, kann dieser Kontakt zumeist auch zu einer langfristigen Kundenbeziehung ausgebaut werden. Studien belegen in diesem Zusammenhang eindeutig, dass Ford prozentual in gleichem Umfang Verträge mit tatsächlich Kaufinteressierten abschließt wie etwa der deutsche Marktführer VW.

Ford – Emotionalisierung einer großen Traditionsmarke

Vor allem die von externen Gutachtern attestierten Ergebnisse für Ford Produkte belegen eindrucksvoll die hohe technologische Substanz der Marke. Nicht umsonst war der Ford Focus im Jahr 2001 der TÜV-Sieger unter den ein- bis dreijährigen Fahrzeugen und damit das erste deutsche Fahrzeug nach 14 Jahren überhaupt, das in die japanische Qualitäts-Dominanz einbrechen konnte. Nicht umsonst war der Ford Focus in den Jahren 2001 und 2002 das meistverkaufte Auto der Welt. Nicht umsonst hat der Ford Mondeo in unzähligen Tests europaweit als Testsieger abgeschnitten und wird als König der Mittelklasse bezeichnet. Nicht umsonst wurde der Ford Fiesta zum Ende des Jahres 2002 von einer namhaften Jury mit dem begehrten „Goldenen Lenkrad" ausgezeichnet. Und nicht umsonst wurde der Gewinner des European Automotive Design Award – der Ford Transit Connect – von einer internationalen Expertenkommission mit einer bisher von keinem Hersteller in der elfjährigen Geschichte des Preises erreichten Punktzahl zum „International VAN of the Year 2003" gewählt und damit durch den höchsten europäischen Titel für Transporter zum besten Fahrzeug in dieser Klasse erkoren.

Ford ist im deutschen Markt somit durch eine hohe technologische Substanz mit jedoch zu geringer Strahlkraft gekennzeichnet. Vor diesem Hintergrund steht die Marke vor zwei zentralen Herausforderungen (vgl. Abbildung 4). Zum einen gilt es, die Marke heute „erlebbar" zu machen. Der Konsument muss die wahren Eigenschaften der Ford Produkte erleben, um damit die vorhandene Lücke zwischen der wahrgenommenen und der tatsächlichen Qualität der Marke zu schließen. Ziel muss es sein, durch Erzeugung von „Angebots- und Erlebnisdruck" den Konsumenten in den Kauftrichter der Marke zu führen.

Abb. 4: Herausforderungen der Marke Ford

Neben der Erzeugung eines solchen „Marken-Pushs" durch beispielsweise Testfahrtaktionen oder sonstige Anreize, die den Konsumenten in den Schauraum des Händlers führen, besteht die zweite Herausforderung darin, die Marke Ford stärker zu emotionalisieren. Um aber einen „Nachfragesog" bzw. „Marken-Pull" und damit Begehrlichkeit für die Marke zu wecken, gilt es, das im Lauf der Zeit verschwommene Profil der Marke neu zu schärfen und damit das „schlummernde Potenzial" der Marke wieder zu wecken. Genau dies ist Gegenstand der weiteren Ausführungen.

3. Revitalisierung des Kerns der Marke Ford

So, wie das Geschlecht oder die Hautfarbe eines Menschen unveränderbar und für die jeweilige Person wesensprägend sind, so verfügt auch jede Marke über einen unveränderbaren genetischen Code bzw. Kern, der das eigentliche Wesen einer Marke prägt. Ein solcher unveränderbarer Code heißt natürlich nicht, dass sich eine Marke im Lauf der Zeit nicht ändern kann. Ganz im Gegenteil, eine Marke muss sich verändern und mit der Zeit gehen. Stil und kommunikative Positionierung einer Marke müssen sich mit der technologischen Entwicklung, der soziologische Evolution sowie den wachsenden Ansprüche der Autofahrer im Sinne eines stilistischen Codes ändern. Der Ursprung und damit der Kern der Marke muss jedoch bewahrt bleiben. Auch ein Mensch wird seinen Kleidungsstil, seine Frisur oder seinen Wohnort und damit seinen „stilistischen Code" ändern, sein Geschlecht, seine Ursprungsnationalität und Muttersprache und damit sein „genetischer Code" bleiben jedoch unveränderbar. Hier gilt es somit stets, das Spannungsfeld zwischen stilistischem und genetischem Code einer Marke zu bewältigen.

Was aber ist der genetische Code der Marke Ford? Wie lässt sich der Kern der Marke Ford definieren? Um diesen Kern zu bestimmen, sind vor allem Historie und Kernkompetenzen der Marke zu betrachten.

Wohl kaum eine andere Automobilmarke hat soviel Einfluss auf das Leben der Menschen im 20. Jahrhundert genommen wie die Marke Ford. Seit ihren Anfängen steht die Marke für eine Demokratisierung von Mobilität. Egal, ob industrielle Revolution (Etablierung der industriellen Großfertigung durch Fließbanderfindung), urbane Revolution (Motorisierung und damit Mobilisierung der Städte) oder soziale Revolution (Einführung von weit über Durchschnitt liegenden Mindestlöhnen, vgl. Abbildung 5), Ford nahm bei all diesen Entwicklungen eine richtungsweisende Rolle ein. Und auch für die Zukunft formulierte Bill Ford, heutiger Chairman und CEO der Ford Motor Company und Urenkel Henry Fords, die Vision des Unternehmens analog: *„Während wir unseren 100. Geburtstag begehen, ist es unser Ziel, in den nächsten 100 Jahren einen noch größeren Einfluss auf das Leben der Menschen zu haben. […] Die Erzeugung und Aufrechterhaltung von Mobilität für jedermann wird unserer Vergangenheit Ehre machen und unsere Zukunft sichern."*

Auch produktseitig kann Ford auf eine starke Tradition emotionaler Fahrzeuge mit Legenden wie dem Ford Mustang, dem Ford GT 40 oder dem Ford Capri zurückgreifen (vgl. Abbildung 5). Jedoch steht Ford nicht nur für Pkw, sondern auch für erfolgreiche Nutzfahrzeuge und Trucks. Die Marke Ford repräsentiert damit eine enorme Leistungsbandbreite, ohne dabei jemals die „Bodenhaftung" verloren zu haben: Stets galt das Primat, Autos zu bauen, die für eine breite Käuferschicht erschwinglich bleiben. Dieses Primat wurde schon von Henry Ford geprägt, als er sagte: *„Ich will, dass sich jeder ein Auto leisten kann."*

Ford – Emotionalisierung einer großen Traditionsmarke

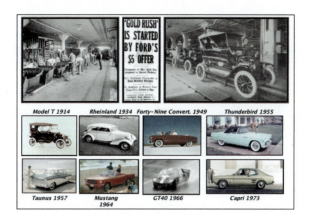

Abb. 5: Unternehmens- und produktseitige Wurzeln der Marke Ford

Vor diesem Hintergrund wurde der Anspruch der Marke Ford als Volumenmarke in Europa im Rahmen der „DCDQ-Markenstrategie" mit „dependable" („Verlässlichkeit"), „contemporary" („Zeitgemäß") und „driving Quality" („Fahrvergnügen") definiert. Mit „Verlässlichkeit" – das zentrale Zugangskriterium zum Kauf eines Autos überhaupt – assoziieren die meisten Verbraucher zunächst Fahrzeugqualität. Jedoch geht es hier um mehr als reine Qualität. „Verlässlichkeit" bedeutet auch Beständigkeit und Sicherheit und schafft damit Vertrauen – für Ford-Produkte, Ford-Dienstleistungen sowie die Beziehung, die Kunden zur Marke Ford aufbauen. „Zeitgemäß" erhebt den Anspruch, in allen Bereichen modern und auf dem neuesten Stand, aber auch aufregend und anders und damit im Gespräch zu sein. Auch hier genügt es nicht, nur ein zeitgemäßes Produkt anzubieten. Das Attribut zeitgemäß muss sich vielmehr sowohl in den Produkten bzw. Technologien als auch in sämtlichen Prozessen und damit in allen Aussagen des Unternehmens widerspiegeln. „Fahrvergnügen" soll schließlich Fahrspaß vermitteln, wobei das Ziel ist, den unerfahrenen Ford-Fahrer zu überraschen und den erfahrenen Profi zu begeistern.

Wichtig ist dabei, die Ford DCDQ-Markenwerte „für die Sinne" erlebbar zu machen, um Kunden für die Marke zu begeistern und damit langfristig zu binden. In diesem Sinne muss es das Ziel von Ford sein, mit der Marke und ihren Produkten Stolz, Freude und Vertrauen beim Konsumenten zu wecken (vgl. Abbildung 6).

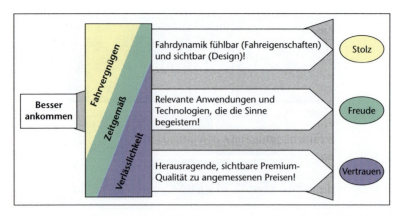

Abb. 6: Konkretisierung der Ford Markenwerte im Produkt

Warum aber mit Ford „Besser ankommen" durch Freude, Stolz und Vertrauen?

Im Grunde ist der Aufbau einer „Beziehung" zu einer Marke parallel zu sehen zum Aufbau einer Beziehung zu einer Person. Auch hier bedarf es zu Beginn konkreter Eigenschaften, wie das Aussehen einer Person, welches Freude und vielleicht auch Stolz bereitet. Erst solche unmittelbaren und leicht zugänglichen Eigenschaften wie das Aussehen wecken das weitere Interesse an einer Person. Für eine langfristige Bindung im Sinne einer eventuell lebenslangen Partnerschaft reicht das Aussehen jedoch nicht aus. Hier bedarf es weiterer Eigenschaften, welche das Vertrauen in diese Person begründen. Dieses Vertrauen entsteht nicht unmittelbar, sondern muss über einen langen Zeitraum bewiesen werden.

Analog hierzu muss auch eine Automobilmarke zunächst emotional begeistern, um überhaupt Aufmerksamkeit zu erregen. Sie muss Freude und Stolz bereiten, sowohl durch Design als auch durch eine markenspezifische Interpretation von Technik und sonstigen Optionen. Um die Marke dann aber erneut zu kaufen, bedarf es eines absoluten Vertrauens in das Produkt wie auch in die sonstigen Dienstleistungen der Marke. „Verlässlichkeit" stellt somit die grundlegende Basis einer langfristigen, vertrauensvollen Beziehung dar, „Zeitgemäß" und Fahrvergnügen sprechen demgegenüber emotionale Motivatoren zum Kauf der Marke Ford an.

Was ist jedoch die emotionale Interpretation von „Verlässlichkeit", „Zeitgemäß" und „Fahrvergnügen", welche die Marke Ford im Vergleich zu anderen Marken unterscheidet und Vertrauen, Freude und Stolz für die Marke Ford weckt?

Ford stand im Ursprung stets für ein faires Preis-Leistungs-Verhältnis oder auch für ein Mehr-Wert-Verhältnis: mehr Produkt und Dienstleistungen zu einem fairen Preis. Ford schaffte es als erster, durch Fließbandfertigung die Masse durch ein faires Preis-Leistungs-Verhältnis zu mobilisieren. Heute ist die Gesellschaft mobil, das faire

Preis-Leistungs-Verhältnis auf Mobilität zu reduzieren ist somit nahezu trivial und wenig begeisternd. Dennoch bleibt der Grundgedanke Henry Fords, nämlich die Demokratisierung als eines der wesentlichen Merkmale der Marke Ford aufrecht erhalten. Dies ist gewissermaßen der Auftrag der Marke Ford im Markt. Als Volumenhersteller ist die Marke Ford aufgefordert, etwas der breiten Masse zugänglich zu machen, was heute nicht selbstverständlich ist. Es geht nicht mehr um „Demokratisierung von Mobilität", sondern um Demokratisierung von „Luxus und Qualität", nämlich

„Premium-Qualität zu erschwinglichen Preisen."

4. Maßnahmen zur Umsetzung des Ford Markenkonzepts: Mit Ford die Sinne berühren!

Markenführung ist als „Chefsache" konsistent und kontinuierlich auf allen Ebenen der Wertschöpfungskette zu betreiben. Dabei erfordert jede Wertschöpfungskette markenspezifische Prioritäten, Strukturen und Abläufe, um die Besonderheiten einer Marke glaubhaft darzustellen. Bei Ford geht es dabei um eine Verankerung des DCDQ-Leistungsanspruchs „Premium-Qualität zu erschwinglichen Preisen" in allen Bereichen und auf allen Ebenen. Allen voran steht dabei eine Verankerung der DCDQ-Eigenschaften im Produkt, da insbesondere im Produkt das Markenversprechen geerdet sein muss.

4.1 Ford Products

Seit Einführung des DCDQ-Markenkonzepts Ende der 90er Jahre hat Ford das Produktportfolio komplett erneuert (vgl. Abbildung 7). Ford Produkte kennzeichnen sich heute erwiesenermaßen durch herausragende fahrdynamische Eigenschaften, durch eine hohe faktische Qualität und technologische Substanz sowie durch eine Konsistenz im Produktauftritt mit typischem Ford Gesicht.

Dabei wurden auch Nischenprodukte wie der Ford Streetka oder der Hochleistungssportwagen Ford GT als Nachfolger des legendären Ford GT 40 zur weiteren Emotionalisierung der Marke Ford mit Erfolg eingeführt. Aber auch in den Kernsegmenten gilt das Primat, die Marke durch das Produkt zu emotionalisieren und noch stärker „für alle Sinne" erlebbar zu machen. Denn als Zugangskriterium zur Marke überhaupt ist für den Kunden weniger die faktische und rationale Qualität als vielmehr die mit Ford assoziierte bzw. wahrgenommene Qualität entscheidend.

Abb. 7: Ford Produktportfolio in Europa 2005

Über allem steht dabei die Sicherstellung und Betonung der bezahlbaren Premium-Qualität im Produkt sowie in allen sonstigen Dienstleistungen. Hier gilt es, eine Verbindung zu schaffen zwischen teutonischer Genauigkeit (Verlässlichkeit) und spannungsgeladenen Elementen (Zeitgemäß und Fahrvergnügen) zu bezahlbaren Preisen. Wohl mehr als jedes Produkt zuvor zeigt der im Jahr 2004 eingeführte Ford Focus der zweiten Generation genau diese Eigenschaften (vgl. Abbildung 8).

Abb. 8: Exterieur und Interieur des Ford Focus der zweiten Generation

Ob Optik des Interieurs und Exterieurs, Haptik der Materialien oder Akustik im Innenraum: der Ford Focus macht die Markenwerte „Verlässlichkeit", „Zeitgemäß" und „Fahrvergnügen" sichtbar, fühlbar sowie hörbar und damit für alle Sinne erlebbar. Dabei kommen auch Technologien zum Einsatz, die sonst ausschließlich der automobilen Oberklasse vorbehalten sind – im Gegensatz zur Oberklasse aber immer mit dem Anspruch, bezahlbar für viele zu bleiben! Insofern wird der Ford Focus mehr denn je dem Anspruch erschwinglicher Premium-Qualität gerecht.

4.2 Ford Brand Culture and Behaviour

Eine Verankerung des Leistungsanspruchs der Marke im Produkt sowie in allen sonstigen Dienstleistungen ist ohne eine markenspezifische Unternehmenskultur nur schwer umzusetzen. Mitarbeiter müssen sich der Marke gegenüber verpflichten,

Ford – Emotionalisierung einer großen Traditionsmarke

das heißt, die Marke muss von allen Mitarbeitern gegenüber dem Kunden, aber auch innerhalb der Organisation gepflegt und kommuniziert werden. Entsprechend gilt es, sämtlichen Mitarbeitern die Produkte und Markenwerte nahezubringen. Folglich erhalten Mitarbeiter wie Händler in regelmäßigen Abständen die Möglichkeit, neue Produktentwicklungen selbst zu „erfahren", um so Einblick in die Schlüsselwerte der Marke zu erlangen.

Als Folge wird der Marke auch intern als „employer of choice" eine hohe Wertschätzung entgegengebracht. So hat Ford beim Wettbewerb „Deutschlands Bester Arbeitgeber 2004" in allen vier Wettbewerbskriterien „Glaubwürdigkeit", „Respekt", „Fairness" und „Identifikation mit ihrem Arbeitgeber" die Bestnote „Sehr gut" erhalten.

Gleichzeitig wird auch aktuellen wie potenziellen Kunden der Leistungsanspruch der Marke in Publikationen veranschaulicht. So hat der nachfolgende Auszug eines Artikels aus dem Ford Kundenmagazin den Qualitätsanspruch des neuen Ford Focus zum Inhalt, indem das neue Ford Produkt bewusst mit weiteren Luxus-Gütern verglichen wird.

> FÜR HÖCHSTE ANSPRÜCHE
>
> (Auszug aus dem Ford-Kundenmagazin Ford-Forum Herbst 2004)
>
> Die Einteilung der Gesellschaft in unterschiedliche Klassen gehört spätestens seit Mitte des vergangenen Jahrhunderts auf den Sperrmüll der Geschichte. Gewiss: Das Geld ist immer noch unterschiedlich verteilt, nur fällt das längst nicht mehr so sehr ins Auge wie ehedem. Reiche Leute waren einst schon allein an ihrer Kleidung zu erkennen. An ihrer Sprache. An ihrem Benehmen. An ihren Ess- und Reisegewohnheiten. An ihrem Aussehen. Das ist vorbei. (…)
>
> Was einst als unbezahlbarer Luxus galt, kommt uns heute selbstverständlich vor. Beispiel eins: Von dem, was heute der billigste Einweg-Rasierer aus dem Discount-Laden leistet, konnte Sonnenkönig Ludwig XIV. im 18. Jahrhundert nur träumen, obwohl er sich so ziemlich alles leisten konnte, was er wollte. Beispiel zwei: Autos waren zunächst exklusives Spielzeug einer Handvoll Leute, die das Geld dafür hatten. Dann kam Henry Ford und machte die Massenmotorisierung möglich. Beispiel drei: Ebenso wie Ford hatte Modeschöpferin Coco Chanel die Vision, Kostbares zum Allgemeingut zu machen. 1921 brachte sie mit Chanel N°5 ihr erstes Parfüm auf den Markt. Sie schneiderte zwar auch weiterhin Roben für eine handverlesene Klientel, doch N°5 war etwas, das sich jeder aus dem Hause Chanel leisten konnte. Andere Unternehmen aus der Modebranche machen es ihr bis heute nach.

> Inzwischen wächst der Markt für Premium-Produkte in allen Bereichen weltweit – Mode, Ernährung, High-Tech – trotz wirtschaftlicher Probleme in manchen Regionen. Die Umsätze zweier französischer Konzerne wie LVMH Moët Hennessy – Louis Vuitton oder der Gucci-Gruppe mit Marken wie Yves Saint Laurent, Sergio Rossi, Boucheron, Bottega Veneta, Bédat & Co, Alexander McQueen, Stella McCartney und Balenciaga sprechen da für sich.
>
> Einerseits beschäftigen sich auch die Hersteller ganz alltäglicher Produkte wie etwa Autos oder Mobiltelefone mit dem steigenden Bedarf nach Luxus und schaffen eigene Premium-Marken. Auf diese Weise ist Technik, die vor wenigen Jahren noch jedes durchschnittliche Portemonnaie gesprengt hätte, nicht nur erschwinglich geworden, sie hat sogar an Qualität hinzugewonnen. Das gilt nicht nur für Computer, für Digitalkameras, für Uhren.
>
> Andererseits birgt jedoch die Strategie, erstklassige Produkte für jeden bereitzuhalten – mag sie auch noch so löblich sein – ein nicht zu unterschätzendes Risiko. Denn Luxus geht stets Hand in Hand mit Exklusivität. Doch wie kann sich eine Marke für höchste Ansprüche die Aura des Außergewöhnlichen erhalten, wenn sie sich nahezu jeder zulegen kann? Das ist nicht einfach, doch große Namen wie Gucci und Louis Vuitton zeigen tagtäglich, dass es geht. Allerdings nur dann, wenn brillante und kreative Köpfe hinter den Kulissen nicht müde werden, den Nimbus ihrer Marke weiter zu entwickeln. Gerade hier beweist sich die Erkenntnis, dass Stillstand Rückschritt bedeutet. (...)

4.3 Ford Brand Communication

Klassische Kommunikation

Um sicherzustellen, dass der Ford Markenanspruch auch im Kommunikationskonzept seinen Niederschlag findet, sind sämtliche Kommunikationsmaßnahmen über alle Produktmarken hinweg auf die zentrale Markenbotschaft auszurichten: Ford steht für erschwingliche Premium-Qualität! Folglich dominiert ein integrierter Kommunikationsauftritt, indem die Dachmarkenpositionierung und damit das „Ford Oval" die Kommunikationsinhalte aller Produkte und Geschäftsbereiche (Ford Bank, Ford Service etc.) bestimmt.

Auch zwischen den Medien sind die Kommunikationsinhalte abzustimmen. So vermittelten beispielsweise alle Medien zur Markteinführung des neuen Ford Focus die zentrale Botschaft, dass das Fahrzeug Premium-Qualität einem breiten Kundenkreis zugänglich macht (vgl. Abbildung 9). Im Rahmen der klassischen Kommunikation hat Ford gerade beim Ford Focus ein innovatives Konzept entwickelt, um die Markenbotschaft so anschaulich wie möglich zu vermitteln. Hauptfiguren des

Werbespots sind ein Modedesigner und sein Assistent. Im ersten der sukzessive aufbauenden Werbespots verlässt der Modedesigner gerade seine Modeschau, gerät per Zufall in einen neuen Ford Focus und denkt, er säße aufgrund der erlebbaren Qualität in einer Limousine der Oberklasse. Als er merkt, dass dies nicht der Fall ist, steigt er gelassen aus – und bittet seinen Assistenten, ihm den neuen Ford Focus zu bestellen. In den Follow-up-Spots wird gezeigt, wie der Stardesigner sein neues Auto entgegennimmt und es genießt: *„Diese Qualität muss von nun an immer ein Teil meines Lebens sein. Für mich gibt es ein Leben vor und ein Leben mit dem neuen Ford Focus. Dieser Tag verändert mein Leben."* Die weiteren Spots nach der Markteinführung konzentrierten sich auf diverse Qualitätsattribute des Fahrzeugs sowie der Marke. Begleitet wurden die Werbespots von entsprechenden Print- und Außenwerbungskampagnen sowie allen sonstigen Kommunikationsaktivitäten wie Direct-Mailings, Schauraum-Konzepten oder Internet-Auftritten, sodass die Kampagne insgesamt durch einen integrierten 360-Grad-Ansatz geprägt war.

Abb. 9: 360-Grad-Kommunikationskonzept beispielhaft dargestellt am Ford Focus der zweiten Generation – oben Werbespot, unten links Printanzeige, unten rechts Außenwerbung (Plakat)

Hinsichtlich der Hersteller-Händler-Abstimmung bedient sich Ford einer so genannten Tiering-Struktur. Während die erste Kommunikationsebene primär einen generellen Markenaufbau durch imageorientierte TV-Spots und Magazin-Werbung fördert („Kaufe Ford"), ist die zweite, taktische Ebene verstärkt angebotsorientiert ausgestaltet („Kaufe Ford jetzt"). Hier werden vornehmlich jene Kunden mittels Tageszeitungen, Radio und Plakaten angesprochen, die sich derzeit im Kaufprozess befinden. Die dritte Kommunikationsebene umfasst schließlich Aussagen der lokalen Händler vor Ort unter Berücksichtigung der bisherigen Kommunikationsebenen, sodass unter der Bezeichnung „Integrierte Taktische Kommunikation" eine Platzierung taktischer Werbeaussagen mit lokalen Kommunikationsinhalten möglich ist. Denn gerade die Kommunikationsauftritte der eigenständigen Vertragshändler, die mit selbst entwickelten Anzeigen in den von ihnen verantworteten Marktgebieten warben, führten in der Vergangenheit zu höchst unterschiedlichen Auftritten der Marke. Demgegenüber schließen sich heute mehrere Händler aus einem Wirtschaftsraum zusammen, um unter Berücksichtigung der jeweiligen Herstellerkommunikation gemeinsam zu werben.

Sponsoring

Vor dem Hintergrund einer zunehmenden Reaktanz sowohl gegenüber klassischen als auch mittlerweile Online-Werbeformen nehmen heute erlebnisorientierte Kommunikationsformen wie etwa das Sponsoring einen zentralen Stellenwert zur Emotionalisierung der Marke Ford ein. Aufgrund der sehr hohen Zielgruppenaffinität fungiert Ford als Hauptsponsor der UEFA Champions League. Während Ford durch dieses Engagement international seine Bedeutung als Global Player verdeutlichen und festigen kann, bietet sich national neben der per se vorhandenen großen TV-Präsenz durch Bannerwerbung oder das so genannte Presenting („Die Champions League wird ihnen präsentiert von …") die Möglichkeit, durch Gewinnspiele, Fuhrparks, Merchandising sowie durch Wiederaufnahme von Motiven und Themen der Champions League in den sonstigen Medien und Schauräumen der Händler, einen Imagetransfer von der positiv belegten Champions League auf die Marke Ford aktiv zu gestalten.

Gleichzeitig wird das Ford Fußball-Engagement auch dazu genutzt, den Angebots- und Erlebnisdruck der Marke im Markt zu erhöhen. So erhielt beispielsweise jeder Kunde einen Champions-League-Fußball als Anreiz zur Durchführung einer Testfahrt mit einem Ford Modell. Folglich wird der Konsument animiert, die Marke und ihre Produkte tatsächlich zu erleben und ihre Vorzüge zu erfahren. Insofern schafft das Fußball-Sponsoring sowohl Nachfragesog (Emotionalisierung) als Angebotsdruck (Marke heute erleben) und trägt damit den zwei aufgezeigten Herausforderung der Marke in idealer Weise Rechnung.

Neben dem Event-Sponsoring von Veranstaltungen wie dem Kölner Karneval oder dem Kölner Musikfest sponsort Ford auch vor dem Hintergrund seiner gelebten Diversity-Unternehmensphilosophie verschiedene gesellschaftliche Gruppen im Rahmen des Social Sponsoring. So hat die Wertschätzung von gelebter Vielfalt beispielsweise dazu geführt, dass Ford verstärkt schwul-lesbische Zielgruppen anspricht und sich als Hauptsponsor auf dem Kölner Christopher Street Day (CSD) – der größten nationalen Parade der schwul-lesbischen Bewegung – engagiert. Aufgrund der hohen Besucherzahlen und der hohen nationalen TV-Präsenz der Straßenparade gelingt es Ford hiermit, Offenheit und Toleranz als Unternehmenswerte nicht nur bei der angesprochenen Zielgruppe authentisch zu kommunizieren.

Da sämtliche zuletzt genannten Aktivitäten in engem Zusammenhang mit der internen Verankerung des Diversity-Ansatzes und hier mit der Existenz des schwullesbischen Netzwerkes Ford GLOBE stehen (d.h. Gay, Lesbian or Bisexual Employees), kann die Authentizität der Markenführung bei Ford wohl kaum deutlicher als in diesem Beispiel dargestellt werden: Unter der heute gängigen Markenführungsprämisse, dass eine starke Marke nur durch eine glaubhafte, wechselseitige Beziehung zwischen internen (z.B. Mitarbeitern) und externen Zielgruppen (z.B. Endkunden) entsteht, verkörpert die Marke Ford in diesem Zusammenhang aufgrund der innen- wie außengerichteten Verankerung des Diversity-Gedankens eine in sich widerspruchsfreie, geschlossene Ganzheit von Merkmalen. Dieser Ansatz ist entscheidend, da langfristig nur solche Marken Kunden an sich binden und Markentreue erreichen können, bei denen der Konsument über längere Zeit eine klare, in sich gefestigte Identität und Ganzheit von Merkmalen wahrnimmt.

Customer Relationship Management

Eng verbunden mit Maßnahmen im Bereich der Online-Kommunikation ist ein auf den Kunden zugeschnittenes, über alle Geschäftsbereiche integriertes Kundendialogprogramm mit dem Ziel der langfristigen Kundenbindung. So wird der Kunde heute mit einem Ford „Welcome Pack" begrüßt und bestimmt sodann selbst die Häufigkeit, den Inhalt und die Form des Dialogs mit Ford. Entsprechend seinem Antwortverhalten wird jedem privaten Kunden ein Kommunikationsangebot offeriert. Beispielsweise erhält er regelmäßig im Namen des ihn betreuenden Ford Händlers das Ford Kundenmagazin, Erinnerungsschreiben für eine notwendige Inspektion, spezielle Zubehörangebote oder bei Anzeichen eines Neuwagenwunsches ein auf ihn zugeschnittenes, personalisiertes Angebot für ein Neufahrzeug im Sinne eines aktiven Interessentenmanagements. Voraussetzung eines solchermaßen integrierten CRM stellt dabei ein zentrales Datenmanagement dar.

Co-Branding

Neben den bisher genannten Kommunikationsformen im weiteren Sinne leistet auch das Co-Branding einen wertvollen Beitrag zur Bewältigung der genannten Herausforderungen im Rahmen der Markenprofilierung. Als Co-Branding wird dabei der gemeinsame, nach außen wahrnehmbare Auftritt der Marke Ford mit einer weiteren Marke verstanden. Die Chance des Co-Branding liegt dabei vor allem in einem gegenseitig Gewinn bringenden Imagetransfer. Auch vor diesem Hintergrund ist die intensive Kooperation der Marke Ford mit dem Premium-Kraftstofflieferanten Aral/BP zu verstehen, welche in der Wahrnehmung der Kunden verlässliche, hochwertige Kraftstoffmarken darstellen und vor allem die Verlässlichkeitsdimension der Marke Ford auflädt (vgl. Abbildung 10).

Abb. 10: Beispiele des Ford Co-Branding

Ähnlich dient die langfristig angelegte Kooperation mit der Marke Sony der emotionalen Weiterentwicklung der Marke Ford. Die globale, allgegenwärtige, für jeden bezahlbare und „young spirited" Marke Sony verkörpert für Ford zentrale emotionale Soll-Zielwerte der eigenen Marke. Dabei werden nicht nur Sony-Multi-Media-Systeme in Ford-Fahrzeugen im Sinne eines Ingredient-Brandings verwendet, sondern auch auf anderen Ebenen findet eine verstärkte Zusammenarbeit zwischen den beiden Unternehmen statt (gemeinsame öffentliche Auftritte etc.). Das Ziel der Kooperation mit dem Erfolgsmusical Starlight Express lag schließlich in der Schaffung eines dauerhaften Themas (Musical) und „Treibers" für modellübergreifende Sondermodelle heute und in der Zukunft.

4.4 Ford Brand@Retail

So sehr neue Formen der Kommunikation zur Profilierung der Marke an Bedeutung gewonnen haben, so sehr wird auch in Zukunft das reale Erlebnis mit dem Automobil im Händlerbetrieb ausschlaggebend für die Faszination der Marke sein. Dabei ist die eigenständige Positionierung der Marke am Point of Sale gerade vor dem Hintergrund des vermehrten Auftretens von Mehrmarkenhändlern von besonderer Bedeutung. Entsprechend wird im Rahmen des Händlerkennzeichnungs- und Gestaltungsprogramms „Ford – Retail Look & Style" die fordtypische Markendifferenzierung auch auf der Handelsseite deutlich sichtbar. Bis 2006 werden sämtliche Ford-Betriebe mit einem einheitlichen, fordtypischen Corporate Design ausgestaltet sein (vgl. Abbildung 11).

Abb. 11: Ford Retail-Look and Style auf Handelsseite

Überdies gewinnen Service- und Zusatzleistungen des Handels zur markenspezifischen Modifikation der Kernleistung „Automobil" zunehmend an Bedeutung, da die Zufriedenheit mit der Dienstleistung eines Händlers als eine wesentliche Komponente in die Gesamtzufriedenheit eines Kunden mit der Marke eingeht. Folglich kommt dem Handel auch hier eine bedeutende präferenzbildende Funktion zu.

Einen wesentlichen Beitrag zum positiven Imagewandel leistet auch das Streetlife-Konzept, das im Zusammenspiel zwischen Hersteller und Händlerbetrieb durchgeführt wird. Ziel dieses Konzepts ist es, durch Streetlife-Promotions, die von Händlern an von ihnen bestimmten Orten lokal durchgeführt werden, die Ford Markenwelt außerhalb der Händlerbetriebe vorzustellen und Interessenten zu einer späteren Testfahrt und damit zu einem Besuch des Händlerbetriebs zu animieren. Hierdurch lässt sich letztlich eine der größten Eintritts- bzw. Kaufbarrieren, nämlich der persönliche Händlerbesuch, eliminieren. Denn wie bereits ausgeführt, schließt Ford prozentual in gleichem Umfang Verträge mit tatsächlich Kaufinteressierten ab wie der Branchenprimus, sodass durch Erhöhung der Kundenfrequenz im Händlerbetrieb dem übergeordneten Ziel, bisher Nicht-Erwäger für die Marke zu begeistern bzw. Erwäger in ihrer Markenwahl zu bestärken, Rechnung getragen wird.

Neben den physisch erlebbaren Werten muss in den nächsten Jahren jedoch auch das persönliche Verhalten des Kundenkontaktpersonals auf die Markenpositionierung „Premium-Qualität zu erschwinglichen Preisen" einzahlen. War der Kaufprozess bislang etwa sehr stark von der Preispolitik und hier vor allem von Rabatten geprägt, gilt es in Zukunft, die Vermittlung eines außerordentlich guten Preis-Wert-Verhältnisses stärker in den Vordergrund zu rücken.

5. Resümee

Die Ausführungen zeigen eindrucksvoll den eingeleiteten Wandel der Marke Ford als Konsequenz einer nachhaltig angelegten Markenführung. Ford hat die erste Phase der Konsolidierung erfolgreich abgeschlossen und befindet sich mitten in der zweiten

Phase, in der es gilt, bezahlbare Premium-Qualität in allen Produkten und Aussagen des Unternehmens glaubhaft zu manifestieren. Dabei gilt es auch in Zukunft, neue, mit dem Markenleitbild konforme Leistungen sowohl im Kernbereich Automobil – und hier vor allem in weiterhin verstärkt zu besetzenden Marktnischen – als auch im Service- und Kundendienstbereich anzubieten, um so den Erfolgskurs konsequent fortzusetzen. Allen voran steht dabei eine weitere Emotionalisierung der Traditionsmarke Ford.

Ford – Emotionalisierung einer großen Traditionsmarke

Bernhard Mattes

Vorsitzender der Geschäftsführung, Ford-Werke GmbH

Bernhard Mattes ist seit dem 12. September 2002 Vorsitzender der Geschäftsführung der Ford-Werke GmbH. Gleichzeitig zeichnet er für das Ressort Marketing und Verkauf verantwortlich. Mattes war in dieser Vorstandsfunktion und als Stellvertretender Vorstandsvorsitzender seit dem 2. Juli 1999 für Ford tätig.

Mattes wurde am 8. Juli 1956 in Wolfsburg geboren. Nach dem Studium der Wirtschaftswissenschaften an der Universität Hohenheim mit dem Abschluss Diplom-Ökonom trat er 1982 in die BMW AG ein. Erfahrungen im Automobil-Management sammelte Mattes in der betriebswirtschaftlichen Händlerberatung, als Leiter verschiedener Vertriebsregionen, als Leiter Vertrieb Niederlassungen sowie als Projektleiter für Internationale Händlerentwicklungsstrategie, Betreuungsorganisation und Businessplan. Zuletzt war Mattes als Leiter Vertrieb Handelsorganisation für die Region Deutschland zuständig. Bernhard Mattes ist verheiratet und hat zwei Kinder.

Jürgen Stackmann

Vice President Marketing, Ford of Europe

Jürgen Stackmann ist seit Januar 2005 Vice President Marketing Ford of Europe.

Stackmann wurde am 12. September 1961 geboren. Nach dem Abitur und anschließender Banklehre studierte er an der Fachhochschule des Saarlandes Betriebswirtschaftslehre und absolvierte ein internationales Studium in Metz/Frankreich, bevor er 1989 als Trainee zu Ford kam. Von 1990 bis 1993 war Stackmann in der Händlerbetreuung tätig und anschließend bis 1996 als Brandmanager kleine und mittlere Pkw. Nach einer Station als Operationsmanager im europäischen Marketing und Vertrieb übernahm er 1998 die Position des Regionalleiter Vertrieb alte Bundesländer. Von 1999 bis 2005 war er schließlich Direktor Marketing der Ford-Werke GmbH. Jürgen Stackmann ist verheiratet und hat vier Kinder.

Dr. Martin Koers

Leiter einer Vertriebsregion, Ford Deutschland

Dr. Martin Koers studierte Betriebswirtschaft in Münster und Edinburgh. Nach seinem Diplom 1996 arbeitete er als Doktorand am Institut für Marketing von Prof. Dr. Dr. h.c. mult H. Meffert. Er promovierte zum Thema Markenführung und Controlling und arbeitete hier an unterschiedlichen markenbezogenen Beratungsprojekten mit. Im Anschluss hatte er einen Lehrauftrag als Visiting Assistant Professor an der University of Illinois (USA) im Bereich „Branding and Communications" inne, bevor er im Jahr 2002 zur Marke Ford wechselte. Hier war er zunächst als Vorstandsassistent tätig, heute ist er Leiter einer Vertriebsregion im deutschen Automobilmarkt und sammelt Erfahrungen im Rahmen der regionalen Markt- und Händlerbetreuung.

Kapitel 5

Jaguar Cars

The British Alternative

Mark Fields
Executive Vice President and President The Americas,
Ford Motor Company

Jaguar is going back to its roots to capture the essence of the brand by building beautiful fast lightweight cars that fully represent the ideals of its founder Sir William Lyons, who once remarked that "the car is the closest we come to making something that is alive".

1. Setting the Brand Scene

When William Lyons and William Walmsley went into partnership to create the Swallow motorcycle side-car company in Blackpool in the north west of England in 1922, no one could have foreseen the ambition and drive that would lead Lyons to develop and lead one of the most influential and prestigious car companies in the world.

In 1926 the company started to build stylish two seat lightweight car bodies on the Austin 7 chassis. Moving to the centre of the British motor industry in Coventry in 1928, the roots of the company that became Jaguar Cars in 1945 were firmly planted. By this time the partnership with Walmsley had already been dissolved, leaving Lyons firmly in control.

Picture 1: Sir William Lyons

Lyons was an instinctive designer and believed that the way his cars looked was fundamental to Jaguar's success; "I believe a car should be attractive to the eye, well balanced and free from unnecessary embellishment. It should be capable of giving pleasure to the owner over a long period of time. Totally new concepts in styling, like fashion, can often be short-lived in terms of satisfaction and pleasure".

He also understood the attraction of performance as a motivating factor in consumer behaviour. The power and reliability of the classic twin overhead camshaft straight six introduced in 1948 exemplified this thinking.

And finally, he recognized that if he could offer real value for money, then the combination of style and performance would be irresistible.

During the fifties, Jaguar's famous advertising slogan "Grace, Pace and Space" was developed, demonstrating that although there was no formal strategy, William Lyons understood the fundamentals of brand management even if he would not have recognized the language of the modern day discipline.

There is little doubt that his instincts helped to create one of the most emotive, recognizable and enduring of all automotive brands.

2. Product Development During the Lyons' Years

Lyons had always intended to build fast, comfortable, luxurious saloon cars. He saw motor sport and the manufacture of sports cars as a means of promoting Jaguar rather than an end in their own right. He was surprised by the success of the XK120 sports car at the 1948 London Motor Show which was meant as little more than a headline grabbing styling study.

Picture 2: Jaguar XK 120 (1948)

It was hastily put into production and became one of the most influential sports cars of all time until the remarkable E-Type appeared in 1961.

History has shown that the most emotive of Jaguars have been sports cars with perhaps two notable exceptions, the Mk 2 and the XJ6 saloons.

From the low slung SS100 of the 1930s, through the XK120, on to the ground breaking E-Type of 1961 (which even Enzo Ferrari regarded as perhaps the most beautiful car ever built) and finally to the flagship XK8 and XKR of today, sports cars have always been the icons of the brand. Although more a grand tourer than a true sports car, the XJS (1975-1991) also had its loyal devotees.

Picture 3: Jaguar E-Type Fixed Head Coupé (1961)

Lyons's saloon cars (which added Space to Grace and Pace) were handsome in their appearance and were amongst the class leaders in performance.

The Mk V of 1949 and the subsequent Mk VII, VIII and IX were imposing vehicles that although quite fast, did not offer the sporting promise of the smaller 2.4, 3.4 and Mk 2 saloons that were introduced in the mid-50s. The Mk 2 which appeared in 1959 really confirmed Jaguar as a maker of outstanding sporting cars.

This compact and stylish car created the enduring concept of the "sports saloon" – vehicles that coupled luxurious interiors to sporting chassis and powerful engines. The most exciting of the cars, the 3.8 litre, was capable of reaching 125 mph using the larger capacity engine from the XK sports cars. Its pedigree was signalled by the optional wire wheels and sporting exhaust note from its twin tail pipes. It was also an extremely successful racing car.

More than 145,000 compact saloons were sold between 1955 and 1969 when the introduction of the XJ saloon changed the emphasis of the business.

The large Mk 10 saloon which was introduced in 1961 helped to increase sales although its styling did not meet with the universal acclaim to which Lyons had become accustomed. This car was designed to be the flagship saloon for the company.

Picture 4: Jaguar Mk 2 (3.8)

The nature of the saloon cars that the company subsequently introduced saw a subtle move towards more luxurious and less sporting vehicles. Lyons had long recognized the importance of the American market and was keen to take advantage of it. It was believed that this direction would be appropriate.

In 1968, came the introduction of the XJ saloon, a car that six generations later is still creating a stir. This elegant saloon re-established Jaguar's reputation for style. It was beautifully proportioned with an extremely low roofline.

Picture 5: Jaguar XJ6 Series 1 (1968)

The arrival of the XJ emphasized the shift to a more luxurious positioning for the brand. In fact, in many ways, this was the car that revolutionized the luxury car market, combining performance, ride and handling in a fashion that was hitherto unimaginable.

This outstanding car would come to lead Jaguar through the difficult times of the 70s and 80s.

3. The Establishment of Quality as a Brand Attribute

Jaguar had been in difficulty towards the end of the sixties and had merged with BMC and then Leyland (in 1968). The XJ6 was introduced under the auspices of a Jaguar brand that was now part of a State managed group. Following privatisation in 1984 under the leadership of John Egan, Jaguar was then purchased by Ford in 1989.

Jaguar had never enjoyed the best reputation for quality despite its prestigious positioning. Ford understood that it would have to build a quality reputation for the brand before it could think of developing the model range. With the rise of the German marques quality had become a pre-requisite within the prestige car market.

Rather than develop any new models, the company completely overhauled the way in which the XJ saloon was built at Browns Lane in Coventry. This process involved very substantial levels of investment with precious little return for a number of years.

Picture 6: Jaguar XJR

It was also clear to the new management that in order to re-establish the brand reputation, Jaguar would need to introduce a new sports car to replace the aging XJS and create a class leading engine. With the potential of the American market uppermost in the thoughts of any luxury car manufacturer, the XK name was re-introduced for the sports car line and an all new 4.0 litre V8 engine created.

By the mid-nineties, Ford was building the XJ saloon to levels of quality previously unknown. The V8 engine proved to be a great success in the all new XK8 introduced in 1996. This car received similar plaudits to the great Jaguar sports cars of the past. In 1997 the V8 engine was successfully introduced into the XJ saloon. At last Jaguar was again at the head of the pack, with uniquely beautiful, powerful cars which were full of sporting character.

During these first ten years of Ford's ownership, sales volumes increased substantially. The XK8 and the V8-engined XJ Series together with the supercharged XKR of 1998 grew the volume to some 50,000 units – nearly double the sales achieved in any previous year.

Picture 7: Jaguar XKR

4. Developing the Brand through New Products

It was clear that even with the sales success that the XJ and XK models had achieved, Jaguar could not stand still within a fast growing luxury car market.

By now a formal brand strategy had evolved which promoted the unique blend of luxury and performance that Jaguar offered. This strategy recognized that the appearance of a Jaguar was still the prime motivator in the purchase decision. Another key differentiator for Jaguar when compared with all other luxury brands was the sense of warmth and passion that the brand generated. However, the size and price of the cars meant that in most markets the brand was simply too inaccessible for most people.

BMW, Mercedes-Benz and Audi were now offering cars that covered a much wider range of buying points than Jaguar, without apparently damaging their status as prestige marques. They now covered areas of the market in which Jaguar had once enjoyed considerable success.

Jaguar therefore set about developing cars that would compete within the so called lower medium (BMW 3 Series, Mercedes-Benz C-Class) and executive (BMW 5 Series and Mercedes-Benz E-Class) sectors of the market as well as continuing to market the XJ which sells in the luxury sector (alongside the BMW 7 Series and Mercedes-Benz S-Class).

With the XJ and XK being built at Browns Lane, Jaguar's body plant at Castle Bromwich (near Birmingham) offered the opportunity to build an executive car which was launched as the S-TYPE in 1999. Uniquely styled, the S-TYPE offered the style and character of a Jaguar to an audience that didn't need a car as large as the XJ. A four door sporting saloon it fitted well within the executive sector.

Picture 8: Jaguar S-TYPE (1999)

Jaguar Cars

Following quickly on the heels of the S-TYPE, came the X-TYPE in 2001. The availability of the former Ford plant at Halewood near Liverpool gave Jaguar the capacity it needed to enter this sector of the market. Competing head-on with the BMW 3 Series, the Mercedes-Benz C-Class and the Audi A4, this new small Jaguar saloon achieved very significant sales within its first twelve months. Together with the continued success of the top end cars, Jaguar's sales had risen to over 130,000 units by the end of 2002 – a figure which would have been unimaginable to Sir William Lyons.

Picture 9: Jaguar X-TYPE (2001)

4.1 New All Aluminium Jaguar XJ (2003)

Of all the products introduced over the last ten years, the all new XJ saloon introduced during the first six months of 2003 is arguably the most important.

Not just because the company is replacing its best selling product and for some the car which epitomizes the Jaguar brand, but also because the new car introduces a unique construction technology to the car market.

The new XJ uses an all-aluminium bonded and riveted monocoque construction, unique in volume production, to provide a body shell of exceptional lightness and strength. The finished vehicle is up to 300kgs lighter – the weight of 4 normal adult male passengers – than its competitors, leading to outstanding performance and economy and making the best use of Jaguar's current V6 and V8 engines. In addition, the dynamics of the car are rated extremely highly by many of the worlds leading motoring journalists, offering outstanding roadholding, handling and braking.

Picture 10: New all aluminium Jaguar XJ (2003)

And, in keeping with the best traditions of Jaguar, the new flagship has a beautiful, feline look. In short, this is a car that fully matches William Lyons' aspirations for the brand and points to its future.

The XJ demonstrates the advantages of lightweight construction. Not only does it provide excellent performance and economy, but it also allows engineers to work more effectively to reduce emissions. This, together with the advances being made in diesel technology suggests that the time when the motorist can enjoy sports car handling and performance with lower pollution is here ... now. This is a philosophy that Jaguar has adopted for the future and is vigorously pursuing.

In terms of future product portfolio, Jaguar will continue to pursue profitable niches within the prestige car market and stay true to its original conception as a maker of sports cars and sports saloons.

5. Motor Sport and its Influence on the Brand

Although William Lyons regarded motor sport as a means to an end, there is no doubt that he fully recognized the publicity benefit to be derived from successful participation.

Although he had competed with the SS100 sports car in the 1930s it was not until the six-cylinder XK engine designed by William Heynes, Claude Baily and Walter

Hassan became available that Lyons fully exploited the Jaguar racing potential. Fitted in the C-Type and D-Type racing cars (which were developed from the XK120 sports car) this engine was to win the world famous Le Mans 24 hour race on no fewer than 5 occasions between 1951 and 1957.

Picture 11: The 1953 Le Mans winning Jaguar C-Type

In addition the XK120 itself had considerable success in the world of rallying during the fifties due largely to the efforts of Ian Appleyard and his wife Pat (who was Lyons' daughter).

Later on John Egan and Ford rekindled Jaguar's racing successes when entering Le Mans with purpose built cars (using Jaguar engines) from 1988 to 1991 winning twice and coming 2nd and 4th on the other two occasions. This brought Jaguar's tally of Le Mans wins to 7 in all.

Engines – or more correctly the right kind of engine – have always been important to Jaguar cars. The groundbreaking, twin overhead camshaft straight six was fundamental to the success of the brand for more than three decades.

Such was the strength, power and reliability of this straight-six engine that it was used in Jaguar's road and racing cars throughout that time, claiming all of the company's Le Mans victories in the fifties along the way. It was presented in 2.4, 3.4, 3.8 and ultimately 4.2 litre forms and true to William Lyons' obsession with design, its polished cam covers declared the power within.

Later on, V12 and V8 engines took their place in ensuring the reputation of Jaguar as a sports car company for which power was important.

Racing success is part of the folklore of the brand and provides a strong pedigree for the sporting reputation of the road cars.

It was for this reason that Jaguar entered the highly competitive world of Formula 1 three years ago. So far success has eluded the team, but the significantly improved performance during 2003 has given considerable impetus to the brand benefit that can accrue from a high level of achievement in motor sports' premier division.

Picture 12: Jaguar R4 (2003)

Jaguar R Models

"R" branding was introduced in 1988 as a way of promoting the marque's sporting credentials within the road car range. "R" has become the standard against which all other Jaguars are measured, and supports the brand ideal. Jaguar R models showcase new technology and push the boundaries of performance and appearance for the brand.

The XJR, XKR and S-TYPE R are the pinnacle of these individual model lines and offer an outstanding balance of performance and handling. Lowered sports suspension, powerful "Brembo" brakes, large diameter wheels with low profile tyres and unique badging and body treatment (including the painted grille surround with metal mesh) all contribute to the powerful presence that the "R" models possess.

Jaguar Cars

Picture 13: Jaguar S-TYPE R

6. The Market Place

Over the last ten years, the European and American car markets have seen considerable growth within the prestige sectors of the market. By the standards of its major competitors Jaguar remains a small player, but the 125,000-plus X-TYPEs sold since launch demonstrate the latent power and very real opportunity for the future success of the brand.

From the introduction of the XK120 onwards, Jaguar has had a special relationship with the United States. Some 40 per cent plus of all sales are accounted for by the United States – by far the largest luxury car market in the world. Jaguar's second biggest market is its home market, the UK, which is responsible for a further 30 per cent of the company's annual business.

Jaguar remains a niche player within the car market, but this is a deliberate strategy in-line with Ford's positioning of the brand.

Whilst Jaguar's British heritage is important, it is rather more the quality and luxury of the cars that allows the brand to play at the top end of the sectors within which it operates.

To date, Jaguar has not competed in the fast growing diesel markets within Europe. However, both the X-TYPE and S-TYPE will become available with fully competitive diesel power units within the next twelve months. This is critical to the company's future success as diesel is more than 60 per cent of the European market in the sectors in which these cars compete.

In addition, the X-TYPE model line-up will augmented with a "wagon". The new X-TYPE estate car will capture the mood of this growing – and highly fashionable – sector.

There are no compromises to be made by the diesel purchaser today. Diesel is now seen as the smart buy in Europe. Technologically advanced, highly fuel efficient and good to drive as a result of strong torque in the mid-range, diesel has shaken off its old image.

The small wagon or estate market is also changing. Now more about life style and flexibility than load carrying. It's easy to see why the average age of a diesel wagon buyer is just 41 years, the lowest within the sector generally.

Whilst the marque's prestige is not in doubt, to many younger drivers of competitive cars the brand has become somewhat staid. Future products and brand strategies will add to the impetus of S-TYPE and X-TYPE in changing the mindset of these people.

7. Marketing the Jaguar Brand

Many of the ideas that William Lyons thought important in the presentation of his cars remain as fundamentally motivating today as they were when he first gave voice to them. Whilst others have taken his concepts and utilised them, Jaguar is still perceived as a very prestigious brand around the world.

The dichotomy for Jaguar Cars is how to maintain this prestige positioning whilst making the brand accessible to a new audience through the availability of models like the X-TYPE.

The company also has to take into account changing attitudes within society and the changes within the car market itself. As already mentioned Jaguar is ready to enter the diesel market in Europe and does not believe that this is detrimental to a sporty positioning since all of the other prestige brands successfully trade in this market.

But what of the underlying trends?

Research shows that the core elements of the brand are still motivational. People still want to buy beautiful, stylish cars which offer a real promise of performance and represent good value for money. This remains at the heart of Jaguar's brand strategy. For Jaguar the dilemma is that the more traditional luxury values that the brand also embraces are not as motivating as they once were. The trick will therefore be to enhance the brand's key virtues …

- attractive styling
- originality
- individuality
- luxury
- prestige
- warmth/passion

… while offsetting the opinion of some that the brand has become slightly dated.

In order to achieve this Jaguar will develop perceptions of quality and innovation while respecting the heritage and pedigree of the brand and playing down the traditional values of luxury.

In our products and our marketing we will seek to create exciting cars chosen by the discerning and driven with pride by capturing the spirit that people recognizsed in the E-Type. We will talk of the Jaguar brand rather than just the individual models.

The outstanding technological advances made by the new all aluminium XJ will be critical to the communication of this brand "awakening". This is a car that encompasses the very best of comfort and refinement whilst offering class leading dynamics – a combination that provides outstanding driving pleasure and ensures that the Jaguar ownership experience is truly unique. The use of a light weight vehicle strategy will enable Jaguar to present itself as a technological leader within the automotive industry.

In order to pursue this goal of awakening the brand, Jaguar has also recently embarked upon the introduction of a new Corporate Identity which gives still more prestige to its famous trademark "the leaper" (the stylized profile of the Jaguar animal), whilst introducing more contemporary design motifs and typefaces throughout the identity. The new CI will appear across all printed communication material and stationery and through to dealer showrooms.

Jaguar will also continue to be active at major auto shows in presenting concept cars that best exemplify the future direction of the brand. These vehicles will provide a major talking point with the media and will demonstrate the company's forward-looking view of design and technology.

Picture 14: The new Jaguar "leaper"

Perhaps the most important development will be the adoption of a global communications strategy within all markets using a consistent tone, look and feel for all Jaguar brand communications.

Advertising will continue to form a major part of Jaguar's marketing communications strategy across the globe. In addition, appropriate forms of new media will be actively deployed together with a strong emphasis on customer relationship marketing (CRM).

8. Jaguar and the Premier Automotive Group

Ford's purchase of Jaguar led to a ten-year drive to improve quality and manufacturing efficiency. Previous concerns about product quality are now unfounded and significant efforts continue to be made to modify lingering concerns in the minds of some owners of competitor cars.

Jaguar is now a member of Ford Motor Company's Premier Automotive Group, which also includes Aston Martin, Land Rover and Volvo. The brands within the Group are deliberately developed and marketed separately to retain their unique identities. Where synergies can be taken advantage of they will be in areas where customer perception will not be adversely affected.

Jaguar has always been a manufacturer of sports cars and sports saloons. The current portfolio recognizes this and while it covers much of the same ground as other players within the prestige car market, the Jaguar range remains just that little bit different.

The prestige sector is crowded and Jaguar fully recognizes the quality of the competition that it faces. The unique status of the brand will provide sufficient differentiation to allow the Jaguar marque to successfully pursue its niche strategy by providing a genuine and compelling alternative to the larger volume players in the sectors within which it competes. Whether it is brand or car, a Jaguar is above all a Jaguar.

As Sir William Lyons once said: "The car is the closest thing we ever create to something that is alive."

The true ownership experience is only encompassed when Jaguar customers express themselves fully satisfied with the service they receive from the company, its products and its dealers.

The Premier Automotive Group is committed to delivering the best possible retail experience and will develop that experience with its dealer partners. The changes to the law governing the sale and service of cars in Europe will only strengthen the company's resolve in this respect.

Mark Fields

Executive Vice President and President The Americas, Ford Motor Company

Mark Fields is executive vice president, Ford Motor Company, and president, The Americas, a position he assumed in October 2005. In this role, Fields is responsible for all operations involved in the development, manufacturing, marketing and sales of Ford, Mercury and Lincoln vehicles in the United States, Canada, Mexico and South America. He reports to Jim Padilla, the Company's president and chief operating officer.

Formerly, Fields served as executive vice president, Ford of Europe and Premier Automotive Group (PAG), where he led all activities for Ford's premium vehicle business group, and for Ford-brand vehicles manufactured and sold in European countries. Prior to that, Fields was chairman and chief executive officer of PAG.

Fields joined Ford Motor Company in 1989. From 2000–2002, he was President and CEO of Mazda Motor Company, leading the company through a period of significant transformation. He previously held a number of positions in both South and North America, including Managing Director of Ford Argentina.

Fields was named a Global Leader of Tomorrow by the World Economic Forum in 2000 and CNBC's Asian Business Leader – Innovator of the Year for 2001. He holds an economics degree from Rutgers University (USA) and a Masters in Business Administration from Harvard Graduate School of Business.

Kapitel 6

Maybach –
Der Relaunch einer einzigartigen Traditionsmarke im Markenportfolio der DaimlerChrysler AG

Klaus Nesser
CEO Maybach, SLR & Exklusivprodukte, DaimlerChrysler AG

Eine Legende erwacht.

1. Maybach – Eine Legende erwacht

Maybach – vor drei Jahren war diese Marke nur noch sehr wenigen Menschen ein eindrucksvoller Begriff. Die Marke Maybach vollzog einen Relaunch und knüpft an ihre Vergangenheit an, die die Grundlagen zur heutigen Mobilität legte. Die Marke Maybach setzte vor über einem halben Jahrhundert höchste Ansprüche mit dem Beginn der Maybach Ära und dem Appell an die wohlhabende Schicht der Goldenen Zwanziger des vorangegangenen Jahrhunderts. Die Fahrzeuge waren technische Meisterwerke, die ihrer Zeit weit voraus waren. Die Herausforderungen liegen im Relaunch der High-End-Luxusmarke mit dem Aufleben des hochwertigen Images und der Exklusivität begründet.

Mit diesem Beitrag publizieren wir erstmalig eine Zusammenfassung der bisherigen Strategie in diesem Umfang. Der historische Kontext der Marke Maybach ist bis zur Revitalisierung zumindest in der breiten Öffentlichkeit aus dem Bewusstsein geraten. Um das Produkt erfolgreich etablieren zu können, muss(te) die Marke Maybach greifbar und erlebbar gemacht – und somit *emotional* aufgeladen – werden. Erst das Wissen um die Marke, deren Heritage und der Zukunftsanspruch sowie die Überzeugung kann den strategischen Erfolg einer neuen Baureihe ermöglichen, sodass das erste Kapitel sich der Historie der Marke Maybach widmet.

1.1 Revitalisierung der exklusiven Luxusmarke – Tradition und Heritage der Marke Maybach

Die Tradition der Marke Maybach startet mit dem Beginn der Automobilgeschichte. Die Marke Maybach erlebte im Jahr 2002 ihre Rückkehr, wobei die legendäre Automobilmarke an eine über 100-jährige Erfahrung höchster technologischer Kompetenz anknüpfen kann. Mit der Markteinführung werden die Spuren der Automobilgeschichte wieder aufgenommen und die Visionen der leidenschaftlichen Konstrukteure Karl und Wilhelm Maybach beleuchtet, deren Ingenieursleistungen Grundlagen bildeten, die bis heute die motorisierte Welt bewegen.

Auf den Spuren des Maybach Mythos
– Der brillante Konstrukteur Wilhelm Maybach

Wilhelm Maybach wurde am 8. Februar 1846 in Heilbronn geboren. Gottlieb Daimler erkannte sehr früh das junge Talent. Wilhelm Maybach fand in Gottlieb Daimler einen Förderer seiner Visionen. Somit konnte er (Abbildung 1) als Mitarbeiter in der Daimler-Motoren-Gesellschaft seine technische Leidenschaft systematisch ausbauen, indem er Prozesse vereinfachte, umstrukturierte und Innovationen vorantrieb, wobei er von Anfang an der Faszination von Motoren- und Fahrzeugentwicklungen unterlag.

Maybach – Der Relaunch einer einzigartigen Traditionsmarke

Ab 1876 setzte sich Wilhelm Maybach mit dem Otto-Viertaktmotor auseinander, gleichzeitig ergänzt er seine Erfahrungen in globalen Industrieunternehmen, sodass Maybach seine Impulse in eine erste bedeutsame Konstruktionsleistung umsetzen konnte, der Erfindung des vor allem schnell und leicht laufenden Benzinverbrennungsmotors.

Abb. 1: Wilhelm Maybach und Gottlieb Daimler

1885 wurde die so genannte „Standuhr" geschaffen. Die „Standuhr" ist ein neuer Einzylinder-Daimler-Motor, der eine Leistung von 1 PS bei 600 Umdrehungen bewirkte und mit einer Kurbel bedient wurde. Abbildung 2 zeigt eine Konstruktionszeichnung des ersten Motorrads, dem Reitwagen, der zur Sicherung der Stabilität noch mit Stützrädern ausgestattet war.

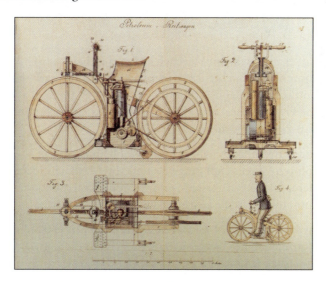

Abb. 2: Konstruktionszeichnung des Reitwagens[1]

Bereits ein Jahr später, 1886, entwickelte Maybach nach Karl Benz' Velociped die erste Motorkutsche, die als erstes Automobil angesehen werden kann. Eine neue Fahrzeugepoche setzte mit dem „Phönix"-Wagen ein, dessen Entwicklung auf das Jahr 1897 zurückgeht, wobei Maybach den „Phönix-Motor" nach vorn verlegt und der Begriff des Komfort zum Fahrzeug assoziiert wird, sodass die Automobile länger, tiefer und bequemer wurden, die Räder wurden weiterentwickelt, Leichtmetall-Legierungen, Einlassventile und eine verbesserte Kupplung ermöglichen den nun nicht mehr aufzuhaltenden Erfolg des Automobils.

Abb. 3: Der Daimler-Phönix Wagen aus dem Jahr 1897[2]

Gottlieb Daimler und Wilhelm Maybach legten entscheidende Grundsteine in der Historie der Automobilgeschichte. 1898 wurde Wilhelm Maybach zum technischen Direktor der Gottlieb Daimler-Fabrik ernannt, wobei er wenige Jahre später nach Daimlers Tod die Firma verließ und 1909 seine eigene Unternehmung, die Luftfahrzeug-Motorenbau-GmbH, gründete.

1901 bewirkte der Kontakt Maybachs mit Emil Jellinek, der in Nizza als Vertreter der Daimler-Motoren-Gesellschaft fungierte und von Maybachs Ideen fasziniert war, dass der erste Mercedes-Wagen entstand und somit die Konstruktionen von Maybach die Ära des Automobils bis in die Gegenwart formte.

Wilhelm Maybach verstarb 1929 in Bad Canstatt, wonach sein Sohn Karl Maybach die Ideen und Konzepte seines Vaters weiterverfolgte und die Entwicklung der Motorisierung kontinuierlich vorantrieb.

Karl Maybach – Strategie des individualisierten Maybach: Chronologie der historischen Typenreihe

Karl Maybach wurde am 6. Juli 1879 in Deutz geboren. Er absolvierte in der Daimler-Motoren-Gesellschaft eine professionelle Ausbildung mit einer hohen technischen Relevanz und setzte die Visionen seines Vaters mit eigenen Konstruktionen fort, sodass „Vater und Sohn Maybach" das Grundkonzept der Automobilindustrie legten, welches bis heute die Basis der Mobilität in der menschlichen Geschichte bildet. Die Abbildung 4 zeigt den jungen Karl Maybach, der für den gegenwärtigen, „neuen" Maybach eine herausragende Stellung in der Markenheritage einnimmt.

Karl Maybachs Visionen basieren auf höchsten Ansprüchen, er strebt ein Spitzenprodukt an, „das sich durch ausgereifte Technik, überdurchschnittliche Qualität, leichte Bedienung und hohem Fahrkomfort auszeichnen sollte."[3]

Abb. 4: Karl Maybach – Leidenschaftlicher Konstrukteur[4]

1909 übernahm Karl Maybach die technische Direktion in der Firma seines Vaters. Dort erfolgte keine vollständige Fahrzeugmontage, sondern lediglich die Produktion des Motors und der Fahrzeugkarosserie (Chassis). Karl Maybach konstruierte den „W2", einen 6-Zylinder-Motor bei einer Leistung von 70 PS, der als Großauftrag für Trompenburg/Spyker, eine holländische Automobilfabrik, gefertigt werden sollte, sodass nach deren Insolvenz Karl Maybach die Initiative ergriff, eine eigene Fahrzeugfertigung durchzuführen: Von 1921 bis 1941 wurden insgesamt 1 800 Maybach-Automobile mit sechs verschiedenen Typen hergestellt und in die ganze Welt versandt.

Abbildung 5 zeigt eine chronologische Übersicht der Maybach-Modelle vom „W3", der als Reisefahrzeug mit dem Slogan „Für die Berge – ohne Schaltung" glänzte. Gefolgt vom „W5" wird in Friedrichshafen der legendäre Maybach 12 gebaut, ein Automobil der Folgegeneration, der die bisherigen Innovationen mit einer Leistung von 150 PS übertraf.

Abb. 5: Chronologie der Maybach Typenreihe[5]

Der Maybach 12 stellte ein besonderes Highlight als Vorgängermodell für den „Maybach Zeppelin DS 8" dar, der ein Gewicht von ca. drei Tonnen aufweist und als exklusives und hochwertiges Spitzenmodell die Marke Maybach mit höchster Eleganz und technischen Höchstleistungen bereichert.

Abb. 6: Von den ca. 1 800 gebauten Maybachs existieren heute noch etwa 150 Fahrzeuge, davon lediglich 29 Zeppeline

Maybach – Der Relaunch einer einzigartigen Traditionsmarke

Abbildung 7 zeigt einen Vergleich des „alten" und „neuen" Maybach, wobei die Bedeutung der feinen Detailarbeit damals – und nun seit dem Markenrelaunch in der Gegenwart – erkennbar ist. Die Erläuterung der Markenkernattribute erfolgt in einem späteren Abschnitt und wird im Zusammenhang zum historischen Kontext separat betrachtet.

Abb. 7: Der neue Maybach 62 und der alte DS 8 Zeppelin

Aufgrund der individualisierten und umfangreichen Anfertigung des Fahrzeugs wurden die Produktionszahlen sehr gering gehalten, da der Maybach wegen des hohen Preises für die breite Bevölkerung unerschwinglich war und ebenfalls in der Gegenwart noch bleibt.

Der Mythos Maybach glänzte mit der Vision seines Erfinders, dass jedes Automobil einzigartig ist, wobei der Kunde die eindrucksvollen Wagenaufbauten und Sonderwünsche zur Interieur- und Exterieurgestaltung selbst wählt. Damals wie heute sind die Kunden der Maybach-Fahrzeuge sehr heterogen. Mit dem Markenrelaunch wird das hohe Maß des Anspruchniveaus der Zielgruppe umgesetzt.

Die Entwicklung des Maybach Markenzeichens als Audruck der Markenauthenzität – Das sphärische Bogendreieck

Die Maybach Heritage greift nicht nur in Bezug zur Markenwelt und Integration modernster Technologie, sondern das markante Markenzeichen erlebt ebenfalls eine Revitalisierung. Das sphärische Doppel-M-Emblem zierte bereits zu Beginn des vorangegangenen Jahrhunderts von 1921 bis 1941 – über zwei Jahrzehnte – die Maybach Limousine. Schon zu dieser jungen Zeit der Automobilgeschichte etablierte sich das Markenzeichen neben den Mercedes Fahrzeugen zum Symbol deutscher Automobil-Elite.

Abbildung 8 zeigt eine Gegenüberstellung des damaligen und heutigen Markenzeichens in Verbindung mit der Umsetzung als Kühlerfigur. Zwischen 1921 und 1941 gab es zahlreiche Entwicklungsstufen, in denen das Maybach Symbol sehr häufig leichten Veränderungen unterworfen wurde. Das heutige Markenzeichen demonstriert die ästhetischen Ansprüche des Markenprofils in modernem und zeitlosem Design.

Zur Optimierung des Markenauftritts wird nun eine Maybach typische Farb- und Formkombination kommuniziert, die den gegenwärtigen Anforderungen an ein realistisches und symmetrisches Markenzeichen gerecht wird. Die sensorischen Codes unterstützen die spezifischen Maybach Werte, sodass die Symmetrie Ausdruck einer eingespielten Balance zwischen der langjährigen Maybach Tradition und Integration hochwertiger Innovationen darstellt. Dieser historische Bezug wird zusätzlich durch die Verwendung des Doppel-M-Emblems deutlich, worin die Bedeutung der „Maybach Manufaktur" zum Ausdruck kommt und die Verbindung zur Heritage zugänglich ist, die die ursprüngliche Bedeutung zum Grundstein der Entwicklung der Mobilität legte.

damaliges Markenzeichen

heutiges Markenzeichen

historische Kühlerfigur

aktuelle Kühlerfigur

Abb. 8: Markenzeichen beweist kontinuierliche Maybach Tradition als Ausdruck der Markenidentität

2. Grundlagen zur Marketingstrategie der revitalisierten Marke Maybach – Herausforderungen und Markenpositionierung

2.1 Herausforderungen zur Markenführung Maybach

Status quo zum Zeitpunkt der Revitalisierung kennzeichnete eine sehr geringe Markenbekanntheit in der Öffentlichkeit – sowohl in Europa, jedoch aufgrund der deutschen Heritage insbesondere in den internationalen Märkten. Neben der allgemein bekannten wirtschaftlichen Gesamtsituation, in der die Gewährleistung der monetären Absicherung und Realisierung der Verkaufsplanzahlen eine zentrale Bedeutung einnehmen, stehen langfristig identitäts- und loyalitätsorientierte Ziele im Vordergrund, die einen strategischen Markenerfolg ermöglichen:

- **Markenbekanntheit:** Eine wichtige Herausforderung zum Aufbau einer Relaunch-Marke, die zugleich eine High-End-Luxusautomobilmarke mit tiefen Wurzeln in der Historie darstellt, liegt in der *Education* begründet, zum einem dem (potenziellen) Kunden sowie der breiten Öffentlichkeit das Wissen um die Marke nahezubringen. Aufgrund der jahrzehntelangen „Abwesenheit" der Marke Maybach ist dieser Nachholbedarf gegenüber dem Wettbewerb notwendig.

- **Erlebnisorientierung:** Aufgrund der Differenzierung des Kundenprofils einer High-End-Marke gegenüber einer Volumen- bzw. Premiummarke liegt die Profilierung neben der Perfektion im Produkt- und Qualitätsanspruch, in der emotionalen Aufladung der Marke begründet. Die Kreation einer einmaligen und unvergleichlichen Erlebniswelt stellt einen wichtigen Schlüsselfaktor einer erfolgreichen Markenpositionierung dar.

- **Konsistenz:** Der Anspruch einer emotionalen Erlebnispositionierung sollte sich durch hohe Beständigkeit, Glaubwürdigkeit und Kontinuität in sämtlichen Kommunikationsebenen und -instrumenten auszeichnen. Von der klassischen Kommunikation, über den Internet- und Messeauftritt bis zur Kundenansprache auf selektiven Eventplattformen: der Erlebnischarakter mit einem Maximum an Perfektion, Detail und Ästhetik zur Erfüllung anspruchsvollster und individueller Kundenwünsche bilden die Markenphilosophie.

*Abb. 9: Die Markenwelt der Image-Kampagnen „Manufacture/Hands"
im konsistenten Markenauftritt*

- **Markenintegration und -abgrenzung:** Die Positionierung der Marke Maybach innerhalb der Mercedes Car Group gewährleistet den USP innerhalb des High-End-Luxussegments: Die Marke stammt ursprünglich aus dem „eigenen Hause" und wird somit in der Top-Range positioniert und abgegrenzt. Sie profitiert gleichzeitig vom Technologievorsprung der Schwestermarke Mercedes-Benz. Die Gratwanderung bildet eine Schlüsselrolle zur Bildung einer eigenen Markenauthenzität.

Die Entscheidung eines Markenlaunches bedarf unter den heutigen wirtschaftlichen Herausforderungen, wie beispielsweise einer instabilen Kaufkraft, dem kurzzeitigen Aufleben von Trends und des enormen „Information Overload", einer generellen Grundsatzüberlegung. Insbesondere aufgrund der starken Zunahme der Markenvielfalt muss eine klare Markenidentität definiert und entsprechend kommuniziert werden. Bei diesem spezifischen Maybach Markenrelaunch wird nicht der generelle Massenautomobilmarkt angesprochen, sondern das High-End-Luxussegment. Hierbei stellt sich die Frage nach dem Bedarf: Die Thematik, wie viel Luxus der Weltmarkt „braucht", zeigt eine sehr positive Entwicklung in den letzten Jahren, gleichzeitig demonstriert eine Betrachtung des „moralischen Kontrastes" einen starken Anstieg der Nachfrage von Billigmarken, sodass das mittlere Segment ausgedünnt wird. Trotz positiver Prognosen einer weltweiten Volumenentwicklung für das Marktsegment von Luxusgütern mit einem zu erwartenden exponentiellen Anstieg bis zu 85 Mrd. US-Dollar (*SalomonSmithBarney für das Jahr 2004*), stellt sich aufgrund der wirtschaftlichen und politischen Weltmarktsituation der Bedarf einer klaren Markenpositionierung und Identitätsorientierung in den Vordergrund.

2.2 Die Markenpositionierung der Marke Maybach

Die Markenpositionierung strebt einen Benchmark im High-End-Luxussegment der Automobilindustrie des 21. Jahrhunderts an und knüpft an die Leistung des vorangegangenen Jahrhunderts, in dem Wilhelm Maybach und Gottlieb Daimler bereits den Grundstein und somit den Benchmark für die Entwicklung der Automobilindustrie legten. Die Besonderheit besteht in der Revitalisierung einer passionierten Marke, die traditionelles Handwerk und innovative Technologie mit ästhetischen Ansprüchen kombiniert und in der Gegenwart nun von der Maybach Manufaktur nach über 60 Jahren wieder in unikaten Automobilen umgesetzt wird. Die Maybach Manufaktur garantiert in präziser und sorgfältiger Fertigung ein automobiles Meisterwerk mit einem hohen Maß an wahrer Handarbeit – damals wie heute. Die Fülle an Individualisierungsmöglichkeiten, der hohe qualitative Anspruch der Verarbeitung und des hochwertigen Materials sowie das Engagement eines jeden Mitarbeiters bilden die 21 000 Quadratmeter große Manufaktur – *die* Geburtsstätte eines jeden neuen Maybachs.

Der *emotional* Benefit der Marke Maybach liegt in der Gestaltung der Markenwelt begründet. Das Markenphänomen zeichnet sich nicht nur durch die „hard attributes", das heißt den (objektiven) Produkteigenschaften, aus, sondern insbesondere wird der Mythos Maybach durch „soft attributes", den nicht greifbaren und häufig irrationalen Faktoren, bestimmt. Hier liegt der Anspruch nach Profilierung und Schaffung eines gesellschaftlichen Status begründet, der von sämtlichen Zielgruppen angestrebt wird. Bezüglich der individuellen Wertevorstellung der einzelnen Kundengruppen dient der Maybach zu Prestige- und Repäsentationszwecken sowie zur Demonstration des eigenen Erfolgs.

Die beiden Modellvarianten liegen nicht darin begründet, dem Kunden die Auswahl zu erschweren, sondern versuchen die Bedürfnisse gezielt abzudecken: Der Maybach 57 ist mit einer Länge von 5,72 Metern für Selbstfahrer optimiert, da nicht jeder Kunde der elitären Zielgruppe an einen Chauffeur gebunden sein möchte, sondern sich in der raren Freizeit dem Fahrspaß widmen kann. Entsprechend dieser Kundenbedürfnisse erfolgt im Interieur des Maybach 57 eine Betonung des vorderen, dem Fahrer direkt zugewandten Bereichs. Hingegen zeichnet sich der Maybach 62 mit einer Länge von 6,16 Metern durch einen starken Fokus auf Komfort und Innenraumgestaltung auf den hinteren Fahrzeugbereich aus. Hier werden die Ansprüche einer exklusiven Repräsentationslimousine und die exklusiven Anforderungen einer idealen Selbstdarstellung mit dem Maybach 62 erfüllt.

Abb. 10: Duales Produktkonzept: Der Maybach 57er und 62er – Tradition & modernste Technologie in zeitloser Ästhetik

2.3 Positionierung der Marke Maybach innerhalb der „Mercedes Car Group" und im Wettbewerbsumfeld

Abbildung 11 zeigt eine schematische Abgrenzung bezüglich der Positionierung innerhalb der deutschen Marken im Markenportfolio der Mercedes-Benz Car Group bzw. im Wettbewerbsumfeld. Insbesondere die bereits beleuchtete Zielgruppenbetrachtung sowie die Segmentbeanspruchung bewirken für die Marken Mercedes-Benz und smart einen hohen Differenzierungsgrad untereinander, damit die klare Positionierung jeder einzelnen Marke den Erfolg der anderen nicht gefährdet.

Somit bleibt die S-Klasse als „Top-of-the-line"-Produkt im Premiumsegment der Mercedes-Benz Car Group erhalten, und es besteht durch eine unabhängige Marke Maybach keine Gefahr des „Downgradings" der S-Klasse. Die Frage einer eventuellen Markenpiraterie lässt sich schnell durch einen differenzierten Kundennutzen und einer nicht vergleichbaren Preispositionierung beantworten. Der intensive Dialog mit den Kunden durch den gesamten Entwicklungsprozess der Markenauferlebung bestätigt einen positiven Image-Transfer innerhalb der DaimlerChrysler AG. Die Synergieeffekte der Marke Maybach belegen die enge Beziehung zur „Schwestermarke" Mercedes-Benz. Die Marke Maybach kann auf das jahrzehntelange technische Know-how und die Erfahrungen zurückgreifen. Hierzu sind insbesondere die Mercedes-Benz Innovationen, Qualitätsansprüche sowie das globale Marketing- und Vertriebsnetz im Premium-Automobilsegment aufzuzählen, wovon die Marke Maybach aufbauend profitieren kann.

Die identitätsorientierte Luxusmarkenführung bestätigt eine Differenzierung hinsichtlich der Markenpersönlichkeit bzw. dem maximalen Prestigeanspruch, sodass die Kommunikation von markentypischer Emotionalität die Kernaussage zur Markenabgrenzung innerhalb des Konzerns sowie im Wettbewerbsumfeld darstellt. Folglich bleiben mit der Marke Maybach die traditionellen Heritage-Werte im Hause der DaimlerChrysler AG erhalten (USP), und eine eigenständige Positionierung ergänzt das ausgewogene Mehrmarkenportfolio der Mercedes Car Group (MCG).

Maybach – Der Relaunch einer einzigartigen Traditionsmarke

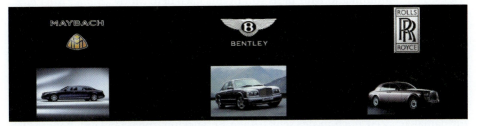

Abb. 11: Vertikale und horizontale Markenpositionierung Maybach

2.4 Markenkernattribute, Markenwerte – Markenmission Maybach

Die Beschreibung der Markenwelt Maybach findet mit dem Relaunch im Jahr 2002 eine starke Anlehnung an den Markenmythos vor über 60 Jahren. Bereits in dieser Zeit dominierte die „alte" Maybach-Limousine mit einem Maximum an handwerklicher Perfektion, einzigartiger Exklusivität und höchster Individualität. Kombiniert mit dem Wertfaktor der Zeitlosigkeit werden diese Intentionen mit der Markenrevitalisierung aufgegriffen. Der „neue" Maybach knüpft an hochgradigste Vorgaben der Tradition an und integriert modernste Technologie zu einem angestrebten Benchmark im High-End-Luxussegment der globalen Automobilindustrie. Die gegenwärtigen Anforderungen an eine erfolgreiche Markenführung unterstreichen den Erlebnischarakter, sodass damals wie heute die Bedeutung der Emotionalität im Vordergrund der Kommunikation dieser traditionellen Markenwerte steht. Die Mission der Marke Maybach liegt im Anspruch, die exklusivste Marke der Automobilindustrie – unvergleichbar in Luxus, Komfort und Kundenorientierung – zu sein.

Aufgrund der Nähe zur Schwestermarke Mercedes-Benz profitiert Maybach von den Weiterentwicklungen und Innovationen sowie dem Wertesystem im Markencode, sodass der hohe qualitative und perfekte Anspruch von Mercedes-Benz den Maybach Markenwert unterstützt. Jedoch geht die Marke Maybach über jene Anforderungen hinaus und bewahrt mit ihrem zurückhaltenden und geheimnisvollen Auftreten eine harmonische Balance zeitloser Seriosität und feinster Ästhetik.

3. Die Chronologie der Markenrevitalisierung – Die Bedeutung des Erlebnis-Charakters als Basis einer konstanten Markenidentität

Dieser Abschnitt vermittelt die sukzessive Markenetablierung und demonstriert den Schwerpunkt alternativer Kommunikationsinstrumente in den (Pre)-Launch-Phasen der Marke Maybach. Die von Beginn an strenge Kundenorientierung hebt sich im Produkt anhand der Individualisierung sowie in der Kommunikation deutlich hervor. Die Erläuterung der Weltpremiere steht beispielhaft für eines von vielen Events, die die Markenwelt des Maybachs öffentlichkeitswirksam präsentieren. Kontinuierlich erfolgt die Kommunikation auf Basis von Events nach dem Motiv „Money can't buy".

3.1 Konsequente Kundenorientierung ermöglichen Erfolg der „Car Clinics" in den Pre-Launch-Phasen

Die Bedeutung des Kunden nahm bereits zu Beginn des vorangegangenen Jahrhunderts eine herausragende Rolle ein. Obwohl sich das Dienstleistungsmarketing zur damaligen Zeit noch in der sehr frühen Entwicklungsphase befand, konnte sich Maybach mit dem Aspekt der Individualisierungsleistung differenzieren: Die Kundenwünsche wurden auf Realisierbarkeit geprüft und umgesetzt, sodass jedes Automobil ein Unikat war. Diesen Ansprüchen genügt auch der neue Maybach mit der Wiederbelebung der Marke nach über 60 Jahren. Die Chronologie zur Entscheidung einer eigenständigen und unabhängigen Marke untermauert den Einfluss der Kundenorientierung. Ein Rückblick auf die Revitalisierung der Marke belegt die starke Gewichtung potenzieller Kunden: Hierzu wurde im Oktober 1997 zur Motorshow in Tokyo die *Designstudie zum „Mercedes-Benz Maybach"* vorgestellt. Diese qualitative Kundenbefragung bestätigt anhand von positiven Reaktionen eine Weiterentwicklung des Produkt- und Markenkonzepts.

Die Entscheidung einer eigenständigen Marke Maybach, losgelöst von der ursprünglichen Idee eines „Mercedes-Benz Maybach", bewirkten die Impulse der Kunden, sodass der Maybach nicht in das Umfeld der Mercedes-Benz S-Klasse positioniert werden konnte, sondern eine eigenständige Marke Maybach das Markenportfolio der DaimlerChrysler AG bzw. der Mercedes Car Group anreichert. Selten zuvor hatten zukünftige Kunden einen derartigen Einfluss auf eine Markenentscheidung wie auf die Marke Maybach – ein weiterer Beweis, dass Kundenorientierung ein zentrales Element der Markenführung darstellt und ihr bereits vor dem offiziellen Relaunch im Jahr 2002 eine enorme Gewichtung zugesprochen wurde.

Maybach – Der Relaunch einer einzigartigen Traditionsmarke

Abb. 12: Die Designstudie in Tokyo zum „Mercedes-Benz Maybach"

Es folgten weitere Umfragen und Interviews zu Kundenwünschen mithilfe der so genannten „Car Clinics", in denen in Form eines intensiven Dialogs die Bedürfnisse potenzieller Maybach-Kunden analysiert wurden, um die ursprünglichen Anforderungen zur Individualisierung, der Ästhetik und Perfektion den Mythos Maybach auf- und weiterleben lassen. Hierzu erfolgte keine Fokussierung auf den deutschen Markt, sodass die Car Clinics eine repräsentative internationale Studie bilden, um die Vielfältigkeit von Kundenwünschen aufzufangen und der starken Heterogenität der Zielgruppe gerecht zu werden.

3.2 Überblick der verschiedenen Pre-Launch-Phasen des Projekts Maybach – Schwerpunkt der alternativen Kommunikationsinstrumente

In diesem Kapitel werden die Pre-Launch- (1999 bis 2001) und die Launch-Phase(n) (2002) zusammengefasst. Die chronologische Folge selektierter Kommunikationsmaßnahmen zeigt die starke Betonung der alternativen Kommunikation in der Marketingstrategie Maybachs. Die Ursache hierfür liegt in der Analyse der potenziellen Kernkaufzielgruppe begründet, die sich aufgrund ihres Lifestyles kaum durch herkömmlich klassische Instrumente ansprechen lässt, wie es bei Volumenbaureihen möglich ist. Insbesondere das feine Marktsegment, indem die Marke Maybach agiert, bedarf einer sehr selektierten Vorgehensweise, sodass die kommunikative Aktivität in den Pre-Launchphasen sukzessiv und gezielt zunahm.

Die Vorgehensweise zur Gestaltung der einzelnen Pre-Launch-Phasen demonstriert die starke Betonung der Kundennähe und legt den Grundstein des zukünftig intensiven Customer-Relationship-Managements.

Die Pre-Launch-Phasen stellen eine mehrstufige Strategie dar, die durch den Fokus auf thematische Schwerpunkte zum einen die Einbettung in den historischen Markenkontext Maybach gewährleistet und zum anderen die Aufmerksamkeit durch anspruchsvolle Events in der Kernkaufzielgruppe und der gesamten Bevölkerung steigert. Die Durchführung von speziell „ge-time-ten" und in sich abgestimmten PR-Veranstaltungen, wie beispielsweise Yacht- und Kunstevents, erfolgten sukzessiv und aufeinander aufbauend, sodass nach Vermittlung der Historie die Relevanz einer verstärkten Produktkommunikation gegeben war.

Abb. 13: Die Product/Car Clinic in Hong Kong

Die Gewährleistung eines hochexklusiven Rahmens bei relevantem Anlass schafft eine gemeinsame Plattform für die Beziehung potenzieller Kunden untereinander und dem Interesse dieser an der neuen und zugleich alten Marke Maybach. Ein weiterer Schwerpunkt in der Markenstrategie stellt neben dem historischen Kontext die Kommunikation des *neuen* Maybach, dem eigentlichen Produkt, dar, sodass Fahrvorstellungen, Erprobungen, Vergleichsfahrten für Testberichterstattungen national und international den Transfer von der *Marke* Maybach *zum Produkt* in Form von Erlebnissen gewährleisten.

3.3 Die Launch-Phase und deren Kommunikationsaktivitäten

Die Launch-Phase unterliegt einer dualen Vorgehensweise. Zum einen erfolgt ein Fokus auf die Öffentlichkeit dominiert von der offiziellen Markenrevitalisierung, der einzigartigen und symbolischen Weltpremiere in New York im Jahr 2001 (Launch-Phase IV [Fokus: Brand]) und zum anderen beinhaltet die Brand-/Product-Launch-Phase V (Jahr 2002) eine intensive Produktkommunikation.

Maybach – Der Relaunch einer einzigartigen Traditionsmarke

Bereits auf der Genfer Messe im März 2002 präsentiert sich der Maybach innerhalb der *Markenpremiere*, jedoch erstrahlt das Fahrzeug nur hinter einer riesigen schwarzen Glasscheibe. Dieser für ein Automobil nicht-typische Markenauftritt symbolisierte, ähnlich einer Vernissage, die Verkörperung höchster Emotionalität und nahezu künstlerisches Ambiente. Die Aufmerksamkeit und das Interesse wirken beinahe geheimnisvoll und wecken eine Begierde nach der ursprünglichen Tradition der Marke und die Frage nach der „Auferstehung" der damaligen Glanzmarke. Die Erklärung für einen derartigen Auftritt liegt in einer behutsamen und nicht „aggressiven" Markenpremiere begründet, in dem nicht das Automobil an sich, sondern die Aufnahme und Wiederbelebung der traditionellen Wurzeln im Mittelpunkt der Aufmerksamkeit standen.

Abb. 14: Offizielle Markenpremiere im März 2002 auf der Genfer Automobilmesse

Die Launch-Phase wurde von einer klassischen Markenkampagne in Form einer gezielten Printwerbung begleitet, wobei die Wahl der Präsenz gezielt ausgesucht wurde, um die Marke sehr behutsam in die Märkte einzuführen und sukzessiv Assoziationen zur Marke Maybach im Gedächtnis der breiten Öffentlichkeit herzustellen und dauerhaft zu verankern.

Nach der Markenpremiere auf dem Genfer Automobilsalon erfolgte wenig später, im Frühjahr 2002, die Veranstaltung eines Presse-Marken-Workshops. Hier wurde der internationalen Medienpräsenz die Maybach Historie so authentisch wie möglich nahe gebracht, sodass die bedeutendsten Lokationen, die die langjährige Legende begründeten, besichtigt wurden. Ergänzend dokumentierte ein Zusammentreffen mit der Tochter von Karl Maybach, Frau Irmgard Schmidt-Maybach, dass der Mythos Maybach nun wieder greifbar ist und seine Realität in dem Relaunch erfolgreich fortgesetzt werden kann.

Der zweite Teil der Launch-Phase (V) im Jahr 2002 beinhaltet einen sehr intensiven Kontakt zur potenziellen Kernkaufzielgruppe, um eine angestrebte Markenetablierung in den Interessenfeldern der Kunden zu erfahren. Abbildung 15 zeigt einen Eindruck der verschiedenen Eventbereiche, in denen die Marke Maybach agiert und auf Kundenplattformen zugreifen kann. In diesem Zusammenhang erfolgen häufig gezielte Kooperationen (z.T. als Co-Sponsor) mit anderen Luxusmarken, um Synergieeffekte mit dem Partner zu erzielen.

Abb. 15: Beispielhafte Impressionen zur Umsetzung der Maybach Markenwelt anhand alternativer Kommunikation

Im folgenden Kapitel wird die Erlebniswelt Maybach in dem wahrscheinlich entscheidenden und beeindruckendsten Moment der Marke Maybach – der Weltpremiere im Jahr 2002 zum Relaunch des Mythos – vorgestellt. Der emotionale Erlebnischarakter steht beispielhaft für eine perfekte Umsetzung der Markenwelt im gesamten Verlauf der alternativen Kommunikation.

3.4 Die Weltpremiere der Marke Maybach – Emotionalität zwischen Vergangenheit und Zukunft

Das Ziel der Weltpremiere lässt sich prägnant mit der offiziellen Revitalisierung bei gleichzeitig globaler Ausbreitung der Markenbekanntheit beschreiben. Der Symbolcharakter der Weltpremiere in New York demonstriert die Verbindung von Emotionalität und Exklusivität in einem eindrucksvollen und einzigartigen Markenauftritt kombiniert mit Dramaturgie und Historie. Die Umsetzung einer einprägsamen Inszenierung erforderte einen dynamischen Markenrelaunch. Die Premiere tangiert die glanzvolle Maybach Tradition in den 20er und 30er Jahren, wobei der Maybach von seiner Manufaktur in Sindelfingen nach England (Southampton) transportiert wurde, um von dort mit der Queen Elizabeth II. in einem Spezialcontainer nach New York zu gelangen. Hierin wird das historische Symbol verdeutlicht, da die Atlantiküberquerung mit dem Liner Queen Elizabeth II. den Lebensstil der elitären Zielgruppe des „alten" Maybach aufgreift und eine Transferleistung zur Gegenwart herstellt, um den Maybach wieder zu beleben. Eine zweite historische Anlehnung zur Wahl dieser Weltpremiere geht auf die historische Motorisierung „zu Lande, zu Wasser und in der Luft" zurück, die bereits im 1. Kapitel eine Erläuterung fand.

Die Reise begann in Sindelfingen, Stuttgart, dem „Geburtsort" des neuen Maybach, der Maybach Manufaktur (MM) am 24.06.2002. Der Maybach wurde nun in die Hafenstadt Southampton nach England transportiert, um von hier die Atlantiküberquerung in die Weltmetropole New York auf der Queen Elizabeth II. zu starten.

Eine entsprechende Inszenierung des Fahrzeugs auf dem Luxusschiff erforderte einen auf das Automobil zugeschnittenen Glascontainer, um den Maybach optimal und entsprechend seinen markentypischen und produktspezifischen Werten zu präsentieren.

Abb. 16: Der Maybach im Glascontainer auf dem Weg zur Weltpremiere in New York

Während der Überfahrt wurden an Bord verschiedene intensive Workshops durchgeführt, wobei die internationale Presse geladen wurde und sämtliche Themen aus den Bereichen Entwicklung, Marketing und Design detailliert kommuniziert wurden. Das eigentliche Highlight stellte das Eintreffen des Maybach im New Yorker Hafen am 02.07.2002 dar – die Entladung des Fahrzeugs erfolgte mit einem Helikopter, sodass der Maybach über der Skyline von New York schwebte. Dieser Abschnitt stellte den riskantesten Teil der Weltpremiere dar. Abbildung 17 gibt einen Eindruck der einzigartigen Inszenierung.

Abb. 17: Der Maybach-Transport mit dem Helikopter vor der Skyline in Manhattan

Insbesondere bewirkt die Verfilmung eine eindrucksvolle Verkörperung des Events, wobei die Emotionalität eine zentrale Rolle einnimmt, die gleichzeitig ein Hauptelement des Markencharakters darstellt. Nach dem sicheren Eintreffen des Fahrzeugs auf dem Pier in Manhattan erfolgte die erste große Produktpräsentation in dem historisch bedeutenden Börsensaal der New Yorker Stock Exchange (NYSE), um gleichzeitig den geschichtlichen Kontext zu wahren. Der Maybach fuhr live in den Saal ein und erlebte ein einzigartiges Comeback.

Diese Inszenierung wurde von 30 TV-Teams und circa 150 verschiedenen US-Medien sowie 250 internationalen Journalisten begleitet, um den Markenrelaunch weltweit zu präsentieren. Insgesamt übertrifft die Resonanz in den Medien die anvisierten Zielvorstellungen, wobei über 500 Millionen Menschen weltweit die Premiere in New York live bzw. über das TV verfolgten und sich somit quasi „über Nacht" der Bekanntheitsgrad der Marke Maybach explosiv entwickelte. Eine zusätzliche Nachbetrachtung des TV-Coverage zählt mindestens 330 internationale TV-Beiträge und übertrifft jede Produkteinführung des DaimlerChrysler Konzerns.

Abb. 18: Öffentlichkeitswirksame Impressionen zur Erlebnisorientierung während der Weltpremiere in New York

4. Zusammenfassende Aussagen zur Kommunikationsstrategie und Darstellung des Vertriebs- und Servicekonzepts der Marke Maybach

Dieses Kapitel kennzeichnet zusammenfassend zentrale Instrumente der Kommunikationsstrategie. Zusätzlich findet das Vertriebs- sowie das einzigartige Servicekonzept, welches einen besonderen USP darstellt, eine Erläuterung.

4.1 Kommunikation

Die einzelnen, sehr heterogenen Zielgruppen werden über verschiedene Kanäle der Kommunikation angesprochen. Zusätzlich umfassen einige ausgewählte Kommunikationsinstrumente die Anvisierung der breiten Öffentlichkeit, die trotz der Führung einer Luxusmarke nicht ausgegrenzt wird und werden darf. Die Kommunikation erhält eine herausragende Stellung, da die Kernkundenzielgruppe nicht durch den klassischen Mix erreicht werden kann. Diese Problematik stellt zugleich eine besondere Herausforderung für die zentrale Markenführung dar.

Einen sehr wichtigen Aspekt bildet der Anspruch der integrierten Kommunikation, sodass kein Kommunikationsinstrument separat betrachtet wird, sondern stets unter Einhaltung der erörterten Corporate Identity- (CI) bzw. Corporate Design- (CD) Richtlinien ein Element im gesamten Kommunikationskonzept bildet.

- Die erste Säule der Kommunikation beinhaltet die **Presseaktivitäten**. Die Presse stellt eine sehr intensive Basiskommunikation dar, die besonders in der Launch-Phase der Marke Maybach eine herausragende Bedeutung einnahm und permanent die Marketing-Kommunikationsaktivitäten unterstützt.

- Die zweite Säule umfasst den Bereich der **klassischen Kommunikation**, die in Kapitel 3 bereits tangiert und beispielhaft aufgezeigt wurde. Die klassische Kommunikation beinhaltet Printkampagnen (s. Abb.: 19), den Internetauftritt (www.maybach-manufaktur.com), das Maybach Jahrbuch „Moments" sowie Büchereditionen. Zusätzlich bietet das Medium Film eine weitere Möglichkeit, beispielsweise im Sinne eines gezielten Product-Placements auf die breitenwirksame Schaffung der Markenbekanntheit abzuzielen. Insbesondere in der Launch-Phase begleiteten Printkampagnen die alternativen Kommunikationsinstrumente, um eine Markenetablierung in der Kernkaufzielgruppe und der allgemeinen Bevölkerung zu unterstützen. Maybach veröffentlichte beispielsweise in zielgruppenrelevanten Magazinen medienwirksame Anzeigen und redaktionelle Beiträge. Die Kampagnen sind unterschiedlicht thematisiert und auf die aktuelle Marketingstrategie abgestimmt.

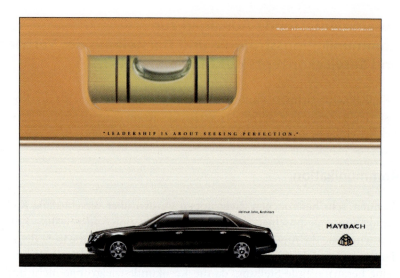

Abb. 19: Anzeigenkampagne „Leadership"

- Die dritte Säule stellt den zentralen Baustein der Kommunikation dar. Hierzu dient ein Verweis zu den vorgestellten (Pre)-Launch-Phasen der Marke Maybach, in dem der Fokus auf **Kundenevents** den Schwerpunkt der Kommunikation unterstreicht. Für die Durchführung von Events ist die Wahrung der exklusiven Markenansprüche von enormer Bedeutung. Zahlenmäßig wenige, aber fein selektierte und thematisch einzigartige Events mit dem passenden Ambiente sind Grundlage für die Kommunikation der Marke Maybach.

- Zusätzlich stellt die Teilnahme an den weltweit wichtigsten **Automobilmessen** ein ergänzendes Element der Kommunikation dar, indem insbesondere das Fachpublikum, die Öffentlichkeit, Journalisten und eine Gegenüberstellung zu Mitbewerbern des gleichen Segments die Markenwelt sowie das Produkt erleben können. Die Umsetzung der Corporate-Identity-Design-Vorgaben sind im gesamten integrierten Medien-Mix eine wichtige Voraussetzung, um die Markenwerte Maybach kontinuierlich und nachhaltig zu kommunizieren. Insgesamt beinhaltet die Marke Maybach den Anspruch einer gesamtheitlichen Kommunikation, sodass kein Instrument losgelöst und separat betrachtet wird, sondern die Kombination den Mehrwert der Marke begründet und eine einheitliche Markenwelt wahrgenommen wird.

4.2 Das Vertriebs- und Servicekonzept der Marke Maybach

Die Marke Maybach zeichnet sich nicht nur durch seine einzigartige Legende eines der hochwertigsten Automobile der Geschichte aus, sondern beinhaltet ein besonderes Servicekonzept, welches an die individuellen Kundenwünsche angepasst ist. Der

Maybach – Der Relaunch einer einzigartigen Traditionsmarke

Personal Liaison Manager („PLM") stützt die Hauptvertriebsaktivitäten der Marke Maybach und nimmt eine besondere Stellung im Sales- (zur Kundenakquise) und After-Sales- (der Nachkundenbetreuung) Prozess ein. Zusätzlich wird der PLM, wie in Abbildung 20 erkennbar, von vier weiteren Säulen unterstützt.

Jeder Kunde wird von *einem*, seinem persönlichen, PLM betreut – nicht nur bei der individuellen Fahrzeugzusammenstellung und -ausstattung, sondern auch nach dem Kauf verpflichtet sich der PLM im Face-to-Face-Kontakt des After-Sales, seinem Kunden jederzeit bei Bedarf zur Verfügung zu stehen – theoretisch ist er 24 Stunden am Tag und 7 Tage in der Woche abrufbereit. Der Sales-Prozess umfasst die Geschäftsanbahnung sowie den Verkaufsprozess und die Fahrzeugübergabe bzw. -auslieferung. Ergänzend stellt der After-Sales-Prozess ein Kernelement zur Orientierung an den Kundenwünschen dar, sodass sämtliche Servicemaßnahmen, Ersatzteil-Support oder eine exklusive Club-Betreuung vom PLM durchgeführt wird – per Knopfdruck aus dem Maybach, sofern der Kunde dies wünscht. Der PLM gewährleistet eine dauerhafte Beziehung zwischen jedem Maybach-Kunden und dem DaimlerChrysler Konzern. Insbesondere in der gegenwärtig stetig zunehmenden Distanz von Verkäufern und Kunden beispielsweise durch die wachsende Zahl von Innovationen, zeichnet sich die persönliche Beziehung als Kernfaktor der Kundenbetreuung aus. Die moderne Technologie setzt genau dann ein, wenn der Kunde seinen PLM sofort erreichen möchte: Der Kundenbetreuungs-Button unterstützt die Verbindung zum persönlichen PLM (wenn der Kunde den Kontakt wünscht), der die Kundenanfrage entgegennimmt und dem Kunden zur Verfügung steht.

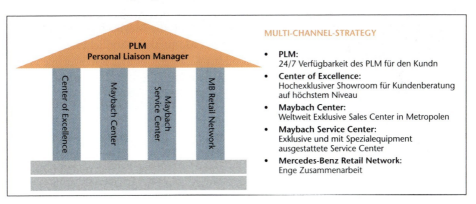

Abb. 20: Das Vertriebs- und Servicekonzept der Marke Maybach

- Das Center of Excellence (CoE)

Das Center of Excellence wurde im Juli 2002 eröffnet und befindet sich ebenfalls wie die Maybach Manufaktur in Sindelfingen. Das CoE stellt einen hochexklusiven Showroom dar, wo eine professionelle Kundenberatung die höchsten Kundenansprüche erfüllt. Hierzu werden anhand eines „Car-Demonstrators" die Farb-Lack und

Holzauswahl sowie weitere Sonderausstattungen für den Kunden visualisiert und im 3D-Format zusammengestellt. Der Kunde kann dann mithilfe der Simulation aus der Vielfalt von Kombinationen aus Individualisierungskonzepten auswählen, um genau seinen individuellen Lebensstil umzusetzen. Abbildung 21 zeigt den Innenraum des CoE, wobei ein Simulator die Lichteffekte zu jeder Tageszeit an sämtlichen Orten der Welt reflektieren kann, um das Fahrzeug optimal für den Kunden zur Geltung zu bringen.

Abb. 21: Das Center of Excellence in Sindelfingen

Zusätzlich kann der Maybach-Kunde über das CoE die Maybach Manufaktur besichtigen – der Ort, an dem sein Fahrzeug in einer Manufaktur-ähnlichen Produktion zusammengestellt wird (Erlebniswelt). Abbildung 22 zeigt hierzu hochwertige Holzmaterialien, die ihren letzten Schliff per Meisterhand erhalten.

Maybach – Der Relaunch einer einzigartigen Traditionsmarke

Abb. 22: Die Verarbeitung der vom Kunden ausgewählten hochwertigsten Materialien sind in der Maybach Manufaktur für den Kunden zu besichtigen

- **Die Service-Synergien des Mercedes-Benz Retail Netzwerks mit den Maybach Centern**

Die internationalen Maybach Center befinden sich in den Metropolen der Hauptabsatzmärkte und stellen sehr exklusive Sales Center für Maybach Automobile und Beratungen dar. Allein die Vereinigten Staaten, die circa 40 Prozent des Absatzvolumens ausmachen, verfügen über ca. 90 Maybach Studios. Hier wird wieder die enge Nähe zum Vertriebskonzept der Schwestermarke Mercedes-Benz deutlich: Das *„Shop-in-Shop"-Konzept* beruht auf der Nutzung des Mercedes-Benz Retail Netzwerks weltweit, sodass die Lokation des MB-Retailers für den Aufbau eines Maybach Centers zur Verfügung steht. Das globale Vertriebs- und Service-Konzept der Marke Maybach konnte aufgrund des bereits von Mercedes-Benz aufgestellten Vertriebsnetzes sehr schnell umgesetzt werden. Eine intensive Zusammenarbeit und Abstimmung der Märkte mit der Zentrale in Sindelfingen/Stuttgart, Deutschland, ermöglichen eine effektive, globale Marktabdeckung, um die Kunden weltweit betreuen zu können. In Ländern, in denen aufgrund der relativ geringen Marktstärke kein Maybach Center zur Verfügung steht, sorgen die ausgebildeten Service-Spezialisten für eine optimale Kundenbetreuung.

Die Gewährleistung einer bestmöglichen Kundenversorgung ist eine wichtige Säule der Markenphilosophie, sodass der Kunde mit einer persönlichen Betreuung eine Vertrauensbeziehung zu seinem PLM aufbaut. Neben der Gewährleistung eines umfangreichen Produkt-Betreuungs-Pakets lädt der PLM seinen Kunden zu unseren weltweiten und exklusiven Events ein – ob in Monaco, Sankt Moritz oder bei ganz persönlichen Veranstaltungswünschen, der Kunde steht im Mittelpunkt der Marke.

5. Zukünftige Herausforderungen

Für das allgemeine Branding, insbesondere im Premium- und vor allem im High-End-Segment, steht die Markenführung vor einer Vielzahl von differenzierten, zukünftigen Herausforderungen.

Während Handelsmarken Trends relativ kurzfristig in Produkte integrieren können, zeichnet sich Maybach durch die Wahrung traditioneller und historischer Werte aus. Die Thematik des High-End-Luxusmarketings erfordert eine besondere Kundenbeziehung, wobei die Methodik der Kundenakquise ein spezielles Customer-Relationship-Management erfordert, da die Zusammenstellung der Kernkaufzielgruppe in einer Kundendatenbank nicht mit einer einfachen, klassischen Kundenannäherung erfolgen kann. Somit wurde in der Markenwelt Maybach eine Ebene geschaffen, in der der Lebensstil einer bestimmten Zielgruppe angesprochen wird, wobei mittels der alternativen Kommunikation, das heißt gezielten Eventmaßnahmen, eine gemeinsame Atmosphäre geschaffen wird, in der der Kundenkontakt erfolgt. Bezüglich einer strategischen Betrachtungsweise ist eine abwechslungsreiche und zu gleich markenkonforme Gestaltung von Kommunikationsaktivitäten eine wichtige Herausforderung, sodass die Marke Maybach bisher im Bereich verschiedener Themensegmente aktiv mitwirkte. Hier muss sich Maybach auch zukünftig neuen, attraktiven Kommunikationsplattformen widmen und so beispielsweise mit der Wahl bestimmter Kooperationspartner ein einzigartiges Markenauftreten gewährleisten.

In der Automobilindustrie sind versetzte Entwicklungs- & Lebenszyklen von Modellen zeitgemäß. Die technologischen Innovationen einer neuen Fahrzeuggeneration (z. B. der neuen Mercedes-Benz S-Klasse) können aufgrund der unterschiedlichen „Architektur" nur selten in bereits etablierte Modelle wie dem Maybach anhaltend eingegliedert werden, sodass der Fokus nicht in der permanenten Integration technologischer Quantensprünge liegt, sondern ein Produktlebenszyklus von zwölf Jahren erfordert eine langlebige und bereits ausgereifte Fahrzeugkonzeption, die ein traditionelles Design mit statusbetonter Eleganz, den hohen Wiedererkennungscharakter sowie die Wahrung der Wertstabilität ermöglicht.

Letztendlich sollte die Marke Maybach sowohl innerhalb des Portfolios von DaimlerChrysler als auch im High-End-Luxus-Segment eine wertvolle Position einnehmen.

Anmerkungen

1. Niemann, Harry: Mythos Maybach, Motorbuch Verlag, 4. Auflage, Stuttgart 2002, S. 69

2. Niemann, Harry: Mythos Maybach, Motorbuch Verlag, 4. Auflage, Stuttgart 2002, S. 69

3. Maybach Moments 01, DaimlerChrysler AG, Stuttgart 2002, S. 33

4. interne Quellen (Archiv)

5. Maybach Moments 01, DaimlerChrysler AG, Stuttgart 2002, S. 34ff.

Anmerkungen zur Autorin

Corinna Basler

Doktorandin – Sales & Marketing (Maybach, SLR & Exklusivprodukte), DaimlerChrysler AG

Forthcoming Dissertation

„Analyse der cross-kulturellen Markenpersönlichkeit und Evaluation strategischer Einflussfaktoren der Markenloyalität ('Emotional & Rational Luxury Branding') im High-End-Luxusautomobilsegment" – Eine empirische Datenerhebung von Maybach-Kunden & Prospects in den USA, Europa, Middle East und Asien – in Kooperation mit der Universität Mainz

MAYBACH

Klaus Nesser

CEO Maybach, SLR & Exklusivprodukte, DaimlerChrysler AG

Klaus Nesser ist seit zehn Jahren im Unternehmen der heutigen DaimlerChrysler AG tätig und seit Juli 2005 CEO ‚*Maybach, SLR & Exklusivprodukte*'.

Klaus Nesser wurde am 11. Februar 1968 in Mannheim geboren. Nach dem Abitur (1987) studierte er an der Universität Mannheim und Dortmund mit dem Abschluss Diplom-Kaufmann. Nach dem Studium trat er als Trainee der Nachwuchsgruppe der damaligen Mercedes-Benz AG bei und übernahm seitdem verschiedene Führungspositionen.

Bisherige Aufgaben und Positionen im Unternehmen:

- 1996–1999   Marketing-Strategie PKW
  „Regionalstrategien neue Märkte " (ab 1997 Manager)
- 1999–2004   Produktmanagement Marketing- & Vertriebs-Projektleitung
  „Mercedes-Benz SLR McLaren" (ab 2001 Senior Manager)
- 2004–2005   Gesamtprojektleitung R231 (‚neuer Mercedes-Benz SL')
  (ab 2004 Director)
- seit Juli 2005 CEO Maybach, SLR und Mercedes-Benz Exklusivprodukte

Kapitel 7

Mercedes-Benz –
Der Stern am Automobilhimmel

Das Management der stärksten Automobilmarke der Welt

Prof. Jürgen Hubbert
ehemals Mitglied des Vorstandes, DaimlerChrysler AG

*Die Geschichte von Mercedes-Benz
ist eine Story of Passion.*

Mercedes-Benz hat eine starke und unverwechselbare Markenidentität, die auf Exklusivität, Sicherheit, Qualität, Komfort und Langlebigkeit beruht – und das seit nunmehr 104 Jahren. Wie ist es Mercedes-Benz gelungen, sich als weltweit führende Marke im Premiumsegment dauerhaft zu positionieren? Viele bahnbrechende Erfindungen, welche die Entwicklung der Automobilindustrie in Fahrt gebracht haben, stammen von Mercedes-Benz. Nach der Erfindung des Automobils im Jahr 1886 durch Gottlieb Daimler folgten weitere Meilensteine in der Automobilentwicklung unter dem „Stern", wie etwa die Knautschzone, der Airbag, das Antiblockier-System (ABS), die elektronische Stabilitätskontrolle (ESP) und jüngst die elektrohydraulische Bremse Sensotronic Brake Control (SBC). Abgeleitet aus dieser Tradition ist unser Anspruch, auch in Zukunft mit Innovationen Schrittmacher der Branche und first-to-market zu sein. Bei der aktiven und passiven Sicherheit ist Mercedes-Benz mit dem vorausschauenden Insassenschutzsystem PRE-SAFE in der S-Klasse einmal mehr dieser Rolle als Sicherheits-Trendsetter gerecht geworden.

Vorangetrieben werden viele Innovationen – gestern wie heute – durch den Rennsport und durch unnachahmlichen Ingenieurgeist. Die Motorsport-Geschichte von Mercedes-Benz ist eine Geschichte des Erfolgs und untrennbar mit dem Aufstieg der Marke verbunden: Egal, ob im 19., 20. oder 21. Jahrhundert, die Rennwagen aus Stuttgart waren und sind im sportlichen Wettstreit meistens ganz vorne zu finden. Zahlreiche Rennsiege, beginnend beim weltweit allerersten Autorennen im Jahr 1894 bis zum zweimaligen Gewinn der Formel-1-Weltmeisterschaft 1998 und 1999 durch Mika Häkkinen auf McLaren-Mercedes, dokumentieren perfekte Rennwagen-Technik und den Siegeswillen der Fahrer sowie des gesamten Teams. Über 100 Jahre Motorsport unter dem Zeichen des Sterns erzählen in einer „Story of Passion" die Entstehung des Automobil-Rennsports ebenso wie die rasante Weiterentwicklung der Technik der erfolgreichen Fahrzeuge von Mercedes-Benz.

Um 1900 begann eine dynamische Entwicklung: weg vom bisherigen „Kutschmobil" hin zum echten Automobil. Für die Rennwoche in Nizza im Jahr 1901 baute der geniale Konstrukteur und Partner von Gottlieb Daimler, Wilhelm Maybach, ein wegweisendes Automobil mit einem 5,9 Liter großen, als Frontmotor eingebauten Vierzylinder, dessen beachtliche 35 PS immerhin eine Höchstgeschwindigkeit von seinerzeit sensationellen 100 km/h ermöglichten. Dass dieses moderne Fahrzeug als erster „Mercedes" gilt, dafür sorgte Emil Jellinek. Der Geschäftsmann und erste „Großkunde" der Daimler-Motoren-Gesellschaft bestand darauf, dass der Wagen den Namen „Daimler-Mercedes" tragen sollte, benannt nach seiner jüngsten Tochter Mercedes.

Der erste Mercedes fuhr beim Rennen Nizza-Aix-Salon-Nizza auf Anhieb als erster über die Ziellinie. Werkspilot Wilhelm Werner absolvierte die 392 Kilometer lange Strecke mit einer Durchschnittsgeschwindigkeit von 58,1 km/h. Die wegweisende Konstruktion dieses Frontmotor-Mercedes beeinflusste durch die konsequente Abkehr vom Kutschen-Prinzip weltweit alle Automobilbauer bei der Konstruktion künftiger Motor-Fahrzeuge. Der Markenname „Mercedes" war mit einem Schlag zum richtungsweisenden Qualitätsbegriff aufgestiegen. Gestreckte Silhouette, hohe

Mercedes-Benz – Der Stern am Automobilhimmel

Leistung, Bienenwabenkühler, niedrige Motorhaube, langer Radstand, Kulissenschaltung, schräg stehende Lenkung, gleich große Räder an beiden Achsen und niedriges Gewicht waren fortan verbindliche Zutaten für alle Konstrukteure. Der Pariser Automobilsalon von 1902 ging als „Salon Mercedes" in die Geschichte ein, denn Europas Automobil-Konstrukteure hielten sich streng an das einmalige Vorbild. Im selben Jahr wurde auch die Marke „Mercedes" für alle Daimler-Personenwagen geschützt. 1909 erhielt sie ihr unverwechselbares Markenzeichen: den heute weltberühmten Mercedes-Dreizackstern, noch ohne Ring, eingeprägt im oberen Wasserkasten der Kühler. 1916 wurde der Stern mit einem Kreisring umgeben, seit 1921 ist der Stern im Ring Kühlerschmuck aller Mercedes-Fahrzeuge.

Abb. 1: Der 35 PS Mercedes-Simplex Rennwagen des Baron de Rothschild bei Bergrennen Nizza-La Turbie, 1901. Am Steuer Wilhelm Werner, der spätere Fahrer des deutschen Kaisers.

Mercedes dominierte fortan das Renngeschehen in Europa. Die Erfolge waren gleichzeitig die beste Werbung für die Fahrzeuge: Bei den Rennen stellten sie ihre Zuverlässigkeit und Alltagstauglichkeit unter Beweis. Technischer Wagemut zeigte sich vor allem bei der Konstruktion von Rennwagen. Mehr Leistung, leichtere und haltbarere Fahrwerke und Aggregate bestimmten wie ein roter Faden die Bemühungen der Konstrukteure, frei nach dem Motto: „Der Rennwagen von heute ist der Gebrauchswagen von morgen." 1926, im Jahr der Fusion der Daimler-Motoren-Gesellschaft mit Benz & Cie zur Daimler-Benz AG, bereicherte eine neue Modellreihe die Welt des Automobils, deren Typenbezeichnungen zu legendären Begriffen werden sollten. Es waren die kraftvollen Sportwagen-Typen S, SS, SSK und SSKL, die im Gegensatz zu den vorher eingesetzten reinrassigen Rennwagen als sportliche Straßenfahrzeuge konzipiert waren. Zwischen 1926 und 1933 wurden die im Volksmund „weiße Elefanten" genannten Wagen sowohl auf normalen Straßen als auch auf den Rennpisten der Welt zum Maß aller Dinge. Sie überquerten unzählige Male als erste die Ziellinie, egal ob bei Bergrennen, Automobilturnieren oder Rundstreckenrennen. Als herausragender Triumph gilt noch heute der Doppelsieg beim Eröffnungsrennen des Nürburgrings: Rudolf Caracciola kam am 19. Juni 1927 vor Adolf Rosenberger als Erster ins Ziel. Ein Jahr später gelang der Werksmannschaft von Mercedes-Benz sogar ein viel beachteter Dreifachsieg.

Rudolf Caracciola fuhr in dieser Zeit einen Sieg nach dem anderen nach Hause und erlangte Weltruhm. Die Siege untermauerten die außerordentlichen Qualitäten der Stuttgarter Rennsportwagen und sorgten für einen erstklassigen Ruf der Marke mit dem Stern. Der Ruhm all dieser Rennsiege unterstützte so die Verkaufsbestrebungen im In- und Ausland, die Werbeabteilung der Daimler-Benz AG wusste die Erfolge bestmöglich zu nutzen und machte Prominente aus aller Welt, wie etwa Prinz Max zu Schaumburg-Lippe, Fürst Esterhazy und die Schauspielerin Lilian Harvey zu Kunden der Marke.

In den 30er Jahren wurde so der bis heute währende „Mythos Silberpfeil" geschaffen: Die internationale Automobil-Rennsportbehörde beschloss, das Gewicht der Rennwagen auf 750kg zu begrenzen. Die Funktionäre wollten die immer größer, stärker und schwerer gewordenen Fahrzeuge aus Sicherheitsgründen von den Rennstrecken fernhalten, denn deren Beherrschbarkeit war vor allem in Hinblick auf Bremsen und Reifen zum Risiko geworden. Daimler-Benz hatte hierfür den später legendären W 25 entwickelt. Doch trotz der aufwändigen Leichtbaumaßnahmen lag der Wagen vor seinem ersten Renneinsatz auf dem Nürburgring noch ein Kilogramm über dem Limit. Technische Änderungen schienen in der Nacht vor dem Rennen am 3. Juni 1934 nicht mehr realisierbar, und so wies Rennleiter Alfred Neubauer seine Mechaniker kurzerhand an, den weißen Lack über Nacht restlos von den Aluminium-Karosserien zu schleifen. Diese ungewöhnliche, aber geniale Maßnahme brachte nicht nur die erforderliche Gewichtsersparnis, sondern sorgte auch für das spektakuläre Erscheinungsbild der bis dahin stets weiß lackierten Mercedes-Benz. Manfred von Brauchitsch gewann das Eifelrennen in Rekordzeit. Im Jahr 1935 siegte Mercedes-Benz mit dem W25 in neun von zehn Rennen und errang fünf Doppelsiege. Rudolf Caracciola wurde Deutscher Meister und Europameister und das Unternehmen verkaufte 15 200 Pkw.

Abb. 2: Der W 25 gehört zu den erfolgreichsten Rennwagen der 30er Jahre.

Nach dem Ende des Zweiten Weltkriegs lag das Stammwerk Stuttgart-Untertürkheim zu 90 Prozent in Trümmern. Zunächst galt es, durch den Wiederaufbau der Produktionsanlagen wirtschaftlich in Fahrt zu kommen. Gleichzeitig mit dem ersten Ponton-Fahrzeug kehrte Mercedes-Benz mit einem neuen Sportwagen an die Spitze des Rennsports zurück: dem legendären 300 SL, der von Rudolf Uhlenhaut konstruiert wurde. In die Geschichte eingegangen ist vor allem die Carrera Panamericana des Jahres 1952. Das 3300 Kilometer lange Rennen über teilweise unbefestigte mexikanische Straßen, eisige Höhen und schwülwarme Niederungen verlangte Mensch und Maschine alles ab. Den größten Adrenalinstoß erlebt das Team Kling/Klenk, als bei Tempo 220 ein Geier die Windschutzscheibe durchschlägt und im Innern des Fahrzeugs zerfetzt lieben bleibt. Dass sie dennoch als erste über die Ziellinie gehen, beweist nicht nur die technische Überlegenheit des 300 SL, sondern auch die fahrerische Klasse und Unerschrockenheit von Karl Kling und Hans Klenk. Solche überragende Leistungen von Fahrern und Konstrukteuren über Jahrzehnte hinweg haben wesentlich zum Ruhm und zur Identität der Marke Mercedes-Benz beigetragen.

So entstand ein Nachfolger des berühmten 300 SL mit dem 230 SL, der 1963 auf dem Genfer Automobilsalon vorgestellt wurde. Der Wagen verstand sich als Sportzweisitzer mit hohen Fahrleistungen, bestem Fahrverhalten und gepflegtem Komfort. Gleichzeitig war er der erste SL, bei dem sich zur Schnelligkeit die Sicherheit gesellte. Er verfügte über eine steife Fahrgastzelle und Knautschzonen mit verformbaren Bug- und Hecksegmenten. Der Innenraum war wie bei der Limousine „entschärft": Es gab keine harten Ecken und Kanten. Sicherheitsgurte waren als Sonderausstattung erhältlich. Das besondere am 230 SL war aber sein Design: Das Hardtop vermittelte durch seine hohen Scheiben und das nur von schmalen Säulen getragene Dach eine Leichtigkeit, die so gar nicht dem Klischee eines Sportwagens entsprach, denn sein nach innen gerichteter Schwung erinnerte sehr an fernöstliche Tempelbauten. Und so hatte er schnell seinen liebevollen Spitznamen „Pagode" weg. Ich persönlich bin ein begeisterter Verehrer der „Pagode": Als ich 1965 bei Daimler-Benz anfing, lief sie in Sindelfingen vom Band. Für mich war sie damals ein unerreichbarer Traumwagen. Vor sechs Jahren habe ich endlich eine bekommen, zu meinem 60. Geburtstag als Präsent von allen Mitarbeitern – eine sehr bewegende Geste. Heute bin ich gern und oft mit meinem 280 SL unterwegs, auch bei Wind und Wetter. Denn ein Mercedes muss für mich – egal ob Oldtimer oder Neuwagen – vor allem eines sein: alltagstauglich.

Abb. 3: Carrera Panamericana in Mexiko, 1952. Das Siegerteam: Karl Kling und Hans Klenk auf Mercedes-Benz Typ 300 SL werden begeistert empfangen.

Doch zurück zum Design: Im Gleichschritt mit der Technologie hat sich auch das Automobildesign in den vergangenen hundert Jahren rasant verändert. Als älteste Automobilmarke der Welt hat Mercedes-Benz eine besondere Verpflichtung gegenüber der Tradition. Wir haben einen Entwicklungsprozess geschaffen, der jeden Mercedes als eindeutiges Familienmitglied erkennen lässt. Dies ist Grundlage einer ausgeprägten Produktidentität und Werterhaltung. Unsere Designphilosophie basiert im wesentlichen auf den folgenden drei Aussagen: Ein Mercedes muss immer als Mercedes wieder erkennbar sein. Er soll alle Werte, die ein Mercedes hat, für den Kunden erlebbar machen. Das Design soll Modernität mit dem Respekt vor der Tradition der Marke verbinden.

Mercedes-Benz – Der Stern am Automobilhimmel

Abb. 4: 230 SL „Pagode"

Eine besondere Bedeutung kommt auch dem Innenraumdesign zu. Seine Entwicklung steht unter dem Motto: „Willkommen zu Hause". Wir möchten, dass sich unsere Kunden in ihrem Auto vom ersten Tag an wohlfühlen. Dazu gehören nicht nur gute Sicht und gute klimatische Verhältnisse sowie hochwertige Materialien, sondern auch die Tatsache, dass die Bedienelemente ergonomisch und über alle Baureihen hinweg ähnlich angeordnet sind. Das Innenraumdesign ist deshalb neben dem äußeren „Gesicht" ein zentrales Element unserer Markenführung.

Diese Designphilosophie wurde auch auf neue Baureihen übertragen. Anfang der 80er Jahre entschied sich Mercedes-Benz, neben S- und E-Klasse eine dritte Pkw-Modellreihe anzubieten. Mit dem Mercedes 190, dem Vorläufer der heutigen C-Klasse, sollte ein neues Marksegment mit Mercedes-Potenzial erobert werden. Ziel war es, mehr junge Leute anzusprechen und sie für Mercedes-Benz zu begeistern. Ein kompaktes, wendiges und zugleich wirtschaftliches Auto musste her. Trotzdem sollte die kleine Limousine ein echter Mercedes-Benz sein. Für den „Baby-Benz" galten markentypische Maßstäbe hinsichtlich Komfort, Qualität und Wertanmutung. Unter dem Blech sollte Spitzentechnik arbeiten, die perfekte Unfallsicherheit, größtmögliche Fahrstabilität und höchste Zuverlässigkeit garantierte. Optisch sollte das Modell provozieren, um bei neuen Kunden Aufmerksamkeit zu wecken. Dieses Ziel erreichte das Design-Team durch eine sehr markante Formensprache mit präzisen Konturen, geprägten Linien und einem überraschenden Heck-Design.

Der „Baby-Benz" wurde vom Start weg ein voller Erfolg: Knapp 1,88 Millionen Limousinen dieser Modellreihe fuhren zwischen 1983 und 1993 von den Montagelinien in Sindelfingen und Bremen. Es war gelungen, neue Käuferschichten zu erschließen und gleichzeitig die Identität der Marke Mercedes-Benz zu wahren. Als Nachfolger ging im Juni 1993 die C-Klasse an den Start, die im Mai 2000 von der dritten Generation des einstigen „Baby-Benz" abgelöst wurde. Mittlerweile ist mit Limousine, T-Modell und Sportcoupé eine komplette Modellfamilie entstanden, die heute als wichtiger Eckpfeiler unseres Pkw-Geschäfts zählt. Rund 35 Prozent aller fabrikneuen Mercedes-Personenwagen, die im Jahr 2002 an Kunden ausgeliefert wurden, trugen das „C" im Typenschild. Die neue C-Klasse hat bereits knapp drei Jahre nach dem Serienanlauf im März 2003 die Ein-Millionenmarke überschritten.

Abb. 5: Mit der A-Klasse hat Mercedes-Benz im Jahr 1997 ein neues Segment betreten.

Der „Baby-Benz" war der Vorläufer einer breit angelegten Produktoffensive, die wir in den 90er Jahren gestartet haben. Im vergangenen Jahrzehnt hat sich die Marke Mercedes-Benz weiterentwickelt wie noch nie zuvor in ihrer Geschichte: mit neuen

Produkten, gesteigerter Produktivität, globalen Standorten und einer Mannschaft, die sich dem internationalen Wettbewerb stellt. Wir haben neue Segmente für die Marke erschlossen und erfolgreich außergewöhnliche Automobile in der Nische positioniert. Sportliche und elegante Modelle wie SL, SLK und CLK haben sich am Markt durchgesetzt und sind führend in ihrem Segment. Mit der A-Klasse haben wir im Rahmen unserer Produktoffensive erneut Neuland für die Marke Mercedes-Benz betreten und ein Premiumfahrzeug im Segment der Kompaktwagen äußerst erfolgreich etabliert. Die A-Klasse ist – nach schwierigem Start und allen Unkenrufen zum Trotz – inzwischen zu einer Erfolgsgeschichte geworden: 2003 lief die 1 000 000ste A-Klasse vom Band.

Die Spitze in unserem Produktportfolio definiert nach wie vor die S-Klasse. Sie ist für die Marke Mercedes-Benz die Baureihe mit der größten Strahlkraft: Unternehmer, Popstars und Präsidenten gehören schon immer zu dem anspruchsvollen und exklusiven Kundenkreis. Die S-Klasse ist mit einem Marktanteil von rund 45 Prozent mit deutlichem Abstand weltweiter Marktführer im Luxus-Segment. Um diese Position zu behaupten, verfügt die S-Klasse über zahlreiche Alleinstellungsmerkmale und ist Technologie- und Innovationsträger. Jüngstes Beispiel ist das vorausschauende Insassenschutzsystem PRE-SAFE, das bereits mit zahlreichen Preisen ausgezeichnet wurde.

Mit der ersten Produktoffensive in der zweiten Hälfte der 90er Jahre konnte Mercedes-Benz seinen Absatz weltweit auf mehr als eine Million Autos pro Jahr verdoppeln, dabei gleichzeitig die Exklusivität wahren und das Markenimage ausbauen. Inzwischen wird ein Drittel des Absatzes in Nischen erzielt – dieser Erfolg ermutigt uns, den eingeschlagenen Weg weiter zu verfolgen. Mit der Einführung der neuen E-Klasse im vergangenen Jahr hat die zweite Produktoffensive begonnen, die für Mercedes-Benz weiteres profitables Wachstum zum Ziel hat. Wir werden auch in den kommenden Jahren das Produktangebot kontinuierlich ausbauen, vor allem durch die A- und M-Klasse, welche die Basis für neue Produktfamilien bilden. In beiden Klassen wollen wir unsere Chancen durch die Einführung weiterer Varianten in Zukunft deutlich steigern. Mit dem Grand Sport Tourer (GST) definieren wir dabei eine neue, interessante Fahrzeugkategorie, die Merkmale etablierter Autokonzepte in sich vereint und zu einem neuen, eigenständigen Profil kombiniert. So ist der GST Reiselimousine, Kombi, Großraumfahrzeug und Sport-Utility-Vehicle (SUV) in einem.

Neben der Marke Mercedes-Benz – nach Expertenmeinung der wertvollsten Automobilmarke der Welt – haben wir in den vergangenen Jahren mit smart und Maybach zwei weitere attraktive Marken etabliert. Zum Jahresanfang haben wir die Marken Mercedes-Benz Pkw, smart und Maybach sowie die Sub-Marken Mercedes-Benz-AMG und Mercedes-Benz-McLaren in der Mercedes Car Group zusammengefasst. Beide Marken ergänzen das Angebot von Mercedes-Benz und demonstrieren die Stärke der DaimlerChrysler AG, die 1998 aus der Fusion von Daimler-Benz und der amerikanischen Chrysler Corporation hervorgegangen ist, in der wichtigsten Zukunftsdisziplin der Automobilindustrie, dem erfolgreichen Mehrmarkenmanagement.

Autos der Marke Mercedes-Benz genießen einen weltweit einzigartigen Ruf und sind in mehr als 200 Ländern präsent. Dazu gehört auch China, einer der interessantesten Märkte der Zukunft. Im Jahr 2002 hat Mercedes-Benz dort rund 7 000 Pkw abgesetzt. Die S-Klasse ist dort Marktführer im Luxussegment – 2002 mit einem Absatz von 5 000 Fahrzeugen. Der chinesische Markt gilt in den kommenden Jahren als der weltweit wachstumsstärkste Automobilmarkt mit weit überdurchschnittlichen Zuwachsraten.

Für den Erfolg in traditionellen wie in neuen Märkten sind Markenidentität und Wettbewerbsfähigkeit zwingende Voraussetzung. Das haben wir im Rennsport gelernt. Daher war für mich auch der Wiedereintritt in den Motorsport absolut zwingend, denn dadurch haben wir nicht nur unsere Tradition wieder aufgenommen, sondern auch weltweit demonstriert, dass es unser Ziel ist, die Nummer 1 im Premiumsegment zu verteidigen. Bereits seit Mitte der 80er Jahre nimmt Mercedes-Benz aktiv an der DTM teil – mit überragendem Erfolg: Zwischen 1986 und 1996 avancierte Mercedes-Benz mit seinen schnellen 190 E- und C-Klasse Rennwagen zur erfolgreichsten Marke der gesamten DTM/ITC-Zeit. 84 Siege, vier Fahrermeisterschaften, fünf Markentitel und zehn Vizemarkentitel wurden auf das Marken-Konto eingezahlt. In der 2000 neu gestarteten DTM ist die Marke dabei, an diese Erfolge anzuknüpfen. Die Fahrermeisterschaften 2000 und 2001 fuhr Bernd Schneider nach Hause. Im vergangenen Jahr siegte Vodafone/AMG-Mercedes mit Bernd Schneider und Jean Alesi in der Teamwertung.

Für mich persönlich war jedoch der Wiedereintritt in die Königsklasse des Motorsports, die Formel 1, wichtig. Seit Mitte der 90er Jahre ist Mercedes-Benz wieder in der Formel 1 vertreten, zunächst mit Peter Sauber dann gemeinsam mit McLaren. Die Zusammenarbeit in einem erfolgreichen Team spiegelt sich auch in unserem Produktportfolio wider: Auf der IAA haben wir den neuen Mercedes-Benz SLR McLaren präsentiert, den „Silberpfeil des 21. Jahrhundert". Der SLR verbindet uneingeschränkte Alltagstauglichkeit sowie den hohen Langstrecken- und Reisekomfort eines klassischen Gran Turismo (GT) mit dem überragenden Leistungsvermögen eines Highend-Supersportwagens. Mit seinem innovativen Kohlefaser-Monocoque markiert er wieder mal eine Ära in der Automobiltechnologie. So ist Mercedes-Benz – auch noch nach mehr als hundert Jahren – aufbauend auf der Tradition der Marke verbunden mit dem Mut zur Innovationsführerschaft ein bedeutender Fixstern am automobilen Himmel.

Mercedes-Benz – Der Stern am Automobilhimmel

Prof. Jürgen Hubbert

Ehemals Mitglied des Vorstandes der DaimlerChrysler AG

Prof. Jürgen Hubbert war seit dem 16. November 1998 Vorstandsmitglied der DaimlerChrysler AG und in dieser Funktion verantwortlich für das Geschäftsfeld Mercedes Car Group.

Prof. Hubbert wurde am 24. Juli 1939 in Hagen/Westfalen geboren. Nach dem Abitur studierte er an der Universität Stuttgart und schloss 1965 als Diplom-Ingenieur ab. Im gleichen Jahr trat er in die damalige Daimler-Benz AG ein, wo er im Bereich Verfahrensentwicklung des Werks Sindelfingen bis 1973 in verschiedenen technisch-planerischen Funktionen tätig war.

Bisherige Positionen bei DaimlerChrysler:

- Vorstandsmitglied, Geschäftsfeld Personenwagen, Daimler-Benz AG, 1997
- Vorstandsmitglied, Geschäftsbereich Personenwagen, Mercedes-Benz AG, 1989
- Stellvertretendes Vorstandsmitglied, Geschäftsbereich Personenwagen, Daimler-Benz AG, 1987
- Leitung Direktion Konzernplanung: Koordination strategische und mittelfristige Planung des Konzerns sowie Leitung der Produktkommissionen Personenwagen und Nutzfahrzeuge, 1985
- Leitung des Fachbereichs Produktionsvorbereitung Werk Sindelfingen, 1984
- Leitung der Arbeitsvorbereitung Werk Sindelfingen; zugleich Planung des Werkaufbaus in Bremen, 1973

Kapitel 8

Opel. Frisches Denken für bessere Autos

Mehr als nur ein Werbe-Slogan

Carl-Peter Forster
President, General Motors Europe;
Aufsichtsratsvorsitzender, Adam Opel AG

Die reine Technikeuphorie der neunziger Jahre ist vorbei – dieses Jahrzehnt wird von spannenden neuen Fahrzeugkonzepten dominiert werden.

1. Ein neuer Slogan für einen neuen Markenauftritt

Anfang 2002 präsentierte sich Opel der Öffentlichkeit mit einem neuen Markenfilm. Opel verwies darin auf seine Erfolge als traditionsreiches deutsches Unternehmen und betonte seine tief verwurzelte Passion für die Entwicklung neuer Ideen und Konzepte. Der Film endete mit einem Versprechen: „Opel. Frisches Denken für bessere Autos."

Für den Außenstehenden war dieses Versprechen zum damaligen Zeitpunkt zunächst nicht mehr als ein Slogan, für manchen Kritiker gar Anlass zur Kontroverse. Opel und frisch? Opel und bessere Autos?

Doch für alle Mitarbeiter von Opel war dieses Versprechen eine Selbstverpflichtung, ein Zeichen des Aufbruchs, der Auftakt für einen gänzlich neuen Markenauftritt. Mit dem Markenfilm zeigte sich Opel erstmals in einem neuen Gewand, einer neuen Corporate Identity in allen Ebenen der Kommunikation nach außen wie nach innen. Wir haben damit signalisiert: Opel ist wieder da, eine deutsche Marke mit großer Tradition und großer Perspektive.

Abb. 1: Sequenzen aus dem Opel-Markenfilm 2002

2. Die Ausgangssituation: Ein „Standbild" braucht Bewegung

Das Image der Marke Opel war 2001/2 in einer besonders schwierigen Verfassung. Opel hatte in den 90er Jahren einige Hausaufgaben nicht gründlich genug erledigt und dies insbesondere auf dem Sektor Qualität. Dies enttäuschte vor allem Kunden, die eine sehr enge und lange Bindung an die Marke Opel hatten. Dennoch hatte Opel auch 2002 noch hohe Loyalitätsraten, was die Intensität der Bindung an die Marke belegt. Unsere Kunden schätzten dabei besonders die vielseitigen Einsatzmöglichkeiten, die hohe Alltagstauglichkeit und die Solidität der Opel-Fahrzeuge.

Doch an neueren Opel-Konzepten wurde 2002 fast ausschließlich der Zafira gesehen. Und von Außenstehenden wurde der Zafira oft als positive Ausnahme und nicht zum Kern der Marke gehörig empfunden. Das ist auch nicht weiter überraschend. Nur mit einem tollen Modell allein kann man in der Automobilindustrie kein Image verändern und keine Marke neu positionieren.

Was war dem Markenkern über die Jahre abhanden gekommen? Keineswegs die Komponente der Funktionalität und Praktikabilität, die tief in der Marke verwurzelt ist. Wir hatten jedoch zeitweise aus den Augen verloren, dass Qualität die Basis von Opel ist und dass Emotion, Dynamik und Sportlichkeit gleichsam das „Zentrum" der Marke sind, welches ja auch durch den Blitz als Markenemblem vortrefflich symbolisiert wird.

Opel brauchte 2002 dringend sowohl die Rückbesinnung auf bewährte Tugenden als auch einen radikalen Neubeginn. Deutlich mehr Dynamik und Emotion sowie die markentypische, solide Qualität sollten wieder in den Vordergrund rücken.

3. Aus der Geschichte lernen: Typisch Opel

Ausgeprägter Pioniergeist, das Infragestellen von Konventionen und das mutige Beschreiten neuer Wege hatte Opel in seinen besten Zeiten ausgezeichnet.

Die Geschichte der Marke Opel beginnt mit einer Nähmaschine, die Adam Opel 1862 in seiner Werkstatt in Rüsselsheim konstruiert. Bereits 1896 ist Opel zum weltweit größten Fahrradproduzenten aufgestiegen. Zügig werden weitere Geschäftsfelder erschlossen. Schnell macht sich Opel auch bei Motorrädern und Automobilen einen Namen. 1901 trägt sich das erste Opel-Fahrzeug in die Siegerliste eines Automobilrennens ein.

1923 wird in Rüsselsheim, in Zeiten drückender Inflation, ein automobilhistorischer Beschluss gefasst: Sofortige Einstellung der gesamten Produktion, totaler Umbau der Fertigungsstätten und Konstruktion eines Fahrzeugs, das komplett am Fließband gebaut werden kann. Der „Laubfrosch" macht das Automobil für mittlere gesellschaftliche Schichten erschwinglich. Erleichtert wird der Erwerb des Autos durch Finanzierung und Versicherung, zwei heute selbstverständliche Serviceleistungen, die Opel als erster Automobilhersteller in Deutschland anbietet. Ende der 20er Jahre wird Opel zur ersten deutschen Volksmarke und einem „Vollsortimenter" vom Kleinwagen über eine umfassende Nutzfahrzeugpalette bis hin zur Luxuslimousine mit Reihenachtzylinder. Der Marktanteil in Deutschland liegt 1928 bei 37,5 Prozent, 1931 sind mehr als drei Viertel des gesamten deutschen Auto-Exports Opel-Wagen.

Abb. 2: Opel RAK2

Abb. 3: Opel Laubfrosch

Abb. 4: Werbemotiv Opel Admiral

Olympia, Kadett, Kapitän und Admiral tragen den Ruf der Marke in die Wirtschaftswunderzeit der Nachkriegsgeschichte. Zum Kern der Marke Opel gehören Praktikabilität und Funktionalität. Das lässt sich nicht nur an einer mehr als 50-jährigen Caravan-Historie festmachen. Auch die Coupés von Opel waren neben optischen Reizen und viel Fahrspaß immer auch in hohem Maße alltagstauglich.

Doch das Zentrum der Marke besteht zweifellos aus Dynamik und Sportlichkeit. Man kann sagen, die Marke Opel ist auf Dynamik und Sportlichkeit gegründet. Mit den waghalsigen Raketenversuchen Fritz von Opels Ende der 20er Jahre, die ihn mit seiner Rekordfahrt auf der Berliner Avus zu einem Prominenten seiner Zeit machten. Natürlich mit einer starken Coupé-Tradition. Aber auch seit Ende der 60er Jahre mit Sportmodellen wie Rallye, GS/E, GT/E und GSI, noch bevor die große GTI-Welle das Land erfasste. In den 70er Jahren werden der Opel GT und der Manta zu Design-Ikonen der Marke.

Abb. 5: Opel Kadett Rallye

Abb. 6: Werbemotiv Caravan

Opel. Frisches Denken für bessere Autos

Abb. 7: Werbemotiv Opel GT

Von Mitte der 80er bis Anfang der 90er Jahre findet sich eine besonders strahlende Phase in der Opel-Geschichte. Das Unternehmen schafft aus eigenen Kräften einen tief greifenden Image-Wandel und einen wirtschaftlichen Turnaround, der auch für die Herausforderung in 2002 ein motivierendes Vorbild war. Omega, Vectra, Calibra und Frontera heißen die Produkterfolge dieser Zeit. Opel ist innovativ und setzt auf „Technik, die begeistert", baut Aerodynamik-Weltmeister, ein Fahrwerk „wie auf Schienen", bietet Turbomotor, 4-Ventiltechnik, 6-Gang-Getriebe, Allradantrieb, den ersten serienmäßigen Katalysator, die ersten wasserbasierten Lacke, eine Sicherheits-Komplettausstattung und eine für viele Kunden unvergessliche umweltorientierte Werbekampagne mit einer einmaligen Melodie von Louis Armstrong.

Abb. 8: Opel Calibra

Abb. 9: „Fahren wie auf Schienen"

Noch wichtiger aber dabei ist: Opel hat zu dieser Zeit schon einmal in vorbildlicher Weise gezeigt, wie man alle Stellhebel nutzt, um die Marke zu modernisieren. Opel stellt die Namensgebung für seine gesamte Fahrzeugpalette um. Mit Bayern München und Steffi Graf werden neue Wege des Sport-Sponsoring beschritten. Eine nachgewiesen begeistert aufgenommene Werbung und eine neue Corporate Identity stärken den Markenauftritt. Mit dem Neubau des Werks Eisenach schafft Opel nicht nur eine neue Messlatte für Produktionseffizienz, mit Opel wird auch der „Aufbau Ost" thematisch ins Bild gerückt. Mit allen diesen Maßnahmen wird Opel in den Jahren 1991 und 1992 schließlich zum profitabelsten europäischen Automobilhersteller und mit der Schwestermarke Vauxhall zur meistverkauften Personenwagenmarke in Europa. Opel wird wahrgenommen als modern, progressiv, unkonventionell, jung und sportlich. Opel wird zu einer Alternative für Menschen mit höherem Einkommen und höherer Bildung.

Aus der Geschichte lassen sich Lehren ziehen, Gesellschaft und Technik aber unterliegen dem Wandel. Die Erfolgsmethoden von damals sind daher eine wichtige Orientierungshilfe, lassen sich aber nicht ohne weiteres kopieren oder wiederholen.

4. Starke Marken: Die Automobilindustrie orientiert sich neu

Anfang der 90er Jahre sind „Produktionseffizienz" und aktive Gestaltung der „Globalisierung" die beherrschenden Themen in der Fachliteratur und in den Magazinbeiträgen zur Situation der Automobilindustrie. Das Massachusetts Institute of Technology hat die „Verschlankung" der Produktion zum entscheidenden Erfolgsfaktor erhoben, die Standardisierung von „Plattformen" soll die kostengünstige Eroberung neu entstehender Märkte ermöglichen, und strategische Übernahmen und Allianzen sind die Voraussetzung für eine langfristige Wachstums- und Ertragssicherung.

Aussagen zum Management von Marken sind zu diesem Zeitpunkt oft nicht mehr als eine Randnotiz. Als wichtig wird allenfalls empfunden, dass sich ein Volumenhersteller mit einer zusätzlichen „Premium-Marke" zu ergänzen habe, um „Aufsteiger" aus seinem traditionellen Kundenkreis innerhalb des Konzerns bedienen zu können.

Tatsächlich entwickelt sich die Automobilindustrie in eine Richtung, die nur wenige vorhergesagt hatten. Die klassische Trennung zwischen Premium-Marken einerseits und Volumenmarken andererseits droht in den 90er Jahren zunehmend aufgeweicht zu werden. BMW, Mercedes und Audi runden ihr Portfolio mit „kleineren Modellen" „nach unten" ab. Gleichzeitig etablieren sich koreanische Hersteller in Europa und bedrängen nicht nur japanische Marken „von unten". Haltbarkeit und Zuverlässigkeit wird zu einer Selbstverständlichkeit und differenziert nicht mehr wie in früheren Zeiten. Qualität wird zur notwendigen Eintrittskarte, um überhaupt in Erwägung gezogen zu werden. Mit den deutlichen Fortschritten bei der „wahrnehmbaren bzw. der Anmutungsqualität" erhält Qualität eine zweite Dimension, die die Qualitätsunterschiede zwischen Volumen- und Premium-Marken verwischt, weil auch frühere Volumenmarken anfangen, die Anmutungsqualität von Premium-Marken zu bieten.

Entscheidender ist jedoch, dass wir seit den 90er Jahren eine dramatische Erhöhung der Angebotsvielfalt an Marken, Modellen und Fahrzeugkonzepten erleben, die für den Konsumenten kaum noch überschaubar ist. Verloren gegangene Nischenkategorien erfahren eine Renaissance, neue Segmente sind entstanden, die Grenzen der einzelnen Fahrzeugsegmente und Klassen durchmischen sich. Nach den Ökologiethemen der 80er darf ein Auto wieder aufregend sein und muss für ein bestimmtes Lebensgefühl stehen. Die Erfüllung ökologischer Standards wie die Vorerfüllung von Abgasnormen wird dabei zunehmend vorausgesetzt. Reichten vorher klar abgegrenzte, funktionale Produkteigenschaften zur Profilierung einer Marke, wird jetzt die emotionale Erhöhung mittels Verbindung zu einem Lifestyle zum Erfolgsfaktor. Gleichsam als Gegenbewegung zur Vielfalt der Lifestyles gewinnen in einer immer vielfältigeren und undurchschaubareren Welt die Marken an Bedeutung, die als Orientierung, als erkennbare Ausrichtung an festen Werten, Halt bieten.

In dieser Phase bekommt die Marke zunehmend Vorbildfunktion. Sie muss für ein eindeutiges, präzises, nachvollziehbares Leistungsversprechen stehen, und sie muss dieses Versprechen in einer für die Gesellschaft vorbildlichen Art und Weise einlösen.

Abb. 10: Die Profilierung der Marke

Opel hat in den beschriebenen Umwälzungen der 90er Jahre nicht immer an vorderster Stelle gestanden. Es wurde damit immer schwieriger zu erkennen, wofür Opel steht oder stehen soll. Darüber entstandene interne Auseinandersetzungen wurden an die Öffentlichkeit getragen und prägten so das Bild von Unternehmen und Marke. Rückläufige Marktanteile nötigten zu taktischen Kommunikationsmaßnahmen, die wiederum das Profil der Dachmarke in den Hintergrund drängten.

In der Phase jedoch, in der die Öffentlichkeit eine klare Perspektive vermisste, in dieser Phase hat sich Opel grundlegend neu aufgestellt.

Ende der 90er Jahre etabliert Opel eine rigorose und disziplinierte Qualitätsorganisation, die schon bald zu deutlichen Verbesserungen und aktuell zu ersten Platzierungen bei neutralen Qualitätserhebungen geführt hat. Gleichzeitig wird an einer neuen Markenpositionierung gearbeitet. Verschiedene und grundsätzliche Ausrichtungen werden analysiert, das Thema „Volumen versus Premium" durchdrungen.

Spätestens zu diesem Zeitpunkt werden erste weit reichende Modellentscheidungen getroffen. Gleichzeitig arbeiten die Designer von Opel an einer neuen Designsprache, die über die gesamte Modellpalette ein Auto eindeutig als Opel erkennbar machen soll. Die Restrukturierung des Vertriebs und seine Orientierung am entstehenden europäischen Binnenmarkt wird vorbereitet.

Abb. 11: Verbesserte Qualität

Heute ernten wir die ersten Früchte dieser Arbeit. Die Gewährleistungsfälle sanken von 1999 bis 2004 um 65 Prozent. Dementsprechend stark reduzierten sich die Gewährleistungskosten. Ein weiterer Indikator für die deutlich verbesserte Qualität ist die gestiegene Händlerzufriedenheit. So stieg die Zufriedenheit der Opel-Händler mit der Qualität der Neufahrzeuge deutlich an. Mit einem Wert von 4,5 in 2005 (2004: 4,03, 2003: 3,9, 2002: 2,7) sind die Opel-Händler die zufriedensten Vertriebspartner unter den deutschen Marken und belegen damit Rang 2 von 28 bewerteten Marken im Dealer Satisfaction Index® 2005 der Bamberger Forschungsstelle für Automobilwirtschaft.

Abb. 12: Signum Print-Werbung mit J. D. Power Ergebnissen

Mit der Markteinführung von Technologien wie dem interaktiven dynamischen Fahrsystem IDS plus, das erstmals in der Kompakt- und Mittelklasse Motor, Fahrwerk und Lenkung elektronisch vernetzt, oder Adaptive Forward Lighting, mit der Opel-Autos in die Kurven und um die Ecken leuchten, setzte Opel wieder Branchenstandards für innovative Automobiltechnologie. Und mit den Modellen Signum und Meriva zeigte Opel 2003 innovativste Lösungen bei der Gestaltung von Innenräumen und der Entwicklung neuer Fahrzeugkonzepte.

Abb. 13: Adaptive Forward Lighting

Für viele unserer Mitarbeiter ist der Opel Zafira Symbol und Pionier der Erneuerungsbewegung von Opel. Der Zafira ist ein Glücksfall für Opel, aber kein Zufall. Er ist keine losgelöste Erfindung der Moderne, sondern die logische Evolution einer in den Entwicklungsabteilungen von Opel tief verwurzelten Kompetenz. Dies ist der tiefere Grund dafür, dass auch der aktuelle neue Zafira trotz der deutlich erstarkten Konkurrenz wieder zum Klassenprimus geworden ist und die Vergleichstests beherrscht.

Abb. 14: Neuer Opel Zafira

5. Vier Schritte für eine Marke

Die Schritte zur Neuausrichtung einer Automobilmarke liegen auf der Hand. An erster Stelle stehen natürlich Autos, die überzeugen und begeistern. Können im Konsumgüterbereich bei faktisch austauschbaren Grundprodukten noch sehr unterschiedliche Markenwelten generiert werden, ist im Automobilbereich die Substanz des Produkts nach wie vor von entscheidender Bedeutung zur Definition der Marke.

Zum zweiten müssen die technischen Hausaufgaben erledigt sein. Dazu gehört die Qualität. Sie ist eine notwendige Eintrittskarte, garantiert aber noch nicht einen Platz in der ersten Reihe. Es bleibt dabei zu beachten, dass die bewahrende Qualität, also Haltbarkeit und Zuverlässigkeit, nur ein Baustein des Qualitäts-Images einer Marke ist. Das Qualitätsempfinden wird jedoch ganz entscheidend durch ein hochwertiges Design und innovative Lösungen beeinflusst. Innovationen gehören deshalb zum Thema Qualität, weil der Kunde mit innovativen Autos gut für die Zukunft gerüstet ist, was für den Kunden auch ein Stück Qualität bedeutet. So beispielsweise mit Autos, die zukünftige Abgasnormen erfüllen oder intelligente Lösungen aufweisen, die in der Zukunft wichtig sein werden, um einen hohen Wiederverkaufswert zu erzielen.

Ein dritter wesentlicher Schritt zur Neuausrichtung einer Marke liegt in der Entscheidung, es nicht jedem recht machen zu wollen. Das scheint auf den ersten Blick widersprüchlich, ist Opel doch eine Marke, die ein sehr breites Publikum anzusprechen versteht. Eine Marke muss jedoch immer eine eindeutige Position beziehen, um Schärfe, Profil und Charakter zu erhalten. Eine Marke ist ein Versprechen. Dieses Versprechen muss attraktiv sein und anders klingen als bei anderen Herstellern. Es muss präzise sein und es muss eingelöst werden.

Ist der Punkt erreicht, an dem neue, attraktive Produkte vor der Markteinführung stehen, die Marke positioniert und das Unternehmen organisatorisch darauf ausgerichtet ist, wird die integrierte Kommunikation, die Konsequenz und Kontinuität in Aktivitäten und Akteuren zum entscheidenden Erfolgsfaktor. Die nachhaltige Neuausrichtung einer Marke gelingt nur über einen Zeitraum von Jahren. Sind die Segel gesetzt und ist die grundlegende Richtung klar, wird es wichtig, mit dem richtigen Trimm und feiner Justierung Kurs zu halten und Fahrt aufzunehmen.

6. Die Marke Opel bezieht Position

Abb. 15: Vier Kriterien der Positionierung

Die fundamentalen Kriterien der Positionierung heißen für uns Differenzierung, Relevanz, Glaubwürdigkeit und Kompetenz. Wir müssen eine Position finden, die uns vom Wettbewerb differenziert. Differenzierung ist aber kein Selbstzweck, den Kunden soll sie auch gefallen, das heißt, die Differenzierung muss relevant sein. Wir können eine Differenzierung nur aufrecht erhalten, wenn diese für unsere Marke glaubwürdig ist und wir im Hause die Kompetenz haben, die Differenzierung mit immer neuen Produkten zu füttern und groß zu ziehen. Differenzieren heißt nachhaltiges Abheben. Im Kern stehen Fragen wie: Ist die Positionierung einzigartig? Zukunftsfähig? Begehrenswert? Und macht uns das so schnell keiner nach?

6.1 Design: Die Kunst der Verführung

Die Automobilindustrie ist nur noch vordergründig technikgetrieben. Technischer Fortschritt wird immer mehr als unspektakulär erlebt. Je schwieriger das Verständnis der immer komplexer werdenden Automobiltechnik zu erlangen ist, desto mehr werden technische Fortschritte als selbstverständlich angesehen. Die zunehmende Einbindung der Entwicklungskompetenz von Zulieferern bei einzelnen Komponenten hat dafür gesorgt, dass sich ein Hersteller die Exklusivität bestimmter technischer Neuerungen nur über einen sehr kurzen Zeitraum sichern kann. Damit werden technologische Neuerungen zwar nicht unbedeutend. Sie zahlen nach wie vor auf das Fundament der Marke ein, untermauern ihr Qualitäts-Image und dokumentieren ihre Zukunftsorientierung. Zur Ausbildung von Faszination und Kaufanreizen sind jedoch zusätzliche Faktoren bedeutsam.

Die Anziehungskraft eines Automobils entsteht in erster Linie über das Design. Diese Anziehungskraft wird verstärkt, wenn das Fahrzeugkonzept den vielseitigen Ansprüchen eines modernen Lebens gerecht wird. Und wenn das Fahrzeug den Spaß am Fahren in den Vordergrund stellt. Opel möchte als die deutsche Marke wahrgenommen werden, deren Fahrzeuge die Verbindung von Vielseitigkeit und Dynamik in Design und Fahrerlebnis optimal zum Ausdruck bringen.

Um dieses Ziel unter unseren Mitarbeitern und besonders den Ingenieuren zu propagieren, haben wir einen eigenen Begriff geschaffen, der diese Verbindung in einem Wort zum Ausdruck bringt. Opel-Produkte sollen ‚**dynaverse**' sein (dynamisch als auch vielseitig = versatile). Dabei hat Opel in Proportion, Profil und Linienführung eine eigenständige Design-Identität entwickelt, die dynamische Proportionen und Konturen mit einem Ausdruck von Solidität und deutscher Ingenieurspräzision in Detaillösungen verbindet. Dynamische Linien sind dabei kein Selbstzweck, die Maxime liegt in der Verbindung von Form und Funktion, im Kombinieren attraktiver Formen mit praktikabler und vielseitiger Innenraumgestaltung. Gelingt es, Form und Funktion harmonisch in Einklang zu bringen, ist das Auto nicht nur attraktiv, sondern vermittelt dem Betrachter auch seinen funktionalen und emotionalen Nutzen. Oder einfacher gesagt: Es erzählt dem Betrachter, dass es anders ist und ein bisschen mehr als andere anzubieten hat.

Opel. Frisches Denken für bessere Autos

Abb. 16: Opel Astra GTC

6.2 „Dynaversity": Für ein Leben voller Möglichkeiten

Wo liegt die Kundenrelevanz in der Kombination aus Vielseitigkeit und Dynamik? Der Lebensstil der meisten Menschen ist heute flexibler als in früheren Zeiten. Ihr Werdegang und ihre Entwicklung ist kaum mehr nach Geburt und Konvention vorbestimmt. Sie wollen mehr erfahren, mehr ausprobieren und vor allem in ihrer Freizeit gerne möglichst viele der Angebote nutzen, die heute allen zur Verfügung stehen. Es wird nicht mehr nur das getan, was alle tun, sondern es werden solche Aktivitäten ausgewählt, die individuell zu einem passen. Autos sind die Brücke zu dieser Vielfalt an Möglichkeiten. Heute sind die Fahrzeuge erfolgreich, die diese moderne, flexible Lebensart transportieren können – im doppelten Wortsinn. Autos müssen verwandlungsfähig sein, um mit dem Leben ihrer Besitzer mithalten zu können. Sie sind die Visitenkarte ihres Besitzers im Sinne von „ich bin flexibel und modern".

6.3 „40/40/20" – Traummaße für das Modellprogramm

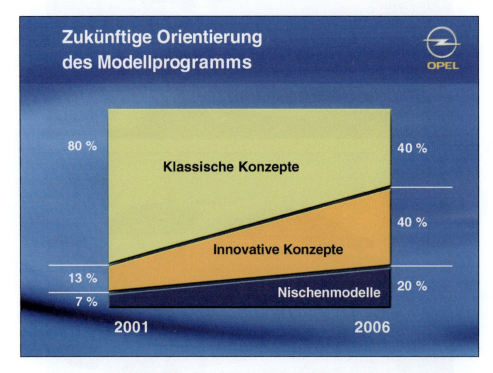

Abb. 17: Zukünftige Orientierung des Modellprogramms

Neue innovative Fahrzeugkonzepte und so genannte Nischenmodelle sind seit Anfang der 90er Jahre stark im Wachsen und werden in naher Zukunft mehr als ein Drittel des Gesamtmarktes einnehmen. Unsere Strategie heißt deshalb „40/40/20", das heißt ein Umbau unseres Produktprogramms dahingehend, dass 40 Prozent unseres Fahrzeugangebots klassische Modelle umfassen, 40 Prozent neue und innovative Konzepte darstellen und die verbleibenden 20 Prozent attraktive Nischenautos und Image-Beschleuniger sind.

„40/40/20" bedeutet nicht nur einen Umbau des Portfolios, sondern heißt für uns auch Expansion. Der Schlüssel zur Expansion liegt in einer erheblichen Effizienzsteigerung in unserer Fahrzeugentwicklung. Wir wollen schneller als bisher mehr Produkte bei gleich bleibenden Entwicklungskapazitäten generieren. Ermöglicht wird dies durch einen umfassenden Einsatz so genannter virtueller Computertechnik

Opel. Frisches Denken für bessere Autos

in Entwurf, Design, Bauteilsimulation, Test und abschließender Qualitätsprüfung, verbunden mit tief greifenden Prozessoptimierungen in allen Bereichen. Eine kontinuierliche Effizienzsteigerung in der Fahrzeugentwicklung ist die Basis für eine Modelloffensive, bei der auch Nischenmodelle nicht zu kurz kommen. Der Opel Tigra TwinTop und der auf der IAA 2005 erstmals vorgestellte Astra TwinTop markieren hier nur den Anfang unserer Expansion.

Abb. 18: Opel Tigra TwinTop

Abb. 19: Opel Astra TwinTop

Nischenmodelle haben die Funktion, gleichsam die Spitzen und die Extreme des Charakters einer Marke zu symbolisieren und ihr dadurch besonderen Glanz zu verleihen. Sie sollen einer Marke zusätzliche Begehrlichkeit geben, ohne die Marke zu überdehnen. Sie müssen auf den Kern der Marke einzahlen und diesen aufwerten. Dabei ist nicht jede Nische Erfolg versprechend und nicht jede Kreuzung eine gute Züchtung. Beispielsweise hat sich ein „Cross-Over" aus Minivan und SUV bis heute nicht wirklich durchgesetzt. Für den Minivan-Interessenten ist ein solches Fahrzeug zu extrovertiert und für den Anhänger des SUV zu „familienorientiert".

Wenn wir zukünftig noch 40 Prozent klassische Modelle im Angebot haben werden, heißt dies nicht, dass wir auf diesem Sektor konventionell bleiben wollen. Ein Fahrzeug in der Mitte des Marktes zu positionieren, ist eine besonders schwierige Aufgabe. Auch hier muss sich Emotion mit guten Argumenten verbinden. Wir wollen auch in der Mitte des Marktes die Konventionen herausfordern.

Der Astra zeigt, wie das auch in klassischen Segmenten mit einem exzellenten dynamischen Design und innovativer Technik möglich ist. Besonders durch den Astra GTC haben wir mit Aufsehen erregenden Innovationen wie dem Panoramadach und einem coupéartigen Design für Aufmerksamkeit unter den sonst eher konventionellen zweitürigen Kompakten gesorgt.

Mit „40/40/20" verpflichten wir uns vor allem aber zu neuen und innovativen Fahrzeugkonzepten. Die Opel-Fahrzeuge Zafira, Meriva und Signum verkörpern diesen Umbau unseres Portfolios. Die Art und Weise, mit der die Fahrzeuge von der Öffentlichkeit und von unseren Kunden aufgenommen wurden, bestätigt die Richtigkeit unserer Strategie.

6.4 Von innen nach außen denken

Ermöglicht wurden diese Modelle durch eine Kompetenz, die wir als innovatives „Packaging" bezeichnen. Wir verstehen darunter die optimierte Aufteilung des gegebenen Fahrzeugraums auf Passagiere, Technik und Gepäck bei bestmöglichem Komfort, bestmöglicher Ergonomie, bestmöglicher Sicht und unter Integration innovativer Lösungen. Wir möchten „von innen nach außen" und damit weiter denken als andere und so zu Konzepten mit zusätzlichem Nutzen kommen. Mit innovativem Packaging verbinden wir deutsche Ingenieursphilosophie mit einer Kultur der Kreativität.

Opel. Frisches Denken für bessere Autos

Abb. 20: Opel Meriva

Beim Packaging geht es um eine Vielzahl von Millimeter-Entscheidungen, die in der Summe den großen Wurf von der Durchschnittlichkeit unterscheiden und im Ergebnis die Form der Innovation darstellen, die nicht ohne weiteres kopierbar ist. Denn im Gegensatz zu Komponententechnologien liegt die Expertise der maßgeschneiderten Integration aller Komponenten eines Autos in Entwicklung und Produktion allein beim Fahrzeughersteller. Das Konzept des Opel Zafira mit seinem Flex 7-Sitzsystem ist nach wie vor konkurrenzlos und bis heute nicht kopiert. Und auch beim Meriva setzten wir durch vielfältige Möglichkeiten der Innenraumkonfiguration einen neuen Maßstab der Flexibilität. Mit Konzeptfahrzeugen wie dem Opel Trixx zeigen wir, welche weiteren Potenziale an vielseitigen automobilen Lösungen die Zukunft bereithält.

Zafira und Meriva haben in hohem Maße Kunden von anderen Marken zu Opel geführt. Die Kunden honorieren intelligente Lösungen, die in dieser Form woanders nicht zu finden sind, und sind bereit, dafür auch einen gewissen Mehrpreis, ein „Preis-Premium", zu bezahlen. Opel braucht dieses Preis-Premium, um als Hersteller mit überwiegend deutschem Standort in Entwicklung, Produktion und Verwaltung eine zur Kostenstruktur passende Ertragskraft zu generieren.

Vor allem aber drückt sich gesellschaftlicher Status heute nicht mehr allein durch die schiere Größe eines Autos aus. Fahrzeuge, die in Form und Auftritt einen modernen und vielseitigen Lebensstil signalisieren, gewinnen weiter an Bedeutung, denn sie signalisieren den „Modernitäts-Status" und die „Zukunftsorientiertheit" ihres Fahrers, was für viele Kunden immer wichtiger wird.

Abb. 21: Opel Trixx

7. Das Gesicht in der Menge

Abb. 22: Opel Markenwerte

Mit der Positionierung einer Marke ist definiert, was die Marke leisten soll, was ihre Produkte faktisch können und wie die Marke sich im Feld der Wettbewerber einordnen lässt. Wie aber wird diese Positionierung vom Unternehmen gelebt und von den Kunden erlebt? Um in einem immer breiter gefächerten Fahrzeugangebot aufzufallen, reichen clevere Fahrzeugkonzepte allein nicht aus. Wie wird die Marke zu einem Gesicht in der Menge, mit einem unverwechselbaren Profil, einer Identität, einer Persönlichkeit, einem Charakter?

Die fünf Markenwerte Qualität, Kreativität, Dynamik, Vielseitigkeit und Partnerschaft bestimmen alle unsere Aktivitäten, Handlungen und Entscheidungen, die Opel zu einer eigenständigen Markenpersönlichkeit formen. Qualität nicht nur im Produkt, sondern im gesamten Auftritt des Unternehmens und seiner Händler das kreative Entwickeln besserer Lösungen, Dynamik im Sinne eines mutigen und entschlossenen Handelns, schließlich die Nutzung vielseitiger Talente für individuell passende Lösungen, das sind die Maximen der Neuausrichtung unseres Unternehmens. Sie ist geleitet von einem partnerschaftlichen Verhältnis aller Unternehmensbereiche und dem Willen, gemeinsame Lösungen zu finden. Dabei ist Opel eine Marke, die sich bewusst zum Ziel gesetzt hat, nicht elitär, sondern partnerschaftlich, erreichbar, offen, verantwortungsbewusst und gewinnend zu sein – ohne dabei auf einen hohen qualitativen Anspruch zu verzichten. Technischer Fortschritt ist für uns kein Selbstzweck, er ist immer im Sinne des Kunden zu verstehen.

Die große Aufgabe besteht darin, das gesamte Unternehmen durch alle Ebenen mit den Markenwerten zu durchdringen, sie in allen Funktionsbereichen greifbar, relevant und wirksam werden zu lassen. Ein ungeheures Potenzial liegt in der Ausrichtung des gesamten Unternehmens auf einige feste Werte, auf ein gemeinsames, inspirierendes Leitbild in Produktentwicklung, Fertigung, Einkauf, Verkauf, Service und Öffentlichkeitsarbeit. Wir müssen als gesamtes Unternehmen agiler und flexibler werden, die sich uns bietenden Marktchancen schnell ergreifen und selbst neue Trends setzen können. Dynamik in der Produktentwicklung und Flexibilität in der Produktion sind dabei zwei entscheidende Erfolgsfaktoren.

Die Marke erhält ein Gesicht, wenn ihre Automobile selbst ein Gesicht, eine unverwechselbare Identität, eine charakteristische Formensprache bekommen. Das haben der neue Astra, der Tigra TwinTop, der neue Zafira und der Astra GTC mit ihrem dynamischen Design, das Familienähnlichkeit mit eigenständigem Auftritt verbindet, eindrucksvoll bewiesen. Durch den neuen Vectra und Signum ist diese Familienähnlichkeit jetzt über das gesamte Modellprogramm von Opel deutlich zu erkennen.

Je attraktiver das Produkt, desto mutiger und selbstbewusster kann sein werblicher Auftritt sein.

Abb. 23: Neuer Zafira: Print-Motive

Die Situation im Jahr 2005: Die Marke erlebbar machen

Im Frühjahr 2005 ist das Opel-Modellprogramm deutlich modernisiert. Unabhängige Studien attestieren den Opel-Automobilen erstklassige Qualitätswerte. Protagonist dieser Aufwärtsbewegung ist der Astra, der mit seinem Design viel Anklang findet und sich gegenüber den direkten Wettbewerbern als interessanteres Modell absetzen kann.

Auch in Bezug auf die wahrgenommene Qualität finden Opel-Modelle zunehmend Anerkennung im Urteil kritischer Medien. Um diese Wahrnehmung auch im Markt zu unterstützen, gab es für die Marke zwei strategische Aufgaben:

1. Die Modernisierung und das hohe Qualitätsniveau der Modellpalette musste bekannt und „erlebbar" gemacht werden.
2. Die Markenwerte Dynamik, Vielseitigkeit – die Dynaversity der Opel-Automobile sollte „erfahrbar" werden.

Der „Million Mile Test Drive" war für diese Aufgaben die richtige Lösung. In einer der wahrscheinlich umfassendsten Marketing-Aktionen der Geschichte lud die Marke zu bis zu dreitägigen kostenlosen Probefahrten ein. Der Erfolg war überwältigend – bis zum 30. Juli 2005 gab es über eine Million Testfahrtanfragen in Europa:

- Davon wurden nahezu 600 000 Testfahrten auch durchgeführt.
- Die Eroberungsrate unter den Testfahrern ist deutlich höher als unter den normalen Opel-Kunden (in Deutschland etwa 50 Prozent).
- Die Autokaufabsicht unter den Testfahrern war erstaunlich hoch. In Deutschland planten 58 Prozent der Testfahrer einen Neuwagenkauf innerhalb eines Jahres.

Modernisierung auch beim Handel: Die neue Händler CI

Bereits 2002 hatte Opel damit begonnen, seine Corporate Identity neu zu schärfen und zu profilieren. Der Opel Blitz, ein starkes Symbol mit hohem Bekanntheitsgrad in ganz Europa, ist schärfer und hochwertiger geworden. Das klassische Opel-Gelb hat einen frischeren und wärmeren Ton erhalten und steht für mehr Emotion und Lebendigkeit.

Abb. 24: Neues Opel Logo

Nachdem die neue CI in der klassischen Kommunikation konsequent umgesetzt wurde, galt es, diese Modernisierung auch im Handel fortzusetzen, damit für den Kunden die Modernisierung nicht nur bei den Modellen, sondern auch beim Händler vor Ort spürbar wird. Aufgrund der notwendigen Integration der neuen Opel CI in der GME Multi-Brand-Strategie ergab sich jedoch die Notwendigkeit, eine Händler-CI zu entwickeln, die nicht nur die Modernisierung der Marke Opel signalisieren konnte, sondern gleich mehrere GME Marken (Opel, Saab, Chevrolet) integrieren kann. Diese zusätzliche Herausforderung hat zu einem integrierten Konzept geführt, das den aktuellen und zukünftigen Anforderungen an ein Multi-Brand-Marketing im Handel besonders gut gewachsen ist. Die kommende Umsetzung bei den Händlern wird der Marke Opel einen deutlichen Impuls verleihen und für den Kunden die Modernität, Innovation und Zukunftsstärke der Marke Opel in einem starken Verband mit den Schwestermarken erlebbar machen.

Opel. Frisches Denken für bessere Autos

Abb. 25: Neue Händler-CI

8. Ausblick

Opel hat Anfang 2005 die Vorraussetzungen für neue Markterfolge im Verbund mit den Schwestermarken des GM Europa-Portfolios geschaffen. Der Kunde wird die Früchte dieser Anstrengungen ernten können. Sowohl am Point of Sale als auch in einer breiteren Palette von Modellvarianten, wie beispielsweise dem Tigra TwinTop und dem Astra TwinTop, der erstmals auf der IAA 2005 gezeigt wurde.

Schon heute zeigt sich an der Stabilisierung und dem leichten Anstieg des Opel-Marktanteils unter harten Wettbewerbsbedingungen, dass die Marke an Attraktivität gewonnen hat.

Carl-Peter Forster

President, General Motors Europe; Aufsichtsratsvorsitzender, Adam Opel AG

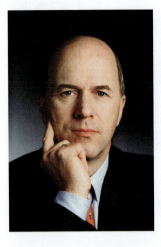

Carl-Peter Forster wurde am 9. Mai 1954 in London, Großbritannien, geboren und wuchs in London, Bonn und Athen auf. Er erwarb zwei Diplome, in Volkswirtschaftslehre an der Universität in Bonn sowie in Luft- und Raumfahrttechnik an der TU München.

Carl-Peter Forster begann seine berufliche Laufbahn 1982 als Unternehmensberater bei McKinsey & Company, Inc. München. 1986 wurde er Hauptabteilungsleiter für Planung, Steuerung und Materialwirtschaft im Versuchsfahrzeugbau des Entwicklungsressorts der BMW AG. Zwei Jahre später übernahm Forster die Verantwortung als technischer System- und Projektmanager für die 5er Baureihe. 1990 wurden ihm umfangreiche Aufgaben als Bereichsleiter Versuchs- und Vorserienfahrzeugbau im Entwicklungsressort der BMW AG übertragen. Von 1993 bis 1996 hatte er die Gesamtverantwortung für die 5er-Baureihe.

Internationale Führungserfahrung sammelte Forster von 1996 bis 1999 als Managing Director von BMW (South Africa) (Pty) Ltd. Sein Aufgabengebiet umfasste Marketing, Vertrieb, Fertigung, Einkauf und Finanzen. Von Februar 1999 bis März 2000 war er als Mitglied des Vorstands der BMW AG für die weltweite Produktion verantwortlich. Zusammen mit den Vorständen für Entwicklung und Vertrieb hatte Forster zudem die Leitung aller Fahrzeug-Entwicklungsprojekte inne.

Seit dem 18. Juni 2004 ist Carl-Peter Forster President von General Motors Europe (GME) und Aufsichtsratsvorsitzender der Adam Opel AG. Bevor er President von GME und Aufsichtsratsvorsitzender der Adam Opel AG wurde, war Carl-Peter Forster von April 2001 an Vorstandsvorsitzender und Managing Director der Adam Opel AG.

Kapitel 9

Managing Two Brands for Success: Peugeot and Citroën

One Group, Two Marques

Jean-Martin Folz
CEO of PSA Peugeot Citroën

PSA Peugeot Citroën will continue its strategy of internal growth, and will launch attractive Peugeot and Citroën vehicles with different personalities that draw upon the Group's innovative capacity and bring customers attractive, high-performance cars that respect the environment.

The history of PSA Peugeot Citroën has been marked by acceleration. Success of recent models of both brands Peugeot and Citroën in Europe, but also in more remote countries, has now made PSA Peugeot Citroën recognized as a key player of the automobile industry. In 2004, with world sales of 3 375 300 cars, PSA Peugeot Citroën was clearly the Number 2 car manufacturer in Europe. This situation, marked by a volume growth of 48 per cent between 1998 and 2004, attracted renewed attention on the Group and a strong desire to understand its factors of success.

One must always been cautious and modest in explaining success. First, success is never granted. Secondly, it is always the result of a number of factors. Some are internal: the right decisions were made and then enacted, the company's very specific historical culture and the role of the Peugeot family in providing a long term view to the management are surely essential factors along with the quality of all the people dedicated to the two brands and to the Group ... Others are external: the economic context may have been favorable, the choice of a geographical area for development proving fruitful because of its unforecasted rate of expansion, or the brands benefited from a temporary weaker proposition of competitors. Success in a company cannot either be allocated to one of its managerial functions alone. R&D, industrial management, logistics, commerce, financing, human resources and marketing are all intertwined in making success possible.

This book being dedicated to brand management in the automotive industry, we shall focus on some of the very significant facets of brand management at PSA Peugeot Citroën, which indeed in many respects has unique specificities. These specificities have been key drivers of our brands' success, through a repeated flow of strong new products able to attract demand in Europe and far beyond, from consumers who knew little about the brands. Before analysing these specificities, a small word of history is needed about the Group and its two brands Peugeot and Citroën, the main assets of the Group.

1. Two Heritage Brands: Peugeot and Citroën

The PSA Peugeot Citroën group was created in 1976 when Peugeot and Citroën merged. In doing so, the chance was given to pursue and develop on a European scale what had been two very different but remarkable automobile brands with a strong character and heritage. We shall synthesise their history and the key events of each brand which shaped their identity in order to make the reader feel their spirit.

Peugeot is the name of family installed since 1530 in Montpelier, in the east of France. At the beginning of the 19th century, from millers the family became industrialists, opening plants to produce band saws, springs, corset stays, tools and coffee grinders. In 1858, the Lion emblem appeared on Peugeot products. In 1885, at the

Managing Two Brands for Success: Peugeot and Citroën

initiative of Armand Peugeot, the company began to produce bicycles, tricycles, and quadricycles. In 1889, Armand Peugeot unveiled a Peugeot tricycle equipped with a Serpollet steam engine at the World's fair in Paris. In 1890, the first Peugeot quadricycle with a Daimler gasoline engines was produced. In 1900, output of the year totals 500 cars. In 1913, Peugeot manufactured half of the cars produced in France, won the Indianapolis 500 and sets a world speed record at 170,5 km/h. Peugeot won again at Indianapolis in 1916 and 1919. Other successful models were launched : the Peugeot Bébé Lion designed by Ettore Bugatti, the Quadrillette, and later in 1929, the Peugeot 201, the first model whose name included a 0 for the second digit, which is a practice still used today. It won the Monte Carlo rally in 1932, the year when the 301 was launched, setting an international record with a total of 2,650 kilometres driven in 24 hours. In 1938, annual output of Peugeot cars reached 500,000.

After the Second World War, the marque's first unibody, the 203 was introduced. Some 700 000 units were produced through 1960. In 1955, Italian designer Pininfarina created the 403, of which more than a million were produced through 1966. In 1959, Peugeot began series production of its first mass-produced diesel-powered model, 403. Since then, diesel became a key strategic lever of the company's growth and competitive advantage. In 1960, the 404 was introduced of which 1.5 million units were produced through 1976. In 1965, Peugeot introduced its first front wheel drive vehicle: the 204. In the meantime, the 404 Diesel one-seater sets 40 international records in its class. In 1968 the 504, the marque's premium model was introduced, then in 1972, the world's smallest sedan, the 104. In 1975, the 604 (V6) was launched: it sold more than 150 000 units till 1986.

At the time of the merger with Citroën, the ten-millionth Peugeot car was produced. A radical date in the history of the brand was February 15, 1983: the small 205 was presented for the first time. Its success was immediate and tremendous: more than one million cars sold in two years. This sporty, lively and very esthetic model reinvented Peugeot, a brand so far perceived by the public as making very reliable, long-lasting quality cars but lacking of strong personality. This car led Peugeot to win most of the rallies at that time. One particular model, 205 Turbo 16, became the flagship of the whole range, allowing Peugeot to win the World Rally and Driver's Championship in 1985 and 1986 and to win the Paris-Dakar rally in 1987.

In between, the brand had launched a series of new models, from the small 106, 106 electric, 306, 406... Most recently the launch of the 206 in 1998 re-established the success of the 205, as is the innovative 307, named «*Car of the year 2002*», the premium 607, and the expected 407 and 407 SW launched in 2004.

In 2004, Peugeot sold 2 027 200 cars, worldwide.

Picture 1: Peugeot 206

The history of Citroën is intimately tied to the personality of its genial founder: André Citroën who in 1919, after a visit to Ford, launched the first mass produced automobile in Europe, Type A, with 150 cars produced per day. A brand was born, with the chevron shape of gear teeth becoming the marque's symbol. In 1922, Citroën was the first French automobile manufacturer, with more than 21 per cent market share. Other successful cars were a three seated car, then the C6 which drove 25 000 kilometres in ten days at the average speed of 108 km/h. André Citroën mastered promotion as well as cars: he invented modern advertising. He had the Eiffel Tower illuminated with the brand name from 1924 till 1934 and associated the brand with famous and spectacular events. Furthermore, Citroën became synonymous with adventure and reliability because of its "Cruises": the "Black Cruise" in 1925, a distance of 20 000 kilometres between South of Sahara and Madagascar, the «Yellow Cruise» in 1931 in which 14 half track vehicles made the 12 000 kilometres between Beirut in Lebanon and Beijing in China. Unfortunately risky investments caused a financial crisis and the company was sold to Michelin. André Citroën died a few months later, on July 3, 1935.

In 1934, the first in the line of «Traction Avant» vehicles was launched, a revolutionary new model featuring an aerodynamic body, all steel self-supporting monocoque construction with no running-board, independent front and rear wheels, front wheel drive and hydraulic brakes. This car became one of the most famous cars of the period. In 1948, another revolutionary car was launched: the famous 2 CV, probably the most popular car in the world. When its production ended in 1990, 3 868 631 units of over 30 versions had been produced. 1955 was another milestone for the brand and the automobile world as a whole. The DS 19 was launched, another truly revolutionary car, for the higher market segments, with a unique fluid aerodynamic design, and two technical innovations: the power driven systems and the hydro-pneumatic suspension giving the car a very unique level of comfort, and of road holding. More than 1.4 million units of the DS were produced in 20 years. The brand introduced later a series of successful cars: Ami 6 in 1961 (over one million units sold in ten years), Dyane (an upgraded 2CV) in 1967 with 1.4 million units sold till 1983, GS in 1970 and a mythical SM (in cooperation with Maserati). In 1974, the very aerodynamic CX replaced the DS in the upper segment: the CX name refers to its exceptional coefficient of penetration in the air. It was elected "Car of the year" in 1975.

The models launched since then, were: Visa in 1978, BX in 1982, AX in 1986, XM in 1989, the first car ever to be fitted with an intelligent hydractive suspension, soon elected "Car of the year", ZX in 1991. This model became also assembled in China through a joint venture, the Dong Feng Citroën Automobile Company, created in 1992. Xantia replaced BX in 1993, an electric AX was launched in 1995, then Saxo in 1996, Xsara in 1997 whose Picasso model will become the flagship of the brand re-invention of itself in 2000. That same year Citroën unveils the C5, its future top-of-the-line sedan. The brand got involved in sport rallies again and became "Word Rally Champion" in 2003 and 2004 with the Xsara WRC. In 2002, the C3 was introduced, followed in 2003 by the remarkably versatile "Pluriel" version and the compact C2 in 2004, a year which saw the two major introductions of the C4 in two versions, a sedan and a coupé. In 2004, Citroën sold 1 348 100 cars throughout the world.

Picture 2: Citroën C3

2. Why Two Parallel Volume Brands?

It is now acknowledged that, in order to successfully cover a market, one probably needs more than one brand. The concept of brand portfolio has stemmed from this basic recognition. Since the markets are segmented, can one brand alone meet the demands of all the segments? Certainly, it is the goal of a broadline brand, by definition, to provide an answer to the demands of all product segments: from the small car segment to the medium or large car segments, including, if they are profitable, leisure cars for instance. Unlike the specialist brand that focuses on one specific segment, the broadline brand aims at a wide coverage.

A very distinctive character of the Group is the structure of its brand portfolio. Most automotive groups have chosen to organize their brands according to a price continuum, allocating each brand to specific price quartiles. This model was historically created by GM, proposing a wide array of brands from the popular Oldsmobile to the elitist Cadillac. In fact most automotive groups hosting many brands have chosen this structure of brand portfolio. PSA Peugeot Citroën did not: it decided to develop two broadline brands, each one having the same goals:

- to develop a full array of products
- to innovate both
- to become world brands both, even if as first step, Europe was the immediate market to conquer.

This structure of brand portfolio has remained unique for 25 years, starting in 1976 when Peugeot and Citroën were merged into one single group PSA Peugeot Citroën. Having no benchmarks within the automotive community, PSA Peugeot Citroën had to learn and discover by itself how to best manage two parallel broadline brands for profit.

Why in the first place make such a choice? First, because these two brands were originally volume carmakers themselves: Citroën, bought in 1974 from Michelin, had been famous developing remarkable cars at both ends of the spectrum, from the simple but so efficient 2CV to the futuristic DS to quote a few models still alive in the public's collective memory. Peugeot on its side, had a full range of cars too, more in the M1 and M2 segments. Each brand had its own commercial network, deeply integrated in the domestic market, and which constituted an essential competitive asset versus newcomers by their proximity to the clients. Each brand was very famous, had its fans, those who loved Citroën and those who loved Peugeot, with in fact little if no overlap between both groups. In this context, the alternative solution which would have consisted in creating a price difference between the brands, or allocating one to the lower and middle quartiles and the second brand to the middle and higher quartiles, appeared to lack rationality. There are in fact strong reasons to develop two broadline brands in parallel.

The first one starts with the clients: knowing that a car brand is much more than a marque on the hood of a car, but as we shall see later, a vision proposed about automobiles and beyond that a vision proposed about one self, it was evident that not all clients share the same visions. It was then natural to propose two deeply differentiated visions and automotive projects, which would constitute in fact the core of each brand identity. In other words PSA Peugeot Citroën organized its brand portfolio according to a client segmentation, not a price segmentation. This segmentation is attitudinal: it corresponds to two distinct set of expectations and relationship vis à vis cars, each exemplified by a brand and its unique set of values.

There were also strong economic advantages in developing two parallel broadline brands in Europe. Each one could access the critical size. In order to be able to make its own commercial network stand alone, each brand was proposing a real full range, thus gaining visibility, awareness and image. Industrially speaking, of course, the same platforms could be used for the models of both brands in the same segment (B, M1, M2 or High). But, in addition, thanks to phased launches of the new models of each brand within the same segment, the PSA Peugeot Citroën group was able to always have a recent car, from either of these two brands, within that very segment. Furthermore, knowing that the automotive market seems to be constantly marked by a series of ups and downs, this phased process, with three years between each launch, helped smooth the industrial operations and attenuate the effects of market variations. Finally, working on the same market segments for two brands, the costs of research, development and industrialization could be more easily amortized on these two parallel brands, than if a vertical organization of brands based on price had been chosen.

To be frank, PSA Peugeot Citroën discovered all these advantages as it proceeded through time and was thus reinforced in the choice it had made at the outset, although it was a very solitary choice. At the time of the decision, historical factors may have weighted more: inheriting two historically renowned broadline brands, the idea of maintaining this situation must have seemed natural. Also, the merger of the two former automotive companies in 1976, did create the conditions for the decision. An automotive industrial group was born, one had to draw all the advantages of such a group. But, here again it took time.

3. From a Holding to a Really Integrated Group

It took more than twelve years to realize that PSA Peugeot Citroën was insufficiently integrated. For instance, many years after the Group was created, the cars of each brand were still built in brand dedicated factories. Putting in common all that could be possibly done so, in order to reduce production costs and to maximize synergies was not fast enough. This was the source not only of high production costs but also of serious breaches in the differentiation between the two brands. For instance, in

1996 it became obvious that the Peugeot 106 and the Citroën Saxo were hurting the dual brand policy. Not only were the visible parts of these two cars too similar, but the invisible parts were too different, failing to provide the strong economies one would expect from a so called Group managing two brands. 1998 was then a turning point: the claim "one Group, two marques" had to become real. What the client did not see had to become common. On the contrary, what the clients saw or could experience had to be more differentiated. All producing units historically dedicated to a brand or another became Group units and were focussed on a platform. So were the R&D, long range planning, development strategy, not to speak of human resources, finance, …

Beyond creating the conditions of re-becoming cost competitive, the Group new organization could insufflate more resources and spirit to accelerate the rhythm of innovations, both brands having insufficient records on that respect. From mid-2004 to mid-2005, launch 10 new models will be launched representing potential full-year sales of more than a million units, meaning a replacement a third of the lineups. Also the conditions of a real brand differentiation were now met, with a clear control: although based on the same platform, there is not the slightest similarity between for instance the Citroën Xsara Picasso and the Peugeot Partner.

Picture 3: Peugeot Partner

4. PSA Peugeot Citroën's Vision About the Future of Broadline Brands

Managing a set of brands, especially a pair of broadline brands, within the same integrated industrial group creates the need to find a counterweight to all the hidden internal and external forces creating excessive convergence of the brands. In fact, instead of what were supposed to be parallel brands at the outset, one could observe, as in the 106/Saxo example, the product lines getting closer to each other, thus hurting the strategic objective of managing two brands: to provide a better coverage of the market than with a single brand strategy.

There do exist a lot of forces which unknowingly, implicitly create this tendency to converge, or at least to develop an excessive similarity, in particular for parallel broadline brands. In terms of organization, since much of the long term product plan is now defined at the Group level, it is based on the same analyses of the same data of the same market segments. Certainly, the process of long term product planning is not sequential: at PSA Peugeot Citroën, there are a lot of interactions between the brand organizational level and the Group level. The brands are naturally involved in this long term planning process. Another force towards convergence is the fact that R&D is now centralized, at the Group level. This is a chance: no brand alone could have afforded the resources and the level of investment needed. But this means that technical innovations will be often shared, in order to draw a faster pay back from their extended diffusion. Of course, conceptual innovations, those which in fact do relate most with the client's intimate relationship with cars are not immediately shared. They are naturally finding their way towards one or the other of the brands... Industrial platforms are the condition of economic viability: however they also create objective risks of too big a resemblance, if not properly controlled. The human factor is also adding to this risk. Walls are porous. Within the same group, even though all precautions have been taken, ideas do travel, designs too. Furthermore, it is a natural tendency of people to be interested in what the others within the same group are doing.

To create a counterweight to these risks, organization is set up to play a role. Thus Peugeot and Citroën are located at different sites. This maximizes brand identification within the brands' staff (35 000 persons in all, among the 140 000 persons of the Group's automobile division).This reinforces also the brand perception among the opinion leaders, the press, and the passionate loyal clients that the spirit of each brand is well alive, with all the means for its long term development. The commercial networks are separate, each one dedicated to one single brand, as when the brands were in fact competing and independent. Marketing, sponsorship and communication are fully located at the brand level too. As far as design is concerned, it is located at the Group level, however there are two separate full teams of designers, one for each brand.

Above all, to enact the strategy of creating the widest market coverage, thus resisting convergence forces, brands need a clear definition of their identity. This is all the most necessary as, being broadline, they are not used to think in terms of identities. In a broadline brand, typically, the products have a stronger character than the brand itself, which has an average profile as shown by image studies. This is normal, as a rule, a broadline brand will propose a number of optima, one per segment. Thus each model is endowed with features adapted to the expectations of the clients within each segment. As a consequence also, broadline brands give specific brand names to their models, in order to convey the model unique personality, unlike the specialist brands which give alphanumeric descriptors to the different models of their shorter range.

Managing two broadline brands led PSA Peugeot Citroën to get away from this usual approach. Furthermore the analysis of modern markets and the evolution of competition reinforced PSA Peugeot Citroën diagnosis that a disruption was most needed in the so far unquestioned practice of broadline car brands: despite the fact that they are broadline brands, Peugeot and Citroën too would need a strong brand identity, with a strong character. As evidenced by their history, they had the inner resources and heritage for it anyway.

What are some key characteristics of modern automotive markets in Europe:

- There are only strong brands left making good products: the sole guarantee function of a brand will not be enough in tomorrow's markets.

- Segments become themselves fractionated : there is more demand for variety.

- Many consumers are already equipped : they must be strongly stimulated to renew.

- Those buying a second car in the family accept to take more risks. The time of good cars but lacking character is over.

- Different brands from all over the world compete on standardisation and price.

- Specialist brands with high image now enlarge their range and become new competitors in the segments so far held by the broadline ones, with less image.

As a result, broadline brands themselves will have to provide far more value than before to the consumers in order to attract demand. How?

- First by increasing the rate of new products launches and diminishing the costs.

- Secondly models must be inherently conveying material but also immaterial values, they must be sources of deep inner pleasure and of consumer involvement: this is especially important for Peugeot and Citroën brands which are not yet enough known in many European countries.

- Finally a strong brand image is now necessary for profitable growth, providing immaterial rewards as well as material satisfactions to the consumers.

Now, the challenge and the innovation is how to build this stronger brand image for a broadline brand, which will add up to the models perceived value and justify their price, getting away from pure price competition? Only by repetition of a significant difference model after model, time after time. This does not mean that all models should look like each other: since each market segment has its own set of expectations, models must adapt to these demands. However there must be a common source of values strongly expressed throughout the whole range, and demonstrating that this is a different breed of cars.

5. Most Needed: Two Aspirational Brand Identities

The biggest problem of modern product development in many markets is that of convergence and technical lack of differentiation between competitors. There is a high risk in analyzing the same data from the same consumers through the same tools and survey institutes. The end result will probably be products that create a feeling of resemblance. To avoid this, marketers and product developers must certainly be consumer driven, but they must also paradoxically be more «brand driven». They must be guided by a set of values that belong to their brand exclusively and that will build an exclusive strong image through the different models of the range and through time.

This is most needed in our era of production on platforms: built out from common parts, it will be the dosage of these parts which will create the brand difference. Today brands are less built by technical differences than by the concept of automobile and of life they embody. As a consequence PSA Peugeot Citroën felt that its two broadline brands should behave like specialist brands. Their objective is to become the most specialized of the automotive car brands (or the most broadline of the specialist car brands). They have to provide meaning to the client in addition to products and services. One of the consequences of this strategic positioning is the choice of names for the models of each brand. As a rule, generalists give brand names to their models, and specialists do not. Peugeot and Citroën brands would behave like specialists too. Peugeot will continue to use its historical numerical identification system (106, 206, 307, 406, 607, 807 or more recently the 1007 …) referring both to the level in the range and the recency of the model. Citroën will return to its historical system. After a phase where, to boost their personality, Citroën had given brand names to its models (Xantia, Xsara), future models were simply called C2, C3, C4 … If the value lies from now on in the brand Citroën itself, the models represent levels of these values.

Picture 4: Citroën C8

Interestingly calling models by the letter C used to be the case in the early history of Citroën. However Citroën will still use names for special versions (Picasso or Pluriel for instance…) and in the light commercial segment (Berlingo…).

Based on the same platforms, the different dosage of common parts by each brand must be accentuated but guided by a long lasting vision, different and attractive for a large part of the clients. These visions must be made explicit, radical and maximize the difference between the two brands without hurting any of them. In order to become two successful brands, with international ambitions, both Peugeot and Citroën had to be both innovative, aspirational brands. In sum, they must be driven by a strong set of inner clear and unique values: this is called brand identity.

These values are most needed to guide product development, for engineers and planners. Market data give only half of the answer to their questions concerning what models to build: they tell what the consumers say they want, expect or hope, within each segment. Now, there remains a second half, unanswered: how should each brand re-interpret these same data *"à la Peugeot or à la Citroën"*. Only the knowledge of each brand identity will tell that second answer. Brand values are also much needed to help screen the innovations and attribute them to one brand or another, or to steer up creativity: one has more chances to find when one knows what is to be found. Brand values must be embodied in the models but also the services, the commercial network, the customers' relation management, and of course in sponsoring and communication. Finally, these values are guidance for design: the design of any Peugeot or Citroën models is the expression of its brand values adapted to the segment it competes in. Once it had been decided to give much more character to both brands, although they are broadline ones, it was normal that design would play a key role in the expression of this stronger character and had would become more radical. Design is what one notices first about a car and its brand. However the brand values do permeate the whole car concept from its architecture, its "feeling while driving", the feeling of the passengers, the in-board technology and accessories, …of course within the constraint of a targeted retail price coherent with the brands' price strategy.

A last point about PSA Peugeot Citroën brand strategy concerns targeting: as challenger brands in many countries Peugeot and Citroën do not aim at the non-involved consumers, driven only by price and equipment. This does not mean that Peugeot and Citroën aim only at the fans of cars, who will probably prefer a specialist brand. The target customer for both brands is an involved consumer willing to get material as well as immaterial benefits from his/her purchase. Each brand will play on a different source of consumer involvement.

6. What Brand Identity for Peugeot and Citroën?

In the automotive industry, there is a lot of data available concerning the images of each model, each brand in each European country, and on each consumer segment. We also know everything about the consumer expectations, segment by segment. However, brand identity is far less understood.

In a technological company like PSA Peugeot Citroën, it was felt that an external expertise was needed to make the brands identify what they had to mean in the long term, based on what they had been and on future competition in Europe and the world. To identify the identity of our brands and position them accordingly in the market in a way that maximizes market coverage, PSA Peugeot Citroën hired international brand expert Professor Dr. J.-N. Kapferer.

An added difficulty is that Peugeot and Citroën brand identities had to be both true, attractive, very distinctive versus competition, with a wide appeal, and precise enough to give strong signals and indications for the future products. Peugeot has redefined its identity in 1995 and due to product development time, one can now witness the results of this work through the 206 and its many innovations (206 CC, 206 SW…), the 307 (and its SW and CC versions) itself a radical change in the mid size segment, the 407 (and 407 SW) on the high segment … Citroën has completed its understanding of the brand identity in 2000. The C3, C3 Pluriel, C2 and C4 will be much more the expression of such identity.

The methodology they used can be summarized by one of J.-N. Kapferer's key quotes: *"Brand's inner truth lies within itself. Identity must be deeply rooted, not imposed. If a brand identity really exists, it must stem out of the brand's most significant models or acts through time: do they tell the same story? What underlying conception of life and of the automobile do they reveal. Once identified, the next question is: is it still relevant for the future of markets and modern competition? What value should be amended or added?"* [1].

What were through time the most significant cars or acts or facets of Peugeot, and how do they reveal a key specific vision, personality, set of values, in brief an identity? In fact, there are two distinct types of traces which have sedimented in the public collective memory

- those historically related to the quality, the safe side, the reliability of Peugeot. The identity bricks related to these dimensions are the ethics of Peugeot, the strong culture of quality in the eastern part of France where the factories were located, the family oriented sedan cars which became landmarks such as the 203, 403, 404, 504, and the fact that Peugeot as forerunner has consistently developed most of the innovations in diesel engines, at the source of the reputation of longevity of Peugeot cars.

- those more recent tied to the fantastic success of the 205, a small car bold, agile, very comfortable. But there is also a long lasting tradition of coupés cars (403, 404, 504, 406 Pininfarina designed) not to speak of the historical presence of Peugeot at Indianapolis and its remarkable participation in world rallies with the 205, the 504, the 206 and the 307.

Picture 5: Peugeot 307 CC

Instead of choosing between these two trails, it was decided to assume them both. Today and tomorrow, is there any long term chance for a car brand promising only reliability? On the other hand, a brand promising dynamism, aesthetics would be lacking the necessary feeling of responsibility, ethics, security, expected today by modern consumers.

This is why Peugeot ambition and positioning is to become the broadline brand promising the highest automobile pleasure, based on key values of quality (can there be pleasure if there is any feeling of risk or of lack of ethics), dynamism, esthetics and innovation.

This mission clearly calls for a very responsible brand, with high ethical standards, prompt to respect environment, always increasing security and reliability, …but the end goal of all this is pleasure, *"pour que l'automobile soit toujours un plaisir"*.

This is why the brand regularly innovates: in 1998, 406 was the first coupé car to receive a diesel engine HDi Common Rail, in 2000, the particle filter was put on the diesel engine of 607 and has now set a new standard for all manufacturers.

Finally one understands why the new Peugeot models have this very specific feline design, and have proposed conceptual and technical innovations boosting the pleasure of clients in each segment.

As to Citroën, this mythical brand has also a high number of traces that sedimented the public's memory in Europe and delineate the territory of meaning and values of this brand. Two types of associations come spontaneously to mind when one says Citroën:

- on the one hand, very innovative cars starting from the famous front wheel drive, but mostly referring to superb, hi tech, extremely aerodynamic and fluid cars (DS, ID, SM, CX), with an exclusive hydraulic suspension system that made the car stay flat even in the curves and greatly suppressed all the asperities of the road. These cars made the possession of a Citroën a much differentiating signal, expressing one's innovativeness and personality all around Europe.

- the second track however refers to strictly opposite cars: simple, all purpose, the prototype being the famous 2CV, then Dyane, Ami 6, Visa, Mehari, … Innovation here was not in the technology as above but in the concept.

Assuming this heritage, Citroën had to rebecome the innovative brand it once was, although less in the technology (very much shared among automotive brands now) than in the concept or type of cars. This is why Citroën ambition and intended positioning is to become (or re-become) *"the broadline brand creating the evolution of automobiles, prefigurating the evolution of society now and in the future"*. Hence its key values are:

- "well being", which is a general feeling of all passengers and of the driver of a Citroën car. The very typical Citroën suspension, hi-comfort, hi-passive security and tomorrow services will contribute to this feeling.

- "vitality", which means that the Citroën cars go far beyond the basic function of mobility, they have an habitability, a modularity, a versatility which makes them adapted to the many lifestyles today's consumers live.

- "expressivity": Citroën are unique in their design and express the personality of the drivers, their serene relationship to cars.

There is always a time lag between agreeing on one's identity, and embodying the latter in new models, services, relationships with clients, communication, retail merchandising. The recently launched Xsara Picasso, C3 or C4 are real expressions of these values. New models express fully this identity, both in the small cars segments and in the middle and high range: Citroën cars are designed for the well being of the consumers. Practical, versatile, and attractive, each model will set higher standards in comfort and reliability. They are creative and environment friendly.

Picture 6: Citroën C4

All in all, both brands address two different types of values, but mostly of relationship to automobiles, therefore to life itself. Interestingly, Peugeot values speak about the product, the object. Citroën has couched its values as person's values, they speak about the person.

At a deeper symbolic level, these two brands do tell two opposite stories and are not comparable: one speaks of earth and body, the other of air and spirit. Peugeot is about mastered strength and dominated civilized power: its symbol, no surprise, is a Lion. Citroën is about the elevation of automobile to more than an automobile: a sort of airplane by the feeling of security, of well being and the specific road holding, or a car that is thought and conceived for the new emerging life styles soon to become dominant. Citroën symbol aims at the sky: for semioticians, it refers to spirit and elevation, to progress.

One measures how, despite the communality of technical production platforms, these two brands will deliver very different consumer benefits through the typing of each model, the experience it will provide to the driver and the passengers, not to speak of exclusive systems of one or the other. Modern brands differ less by technology than by spirit, concept and vision.

7. The Future Challenges of Branding

Brand identity acts as a guide within the PSA Peugeot Citroën group: it is there to guide the future actions of each brand (products, innovations, design, services, experience at contact in the retail shops, relationships with clients …) along with information about changes coming from competition and changes of the clients' expectations. But there is a time lag between an image and a new identity. Identity builds the future. Inherited from past experiences, image defines the present perception held by consumers.

The first challenge is to increase the level of innovation within the Group, so that both brands become themselves perceived as more innovative and create more events per year. Innovation is the fuel of brands: now each brand will have to innovate according to its identity. Innovation is the only way to make the brand values relevant year after year, segment after segment.

The second challenge is to market the brands in countries where they have very different images: for some countries, they are received under the stereotype of "French cars" which is not always well perceived, in others they are unknown. At a time when everybody speaks of globalization of marketing, how should one do? Certainly our models have been conceived from the start to fit the expectations of all countries of the European market. However, penetrating these countries needs some amount of adaptation.

Also brands cannot behave the same way in countries where they have an historical strong presence (UK, Spain) and in countries where they are challengers (Germany). This concerns the specific products which will be sold in each country and the communication itself. Although PSA Peugeot Citroën aims at the same global positioning for each of the new models, the above realities call for pragmatism at the executional level to match the specific competitive situation of each of each brand in some countries.

Picture 7: Peugeot 407 SW

At a broader level of perspective, this adaptation challenge will soon concern the outer markets of Mercosur and of Asia, and primarily China. Some recent models have had real success thanks to their quality, originality and relevance to the expectations of modern consumers there. Now for the future, knowing that the Asian consumers like a typing of cars somehow different than do the European consumers, both brands are proposing specific typings: so did Peugeot with the 307 Sedan launched in China in 2004 to celebrate the re-introduction of the brand on this growing market, next to Citroën present since 1992 on the territory.

A third challenge is that of the balance between communality and differentation. As far as the product range is concerned, the idea is to create areas of temporary exclusivity. For instance, Peugeot has strongly developed its line of coupé cars. Citroën has rebuilt its identity starting on its exclusive minivan, Xsara Picasso. Of course, if a segment becomes a standard, the other brand will have to enter it, at some time. Another example concerns sport. Since both brands are parallel and aim both at becoming full brands, worldwide, they must benefit from the same resources, financial, technical, human but also in communication. Presence in sport is necessary for both. This is why both wish to be competing in rallies, and this is a consequence of our dual brand strategy. They end up competing in the same rallies and the results are certainly good for the Group.

The final challenge is that of the corporate brand and its relationship with the two car brands. Industrially, physically but also in terms of organization the Group is the car manufacturer. All factories are common, as are human resources management, finance, planning and development. How should one build the awareness and profile of the Group without hurting what makes its strength: its brands. Consumers will not buy a PSA Peugeot Citroën car, nor will they buy in a PSA Peugeot Citroën store: they dream of a Citroën or of a Peugeot. But when it comes to suppliers, opinion leaders, bankers, investors, the situation is less univocal. They have to know that these two brands are part of a larger player, with a history, a vision, a culture and unique resources. The choice of the Group name PSA Peugeot Citroën is very significant of the equilibrium we wish to find between the corporation and the brands.

Notes

[1] Kapferer, J.-N. (1998) *Strategic Brand Management*, London and New York

Bibliography

Kapferer, J.-N. (1998) *Strategic Brand Management*, London and New York

Kapferer, P., Gaston-Breton, T. (2000) *The Peugeot Saga*, Paris

Aaker, David (2000) *Brand Leadership*, New York

All about branding. (june 2001). Automotive World.

Jean-Martin Folz

CEO, PSA Peugeot Citroën

Jean-Martin Folz was born on 11 January 1947 in Strasbourg.

After completing his studies at the *Ecole Polytechnique* and the *Ecole des Mines*, he spent one year in Tokyo at the *Maison Franco-Japonaise*. In 1972, he began his professional career in a local office of the French Ministry of Industry. Between 1975 and 1978, he belonged to various ministerials staffs, and then was appointed Chief of Staff to the *Secrétaire d'Etat à l'Industrie*.

In 1978, he joined the Rhône-Poulenc group first as Plant Manager of the Saint-Fons unit. He later was appointed Deputy General Manager of the Rhône-Poulenc Specialty Chemicals Division.

Between 1984 and 1987 he was President of Jeumont-Schneider, a subsidiary of the Schneider group. He was appointed CEO of Péchiney in July 1987 and President of Carbone Lorraine.

In 1991 Mr Folz was appointed CEO of Eridania Béghin-Say.

He joined the PSA Peugeot Citroën group in July 1995 and was appointed Director of the Automotive Division in April 1996. He was appointed Chairman of the Managing Board of the PSA Peugeot Citroën group as of 1 October 1997. On that same date he also was appointed Chairman of Automobiles Peugeot, Automobiles Citroën and Banque PSA Finance.

Kapitel 10

smart – open your mind.

Die Kombination von Fahrspaß und Vernunft als Kern eines neuen Markenkonzepts

Andreas Renschler
Mitglied des Vorstandes, DaimlerChrysler AG

*Wie kaum eine andere Marke hat es smart geschafft,
mit Vertrauen in die Idee, Durchhaltevermögen der Anteilseigner
und kreativer Offenheit neue Wege zu gehen.*

1. Markenmanagement by smart

Starke Marken transportieren mehr als Botschaften über ein Produkt und seine Eigenschaften. Sie senden Signale über Lebensstil und Weltanschauung ihrer Kunden. Sie verbinden Käufer zu einer Gemeinschaft mit identischen Einstellungen.

Wer nach Coca-Cola verlangt, weiß, was er bekommt: Ein braunes Erfrischungsgetränk, das über seine Primärfunktion – den Durst zu löschen – hinaus auf wundersame Weise zufrieden stimmt. Dafür spielt sein Zuckergehalt, verantwortlich für die Ausschüttung von Endorphinen, nicht einmal die ausschlaggebende Rolle. Nein, wer Coca-Cola trinkt, saugt ein von der Marke transportiertes Lebensgefühl auf, empfängt die Eintrittskarte zu einer Welt jugendlicher Schönheit, spontaner Geselligkeit und Lebenslust. Über Generationen schon werden diese Markenwerte proklamiert und ungeachtet ihres gesellschaftspolitischen Umfelds von Menschen in aller Welt verstanden und geschätzt. Coca-Cola ist klassenlos und weit mehr als ein Durstlöscher. Warum aber gelingt es, mit dem Verkauf einer Brause eine allgemein verständliche Weltanschauung zu transportieren? Entscheidend sind wohl die klaren, einfachen und leicht verständlichen Markenaussagen, die dem Kunden helfen, sich aus dem Angebot vieler gleichartiger Getränke für das „Richtige" zu entscheiden. Und entscheidend ist sicher auch, dass die Marke sehr lange und weltweit präsent ist und viel Zeit hatte, ihre Markenbotschaften zu entwickeln und zu festigen.

Auf völlig anderem Territorium sind wir, wenn wir uns eine Marke wie Mercedes-Benz anschauen. Trotzdem verhält es sich mit der Automobilmarke Mercedes-Benz ganz ähnlich: Das hohe Ansehen der Marke mit dem Stern resultiert aus klar gezeichneten, sehr erstrebenswerten Markenwerten, nicht nachlassender Beweisführung in aktuellen Produkten und historisch gewachsener Kompetenz. In nunmehr 104 Jahren ist die Marke zu dem geworden, was sie heute ist: Eine Ikone, die mit ihren Werten die Positionierung der Persönlichkeit des Kunden verstärkt. Die Marke ist damit Glaubensbekenntnis.

Die Schlußfolgerung daraus? Starke Marken brauchen ganz eindeutig starke Produkte, sie brauchen eine klare, erlebbare und leicht verständliche Botschaft, und sie brauchen normalerweise vor allem eines: eine lange Historie.

Trotzdem gibt es neue, junge Marken, die mehr sind als bloße Modeerscheinungen, die ohne lange Geschichte den Sprung in die Welt der großen Marken schaffen. Wer ein Produkt von Apple erwirbt, weiß, was er bekommt. Ein von der Marke transportiertes Lebensgefühl, die Eintrittskarte zu einer Welt der Funktionalität, der Ästhetik und des Designs. Apple ist es gelungen, den Verkauf von Elektronik mit einer allgemein verständlichen und gleichzeitig eindeutig modernen Weltanschauung zu verknüpfen.

Als die Automobilmarke smart im Jahr 1997 mit ihrem ersten Produkt die ersten Schritte auf dem Parkett der IAA wagte, existiert noch kein Markenbild.

Es gewinnt jedoch erste Konturen, die sich aus der Kompetenz der beiden Jointventure Partner, der damaligen Mercedes-Benz AG und der Gesellschaft für Mikroelektronik und Uhrenindustrie AG (SMH), speisen. Erst allmählich und zunächst nur für wenige wird deutlich, dass die renommierteste Automobilmarke der Welt zusammen mit dem kreativsten Unternehmen der internationalen Uhrenindustrie ein Mobilitätskonzept entwirft, in dessen Mittelpunkt ein 2,50 Meter kurzes, zweisitziges Fahrzeug steht. Welche Impulse jeweils von den Gründergesellschaften SMH und Mercedes-Benz AG gesetzt wurden, ist im Rückblick schwer auszumachen. Dazu Prof. Jürgen Hubbert, im Vorstand der DaimlerChrysler AG verantwortlich für die Mercedes Car Group: „Fest steht, dass es smart ohne SMH Chef Nicolas Hajek heute nicht gäbe. Allerdings gäbe es smart mit Herrn Hajek auch nicht mehr". Im Jahr 1998 übernahm DaimlerChrysler die damalige MCC smart GmbH zu 100 Prozent.

Die Vorstellung des smart city-coupé irritierte die Öffentlichkeit und war begleitet von viel Skepsis in der Fachwelt: Wer braucht ein Auto mit nur zwei Sitzplätzen und konzipiert allein für urbane Ballungsräume? Und wer ist bereit, ein solches Auto zu kaufen, wenn er für das gleiche Geld einen Kleinwagen mit vier Sitzplätzen bekommen kann? Es wurde heftig und kontrovers debattiert, und als die ersten Fahrzeuge tatsächlich ins Schleudern gerieten, schien der Ruf der Marke nachhaltig zerstört – bevor die Produkte überhaupt auf der Straße sichtbar werden konnten.

Inzwischen sind das smart city-coupé und das smart cabrio mit über 500 000 verkauften Einheiten aus dem Straßenbild vieler Metropolen nicht mehr wegzudenken. Mit dem smart roadster und dem smart roadster-coupé ist eine zweite Modellreihe auf dem Weg. Nach dem smart für urbane Zentren transportieren diese beiden neuen Autos die Idee smart auf die Landstraße. Und auf der IAA präsentiert sich als dritte Baureihe der smart forfour: 1,25 m länger als das smart city-coupé, fünf Türen, vier Sitze und trotzdem ein echter smart.

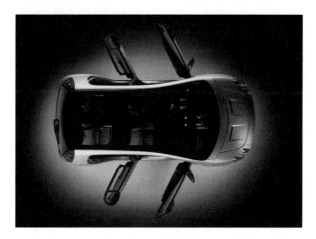

Abb. 1: smart forfour

Von weitem erkennbar an den unverwechselbaren Merkmalen, die jedes Fahrzeug der Marke auszeichnen: die pulverlackierte tridion-Sicherheitszelle, die kontrastierenden Body Panels aus leichtem Kunststoff und die hochgezogenen „Mundwinkel" der schmunzelnd anmutenden Kühlerfront. smart Automobile gelten mit diesen unverwechselbaren Merkmalen als frech, mutig, sympathisch, aber auch kompetent und innovativ. Die hohe spontane Wiedererkennbarkeit als Mitglieder der smart Familie verdanken die einzelnen Modellreihen reduzierten, immer wieder kreativ neu interpretierten Designthemen. Doch es wäre sicher „zu kurz gesprungen" wollte man Bekanntheitsgrad der Marke und Markterfolg auf sichtbare Sicherheitsphilosophie oder Designthemen reduzieren.

Gestartet war smart als Vision eines Mobilitätskonzepts mit angegliederter Automobilproduktion. Entstanden sind daraus viele interessante Ansätze einer verkehrsträgerübergreifenden Mobilität. Aber erst die Fokussierung auf das Automobil selbst hat smart zu einer wirklichen Alternative für den Käufer werden lassen.

Trotzdem genießen city-coupé Fahrer heute gewisse Privilegien, etwa durch strategisch günstige Parkplätze in Innenstädten, an Flughäfen oder durch Kombi-Angebote im Verkehrsverbund von Auto und Bahn, die als Signale für die Intelligenz der Marke wahrgenommen werden.

smart definiert sich nicht nur über seine Automobile, sondern wird als Idee und Weltanschauung erlebt und akzeptiert. Im Unterschied zu Marken aus der Tradition, deren Kraft sich vornehmlich aus der Produktkompetenz in der Historie und Gegenwart ableitet, verkörpert die Marke smart sieben Jahre nach der Auslieferung des ersten smart city-coupé an einen Kunden eine Welt, die deutlich über das Automobil hinausgeht.

smart ist smart, weil es möglich war, auf der Basis eines fundierten Know-how im Automobilbau, wie in der Produktionstechnik und Vermarktung, mutig Neues zu versuchen. Wer resümiert, welche Faktoren dafür verantwortlich sind, dass sich smart, anders als viele andere Marken in der Zukunft definiert, trifft auf fünf zentrale Kompetenzen für die Produkte, das Unternehmen und die Marke smart. Es lohnt deshalb, wenn man über Markenmanagement by smart nachdenkt, diese fünf Kernkompetenzen des Unternehmens genauer zu betrachten.

2. Die fünf smart Kernkompetenzen

2.1 smart Kernkompetenz Nummer eins: Zugehörigkeit zur Mercedes Car Group

Die Mercedes Car Group bündelt die Premiummarken der DaimlerChrysler AG. Premium wird dabei definiert als ein Set von Produkteigenschaften, die eine Spitzenposition in ihrem jeweiligen Marktsegment markieren. Die Nutzung von Ressourcen, Pro-

zessen und Technologien aus dem Markenverbund mit Maybach und Mercedes-Benz gibt dem Unternehmen smart Effizienz, Professionalität und Schnelligkeit und dem Kunden die Sicherheit, mit seinem smart ein wirkliches State-of-the-art-Fahrzeug zu erwerben. Beispiel hierfür ist etwa das serienmäßige Elektronische Stabilitätsprogramm ESP, das der Kunde in vielen Wettbewerbsfahrzeugen zum smart city-coupé noch nicht einmal als Sonderausstattung erwerben kann.

Darüber hinaus erfüllt smart im Markenverbund eine spezifische Funktion. Die Positionierung der Marke in Erreichbarkeit junger Kunden erlaubt, die Einsteiger ins automobile Leben anzusprechen und in die Welt automobiler Premiummarken einzuführen.

smart Fahrer und Fahrerinnen sind deutlich jünger als die anderer Marken. Mit zunehmendem Alter und wachsender Kaufkraft ändern sich Kundenbedürfnisse. Auch dann können sie von den Marken im Verbund weiter bedient werden. In diesem Sinne bildet smart das erste Glied einer Kette lückenloser Kundenbindung. Wer smart fährt, erfährt die Erbanlagen der Mercedes Car Group: Willkommen im Club!

2.2 smart Kernkompetenz Nummer zwei: eigenständige Markenkultur

Kaum ein Unternehmen, das nicht stolz auf seine Kultur oder die Kultur seiner Marke ist. So auch smart. Denn bei aller Eingebundenheit in die Vorteile eines großen Konzerns und in das Know-how eines Verbundes von Premiummarken gibt es eine eigenständige, aufgeschlossene, optimistische und damit smart typische Markenkultur.

Die Suche nach dem Erfolgsrezept für diese Neuem gegenüber stets offene Kultur, führt zu den Menschen im Unternehmen. Sie sind ein entscheidender Erfolgsfaktor der Marke smart und bestimmen mit ihrem täglichen Denken und Handeln den Auftritt der Marke und ihre Sympathien nach außen in entscheidendem Maße. 86 Prozent der Mitarbeiter haben bei einer im Jahr 2002 durchgeführten unternehmensweiten Mitarbeiterbefragung ihren eigenen Arbeitsplatz als einen der spannendsten Arbeitsplätze in der Automobilindustrie bewertet. smart Mitarbeiter identifizieren sich damit vergleichsweise stärker mit ihrem Unternehmen, ihrer Marke und ihren Produkten als die Beschäftigten anderer Unternehmen in der Branche. Mit Begeisterung tragen sie die Originalität und Innovationskraft ihrer Marke nach außen.

Woher stammt diese Motivation für das Unternehmen? Grundsätzlich sind smart Mitarbeiter besonders aufgeschlossen gegenüber Veränderungen. Ihre optimistische Grundhaltung hilft, neue Potenziale zu orten, überraschende Lösungen zu entwickeln, engagiert durchzusetzen und zu verbreiten. Die radikale Übertragung von Verantwortung, klar definierte und konsequent verfolgte Ziele, offene Kommunikation über alle Ebenen und eine flexible Vertrauensorganisation unterstützen die Mitarbeiter dabei und sichern ihnen den Freiraum, den sie brauchen, um ihre Ideen zu verwirklichen und ihr Unternehmen im Wettbewerb nach vorne zu bringen. So gelingt es, neue Prozesse oder Produkte schnell und zielorientiert voranzutreiben. Und so entsteht eine neue Fahrzeuggeneration wie der smart roadster und das smart roadster-coupé in nur 36 Monaten, von der ersten Skizze auf einem Streichholzbriefchen bis zum fertigen Kundenfahrzeug beim Händler. Und weil Schnelligkeit im Denken und Handeln heute als wettbewerbsrelevanter Produktionsfaktor gilt, zählt die Marke smart nach nur achteinhalb Jahren Marktpräsenz bereits zu den etablierten Automobilmarken. Mit der reifen Kraft der Mercedes Car Group im Rücken, dem Bewusstsein um die absolute Gültigkeit der gesetzten Ziele und dem nötigen Freiraum in der Umsetzung ausgestattet, ist das junge smart Team deshalb der überzeugendste Botschafter der Marke.

2.3 smart Kernkompetenz Nummer drei: konsequentes Markenmanagement

Konsequenz in der Umsetzung, diese Regel gilt auch und gerade in der Führung der Marke smart. Deshalb betrachten wir bei smart das Thema explizit als eine der fünf zentralen Kompetenzen des Unternehmens smart. Wo und wann immer sich neue Trends in den Kundenbedürfnissen abzeichnen, setzt bei smart sofort der Ideenfindungsprozess ein. Er stützt sich auf die klar definierten Markenwerte Innovation, Funktionalität und Lebensfreude. Diese entsprechen der smart Philosophie und reflektieren den Geist der Marke. Alle Handlungsfelder des Unternehmens werden von diesen Werten beeinflusst.

Abb. 2: Markenwerte smart

Die Marke smart lebt von ihrer emotionalen Ausstrahlung genauso wie von rational überzeugenden Werten wie Innovation und Funktionalität. Dabei überraschen smart Innovationen durch ihre Einfachheit und ihren unbedingten Kundennutzen.

Innovativ zu sein bedeutet dabei auch, Bekanntes neu zu interpretieren und mit mutigen Ideen fortzuschreiben. Ein zweisitziges Auto zu bauen ist per se keine Innovation. Kleinwagen für zwei Personen gibt es seit jeher. Auf einer Verkehrsfläche von 2,5 x 1,45 Metern aber ein Auto darzustellen, in dem zwei Personen die gleiche Bewegungsfreiheit wie auf den Vordersitzen einer Mittelklasselimousine vorfinden, in dem Sicherheitsstandards auf dem Niveau von Mercedes-Benz gelten und mit dem ein Statement für den verantwortungsvollen Umgang mit Ressourcen möglich ist – das ist eine markentypische Lösung. Dass auf gleicher Basis sogar ein Cabriolet mit einem elektrisch faltbaren Stoffdach folgt, unterstreicht, welches kreative Potenzial der unternehmerische Ansatz freizusetzen vermag. Und wo fast grenzenlose Kreativität gefordert und erlaubt ist, da verwundert es eigentlich kaum, dass die Kunden von der Marke auch noch ein Auto wie den völlig offenen, ohne Dach und herkömmliche Windschutzscheibe ausgestatteten smart crossblade nicht nur als Showcar, sondern als Serienprodukt erleben wollen – und nach nur 24 Monaten in limitierter Sonderserie von 2 000 Exemplaren auch kaufen können.

Abb. 3: Innendesign-Aufnahmen smart city-coupé und smart roadster (untere Zeile)

Auch auf einen konsequent spezialisierten smart Sportwagen scheinen viele Kunden gewartet zu haben. Davon zeugt die Marktakzeptanz der neuen smart roadster und smart roadster-coupé. Mit extrem niedrigem Schwerpunkt, sportlichem Heckantrieb und in Leichtbauweise ausgeführt, nehmen beide Versionen das seit mehr als 30 Jahren schlummernde Thema der kleinen Roadster wieder auf und interpretieren es zeitgemäß. Und kundenorientiert wird auch der kommende viersitzige smart forfour in der ausgetrockneten Nische sportlicher GTI-Fahrzeuge Wurzeln schlagen und dort in Disziplinen wie Fahrspaß und Fahrsicherheit neue Maßstäbe setzen.

Jeder smart ist unverwechselbar als solcher zu erkennen, sein Design verbindet Optisches mit Funktionalem. Dem Gestaltungsprinzip „form follows function" folgend ist sein Design nie Selbstzweck, sondern hat das Ziel, Funktion über eine klare Formensprache zu vermitteln. Beim smart city-coupé skizzieren Merkmale wie „klein von außen und groß von innen", die hohe Sitzposition, das bequeme Ein- und Aussteigen und natürlich die Glasdachkonstruktion oder das elektrische Cabrioverdeck die Bandbreite der funktionsorientierten und ausgesprochen cleveren Lösungen.

Auf einen hohen Sicherheitsstandard weist die bei jeder smart Baureihe grafisch hervorgehobene tridion-Sicherheitszelle hin: Ihre formale Geschlossenheit assoziiert innere Geborgenheit. Das smart safety concept by Mercedes-Benz basiert auf der innovativen Kombination von Knautschzonen, Verformungskompatibilität und Erhaltung des Überlebensraumes für die Passagiere durch eine steife Sicherheitszelle. Für den Kunden verständlich wird dieses Markenkennzeichen durch das Design der tridion-Zelle.

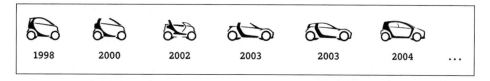

Abb. 4: Die tridion-Zelle macht Fahrzeugsicherheit erlebbar.

Ein anderes Beispiel erlebbarer Funktionalität ist das Lounge-Konzept, welches dem Interieur des künftigen smart forfour die Atmosphäre eines veritablen Wohnraums verleiht.

Das Gefühl von Fahrspaß und Lebensfreude, das in jedem smart steckt, ist ein individuelles Empfinden, das sich durch sehr unterschiedliche Merkmale definiert. So erzeugen beispielsweise die lichte Rundumverglasung und die positive Ausstrahlung des Frontdesigns beim smart city-coupé Sympathie und ziehen Blicke an. Aus kaum einem anderen Fahrzeug heraus gelingt es so spontan, Blickkontakt zu anderen Verkehrsteilnehmern herzustellen, etwa beim Warten an einer roten Ampel. Oder der smart roadster und das smart roadster-coupé: Sie lassen durch eine Kombination aus geringem Gewicht und entsprechender Motorleistung das Stichwort Leistungsgewicht in einer neuen Dimension und Bedeutung erleben. smart versprüht Lebensfreude. Und wer in jüngerer Vergangenheit die italienische Hauptstadt Rom besuchte, weiß, welches Auto dort angesagt ist: das smart city-coupé! Viele Römer wählen die – nach eigenem Bekunden – erfrischendste und zugleich funktionalste Art, mit dem smart city-coupé am Individualverkehr teilzunehmen.

Die Produkte von smart belegen die Markenwerte Innovation, Funktionalität und Lebensfreude zu 100 Prozent. Zugleich reflektieren sie die Lebenswelten der Kunden – und sie erlauben den Mitarbeitern die Identifikation mit ihrem Unternehmen. Beides ist ein wesentlicher Garant bei der schnellen Durchsetzung der Markenbotschaften. Die prägnante Zusammenfassung liefert der Markenclaim „open your mind.". smart hat die Offenheit und den Mut querzudenken, Bestehendes in Frage zu stellen, weiterzuentwickeln und kreativ neu zu kombinieren. Dies macht verblüffend neue und im positiven Sinne unkonventionelle Lösungen möglich. Und es erklärt, warum die Marke smart – nach einem äußerst schwierigen Start – heute für so viele tatsächlich *die* Alternative geworden ist.

2.4 smart Kernkompetenz Nummer vier: Kooperationsfähigkeit

Das Joint Venture der beiden in ihren Disziplinen und ihrer Unternehmenskultur so grundverschiedenen Unternehmen SMH und Mercedes-Benz AG verlangte von allen Beteiligten schon zu Beginn der Partnerschaft eine extrem hohe Kooperationsbereitschaft. Sie soll sich in den Folgejahren zu einer einzigartigen Unternehmenskultur auswachsen, die smart in seinem Umgang mit externen Partnern sowie beim Aufbau von Kooperationen stark prägt – und der Marke smart damit eine weitere Facette hinzufügt, sie in einer weiteren Perspektive reizvoll macht.

Bereits die Entwicklung des ersten Produkts, des smart city-coupé, zur Serienreife ist von außerordentlicher Kooperationsfähigkeit geprägt. So erlaubt es das innovative modulare Konzept des Fahrzeugs, Entwicklungsverantwortung in bisher unbekanntem Umfang auf zwölf international operierende kompetente Systempartner zu übertragen. Sie entwickeln komplexe Module und steuern diese eigenverantwortlich und just-in-sequence in den Fertigungsprozess ein. Damit geht ihre Funktion weit über die des klassischen Lieferanten hinaus. Sie mündet in die innovativste Automobilfertigung der Welt, den logistikoptimierten Industriepark smartville im lothringischen Hambach. Dort werden Erfahrungen aus dem Produktionsprozess für swatch-Uhren mit der Kompetenz von Daimler-Benz im Automobilbau zu einem in der Automobilfertigung bis dato einzigartigen Herstellungsprozess gebündelt. Mit nur zehn Prozent Fertigungstiefe wird zugleich eine Struktur mit in der Automobilindustrie völlig neuen Verantwortlichkeiten erreicht, die für smart zu höchster Flexibilität führt – und multikulturelle Offenheit zur täglichen Routine werden lässt. Auch die Partner profitieren davon. Den Anforderungen hoher System- und Prozessintegration folgend ist smartville kreuzförmig angelegt. Auf diese Weise fällt es den Partnern besonders leicht, ihre vorgefertigten Module in den Montageprozess einzusteuern. Das Resultat ist eine rekordverdächtig niedrige Montagezeit von weniger als fünf Stunden pro Fahrzeug. Und das in einer Qualität, die beispielsweise den smart city-coupé Dauertestwagen des Fachblattes „Autobild" am Ende der Testprozedur auf den zweiten Platz der ewigen Bestenliste gesetzt hat.

Auch die in jüngster Zeit eingegangene Kooperation mit dem Bottroper Tuningunternehmen BRABUS baut auf die Fähigkeit, Partnerschaften mit hoher Integrität einzugehen. Durch eine 50:50-Beteiligung von smart und BRABUS an der 2002 gegründeten smart-BRABUS GmbH wird die schnelle und effiziente Umsetzung von Produktideen ermöglicht und der Marke weiteres Potenzial erschlossen. Für den Kunden gewinnt die Marke smart dadurch zusätzlich an Attraktivität, er profitiert durch ein umfassendes Angebot von Komponenten zur Individualisierung seines Fahrzeugs sowie durch das Angebot von Top-Ausstattungslinien und kleinen hochattraktiven Sonderserien.

Die Offenheit für Kooperationen kennzeichnet den Start von smart, sie ist kennzeichnend für den bisherigen Weg des jungen Unternehmens und sie wird die zukünftige Geschichte von smart mitschreiben. Als erstes Projekt der Zusammenarbeit von DaimlerChrysler und der Mitsubishi Motors Corporation (MMC) ist der seit Frühjahr 2004 verfügbare smart forfour und das künftige New Compact Car von MMC in einem weitreichenden Entwicklungsverbund entstanden. Kennzeichnend für dieses Projekt ist die intelligente Nutzung des Entwicklungs-Know-hows beider Unternehmen. Trotz des unvoreingenommenen Austauschs von Komponenten sind bei maximaler Nutzung von Synergien und Skalenvorteilen zwei Automobile entstanden, die sich deutlich voneinander unterscheiden. Der smart forfour bleibt ein hundertprozentiger smart, sein extrovertiertes Design ist nicht zu übersehen, die tridion-Sicherheitszelle macht den hohen Sicherheitsstandard für den Kunden sichtbar, austauschbare Bodypanels aus leichtem Kunststoff sorgen für ein neues Erscheinungsbild im Small Car Segment, und bisher der automobilen Oberklasse vorbehaltene Technologien, wie beispielsweise ein Multifunktionslenkrad, unterstreichen den Premiumanspuch des neuen Automobils.

2.5 smart Kernkompetenz Nummer fünf: Wachstum schaffen, mittelständisch bleiben

Ein mittelständisch geprägtes Unternehmen kann sich schnell und bei Bedarf unkonventionell im Wettbewerb bewegen. Trotz seiner hundertprozentigen Zuhörigkeit zum DaimlerChrysler-Konzern ist es dem Unternehmen smart auf seinem bisherigen Weg gelungen, diese Tugenden für sich zu reklamieren und aktiv zu leben. Die Gründe dafür liegen zum einen in der bis heute überschaubaren Größe des Unternehmens, zum anderen aber in seiner spezifischen Führungskultur. Nachdem die Euro-Umsatzmilliarde im Jahr 2002 überschritten wurde, gilt es an den gestellten Aufgaben weiter zu wachsen, ohne dabei die Vorteile unternehmerischer Mittelständigkeit aufzugeben. Bei wachsendem Markterfolg und Mitarbeiterstamm wird smart deshalb seine schlanke Organisation verteidigen, auch wenn es künftig gilt, drei verschiedene Baureihen vom smart city-coupé bis zum smart forfour und eine ständig wachsende Zahl von Märkten zu bearbeiten. In seiner mittelständisch schlanken Organisation liegt ein entscheidender Wettbewerbsvorteil, den smart bewahren und weiterentwickeln wird.

Als besonderes Merkmal mittelständischer Unternehmenskultur gilt, fortlaufend Veränderungen zuzulassen, besser noch aktiv zu fördern. Entscheidungen, die nach der 80/20 Regel getroffen werden, können schneller fallen. Sie müssen in ihrer Umsetzung aber außergewöhnlich gründlich und konsequent begleitet werden. Dabei gehen die Mitarbeiter bei smart auf Prozess- und Produktentstehungsebene Risiken ein, deren mögliche Auswirkungen sie mit Verantwortung und Augenmaß verfolgen. Dies alles bedingt durchlässige Hierarchien und verlangt vom Management großes Vertrauen in die Kompetenz von Mitarbeitern, die sich etwas zutrauen. Dass smart als inzwischen – zugegebenermaßen – auch komplex gewordenes Unternehmen mit einem breiten Produktangebot, Produktionsstätten in Frankreich und den Niederlanden und einer Marktpräsenz in bald 30 Märkten mit nur fünf Geschäftsführern auskommt, unterstützt die Entscheidungsfreudigkeit des Unternehmens – und damit den Pulsschlag seiner Entwicklung.

3. Fazit

Was mit der Marke smart gestartet war als Micro Compact Car AG unter dem Slogan „reduce to the max" („rttm"), ist heute als smart gmbh mit dem claim „open your mind." fester Bestandteil der in der Mercedes Car Group geführten Premiummarken des DaimlerChrysler-Konzerns. Dies alles war nach einem Start mit vielen Fragezeichen nicht in die Wiege der Marke gelegt. Aber wie kaum eine andere Marke hat es smart geschafft, mit Vertrauen in die Idee, Durchhaltevermögen der Anteilseigner und kreativer Offenheit neue Wege zu gehen und dabei das Unternehmen und die Marke mit einem alle Prozesse und Produkte umfassenden Markenmanagement zu einer begehrenswerten und wertvollen Marke zu entwickeln. Die wahrscheinlich jüngste Automobilmarke hat sich damit in sehr kurzer Zeit mit Konsequenz in der Umsetzung und Geschwindigkeit in der unternehmerischen Entwicklung fest in vielen Märkten der Welt etabliert.

Mit der Einführung des smart forfour wurden neue Zielgruppen für die Marke erschlossen und dem Unternehmen neue Wachstumspotenziale eröffnet. Und auch der weitere Weg der Marke ist schon fest geplant: ab 2006 wird ein weiteres smart typisch überraschendes Fahrzeug der Marke smart im brasilianischen Juiz de Fora von den Bändern rollen und für smart den weltgrößten Automobilmarkt, die Vereinigten Staaten von Amerika, öffnen. Die Persönlichkeit von smart wird sich mit dem neuen Modell weiter entwickeln und weiter an Kontur gewinnen.

smart – open your mind.

Andreas Renschler

Mitglied des Vorstandes, DaimlerChrysler AG

Andreas Renschler ist seit dem 1. Oktober 2004 Vorstandsmitglied der DaimlerChrysler AG und verantwortlich für das Geschäftsfeld Nutzfahrzeuge. Darüber hinaus ist er Mitglied des „Board of Directors" der Mitsubishi Fuso Truck & Bus Corporation.

Renschler wurde am 29. März 1958 in Stuttgart geboren. Nach der Fachhochschulreife studierte er von 1979 bis 1983 Wirtschaftsingenieurwesen an der Fachhochschule für Technik in Esslingen mit dem Abschluss Diplom-Wirtschaftsingenieur. Von 1984 bis 1987 studierte er an der Eberhard-Karls-Universität in Tübingen Betriebswirtschaftslehre, wo er auch seinen Hochschulabschluss als Diplom-Kaufmann machte. 1988 trat Renschler im Bereich Organisation und Datenverarbeitung in die ehemalige Daimler-Benz AG ein.

Bisherige Positionen im Unternehmen:

- Executive Vice President MCG Business Unit smart, Vorsitzender der Geschäftsführung der smart GmbH, 10/1999

- Senior Vice President, Personalentwicklung, DaimlerChrysler AG, 01/1999

- Mitglied des Direktionskreises, Vorsitzender der Geschäftsführung und CEO, MBUSI Tuscaloosa/USA, 1997

- Vorsitzender der Geschäftsführung und CEO, MBUSI Tuscaloosa/USA, 1996

- Projektleitung Multiple Purpose Vehicle (MPV), MBAG Zentrale, 04/1993

- Assistent des Vorstandsvorsitzenden, MBAG Zentrale, 01/1993

- Assistent des stellvertetenden Vorstandsvorsitzenden, MBAG Zentrale, 1992

- Unternehmensplanung, MBAG Zentrale, 1991

- Hauptsekretariat, MBAG Zentrale, 1989

- Organisation und Datenverarbeitung, DBAG Werk Sindelfingen,1988

Kapitel 11

Marken, Märkte und Prozesse – Volkswagen AG

Kundenorientierte Unternehmensführung in der Automobilindustrie

Dr. Bernd Pischetsrieder
Vorsitzender des Vorstands, Volkswagen AG

Der Wurm muss dem Fisch schmecken, nicht dem Angler.
(Dale Carnegy)

Mehrere Marken in einem Konzern zu vereinigen und einem gemeinsamen Geschäftsziel unterzuordnen, bedeutet weit mehr, als nur nach Märkten und Kunden zu differenzieren. Genauer betrachtet, sind die einzelnen Marken wiederum „Teilkonzerne", die auch untereinander in komplexen Geschäftsbeziehungen stehen. Mehrmarkenstrategie in der Automobilindustrie geht daher weit über das Management eines „Multi-Marken-Produktportfolios" hinaus.

Aus dem Puzzle von Kundensegmenten, Produkten, Prozessen und Strukturen muss sich das Bild einer harmonischen Komposition ergeben, das den langfristigen Geschäftserfolg zeigt. Dabei sind gerade die Flexibilisierung und der Aufbau einer konzernweiten Prozesskompetenz von entscheidender Bedeutung, um das Bild immer wieder an Märkte und Kunden anzupassen und um neue, Erfolg versprechende Optionen zu erschließen.

1. Historische Entwicklung

Die Entwicklung der Volkswagen AG wie auch der meisten vergleichbaren Konzerne ist selbstverständlich nicht das Ergebnis einer einzigen, über Jahrzehnte sich bewährenden Strategie. Zu jeder Zeit musste man Märkte bedienen, die sich rasch veränderten und entsprechend schwer zu prognostizieren waren. Zu jeder Zeit gab es aber auch Chancen, die es zu nutzen galt, und Risiken, die man eingehen musste.

1.1 Die Entstehung der Produktmarke des „Volkswagen Käfer"

Bewusst ist im Zusammenhang mit dem Käfer von der „Entstehung" der Produktmarke Volkswagen die Rede. Von einer gezielten „Schaffung" der Marke kann zu Anfang der Nachkriegsunternehmensgeschichte überhaupt nicht die Rede sein. Eher schon wurden die Wolfsburger von ihrem Erfolg überrascht.

Nach der Wiederaufnahme der Produktion unter der britischen Verwaltung des Werkes Wolfsburg wurde im März 1946 der tausendste Käfer gebaut. Bereits 1947 begann der erste kommerzielle Export mit fünf Fahrzeugen für die Niederlande.

Der Käfer traf gleich zweimal den Nerv der Zeit. Im Deutschland des frühen Wirtschaftswunders und im Nachkriegseuropa stand das einfache, günstige und robuste Auto für die „Demokratisierung der Mobilität". Damit wurde der Käfer zum Symbol des deutschen Wirtschaftswunders. Schon früh zeichneten sich Markenattribute ab, die bis heute Gültigkeit haben. Es waren vor allem „Werthaltigkeit" („Da weiß man, was man hat.") und Zuverlässigkeit („... und läuft und läuft und läuft ...").

In den USA wurde der Käfer zu einem Synonym für Andersartigkeit, mit dem der Käufer ein gesellschaftliches Signal setzte. Bis heute führt dieses Erbe dazu, dass der New Beetle in den USA ein deutlich größeres Potenzial als „Fun Car" hat als in Deutschland.

Schon früh folgten erste Derivate auf Käferbasis, z.B. das Hebmüller-Cabriolet. Damit erschloss man weitere Kundensegmente, ohne das technische Grundkonzept verändern zu müssen. Obwohl auch bis heute alle Zahlen zeigen, dass Deutschland der Heimatmarkt der Marke Volkswagen ist, erreichte die Exportrate bereits im Jahr 1950 die 50 Prozent-Marke.

1.2 Entstehung des Produktportfolios

Wenn auch die Wahrnehmung anfangs noch stark auf den Käfer fokussiert war, wurde die Modellpalette doch bald – ohne die Technik des Käfers – um den Transporter erweitert. Bei gleichzeitig hohem Bedarf übertrugen sich die Werte des Volkswagens schnell auf die leichten Nutzfahrzeuge. 1955 folgte eine zusätzliche Erweiterung durch das Karman Ghia-Coupé und spätere Cabriolet-Derivate. Erst zu dieser Zeit beginnt die Marke „Volkswagen" gegenüber den Produkten in der Vordergrund zu treten.

Mit der Präsentation des VW 1500 auf der IAA 1961 verfügt VW über eine neue Modellreihe; 1968 kommt der VW 411 hinzu. Auch die Transporter-Reihe wird – durch einen Kleinlieferwagen – verstärkt. Aus dem Nukleus eines einzigen Produktes ist ein Produktportfolio geschaffen worden. Käfer und Transporter werden dabei zu Welt-Konzepten mit – zu einem sehr frühen Zeitpunkt errichteten – überseeischen Produktionsstätten.

1.3 Von der Marke VW zum Volkswagen Konzern

Es ist heute nur schwer abzuschätzen, ob dieses Produktportfolio noch zu erweitern gewesen wäre. Sicher wäre Volkswagen aber bald an eine Grenze gestoßen, da sich die Marke von ihrer historischen Rollenzuweisung her an ein begrenztes Kundensegment richtete.

Mit der Übernahme der Daimler-Benz-Tochter „Auto Union GmbH" im Jahr 1965 wurde diese drohende Begrenzung durchbrochen.

Gestützt durch eine erfolgreiche Kooperation mit der Seat S.A., folgte 1986 deren Übernahme als eigenständige Marke nach dem Rückzug von Fiat. Gleichzeitig begann eine rasante Internationalisierung unter dem Vorstandsvorsitz von Carl H. Hahn, bei der neue Märkte erschlossen und der internationale Fertigungsverbund ausgebaut wurden.

1982 legte man mit dem ersten Joint Venture in China in Form eines Probe-Montage-Vertrags die Grundlage für den Erfolg in einem der heute wichtigsten Märkte für den Volkswagen-Konzern.

1991 wurde Skoda als vierte eigenständige Marke in den Konzern eingegliedert. Auch hier stand das Ziel der Erschließung neuer Märkte im Vordergrund. Die optimistischen Absatzprognosen wurden zunächst durch den wegbrechenden osteuropäischen Markt gebremst. Die Ausweitung in das Luxussegment erfolgte 1998 durch die Einbeziehung der Marken Rolls-Royce/Bentley, Lamborghini und Bugatti in den Konzern. 2002 ging die Marke Rolls-Royce an BMW; Bentley wird auf der Basis neuer Produkte neu aufgeladen.

Dieser globale Markenverbund mit seinen unterschiedlichen Produkten, Technologien und Prozessen birgt eine enorme Komplexität in sich. Selbst innerhalb der Marke Volkswagen standen eine Vielzahl technischer Lösungen nebeneinander, die die Kostenseite sehr belasteten. Die konsequente Umsetzung einer konzernweiten Plattformstrategie hat diese Komplexität reduziert, und sie erlaubt dennoch flexible Derivate. So gelang unter dem Vorsitz von Ferdinand Piëch die wirtschaftliche Sanierung des Konzerns.

Als weitere Abrundung wurde durch eine Kapitalbeteiligung an Scania die „Option" auf ein Geschäft mit schweren LKW eröffnet.

2. Die strategischen Herausforderungen auf dem Automobilmarkt

Es gibt eindeutige Anzeichen dafür, dass sich die Wettbewerbssituation in der Automobilindustrie grundlegend verändern wird. So wird der Wettbewerb der Marken in fast allen großen, klassischen Automobilmärkten zukünftig durch Sättigung geprägt sein.

Langfristig geringes Wachstum, wie in Europa zu erwarten, Stagnation oder gar rückläufige Gesamtmärkte, wie sie die Lage der letzten Jahre in Südamerika kennzeichnen, führen automatisch in einen verstärkten Verdrängungswettbewerb. Trotzdem oder gerade deshalb entwickeln alle Hersteller Marktdurchdringungsstrategien mit dem Ziel, neue Segmente zu gewinnen. Ebenso wird der Konzentrationsprozess in den kommenden Jahren voranschreiten. Die Folge ist die punktuelle Entstehung von Überkapazitäten. Experten schätzen diese auf ca. zehn bis 15 Prozent des Produktionspotenzials der gesamten Automobilindustrie.

Andererseits gewinnen Märkte in Asien und Osteuropa an Bedeutung. Diese zukünftigen Schlüsselmärkte besitzen jedoch andere Kundenstrukturen und Marktsegmentierungen als die klassischen Absatzmärkte in Europa und USA.

Mittel- bis langfristig ist in der Automobilindustrie auch eine Veränderung der technischen Basis zu konstatieren. Damit einher geht die Veränderung der Schlüsselqualifikationen und Kernkompetenzen im Automobilbau. So ist nicht nur mit der marktreifen Entwicklung und Umsetzung neuer Antriebstechnologien und damit mit einer neuen Wettbewerbssituation zu rechnen. Durch die zunehmende Einbeziehung von Systemlieferanten in die Forschung und Entwicklung neuer Produkte und durch den damit verbundenen vereinfachten Know-how-Transfer auf andere Kundenmar-

Marken, Märkte und Prozesse – Volkswagen AG

ken verliert die klassische technische Kompetenz als alleinige Wettbewerbsschranke zunehmend an Bedeutung. Auch aus diesem Grund hat man sich auf das Aufkommen neuer Wettbewerber einzustellen.

Auch im Volkswagen-Konzern muss sich damit die strategische Ausrichtung ändern, wenn Marktanteile gewonnen und ausgebaut werden sollen.

Ein gutes Beispiel hierfür ist die Elektronik-Strategie, die der Entwicklung Rechnung trägt, dass in Zukunft ein Großteil der Innovationen in Fahrzeugen aus dem Feld der Elektronik stammen wird. Hierzu wurde in den Forschungsbereichen die Elektronikkompetenz massiv aufgebaut; ferner wurde das Elektronik-Kompetenz-Zentrum gegründet.

2.1 Die konsequente Umsetzung kundennaher Fahrzeugkonzepte

Die Lebenssituation unserer Kunden und damit auch ihr Anspruch an ihre Fahrzeuge hat sich in den letzten Jahrzehnten verändert. Automobile dienen heute nicht allein der Fortbewegung und dem Prestige des Fahrers. Der Kunde will mal ein Fahrzeug für seine Freizeitaktivitäten; er will die familienfreundliche Großraumlimousine nutzen, den Komfort für lange Reisen genießen oder das Abenteuerpotenzial eines Geländewagens ausprobieren. Dies führt einerseits zur stärkeren Ausdifferenzierung klassischer Fahrzeugsegmente und andererseits zur Etablierung neuer flexibler Fahrzeugkonzepte.

Nicht von ungefähr werden auch viele neue Produkte des Wettbewerbs damit beworben, dass sie eine „neue Klasse" definierten. Eine solche beginnt oft in einer Nische, die dann schnell wächst, bis sie die kritische Masse für ein breites Phänomen bildet. Volkswagen ist dies beispielsweise mit dem Golf gelungen, der seiner Klasse den Namen gegeben hat. Man kann sicherlich sagen, dass der Golf zu Anfang im Markt einem MPV nicht unähnlich war: Ein zweckmäßiges, flexibles Auto, dem es gelang, sich in allen sozialen Gruppen zu etablieren. Mit dem GTI glückte sogar die Demokratisierung des Sportwagens – ein seinerzeit nicht erwarteter Erfolg. Auch mit der fünften Generation des Golf wird dieses Automobil-Konzept unbestritten das Kernprodukt der Marke Volkswagen bleiben.

Inzwischen sind aber auch andere Segmente entstanden, wie beispielsweise der SUV oder die Crossovers, die beide versuchen, unterschiedliche, teilweise sogar klassische Gegensätze darstellende Produktattribute miteinander zu verbinden. Der Einstieg in Nischen begünstigt daher nicht nur eine Erweiterung der Marktabdeckung, sondern ist immer auch eine Option auf die Entstehung einer neuen Klasse oder eines neuen Segments.

2.2 Die Investition in Wachstumsmärkte

Ganz ähnlich verhält es sich im regionalen Wettbewerb. Zu den Zeiten des ersten chinesischen Joint Ventures war dieses nichts weiter als eine Option: mit Risiken behaftet, aber auch mit einem gigantischen Potenzial. Nun stehen wir vor der Massenmotorisierung Chinas und können unseren frühen Einstieg Gewinn bringend nutzen. Erstmals war China im Jahr 2001 der größte Absatzmarkt mit den höchsten Wachstumsraten im Volkswagen-Konzern. Doch die Konkurrenz ist längst auf dem Plan, und die zukünftige Nutzung dieser Erfolgspotenziale wird davon abhängen, ob es gelingt, durch gezielte Investitionen in die Produktpalette und durch strukturelle Anpassungsprozesse im Auftritt der Marken unsere Schlagkraft zu verbessern.

Gleiches gilt für den südamerikanischen Markt. Trotz der gegenwärtigen volkswirtschaftlichen Schwächen beinhaltet auch dieser Markt unverändert große Wachstumspotenziale. Auch hier gilt es, die Marktführerschaft des VW-Konzern neu zu etablieren und auszubauen.

3. Die Mehrmarkenführung

Der Volkswagen-Konzern stellt sich als ein heterogener Konzern mit acht Fahrzeugmarken dar, die in den einzelnen Segmenten, in den Regionen, ja in einzelnen Ländern unterschiedlich etabliert sind. Gleiches gilt für die Produktionskapazitäten und den Marktauftritt. Hinzu kommen das erfolgreiche Engagement im Nutzfahrzeugbereich, die Beteiligung an Scania und die eigene LKW-Produktion für den südamerikanischen Markt.

Es ist richtig, dass das Ausnutzen von Synergien auf der einen und die Abdeckung verschiedener Märkte auf der anderen Seite entscheidende Erfolgsfaktoren im kommenden Automobilmarkt sind. Erst die Abdeckung der unterschiedlichsten Segmente, die Kombination von Großserien- und Kleinserienfertigung, von preiswerten Einstiegs- bis hin zum Premiumfahrzeug liefert einem Konzern genug Elemente, um flexibel auf Märkte und Kunden reagieren zu können.

Um diesen Herausforderungen in der Automobilindustrie auch zukünftig gewachsen zu sein, um einerseits Kannibalisierungseffekte und Überkapazitäten zu vermeiden und andererseits für den Kunden klar erkennbare Markenprofile zu haben, bedarf es jedoch der gemeinsamen Führung der Marken. Damit ist klar, dass der VW-Konzern sich nicht auf eine Rolle als Finanzholding der Einzelmarken zurückziehen kann.

Marken, Märkte und Prozesse – Volkswagen AG

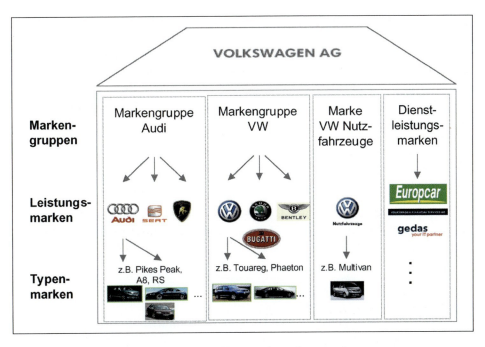

Abb. 1: Herausforderung Mehrmarkenstrategie

3.1 Gemeinsam Prozesse lernen und organisieren

Der Kauf zusätzlicher Marken und der Aufbau internationaler Fertigungspotenziale reichen als langfristige Erfolgsgaranten nicht aus. Wenn Firmen zusammengehen oder über kulturelle Grenzen hinaus wachsen, so wird häufig die Inkompatibilität von Prozessen, Systemen und Kulturen als größte Herausforderung genannt. Dies gilt auch für den Volkswagen-Konzern. Der Erfolg der Mehrmarkenstrategie ist wesentlich davon abhängig, dass es gelingt, auf dem Papier vorhandene Synergieeffekte und Lernkurven tatsächlich zu nutzen. Dass dies kein leichtes Unterfangen ist, zeigen die vielen weltweiten Unternehmenszusammenschlüsse, bei denen solche zunächst angenommenen positiven Effekte nicht oder nur sehr zäh realisiert werden konnten. Für den VW-Konzern bilden die Prozessbeherrschung und das enorme Lernpotenzial, das gerade in unterschiedlichen Abläufen zwischen Volumenmarken und Kleinserie liegt, eine enorme Flexibilitätsreserve, die entscheidend für die zukünftige Automobilproduktion sein kann.

Ein Beispiel hierfür ist die Auto 5000 GmbH, die innerhalb des Konzerns und sogar innerhalb der Marke Volkswagen einen geschlossenen Prozess darstellt. In einer einzigartigen Organisation wird in einer „Lernenden Fabrik" mit eigenem Tarifgefüge am Standort Wolfsburg der Touran gefertigt und vermarktet. Hier wurden alle Lernpotenziale, die der gesamte Konzern bietet, zusammengeführt. Die Größe dieses Erfolgs ist nicht allein durch den Verkauf des Touran am Markt zu beziffern. Es ist hier das gelungen, woran viele bisher gescheitert sind: der schnelle Aufbau einer flexiblen Einheit, die Produkte hoher Qualität sehr wirtschaftlich liefert. Der Beweis, dass dies im Hochlohnland Deutschland möglich ist, wäre damit schon beinahe gelungen. Der Ausblick mit der Frage jedoch, wie eine derartige Prozesskompetenz auch an anderen Standorten der Welt schnell und wirtschaftlich eingesetzt werden kann, lässt erahnen, welche Bedeutung die Auto 5000 GmbH hat.

Ein wesentlicher Aspekt hierbei ist, die Prozesskompetenz für den ganzen Konzern auszubauen und nutzbar zu machen. Verantwortliche Positionen in einem weltweit operierenden Unternehmen bilden eine ausgezeichnete Basis für die Entwicklung einer Führungsmannschaft, die diesen Prozesstransfer leisten kann. Management- und Expertenqualifikationen wachsen dabei immer stärker zusammen. Die Organisation in Projekten und flexiblen temporären Strukturen wird dabei von entscheidender Bedeutung sein.

3.2 Markendifferenzierung

Die sinkende Markenloyalität der Kunden wird oft als ein wichtiges Argument für eine Angebotsausweitung in mehreren Marken angeführt. Es ist richtig, dass Kaufentscheidungen in vielen Bereichen auch über verschiedene Marken hinweg getroffen werden. Das gilt gerade im Automobilmarkt, wo jedem Kunden eine Vielzahl von Tests und Vergleichen zur Verfügung stehen, anhand derer er eine rationale Kaufentscheidung untermauern kann. Dennoch ist ein wesentlicher Teil dieser Entscheidung emotional, und viele rationale Gründe werden ihr untergeordnet. Der Versuch der „Emotionalisierung des Produkts" allein über die Kommunikationsstrategie, ohne dass sich diese tatsächlich im Produkt widerspiegelt, würde jedoch in die Sackgasse führen.

Die geschärfte emotionale Unterscheidung der Marken für unsere Kunden, bei gleichzeitiger Ausnutzung der Synergiepotenziale auf Seiten der Technik und des Prozesses, ist deshalb das wesentliche Ziel der Markendifferenzierungsstrategie.

Auch beim Angebot von Produkten über mehrere Marken steht die Bindung der Kunden an die „Heimatmarke" im Vordergrund. Denn jeder Markenwechsel ist ein Risiko für den Konzern. Eine „Konzernloyalität" ist in der Regel nur wenig ausgeprägt und auch nur dort, wo ein Zusammenhang zwischen den Marken überhaupt bekannt ist oder kommuniziert wird. Der Gedanke, eine Marke könnte ein fehlendes Produkt dadurch ersetzen, dass dieses in einer anderen Konzernmarke angeboten wird, ist aus diesem Grund problematisch. Eine so verursachte Migration wird mit einiger Wahrscheinlichkeit auch den Konzern verlassen. Daher müssen sich in einem Mehrmarkenportfolio immer auch Produkte in gleichen Fahrzeugsegmenten gegenüberstehen. Die Kunst ist, den jeweiligen Kunden der eigenen Marke ein Angebot zu machen und sie so zu binden. Denn der oft beschriebene Kannibalismus findet nicht auf der Ebene der Produkte, sondern auf der der Kunden statt. Das heißt mit klaren Worten: Jeder

Kunde, der von Volkswagen zu Seat wechselt, weil er dort im Angebot ein sportlicheres Produkt findet, hätte auch an Alpha Romeo verloren gehen können. Mehrmarkenmanagement heißt also vor allem das Management von Kundengruppen.

Das Ziel einer stringenten Mehrmarkenstrategie muss es deshalb sein, eine Plattform zu entwickeln, auf der jede Marke sich mit ihrem Produktportfolio marktgerecht positionieren kann und für den Kunden als einzigartig erlebbar ist. Auf der Seite der Angebotspalette ist ein wichtiger Schritt hierzu die Entwicklung von Markenleitbildern, die als klare Differentiatoren Orientierung für produktstrategische Entscheidungen geben können. Diese reichen von der Definition der emotional aufgeladenen Markenkerne und -werte bis hin zu den technischen Spezifikationen und der Entwicklung typischer Designprofile.

Ebenso gilt es, die für die Marken typischen Segmente und Bodystyles zu definieren. Das Ergebnis der Umsetzung der Markenleitbilder ist – wie oben dargestellt – keine überschneidungsfreie Aufteilung der Segmente zwischen den einzelnen Marken. Vielmehr können in bestimmten Marktsegmenten durchaus verschiedene Marken mit typischen Fahrzeugen vertreten sein, wenn sie jeweils andere Kundensegmente an den Konzern binden. Wichtig ist jedoch, dass die bedienten Segmente insgesamt dem Aufbau des gewollten Images der Marke entsprechen.

Eine Herausforderung ist es dabei, die Sprache des Marktes mit der des Designs und der Technik in eine Systematik zu bringen, die eine abgestimmte und kundenorientierte strategische Produktplanung erlaubt, ohne die notwendige Freiheit und Innovationskraft der Entwickler und Designer einzuschränken.

Doch nicht nur die zukünftigen Fahrzeuge müssen sich an den Markenwerten orientieren, auch die Kommunikationsstrategien, der Service, die Kundenbetreuung und der POS-Auftritt sind entsprechend den Markenleitbildern auszurichten. Der Prozess des Wandels der Markenleitbilder und damit des Image der Marke aus der Perspektive des Kunden bedarf sicherlich einiger Zeit. Durch den erfolgreichen Imagetransfer der Marke Audi besitzt der Konzern allerdings einen Erfahrungsschatz, der für die anderen Marken nutzbar gemacht werden kann. Trotzdem ist ein Imagetransfer kein ungefährlicher Prozess, der nur gelingt, wenn die Schärfung der Profile der Einzelmarken vollständig umgesetzt werden kann.

Hierfür ist es notwendig, die Markenleitbilder nicht nur zu entwickeln, sondern sie in der alltäglichen Umsetzung steuern zu können. Diesem Ziel dient auch die Aufteilung des Konzerns in zwei schlagkräftige Markengruppen. Die Markengruppe „Audi" bündelt mit den Marken Seat und Lamborghini die sportlichen und emotionalen Werte des Volkswagen-Konzerns, während die Markengruppe Volkswagen mit den Marken Volkswagen, Skoda und Bentley für Authentizität und Faszination steht. Die Markengruppenführerschaft von Audi und Volkswagen gibt den kleineren Marken damit auch die Ressourcen, die notwendig sind, um den Transfer der Markenleitbilder in Technik und Marketing zu bewältigen.

Wesentlich für die Steuerung des Imagetransfers ist es, die Wirkung abschätzen zu können. Aus diesem Grund etabliert der Konzern derzeit ein modulares Instrument zur Markenleitbildmessung, mit dem es möglich sein wird, die Umsetzung einzelner technischer und kommunikativer Maßnahmen effizient zu beeinflussen.

Viele Veränderungen im Konsumentenverhalten, auf die wir uns heute einstellen, bilden die „existenziellen Anforderungen" an die Automobilindustrie in der Zukunft. So wie „Sicherheit" und „Qualität" heute bereits die Grundpfeiler darstellen, werden in naher Zukunft „Lieferzeit" und „Individualisierbarkeit" die Basisanforderungen eines fragmentierten Marktes sein. Diese Basisanforderungen zu harmonisieren und Umsetzungsstrategien zu entwickeln, ist trotz des Ziels der Markendifferenzierung eine Aufgabe des Konzerns. Die Mehrmarkenstrategie gründet deshalb auf einem Konzernleitbild. Das Konzernleitbild ist ein Mittel, gemeinsame Prozesse zu finden, Synergien auszunutzen, Personal auszutauschen – und nicht zuletzt ein prägender Faktor für die Kultur des Unternehmens.

3.3 Die Weiterentwicklung des Produktportfolios in einer Mehrmarkenstrategie

Die Antwort auf sich immer weiter fragmentierende Märkte und Kundenbedürfnisse sind immer weiter diversifizierte Produkte. Der Gedanke, mehrere Marken auf gleicher technischer Plattform operieren zu lassen, darf unter diesen Bedingungen nicht in einer Gleichförmigkeit des Angebots enden. Auf der anderen Seite ist die Komplexität ein wesentlicher Kostentreiber. Also gilt es wiederum, im Spannungsfeld von heterogenen Marktbedürfnissen und minimaler Komplexität den Königsweg zu finden.

3.4 Von der Plattformstrategie zur Modulstrategie

Die „Plattform" als „kleinster gemeinsamer Nenner" stößt bei einer sich immer weiter entwickelnden Produktvielfalt an ihre Grenzen. Ebenso sind durch die klassische Trennung von Plattform und Karosserieform die Fahrzeugderivate mit ausreichender Differenzierung nur begrenzt darstellbar. Bei gleichzeitigem minimalen Komplexitäts- und Kostenanstieg wurde schon nach kurzer Zeit der Übergang auf eine Gleichteilestrategie notwendig.

Die konsequente Fortführung dieses Ansatzes ist die Zusammenfassung in Modulen. Dabei werden die Schnittstellen der technischen Variabilität neu definiert und damit die Kombinationsmöglichkeiten für neue Produkte um ein Vielfaches gesteigert und die Komplexitätskosten auf einem Minimum gehalten.

3.5 „Produktfeuerwerk" und Segmentabdeckung

Der Volkswagen-Konzern begann im Jahr 2003 ein noch nie da gewesenes Produktfeuerwerk. Die Grundlage der Produktstrategie ist eine Steigerung der Segmentabdeckung des PKW-Fahrzeugmarktes.

Dieser Aussage liegt eine einfache Definition zugrunde: Ein Fahrzeugsegment wird aus Fahrzeugklasse (A00, A0, A, ..., -E) und einer Karosserieform definiert (z.B. der Touran als A-MPV, Multi-Purpose-Van). In Kombination mit dem Markenmanagement werden so nicht nur Fahrzeugsegmente, sondern auch Kundensegmente zu einem überwiegenden Teil abgedeckt. Wichtig ist in Zukunft, dass jedes dieser Segmente wirtschaftlich einen positiven Beitrag liefert. Auch wenn die „Besetzung" eines neuen Segmentes anfangs eine Investition darstellt, so muss jedes Segment zusammen mit seinen Produkten eine Gewinnstrategie haben. Cross-Argumentationen, wie zum Beispiel der Einstieg in ein Segment mit einem Verlustprojekt zur Top-Down-Einführung von Technologie, sind gefährlich, da der wirkliche Effekt sich kaum quantifizieren lässt.

Es hat sich immer wieder gezeigt, dass die Segmente in unterschiedlichen Märkten auch sehr verschieden definiert und betrachtet werden müssen. So ist beispielsweise die oben genannte Segmentierung nach Größenklassen und Karosserieformen in Nordamerika nur beschränkt anwendbar. Die regionalen Segmentierungsansätze müssen unterschiedlich sein, weil es die Kundenbedürfnisse und -wahrnehmungen in den unterschiedlichen Märkten auch sind. Für das Management auf der Seite von Technik und Prozess müssen diese voneinander abweichenden Ansätze in einer Systematik zusammengeführt und dargestellt werden.

Unter diesen Bedingungen scheint die immer wieder geführte Diskussion des Weltautos, das alle Erfordernisse erfüllt, als eine eher historische. Das heißt jedoch nicht, dass es nicht Autos gibt und geben wird, die sich in allen wesentlichen Volumenmärkten hervorragend verkaufen.

4. Die gelebten Konzernwerte als Grundlage des Markenmanagements

Das erfolgreiche Mehrmarkenmanagement eines Konzerns, wie er sich unter dem Dach der Volkswagen AG herausgebildet hat, basiert auf einer Grundlage, die sich gleichsam in einem Leitbild der Europäischen Integration zusammenfassen lässt: „Unity in Diversity". Unterschiedlichkeit auf einer gemeinsamen Basis ist der eigentliche Kern, mit dem sich verschiedene Marken und Tochtergesellschaften dem gemeinsamen Geschäftserfolg unterordnen lassen.

Eine wesentliche gemeinsame Stärke ist dabei die Orientierung an Werten der automobilen Mobilität, denen sich Unternehmen und Gesellschaft gleichermaßen verpflichtet fühlen. Für unseren Konzern sind das die Werte Sicherheit, Qualität, Umweltschutz und soziale Kompetenz. Die richtungsweisende Orientierung für alle Produkt- und Dienstleistungsentscheidungen des Konzerns ist dabei die Steigerung des Kundennutzens. Dies gelingt nur durch die konsequent kundenorientierte Ausrichtung der Organisation.

Zur Identität der Volkswagen AG, wie sie durch das Handeln über die Jahrzehnte gewachsen ist, gehören Verankerung in der Gesellschaft und Kompetenz in Produkten und Prozessen. Die Rolle eines Vorreiters – auch in industriepolitischer Sicht – gehört dazu. Die genannte Auto 5000 GmbH ist noch lange nicht das letzte Glied in einer Kette von Projekten, mit denen wir unsere Prozesskompetenz auf ungewöhnliche Art und Weise einsetzen. Wir stehen vor einer Reihe neuer Formen der industriellen Kooperation in der Wertschöpfungskette. Und mit dem Aufbau einer Auto-Universität werden wir Zukunftsbilder entwickeln, die noch weiter reichen.

Mobilitätskultur ist eine Klammer unseres Konzerns, wie wir sie beispielsweise in der Wolfsburger Autostadt oder auch in der Gläsernen Manufaktur in Dresden demonstrieren. Das Automobil hat einen nicht mehr wegzudenkenden Stellenwert in unserer Gesellschaft, und es wird neben der Kommunikationstechnologie auch das Leben des neuen Jahrhunderts wesentlich beeinflussen.

Dr.-Ing. e. h. Bernd Pischetsrieder

Vorsitzender des Vorstands der Volkswagen AG

Der Aufsichtsrat der Volkswagen AG hat Dr. Bernd Pischetsrieder mit Wirkung vom 17. April 2002 zum Vorsitzenden des Vorstands der Volkswagen AG berufen. In dieser Funktion trägt er die Verantwortung für die Markengruppe Volkswagen, zu der die Marken Volkswagen, Škoda Auto, Bentley und Bugatti gehören. Die Konzern-Geschäftsbereiche „Forschung und Entwicklung", „Qualitätssicherung" sowie „Revision" und „Kommunikation" berichten direkt an ihn. Er ist zusätzlich Vorsitzender des Aufsichtsrats der Audi AG und Vorsitzender des Consejo de Adminstracion (Verwaltungsrat) der SEAT, S.A.

Bernd Pischetsrieder, geboren am 15. Februar 1948 in München, absolvierte an der Technischen Universität München von 1968 bis 1972 ein Studium der Fachrichtung Maschinenbau und schloss dies als Diplom-Ingenieur ab.

Im Jahr 1973 begann er seine berufliche Karriere als Fertigungsplaner bei der BMW AG, München. Im selben Unternehmen wurde er im Jahr 1975 im Werk München Leiter der Abteilung Arbeitswirtschaft und im Jahr 1978 im Werk Dingolfing Leiter der Hauptabteilung Arbeitsvorbereitung.

1982 wurde Bernd Pischetsrieder Direktor für Produktion, Entwicklung, Einkauf und Logistik bei BMW South Africa in Pretoria, 1985 wurde er Leiter der Qualitätssicherung der BMW AG und 1987 Leiter der Technischen Planung der BMW AG.

Im Jahr 1990 wurde Bernd Pischetsrieder zum stellvertretenden Mitglied des Vorstands der BMW AG für den Bereich Fertigung berufen. In gleicher Zuständigkeit wurde er 1991 ordentliches Vorstandsmitglied der BMW AG.

Von 1993 bis 1999 war Bernd Pischetsrieder Vorsitzender des Vorstands der BMW AG.

1997 wurde Bernd Pischetsrieder von der Technischen Universität München mit der Ehrendoktorwürde ausgezeichnet.

Kapitel 12

The Rejuvenation of Volvo

Building the Scandinavian Premium Choice within the Cradle of the Premier Automotive Group

Mark Fields
Executive Vice President and President The Americas,
Ford Motor Company

The core promise of a brand is maximised when differentiation permeates beyond the product into the entire relationship with the customer.

Ford Motor Company's Premier Automotive Group (PAG) is a unique setup in the car industry. Four small but global brands – Aston Martin, Jaguar, Land Rover and Volvo – clearly positioned in the premium segments of the market. Four businesses that individually would struggle to survive in the modern automotive world, but by working together within the Ford Motor Company are able to generate the economies of scale to compete against the might of their one million unit competitors. In turn, by using four brands to sell 700,000 cars, instead of just one, we have a level of distinctiveness in the marketplace that is a real competitive advantage in a world where increasingly brand strength, brand purity and customer loyalty rule.

In some respects, PAG is an exercise in brand portfolio management, ensuring that regardless of the structures behind them, the brands remain 100 percent distinct and clearly targeted at the premium customer, even if they are part of a larger volume oriented corporation. But due to the sheer industrial complexity of the auto industry, brand management is merely a piece of the PAG challenge. So, in the following chapter I will focus on one of our brands – Volvo – as a case study in brand management. While the tenets of our four brands clearly vary, and they all have very separate histories that brought them to where they are today, nevertheless the process of brand management that I will describe is broadly the same across the Group, as you might expect of sophisticated businesses operating in the 21st Century.

1. Brand Management at Volvo Cars

Let me first give you an overview of brand management at Volvo, before going into more depth. As is typical for the auto industry, the primary focus of Volvo brand management is product differentiation from the competition. This is without doubt the cornerstone of good brand management. There is, however, so much more. The core promise of a brand can be maximized to its full potential when the differentiation permeates beyond the product into a differentiated communication relationship with customers and a unique, brand-aligned retail experience. We regard the latter as a major opportunity for Volvo in the future.

Volvo is a globally strong brand that stands for clear leadership in quality and safety. Over its 75-year history, Volvo has proved time and again that we are very good at building cars that clearly stand out against the competition. This differentiation was originally based on Volvo's unique approach to design and engineering, which also resulted in many innovations, especially in the area of safety technology. By the 1970s Volvo was mainly differentiated through its consistent product philosophy that focused on functional wagons, even at times when the market at large was about to shift into more emotional design cues or made use of technological innovation to offer cars with outstanding performance qualities. This consistency led on one hand to a brand with strong foundations, with clearly communicated and recognized core attributes. But on the other hand, it also led in the 1990s to a disconnect from the trends in the marketplace. Image surveys at the time showed a worldwide respect for the brand and its reputation but a purchase consideration that was way too low. Inevitably a sales decline followed and Volvo found itself in urgent need of a more successful volume approach. This required first and foremost a rejuvenation of the brand core, translated into more appealing models. The rejuvenation had to bring about a shift in brand image, making it younger, more emotional and more contemporary.

Although brand management at Volvo – as with many car companies – is a relatively new business discipline, the baseline we had to work from was excellent. Volvo has a clear vision of the strengths and weaknesses of the brand proposition and a focused strategy to move forward. The main customer benefit that Volvo delivers, namely the Scandinavian care for people, offers a unique platform to extend the brand's differentiation into the whole customer experience. Today, Volvo has turned into a brand on the move. We are proud to have added a number of exciting Volvo models to our offering as part of a new generation. They appeal strongly to today's customer needs, solving dilemmas of safety and excitement that are relevant today, while remaining true to all our heritage values. Volvo now generates positive surprise among our target groups with excellent new products, exciting concept cars, robust profitability and an excellent outlook for sustainable growth in the next decade.

2. The Foundation of Volvo: The History of a Symbol of Safety for 75 Years

In 1927, two men started a car company in Gothenburg, Sweden. Gustav Larsson and Assar Gabrielsson were colleagues in the Swedish engineering company SKF. SKF, best known for its invention and successful development of the ball bearing, actually called one of their ball bearings "Volvo". By 1927, a number of foreign car brands were already available in Sweden. But Larsson and Gabrielsson thought it was time to start a company that would build Swedish cars, based on Swedish engineering technology and of course built to withstand Swedish weather conditions. In typical Swedish style, the two men shook on their new business venture over a traditional dinner of crayfish and snaps.

The first series-manufactured car, an ÖV4 nicknamed "Jakob", left the factory in Hisingen in Gothenburg on April 14th, 1927. A new era in Swedish industrial history had begun. The ÖV4 was based on an American design and had a powerful chassis and live axles with long leaf springs at the front and rear.

2.1 The Iron Mark. The Oldest Symbol of Strength and Durability

Looking for a name for their company, Larsson and Gabrielsson returned to the name Volvo, derived from Volvare, the Latin verb for rolling or moving. Hence Volvo means 'I roll'. The logo characteristics on the first Volvo car, the ÖV4 were a diagonal line of Swedish iron, combined with the scientific symbol for iron (the so called iron mark). This symbol is also known as the symbol of the Greek god Mars who stands for strength and endurance – two clear characteristics of the Volvo brand ever since. In various executions, the iron mark has appeared on nearly all Volvo models since 1927.

Today's version of the iron mark is the classical symbol for iron with a "Volvo blue" label behind a silver inscription of the company name. It has featured on the grille of all Volvo models since 1998 and also on the steering wheel as of all 2003 models. The iron mark has been used for 75 years in communication, on the car and on merchandise.

Picture 1: The Volvo ironmark and slash form the characteristic grille identity of Volvo Cars

In recent decades, some elements of the iron mark have also become known as the symbol for "male". There was at no time any link between Volvo and this alternative interpretation of the symbol. However, it does offer a great opportunity for a brand that is so well known for its feminine values of caring, warmth and responsibility. Combining the strength and durability of the iron mark with the intrinsic feminine values of protection are the cornerstones for the brand's appeal in the modern era. Volvo is neither male nor female. It represents a universal, human approach to providing the safest and most exciting car experience.

2.2 "Cars Are Driven by People". The Guiding Principle of Volvo's Brand Management

Assar Gabrielsson headed Volvo during the first part of our history. In 1936, Gabrielsson published an internal sales manual. A document we would these days regard as a brand strategy manual. In this manual, Gabrielsson verbalized his brand promise. It reads:

'Bilar körs av människor. Grundprincipen bakom allt vi gör på Volvo är därför – och måste alltid vara – säkerhet.'

Or:

'Cars are driven by people. Therefore, the guiding principal behind everything we do at Volvo, is and must remain safety.'

Picture 2: The two founders of Volvo: Assar Gabrielsson and Gustav Larsson

In the automotive industry, brand management is a relatively young concept. It is only with the maturity and saturation of the market that brand identity has become a major differentiator. Some manufacturers have however always been good at managing their brand. Key success factors were: clarity, consistency and discipline. Volvo clearly belongs to this group.

Nonetheless, a structured brand management process was only introduced in the company in the late 1980s. Before that, all Volvo vehicles were true to the founders' guiding principles, but did not always share the same brand concept. As a result, there were small Dutch Volvos (Volvo 340, Volvo 440) that mainly added large volumes in Europe, and large Swedish Volvos that were successfully introduced in North America and Asia.

During the mid 1990s, when Volvo had to reconfirm its brand strategy after the failed merger with Renault, it developed an integrated brand management approach. Meaning that one product strategy, one communication strategy and one network strategy were formulated. The first fruit of the new approach was the introduction of the Volvo S40 and Volvo V40. Both cars were developed by Volvo, and engineered and built in a unique industrial set-up: a joint venture with Mitsubishi Motor Corporation in Born, Holland. This philosophy of sharing technology rather than platforms and components has proved not only innovative, but also very successful. It is obvious we will leverage this experience further in future car projects within Ford Motor Company.

2.3 Defining Safety through Innovative Thinking

Larsson and Gabrielsson did not initially focus on safety as we define it today. Today's understanding of safety nonetheless came about as a result of Volvo's relentless and purposeful pursuit of innovations in this area of automobile technology since 1950. (See below for further detail.)

A truly safe car is not simply one with a number of safety features. It has to be built on a firm foundation of quality and reliability. Volvo was first known as a beacon of strength and durability. This is reflected in Volvo's two entries in the Guinness Book of World Records:

- The automotive invention that saved most lives, the safety belt.
- The car with most (non-commercial) miles on the clock. A P1800 from 1966 with two million miles.

Picture 3: The two-million-mile Volvo P1800 (launched in 1961)

2.4 The Safety Philosophy: The Core of the Brand through History

The reputation for safety that Volvo cars enjoy is not only the result of decades of dedication to all the single details that help avoid accidents and protect both drivers and passengers. It is above all, the result of a holistic view of automotive safety. We are proud that Volvo was the first company to develop perhaps the most significant technical feature in this important area – the three-point safety belt.

Three-point safety belt

Back in 1959, Volvo became the first car manufacturer in the world to install three-point safety belts in their vehicles. This revolutionary safety innovation has saved millions of lives across the globe. It is still considered to be the most effective occupant restraint yet developed. The three-point safety belt saves some 200 lives every day in the USA alone.

Picture 4: One of the most significant Volvo safetey innovations: the three-point safety belt from 1959

How can such a relatively small company like Volvo Cars play a leading role in making cars safer? It is most of all a matter of tradition, devotion and know-how, based on analysis of real-life accidents and the way Volvo cars behave in road traffic. Volvo's Traffic Accident Research team was established in 1970, and has to date investigated more than 30,000 accidents with 50,000 occupants – of all ages.

Other safety developments led by Volvo include:

Child safety

More than 30 years of child safety research and the reports from Volvo's Traffic Accident Research Committee have shown us that a properly mounted rearward facing child safety seat is without question the safest way for children up to the age of three to travel.

The first rearward-facing child safety seat was tested in 1964 in a Volvo PV. The first child seat was then introduced in 1972, influenced by the American space program, in which the astronauts lay on their backs in the capsule as the best means of withstanding the force of acceleration.

Helping to protect new-born children is however not enough for Volvo. In 2002, Volvo Cars created the world's first official computer model of a pregnant crash-test dummy to study the possible effects of safety belts and airbags on pregnant women and their unborn babies in accidents.

SIPS (Side Impact Protection System)

Side impact, which accounts for 25% of all severe accidents on the road, is another important area for Volvo. In 1991, Volvo took the first important step to reduce the effect of side impacts in the new Volvo 850.

The effectiveness of Volvo's unique side impact protection system (SIPS) was due to the structural strength across the car, cross members in the floor and reinforced seats with load bearing cylindrical elements.

In 1994, the Volvo 850 was also the first car in the world to be fitted with a side airbag to supplement the structural side-impact protection system. This "SIPS bag" was optimally fitted into the side of the front seat and activated in a side-on collision.

The Inflatable Curtain, IC, which was introduced in Volvo S80 in 1998, increases the protection from head and neck injuries for occupants in the front and back. The IC is concealed inside the headliner and stretches from the front (A) pillar to the rear (C) pillar. In a side impact the vertical ducts in the curtain inflate in 25 thousandths of a second and cushion the head of the occupant before it hits the side of the car.

WHIPS – Whiplash Protection System

Volvo's research into whiplash injuries focused on reducing injuries sustained in collisions at low speeds, 15-30 km/h – the speed at which most accidents of this type occur. In 1998, we first introduced our new Whiplash Protection System – WHIPS – in the Volvo S80.

Volvo's Whiplash Protection System consists of two elements. The first is a device that adjusts the angle between the seat cushion and the backrest. The second is a set of six modified springs in the backrest with limiters that provide even support to the spine when pressed into the seat.

In a collision, the backrest and head restraint move backwards in a parallel movement so that the head and upper part of the body are cushioned in a gentle, balanced fashion.

Back to the future: The SCC

The SCC (Safety Concept Car) is a car built for the eye. That does not only refer to the way it looks, but also to the fact that the car is designed to position the driver for optimal all-round visibility. In other words, the SCC does not only treat safety in the traditional passive way, with new airbags and further developed crumple zones. Instead the SCC is focused on active safety and on features that enable all drivers to be safer through accident avoidance.

Picture 5: The Safety Concept Car (SCC) launched 2000. A vision of redefined automotive safety.

The SCC has for example a sensor that automatically measures the position of the driver's eyes relative to the windshield. An on-board computer linked to the electronic seat control mechanism, adjusts the seat to ensure the driver has the best view of both the road and instrument panel.

The Volvo SCC also tackles a problem that afflicts nearly all modern cars. The A- and B-pillars, necessary for a car's integral structure, also unfortunately restrict the forward and side visibility of the driver. In the SCC, the driver can see through the A-pillars, thanks to a framework structure made of metal combined with Plexiglas. The B-pillar curves inwards and follows the shape of the seat frame to provide free visibility to the side and rear.

The Volvo SCC also includes a large number of other new active safety features to improve the interplay between man and machine.

The Volvo SCC clearly demonstrates that we have know-how, competence and the intention to remain the number one brand for car safety...or as we said in our advertising, the SCC is a wake-up call for the automotive industry.

2.5 The Forgotten Brand Extension: Sporty Performance through Engineering Excellence

When we ask consumers today whether Volvo is a sporty performance brand, most people would say no. History proves the opposite. In the 1950s and '60s Volvos hotly contended most rallys and rally cross events. The Volvo PV, the famous P120 Amazon and the P1800 are all known for their emotional design, underpinned with excellent performance and racing capabilities. Particularly the Volvo PV and Amazon have a strong heritage in rallys, winning a considerable number of trophies and adding substantially to the reputation of both Scandinavian racing drivers and race routes.

Volvo, however, did not actively use this reputation to extend the brand into a more emotional field at the time when we were focusing on the core theme of safety. In Europe, where rallying is most popular, the strength of the "functional wagon car" side of the brand through products such as the Volvo 240, Volvo 740 and Volvo 940 has overpowered the earlier sporty side of the brand. In North America, where there is very little following for rally, Volvo's performance heritage is almost unknown. In the 1990s, Volvo was perceived solely as offering a more rational, relaxed and restrained driving experience.

3. Rejuvenating a Safe and Solid Brand

As explained earlier, Volvo has always stayed true to its founding principle: care for people. This is the strong core that has kept the brand alive and well. In the 1980s, when the industry had recovered from the oil crisis, a new focus was placed on design. Beyond reliability and quality, more expressive and emotional attributes were developed. The German brands, and indeed Ford, brought innovations in driving pleasure, handling and performance. The French brands focussed heavily on expressive design.

This trend continued and fundamentally changed customer expectations. Customers wanted beautiful cars that were an expression of their status, their personality and their goals in life. Volvo recognised this shift in expectations too late. By the end of the 1980s sales were stable but customers perceived the brand as too rational and two-dimensional. In order not to loose touch with the customer, a large scale project was set up to re-introduce car characteristics that Volvo was recognised for in the 1950s and '60s: sportiness and driving pleasure.

3.1 Re-introducing Sportiness and Driving Pleasure

In June 1991, Volvo unveiled a completely new front-wheel drive car, the Volvo 850 GLT, under the banner of "a dynamic car with four unique innovations".

- transverse inline five-cylinder engine;
- delta-link rear axle, which unites the advantages of the live rear axle with those of individual suspension
- integrated side impact protection system SIPS,
- self-adjusting belt reel.

The Volvo 850 GLT not only represented the first step in a totally new industrial era for Volvo's product development and manufacturing, it was also the car that started to change Volvo's image. An evolution and a revolution in one and the same car, going from a boxy and practical car, to an attractive and functional performance car that customers loved to drive.

Some years later, with the Volvo 850 T-5R, with a five-cylinder, 250 bhp turbo engine, you could really say that a Volvo had taken the giant step from load carrier to dynamic powerful performance wagon. Volvo had proved that you really could combine a functional family car with sports car performance. To underline this in the strongest way, Volvo entered the 850 Sportswagon in the British Touring Car Championship (BTCC) in 1994. This was a deliberately provocative move that hit its target. Later, the S40 even went on to win the BTCC and the respect of the racing community.

The recent additions to our range of "R" cars – V70 R and S60 R – pick up this tradition again as a means of firmly establishing a sporty vein in the Volvo brand. Through its advertising, the aim is to use the S60 R to rebalance the brand towards more emotional attributes such as design, technology and performance. That is why the three chassis settings are the center of attention with an advertising line that reads: 'Performance on Demand'.

3.2 Widening the Product Portfolio as an Answer to Market Fragmentation and an Opportunity for Brand Rejuvenation

In the 80s, Volvo was best known in Europe and North America for its excellent wagons. While other manufacturers excelled in making sport sedans and classical luxury sedans, Volvo stayed truthful to the heritage and reputation it had built through the Volvo Duet, the Volvo 240 and into the modern V-Range of wagon products.

With the importance of growth markets like Asia, Australasia and South America, there was a need to re-establish the brand as an excellent maker of sporty sedans. Based on the heritage of great cars like the Volvo PV and the Volvo Amazon, Volvo set out to create a portfolio based on recognized lifestyle values.

Most car manufacturers have a classical size and price strategy. They have an entry sedan or hatchback product on which they build a bigger, more expensive model, etc. To widen the product offering, they introduce several variants based on the same brand and product attributes.

Because Volvo was already established as a maker of lifestyle wagons, we have chosen a two-dimensional development strategy based on size/price and lifestyle values. In today's society, the increasing affluence of the luxury customer does not automatically result in the purchase of a classical, more expensive model. The contemporary luxury consumer is instead looking for further opportunities for differentiation. Some call it market fragmentation. We call it needs differentiation of the customer.

Taking this type of thinking, Volvo recognizes four lifestyle values. Four distinctly different drivers of automotive purpose and reward.

- S-Range personifying 'Sophistication'. The classical sedan offering with a Volvo twist. Elegance, smooth performance and Volvo's hallmark versatility

- V-Range personifying 'Versatility'. Volvo's core competence in building wagons potentially extrapolated to other body types but still offering superb versatility and flexibility combined with sporty handling and performance.

- XC-Range personifying 'Cross-Country'. The reapplication of the V-range to an outdoor world of people, purpose and place. The capability to go further. Superb all-road control and flexibility.

- C-Range personifying 'Charisma'. The ultimate automotive reward through dramatic design and outstanding handling and performance. Coupes and convertibles that go beyond the functional family image the brand had.

Below you can see how this matrix looks in the 2003 model line-up.

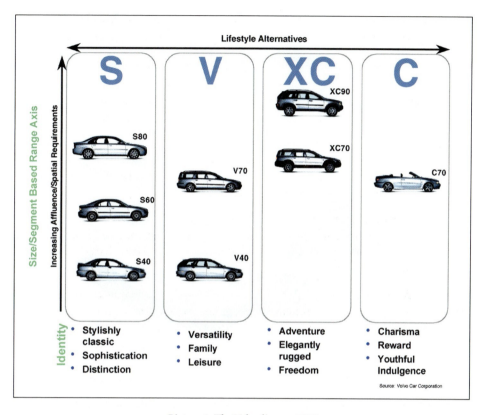

Picture 6: The Volvo line up 2003

3.3 Changing the Brand Perception with the Launches of Brand Drivers

I would like to highlight two key product introductions that confirm and extend Volvo's integrity while at the same time driving a re-appraisal of the brand.

In 2000, the **Volvo S60** sport sedan was introduced. Replacing the Volvo S70 it signified a dramatic shift towards dynamic driving pleasure through design and handling characteristics. The Volvo S70 was the last of a longstanding tradition of functional sedans, derived from successful wagons. The company already had a competitive product in the segment, the Volvo S80. A more accessibly priced family sedan with a classical look offered no added value for brand rejuvenation. So, the Volvo S60 was developed as a product with a clear mission: to further re-inject driving pleasure into the brand, building on what the Volvo 850 had achieved. With this year's introduction of the S60 R, the emphasis is placed further on driving pleasure through innovation in chassis technology and smart driving systems.

Picture 7: Design-sketch of the Volvo S60 R launched in 2002

Awarded many prizes ranging from design recognition to driving awards, the S60 is Volvo's challenger in the German dominated sport sedan segment.

The **Volvo XC90** does not need an elaborate introduction. As one of the most anticipated SUV launches in recent years, it has fulfilled, if not exceeded, all expectations.

The challenge with XC90 was and is to offer a more complete, better balanced and safer SUV. The segment has seen explosive growth over the last decade and more recently a dramatic increase in the number of competing models. All aim to encapsulate the essence of outdoor life, even if it might be in the guise of the "urban jungle".

The XC90 on the other hand stays true to the Volvo portfolio values. It is a true Cross-Country inspired vehicle with superb packaging for 7 people. Beyond its packaging it also represents a breakthrough in safety technology.

Picture 8: The new graphical language applied to Volvo XC90 advertising

- The roll-over protection system (RSC) is Volvo at its best. Compared to cars, SUVs have a higher risk of roll-over mainly due to their higher center of gravity. Based on extensive analysis of real life accidents and engineering structures in current SUVs, it delivers the right engineering solution, entering a new segment with a world-first in safety technology. That is our ambition and our path to success.

- The crash compatibility system is another unique example of automotive engineering based on brand identity. If the care for people is the core DNA of the Volvo brand, why not extend the safety solution beyond protection of occupants to protection of other road users. This is a great example of the universalism that runs through the brand promise.

To capture these points, XC90 advertising in its main market, the USA, is based on a creative platform called "build / think". First we analyze, then we engineer, for a clear purpose, with a clear goal in mind: the customer. It carries a great advertising line: The first SUV, guided by conscience.

Picture 9: The iconic language of the Volvo P444 launched in 1944

4. Expressing the Scandinavian Premium Alternative in Design, Communication, Customer Experience

4.1 Rooted in the Brand's DNA

To yield a higher price point and to firmly establish Volvo within the premium segment of the market, there is a clear need to describe its value proposition. We call it the Scandinavian premium alternative. Unlike competitors who are building on an existing and mainly German version of premium and luxury, we want to define premium experience rooted in the culture of the brand i.e. Scandinavia. We are not out to copy our competitors. We will focus on the things that make us different. The promise of the Volvo brand is to preserve and to celebrate life. This combines a conscientious side, with a more hedonistic part.

The center of the Volvo brand architecture is and must remain its original promise as stated by Gabrielsson in 1936: safety. Some say these values and attributes have become tickets of entry. Clearly we see mass market brands taking an aggressive approach in safety communication. However, translated for the 21st century, these values can be described more broadly as personality values that underline the integrity and the innovative character of the brand. They surprise, confirm and build a lasting relationship between consumer and brand based on trust.

Heritage values that confirm the brand image

- Outstanding Quality
- Continual improvement of automotive safety through innovative technology
- Groundbreaking environmental performance

On top of our heritage values (the core principles of the brand) we have built a more emotional structure of values and vehicle attributes. These are the impulsive reasons for purchase. They represent an important resurrection of historical Volvo brand attributes such as sportiness, design uniqueness and functionality.

Emotional values that extend the brand image

- Attractive and distinctive Scandinavian design
- Surprising versatility and flexibility
- Superior driver control and confidence resulting in driving pleasure
- A rewarding and personalized ownership experience

This brand architecture is translated into the attribute profiles of each model. Clear product features have to push the brand image in the desired, extended direction. Here are a couple of examples:

- Four C technology chassis provides better control of the driving experience and adds to the flexibility of the car's use
- The XC70 AWD is as capable as the XC90 in all road conditions
- Most textiles in Volvo interiors are non-hazardous to the environment and provide better comfort for people with allergies

4.2 Importance of Scandinavian Design Tradition

Swedish and Scandinavian design products have always commanded a high respect throughout the world. They have always offered an opportunity to buy something a little unusual without sacrificing high quality. Scandinavian design is characterized by care, uniqueness and timelessness. Beauty is defined not only through a simple and clean aesthetic but also through the harmonious integration of form and function. In this world of internationalism, we believe that the unique qualities of a Scandinavian design offer an important opportunity for Volvo.

Volvo's design philosophy is founded on a few key concepts. The following paragraphs are quoted from our Volvo design manual:

Care

"Care is something that has been associated with Swedish society throughout the world. Care for people, for the environment, and care through quality. All design starts from the needs of people. Technology must be adapted to suit people and not the other way around." An example of a product feature that clearly demonstrates this trait is the non-hazardous textiles used in Volvo cars. The textiles are free of any heavy metal fumes and therefore cause less irritation and allergic reaction.

Credibility

"It is not enough for Volvo to have an elegant design that complies with customer requirements. A Volvo product must have added value, which represents inherent properties. Properties that nevertheless must be visualized in an explicit, aesthetic and conscious manner. Design reveals an intention. The form explains the property and the use." The strong, muscular shape that Volvo exterior design offers through the use of the pronounced shoulders (or catwalk) is a modern interpretation of the design language of the Volvo P120 Amazon. On the other hand it offers an excellent impression of strength in side impacts and it gives a credible, trustworthy look to the overall design.

Simplicity

"Good design is the face of a harmonious whole. Volvo's aesthetic ideal is simplicity. It is the honest and the simple that are beautiful to us. Simplicity is expressed in two ways: clean, uncomplicated forms, and technology that is easy for the customer to understand."

The all-new Volvo S40, launched at the Frankfurt Motorshow 2003, features a revolutionary center stack. Derived from the use of bent wood in Scandinavian furniture, this organic shaped center stack combines 'less is more' with integrated functionality. It creates a premium stereo look in the car environment: simple but very impactful.

Functionality

"Another basic principle is that the product should function effectively. Good function is self-evident for us. If it is not functional, it is not beautiful either. Aesthetics and function need to be balanced." The XC70 has a rear seat that can be folded flat. Not in the typical 40/60 split but in a more playful yet functional 40/20/40 way. In this way, you can use the modularity to create a full 4-seater with space to carry long items like skis, wakeboards or even a cooler box.

Innovative evolution

"The starting point of good design is a controlled, constant and ongoing process of change in which awareness of heritage and the Volvo identity are always present: creative innovation with the greatest respect for the values Volvo represents. The aim is to be active and open to new innovative solutions. But innovation has to have a purpose."

The mannequin on the control panel for the air-conditioning is an innovation from the icons used for years in the car industry. However, all icons have been replaced by one, clearly understandable mannequin with arrows and buttons. Not only more intuitive in its application, it also portrays a more human approach to design.

The constant application of these design principles is a key success factor. In a world where Scandinavian design scores highly in furniture and fashion, our Scandinavian identity and heritage represents tremendous value. We constantly pursue an objective of outstanding car design. A good example of this is our consistent concept car strategy. Focused around a specific customer need, Volvo concept cars reflect new technology and outstanding design for the future. We aim to confirm and provoke through challenging design concepts such as the Safety Concept Car (SCC), the Versatility Concept Car (VCC) and the Adventure Concept Car (ACC).

Picture 10: The Versatility Concept Car (VCC) launched in 2003. A study on 'Smarter Luxury' in a Volvo flagship product.

4.3 Consumer Communication

Communication has the key task to bridge the gap between the existing image of Volvo as the safe family car and the modern, rejuvenated image as the Scandinavian premium alternative. Therefore, we opted for a radical change in advertising language consisting of a new graphic identity, the introduction of a global tagline and a differentiated, innovative media approach.

New graphic identity

In the past, Volvo had a more decentralized approach to communication. From the 1970s to the 1990s, Volvo had a different product portfolio in North America, Europe and Asia. This led to different advertising around the world that was tailored to local needs. With the harmonization of the product portfolio and the introduction of smaller Volvo models in the US, the company has adopted a 'one brand, one world, one message' strategy. While we did not forget the need to 'Think global, act local', there was a clear need for a globally consistent brand look in advertising and communication. The cornerstones for this look are:

- Scandinavian style applied in the color palette, typefaces and lay out
- Focus on beautiful simplicity through characteristic shots of distinctive design elements
- People focus through use of lifestyle shots and clarity in consumer message

Global tagline "Volvo for Life"

Since 1998, Volvo has been using a new tagline in its advertising: Volvo For Life. It was initially introduced to add emotion to the brand, but consumer research quickly showed that it also helped to clarify the human focus of the brand. Volvo For life stands for:

- Preservation of life through safety and environmental care
- Celebration of life through Scandinavian design, driving pleasure and versatility
- Longevity of Life. Outstanding durability and quality offering carefree ownership

An added benefit of the now globally implemented tagline is the separation it provides us from the business units owned by AB Volvo such as Volvo Trucks, Volvo Buses. Volvo for Life is a trademark owned exclusively by Volvo Cars.

Picture 11: Volvo's global tagline

Differentiated, innovative media approach

In today's media world there has been a significant inflation of media channels and media messages in the consumer's life. Businesses need a clear and efficient media strategy. Volvo has been at the forefront in developing an online presence. Motivated by the early adoption rate of its target group (Volvo customers share a high education level with a strong interest in online media), Volvo was already online in the mid-1990s. Volvo launched the S60 on the American market in 2000 solely through the net. We were the first automotive brand to launch a product exclusively online. This success was repeated in Sweden earlier this year with the launch of the XC90. A strong presence on billboards showed a dreamy, modern Swedish landscape without the vehicle. The only text message on the billboards read www.volvoxc90.se. All traffic was brought to the web where an extensive, experience oriented site supported the sell out of the first year of production.

4.4 The Scandinavian Premium Experience

"Experience consumption" with a Scandinavian twist

Good brand management involves the consistent translation of the brand through all channels: product, communication and retail network. For Volvo, a unique retail experience offers unlimited possibilities to differentiate but also to maximize the personality of Volvo to its full potential.

If we accept the potential of "experience consumption" – i.e. experience rather than ownership as the main objective of consumption as it was so well pointed out in the book 'Experience Economy' by B. Joseph Pine II and James H. Gilmore – we have to build our own stage on which we can perform our own play. Therefore, it is of the utmost importance to be able to express the Scandinavian premium experience not only through product and communication, but also through the third dimension, the retail experience.

Again firmly rooted in Scandinavian design, the Volvo brand experience focuses on:

- Scandinavian style applied through organic, minimalist architecture
- Beautiful simplicity represented by clean surfaces, integrated functionality and uncluttered visual impression
- A focus on people through a unique customer attitude, attention to detail and a wide range of amenities

New retail concept

In the 1990s, Eastern Europe was quickly becoming an important growth area for most European manufacturers. Social changes opened up the countries of the former Soviet Bloc and offered a challenge to establish a retail network. Volvo elected to pursue and test a new approach in Poland, the Czech Republic and Hungary. In each capital, a 'showcase' outlet was established. In the high street or in the main financial district of the capital, Volvo built a state of the art showroom with its latest architecture and corporate visual language. A limited number of models were displayed, although extensive product information was available through hosts and information technology.

The concept then reaches out to consumers using traveling salesmen called "mobility consultants" who provide access to sales information and test-drives in areas far from the outlet. The central outlet functions as the showcase to promote the brand's position, merely by its physical urban presence. This New Retail Concept has proven its value by rapidly securing a market share in Eastern Europe comparable to Western Europe. Building on the success of the form language of these showcases, future retail environments will be designed on the same concept.

Excelling in motor shows and exhibitions

As a relatively small player in the premium segment, the attention of the automotive press is essential for Volvo. Employing the same principles as the showcases in Eastern Europe, Volvo's motor show and exhibition stands have proved groundbreaking.

The clear Scandinavian identity of the stand and the unique atmosphere created through use of materials, the attitude of hosts and hostesses and the simple direct style of press conferences, continue to build and communicate the brand. Volvo motor show stands charm through a feeling of 'premium informality'. The environment offers a great atmosphere to meet journalists, guests and industry colleagues in a branded way: relaxed, confident and caring. Recognition by the organizing bodies and our peers, has confirmed that the architecture and design language of our premium Scandinavian experience is world class. To extend this experience to our customers worldwide will be one of Volvo's priorities in the future.

The way forward

In 1999, Ford Motor Company acquired Volvo Cars from AB Volvo. The purchase was widely recognized as a good fit. Ford, as one of the oldest, customer oriented car brands and Volvo, the global symbol of vehicle safety and one of the most consistent brands in automotive history.

To support Volvo's ongoing journey into the luxury car segment and also to further nurture the success of its British brands, Ford established the Premier Automotive Group in 1999. PAG is a dedicated division within Ford Motor Company tasked to protect, nurture and develop the premium brands' images and their business contribution to Ford Motor Company.

Through PAG the future of the Volvo brand is not only secure, it is set to thrive. It is both a challenge and an honor for me to lead the Premier Automotive Group. The history these brands represent and their future potential is truly unique in the industry.

Mark Fields

Executive Vice President and President The Americas, Ford Motor Company

Mark Fields is executive vice president, Ford Motor Company, and president, The Americas, a position he assumed in October 2005. In this role, Fields is responsible for all operations involved in the development, manufacturing, marketing and sales of Ford, Mercury and Lincoln vehicles in the United States, Canada, Mexico and South America. He reports to Jim Padilla, the Company's president and chief operating officer.

Formerly, Fields served as executive vice president, Ford of Europe and Premier Automotive Group (PAG), where he led all activities for Ford's premium vehicle business group, and for Ford-brand vehicles manufactured and sold in European countries. Prior to that, Fields was chairman and chief executive officer of PAG.

Fields joined Ford Motor Company in 1989. From 2000–2002, he was President and CEO of Mazda Motor Company, leading the company through a period of significant transformation. He previously held a number of positions in both South and North America, including Managing Director of Ford Argentina.

Fields was named a Global Leader of Tomorrow by the World Economic Forum in 2000 and CNBC's Asian Business Leader – Innovator of the Year for 2001. He holds an economics degree from Rutgers University (USA) and a Masters in Business Administration from Harvard Graduate School of Business.

Teil III

Handlungsempfehlungen

Die Zukunft der Markenführung im Automobilgeschäft

Leitlinien, Handlungsempfehlungen und Konsequenzen

Dr. Jan Dannenberg
Director, Mercer Management Consulting

Dr. August Joas
Director, Mercer Management Consulting

Der Kunde muss in den Mittelpunkt des Automobilmarkenmanagements gerückt werden. Markenwert entsteht beim Kunden.

1. Markenprägung im Wandel

In der Vergangenheit wurden Marken durch eine Reihe von klar erkennbaren Faktoren geprägt: innovative Technik, leistungsstarke Motoren, spezifische Fahreigenschaften, Erfolge im Motorsport oder charismatische Personen, deren Namen häufig mit dem Namen der Marke identisch sind (Daimler, Benz, Ferrari, Ford, Porsche, Renault, Bosch, ...). All diese traditionellen Markenwerte werden auch in Zukunft für die Faszination und Strahlkraft der Automobilmarken von essenzieller Bedeutung sein.

Neben diesen eher am Fahrzeug orientierten Faktoren werden in Zukunft aber verstärkt die am Kunden orientierten Faktoren eine entscheidende Rolle für die Markenprägung spielen. Markenwert entsteht letztlich durch erlebbaren Kundennutzen, und deshalb sind die kundennahen Wertschöpfungsstufen im Automobilgeschäft besonders gefordert, einen signifikanten Beitrag zur Markenprägung zu leisten.

Allerdings zeigen gerade die kundennahen Funktionen wie Marketing, Vertrieb, Service und Kundenbetreuung den größten Nachholbedarf in der Automobilbranche. Entwicklung, Design und Produktion liegen auch im branchenübergreifenden Vergleich auf „world class"-Niveau, was u. a. durch hervorragende Ingenieurleistungen und beeindruckende Produktivitätssteigerungen realisiert wurde. Dagegen wissen viele Automobilhersteller heute noch nicht, wer das Fahrzeug beim Händler gekauft hat und wie das Nutzungsprofil dieses spezifischen Kunden im Detail aussieht. Analysen zur Kundenzufriedenheit zeigen 20 bis 40 Prozent unzufriedene Kunden in zentralen Leistungsbereichen wie After Sales Service oder Kundenbetreuung. In der Konsequenz nimmt die Loyalität zum Händler und auch zur Marke seit Jahren kontinuierlich ab.

Branchen wie die Telekommunikation, Computer, Luxusartikel, Airlines oder Hotels generieren aus der direkten Interaktion mit dem Kunden wichtige Erkenntnisse und setzen diese konsequent in verbesserte Leistungen und Wirtschaftlichkeit um. Die „best practices" für Kundenbindungsprogramme, innovative Handelsformate, Multikanal-Vertrieb, Lifecycle Management und differenziertes „transaction pricing" sind in diesen kundengetriebenen Industrien entstanden. Im Automobilgeschäft liegen hier die dringendsten Nachholbedarfe, aber auch die größten Verbesserungspotenziale und Zukunftschancen.

Die Konsequenz für die Markenführung ist ein verstärkter Fokus auf Exzellenz in Vertrieb und Kundenservice. Demzufolge müssen die Automobilanbieter näher an den Kunden herantreten, Markenprägung und -differenzierung finden zunehmend am „point of sale" bzw." point of contact" und in den Markenerlebniswelten des Kunden statt. Die Voraussetzungen für eine erfolgreiche Bewältigung dieser Herausforderung sind gut: Das Automobil ist ein „high involvement"-Produkt mit hoher emotionaler Auflademnn und bietet über den Lebenszyklus des Fahrzeuges bzw. des Kunden zahllose Chancen zur Markenprägung und Kundenloyalisierung.

2. Leitsätze im Management von Automobilmarken

Es gibt keinen Königsweg bei der Führung von Automobilmarken! Jean-Remy von Matt spricht in seinem Beitrag davon, dass man im Automobilrennsport nur überholen kann, wenn man nicht Ideallinie, sondern Kampflinie fährt. Das gilt für Automobilmarken ebenso wie im Motorsport.

Eine Automarke ist also gerade dann interessant und erfolgreich, wenn sie das Andere, das Überraschende, das Neue, insbesondere aber das Eigenständige bietet. Wenn sie von ausgetretenen Pfaden, der Ideallinie, abweicht. Nicht um ihrer selbst willen, sondern um authentisch zu sein und zu bleiben. Diese Authenzität und Glaubwürdigkeit, gepaart mit einer in sich geschlossenen Stimmigkeit erreichen Markenmanager aber nur, wenn sie sich „ihrer" Marke von verschiedenen Seiten nähern – ähnlich einer Persönlichkeit.

> „The car is the closest thing we ever create to something that is alive."
> (Sir William Lyons, Firmengründer von Jaguar)

Persönlichkeiten sind aber nicht nur groß oder klein, schwarz oder weiß, stark oder schwach, cholerisch oder sanguin, feurig oder langweilig – Persönlichkeiten sind vielschichtig. Und gerade darin liegt der Reiz. Persönlichkeiten entwickeln sich weiter, werden reifer, interessanter – oder werden im schlimmsten Fall langweilig, bei Stillstand.

Was macht nun eine Marke (eine Persönlichkeit) für uns attraktiv? Zunächst ist die Antwort abhängig vom Blickwinkel des Betrachters, also des Automobilkunden. Und hier hat jeder seine unterschiedlichen Präferenzen. Während Käufer eines Fiat Multipla vom Design ihres Autos begeistert sind, finden andere die Formgebung eher grotesk. Während MINI-Fahrer das harte und direkte Fahrverhalten schätzen, kann für den Maybach-Eigentümer die Federung nicht sanft genug sein. Für den US-amerikanischen „red neck" muss ein Auto vor allen Dingen Folgendes erfüllen: viel Hubraum, viele Zylinder, rot, maskulin, Pick-up und den obligatorischen Gewehrhalter hinten an der Fahrerkabinenrückwand. Außer beim Hubraum und den Zylindern teilt der Rolls-Royce-Kunde keine dieser Prioritäten.

Markenattraktivität hat also einerseits mit den unterschiedlichen Blickwinkeln der Kunden (-segmente) zu tun, andererseits mit der Stimmigkeit und Vielfalt der Markenpersönlichkeit selbst. Damit stehen drei wichtige Leitsätze beim Management von Automarken fest:

- Verstehe die Vielschichtigkeit deiner Marke – sie ist wie eine Persönlichkeit.
- Prüfe deine Automobilmarke auf Authenzität (über mehrere Dimensionen hinweg).
- Lerne deinen Kunden kennen und verstehen.

Das allein jedoch genügt nicht.

Warum erscheinen uns manche Persönlichkeiten (Automobilmarken) als attraktiv? Lassen Sie uns hierzu einen Vergleich wagen. Beim Opernfestival in der Arena di Verona in Italien sitzt das einfache Volk auf den Steinstufen und betrachtet vor Aufführungsbeginn den Einzug der „high-society" auf dem Parkett. Kurz vor Spielbeginn haben die „Schönen" ihren Auftritt. Besonders attraktive Frauen werden – ganz italienisch – mit Applaus und enthusiastischen Zurufen von den Männern auf den Steinstufen willkommen geheißen. Auch wenn man aus der Entfernung nichts Genaues erkennen kann, spürt man das Auftreten, die Erscheinung, das Gesamtbild und die Gewissheit der „Schönen", dass sie wirkt. Rockstars à la Madonna, Robbie Williams, Michael Jackson, Mick Jagger, Queen's Freddy Mercury oder Elton John bleiben über Jahrzehnte hinweg als Marke erhalten, weil sie phänomenale Bühnenshows veranstalten, weil sie ihr Publikum begeistern. Sie **müssen** nicht gut singen, aber ihr Auftritt, das Entertainment muss begeistern. Zur Gestaltung einer attraktiven Automobilmarke gehört ebenfalls die Gestaltung des Auftritts. Und dieser Auftritt muss nicht nur stimmig sein, er muss seine Kunden fesseln und begeistern. Der Audi, der eine Skisprungschanze hochfährt (80er Jahre); der Transport des Maybachs auf der Queen Mary II nach New York (2002); das puristische, feng-shui-hafte Ambiente der „showrooms" von Aston Martin; das freundliche Plakatlächeln des VW Kundendienstberaters im blauen Kittel (90er Jahre); der Elefant auf dem Volvo-Dach (70er Jahre); ... eine nette, freundliche Empfangsdame im Autohaus, die sich freut, dass ich als Autokunde mit meinen Problemen zu ihr komme (2020?). Es versteht sich von selbst, dass der Markenauftritt konsistent mit dem Leistungsversprechen der Marke sein muss – ansonsten wird man unglaubwürdig.

Ein weiterer Leitsatz im Automobilmarkenmanagement lautet also:

- Begeistere deinen Kunden durch deinen Markenauftritt – immer und überall.

Welche Bedeutung hat die Vergangenheit für eine Marke? Im zweiten Teil dieses Buches wurde sehr deutlich, dass das Fundament der Marke in der Historie geschaffen wurde und dass die stärksten Werte der Automobilmarke dort ihre Basis haben. Die Elemente des Fundaments können vielfältig sein:

- Fahrzeugikonen: Jaguar E-Type, Mercedes-Benz 300 SL mit Flügeltüren, Ford Thunderbird, Volkswagen Käfer, Ford Model T, Corvette Stingray, Schneewittchensarg Volvo P 1800 ES, Ferrari 328 GTS, Opel Manta, Porsche Carrera ...

- Fahrzeugmanager und -patriarchen: Henry Ford, Ferdinand Porsche, Karl Benz oder in jüngerer Zeit, Eberhard von Kuhnheim, Lee Iacocca, Ferdinand Piëch oder Wendelin Wiedeking ...

- Große Rennerfolge: 24 Stunden von LeMans, Monte Carlo, Rallye Paris-Dakar, Daytona Indy 500, Formel 1 ...

- Stammwerke: Stuttgart Zuffenhausen oder Sindelfingen, München, Detroit, Turin, Wolfsburg, Göteborg ...

- Ereignisse: Hunderte von Erlebnissen der Mitarbeiter in den Automobilkonzernen bilden ebenso die Geschichte der Marke ab wie die Erfahrungen der Kunden mit ihrer Marke .

Daher muss ein Leitsatz für das Markenmanagement lauten:

- Respektiere das Markenfundament – es lebt in der Geschichte der Marke.

Nun sind nur die wenigsten Automobilhersteller mit ihren Marken rundum zufrieden. Und selbst wenn sie es sind, dürfen sie sich nicht lange auf ihren Lorbeeren ausruhen. Microsoft ist über Jahre hinweg erfolgreich geblieben, weil sich das Unternehmen und die Marke ständig weiterentwickelt, sich dem Markt und seinen Kunden angepasst hat: vom Betriebssystem (DOS) zur Office Software (Word, Excel, Outlook) zum Internet (Explorer) zum Entertainment (Dreamworks) zur „consumer electronic" (Windows CE)…, Automobilmarken sollten sich sicherlich nicht so radikal verändern, wie dies aufgrund der hohen Marktdynamik in der IT-Branche vonnöten ist. Stillstand ist allerdings der Tod einer Automarke. Zu viel Veränderung allerdings auch (hierzu später). Große Markenpersönlichkeiten entstehen nicht durch Zufall, sondern werden kreiert. Es geht also darum, eine Automobilmarke permanent zu gestalten und sie weiterzuentwickeln. Professor Diez nennt dies in seinem Beitrag „schöpferische Innovation". Sie geht über die reine technologische Innovation hinaus. Zwei Beispiele zur aktiven Gestaltung von Marken:

- Aktuell richtet BMW seine Marke auf eine neue Zukunft aus, indem zwei Elemente besonders stark verändert werden: Design und „Man-Machine-Interface". Das von Chris Bangle gewählte Design, das sich im aktuellen 7er BMW, dem Z4, dem neuen 5er BMW, dem auf der IAA vorgestellten 6er BMW sowie demnächst im X3 wiederfindet, ist ganz bewusst ein Bruch mit den bisherigen Linien. „Flame surfacing" anstelle von keilförmigen, flachen, dem Windkanal entsprungenen Linien. Mit dem i-drive Konzept hat BMW als erster Kommunikationselemente übernommen, wie wir sie heute täglich nutzen, wie sie bisher aber im Fahrzeug nicht üblich waren. Wir bedienen Computer über mehrstufige Menüs, wir benutzen „Voice-Mail-Systeme" wir rufen eingespeicherte Namen von Personen in unseren Handys ab, um mit ihnen zu telefonieren. Wege der Bedienung und Kommunikation, die gerade für die jüngeren Generationen selbstverständlich sind, fließen erstmals ins Automobil ein. BMW verjüngt damit seine Marke bewusst.

- Opel galt bis vor kurzem noch als bieder, uninteressant und qualitativ unbefriedigend. Während der Vorläufer des aktuellen Opel Corsa Anfang der 90er Jahre noch als gelungenes und progressives Fahrzeug galt, ist sein Nachfolger Anfang 2000 in der Menge von Fahrzeugneuerscheinungen gegenüber anderen Marken untergegangen. Seit einiger Zeit spürt der Automobilinteressierte jedoch eine Veränderung. „Opel. Frisches Denken für bessere Autos". Fünf Markenwerte wurden für Opel definiert: Qualität, Kreativität, Dynamik, Vielseitigkeit und Partnerschaft. Und diese werden konsequent vom Opel-Management umgesetzt. Neue Modelle, wie der Vectra, der

Meriva, der Signum, der neue Astra und das Tigra Cabriolet zeigen diese Vielseitigkeit und Dynamik. Die Qualität der Produkte (gemessen an den Gewährleistungsaufwendungen oder der Konzeptqualität) hat sich dramatisch verbessert. Ein neuer frischer Marktauftritt, mit spannenden Werbekonzepten (z. B. Signum: Persönlichkeiten; Meriva: Flexibilität) erzeugt beim Autokunden Aufmerksamkeit. In die Verträge mit den Opel-Händlern werden Elemente eingebaut, die die neuen Markenwerte unterstützen sollen. Das Opel-Management gestaltet und formt die neue Marke Opel. Sinnbild hierfür ist das überarbeitete Logo, der Opel-Blitz.

Die Geschwindigkeit, mit der sich Veränderungen beim Markenimage einstellen, ist in der Regel allerdings sehr langsam. Es dauert drei bis fünf Jahre, bis dem Autokunden die Veränderung bewusst wird, weitere drei bis fünf Jahre, bis sich das neue Markenimage gesetzt hat. Automobil- und Markenmanager brauchen daher einen langen Atem und Geduld. Ständiges Wechseln der Richtung, ausgerichtet an der kurzfristigen Optimierung des Profits ist eher schädlich. So werden die aktuellen „incentive"-Programme beim Autoverkauf der großen Drei in den USA nachhaltige Schäden am Markenimage verursachen. Ein Produkt bzw. eine Marke, die mit bis zu $ 4 000 zum Abverkauf von Fahrzeugen angekurbelt werden muss, wird in seinem Markenwert beschädigt. Eine Marke, die dem Kunden hinterhergeworfen wird, ist nichts wert.

Damit wird klar, dass das Gestalten von Marken ohne ständige Richtungsänderungen ein zentraler Grundsatz des Markenmanagements ist. Gut geführte Marken haben deshalb auch stabile Markenleitlinien, die sich am besten über deren Claims beschreiben lassen. Anfang 2000 hat Mercer Management Consulting in einer Sitzung mit Automobilmanagern folgende Claims präsentiert und die Teilnehmer gebeten, die dazugehörigen Marken zu nennen:

- Nothing is too beautiful, nothing is too expensive (Bugatti)
- Driving excitement (Pontiac)
- Made for you (Mercedes-Benz)
- There's only one (Jeep)
- Discover the original 4x4 (Land Rover)
- … for Life (Volvo)
- Get in to be moved (Mazda)
- The ultimate driving machine (BMW)

Die Trefferquote lag bei unter 25 Prozent. Mit Ausnahme von BMW, dessen Claim jeder kannte, wurde bei den anderen Marken eher geraten – und das bei Managern, die sich täglich mit dem Automobil beruflich beschäftigen. Es zeigt sich also, dass Markenwerte und die Markenleitlinien sehr stabil sein müssen.

Drei weitere Grundsätze im Markenmanagement lauten daher:

- Gestalte deine Marke pro-aktiv – permanent.
- Geduld und Zeit – Markenimages verändern sich nur sehr sehr langsam.
- Markenleitlinien sollten mindestens ein Jahrzehnt Bestand haben.

Das Markenimage entsteht entlang der gesamten Wertschöpfungskette. Von der Entwicklung des Grundkonzepts des Fahrzeugs über das Design, die Entwicklung, den Zukauf beim Lieferanten, die Eigenproduktion und die Montage, das Marketing und den Vertrieb bis hin zu den Dienstleistungen rund um das Auto und die Marke – an jedem Punkt entsteht das Bild der Marke. Anders als bei einer Vielzahl von Konsumgütern, ist das Management der gesamten automobilen Wertschöpfungskette ausschlaggebend für den Erfolg der Marke. Hierzu zwei Beispiele:

- Die GM-Marke Saturn ist deshalb erfolgreich, weil sie sich der Dienstleistung am Automobilkunden verpflichtet hat. Saturn-Fahrzeuge sind in Konzept, Design, Leistung, Qualität und Preisgestaltung eher Mittelmaß. Höchste Kundenzufriedenheit erreicht Saturn aber bei den Services. Bei GM-internen Veranstaltungen über die Marke Saturn wurde berichtet, wie man einer Kundin half, die sich an der Unterseite des Vorderwagens ständig Schäden zuzog. Bei der Einfahrt in ihre Garage setzte sie regelmäßig unten mit dem Stoßfänger auf. Die Saturn-Mitarbeiter – allen voran der Autohausgeschäftsführer – haben daraufhin am Wochenende in ihrer Freizeit eine kleine Rampe an der Garagenauffahrt für die Dame gebaut. Kostenlos! Das Problem war für die Kundin somit erledigt. Das ist Service am Kunden, der begeistert!

- Bei besonders hochwertigen oder edlen Fahrzeugen (Rolls-Royce, Bentley oder VW Phaeton) ist die Art der Herstellung für den Endkunden ein Maß für die Wertigkeit des Automobils bzw. der Marke. Ein Maßanzug vom Schneider ist mehr wert als Stangenware. Ein vom Schreiner handwerklich gefertigter Tisch ist werthaltiger als ein Ikea-Tisch. Daher wird bei der Herstellung von Ober- und Luxusklassefahrzeugen gerne von Manufaktur gesprochen. Volkswagen hat diese Idee mit seiner „Gläsernen Fabrik" in Dresden, Daimler-Chrysler mit seiner Maybach-Manufaktur im Werk Sindelfingen aufgegriffen. Der Markenwert wird buchstäblich produziert und transparent gemacht: „Handmade in Germany"!

Der eben beschriebene Leitsatz ...

- Markenwert und -image entstehen entlang der gesamten Wertschöpfungskette

... ist die Basis für den wichtigsten Grundsatz, auf den wir abschließend eingehen:

- Markenmanagement ist Chefsache.

Mehr als ein Dutzend Top-Manager von Fahrzeugherstellern haben ihre Sicht zum Management der eigenen Marke in diesem Buch veröffentlicht. Brand Management hat sich in den letzten zehn Jahren von einer Aufgabe, die typischerweise im Marketing angesiedelt war, zur Aufgabe der Top-Manager der Automobilindustrie gewandelt. Viele Konzerne beschäftigen ihren eigenen Markenvorstand (Opel, VW, Audi, Volvo, ...). Nur bei einigen ist jedoch der Durchgriff auf alle Stufen der Wertschöpfungskette möglich. Hier haben gerade die „Kleinen" der Automobilbranche Vorteile, die nur eine oder wenige Marken führen. Das Top-Management von Porsche, BMW oder Honda kann direkt auf alle Stufen des Wertschöpfungsprozesses Einfluss nehmen, die eine Marke betreffen – ohne dass davon andere Marken betroffen sind.

Der Wert einer Marke bestimmt zunehmend auch den Unternehmenswert: Harley-Davidson, Porsche oder die wertvollste Marke der Welt, Mercedes-Benz, sind hierbei eindrucksvolle Beispiele. Harley-Davidson hat heute einen höheren Unternehmenswert als Fiat. Würde Porsche ebenso viele Autos herstellen wie GM, wäre es das wertvollste Unternehmen der Welt (vorausgesetzt Porsche könnte die Renditen halten). Unternehmenswertsteigerung ist Chefsache – Automarkenmanagement auch.

Leitsätze beim Management von Automobilmarken

1. Verstehe die Vielschichtigkeit deiner Marke – sie ist wie eine Persönlichkeit.
2. Prüfe deine Automobilmarke auf Authentizität.
3. Lerne deinen Kunden kennen und verstehen.
4. Begeistere deinen Kunden durch deinen Markenauftritt – immer und überall.
5. Respektiere das Markenfundament – es lebt in der Geschichte der Marke.
6. Gestalte deine Marke pro-aktiv – permanent.
7. Geduld und Zeit – Markenimages verändern sich nur sehr, sehr langsam.
8. Markenleitlinien sollten mindestens ein Jahrzehnt Bestand haben.
9. Markenwert und -image entstehen entlang der gesamten Wertschöpfungskette.
10. Markenmanagement ist Chefsache.

---

3. Handlungsempfehlungen

Die folgenden Handlungsempfehlungen für Automobilmanager gliedern sich nach den wichtigsten Herausforderungen. Selbstredend stehen viele der Themen in den verschiedenen Unternehmen auf der Agenda bzw. werden bereits bearbeitet. Dennoch glauben wir, dass speziell in diesen Bereichen noch umfassende Themenstellungen zu lösen sind, um die einzelnen Automobilmarken für die Zukunft optimal aufzustellen.

Die beiden ersten Teile des Buches zum theoretischen Grundgerüst und den praktischen bzw. praktizierten Beispielen des Markenmanagements in der Automobilindustrie haben eindrucksvoll dargelegt, welchen Herausforderungen sich Automobilmanager bei der Führung ihrer Marken stellen müssen: Überkapazitäten, Preiskriege, Globalisierung, Wachstumsmarkt China, Stagnation der Kernmärkte, neue Marken, Mehrmarken-Portfolios, Gleichteilestrategien (Plattformen, Module, ...), Kannibalisierung von Marken, sinkende Kundentreue und Markenloyalität, Produktqualität, Supply Chain Management, Lieferantenqualifizierung, Working Capital Optimierung ...

Markenmanagement ist ein Mehrfrontenkrieg, vielschichtig, der über zahlreiche Dimensionen hinweg geführt wird. Im Folgenden werden die wichtigsten Handlungsempfehlungen der Markenführung in der Automobilindustrie beschrieben, im Sinne von Anregungen und Hilfestellungen.

3.1 Markenerlebnis und mehr

Marken sind wie eine Zwiebel, man nähert sich dem Kern Schicht um Schicht.

Funktion

Ursprünglich galt das Automobil der Fortbewegung (und dem Transport). Diese Primärfunktion – oder der Kern der Zwiebel – steht auch heute noch im Mittelpunkt. In erster Linie steige ich in ein Auto ein, um von A nach B zu fahren. Die Funktionalität des Automobils ist im Laufe der Zeit jedoch gestiegen. Neue Funktionen für das Fahrzeug sind hinzugekommen, neben Fahren und Bremsen, auch Komfort, Design, Sicherheit etc. und bestehende Funktionen wurden verbessert. Das Hauptaugenmerk der Automobilindustrie galt der Verbesserung dieser Fahrzeugfunktionen bzw. der Suche nach neuen Eigenschaften. Insbesondere technische Innovationen, einmal getrieben durch den Zusatznutzen der Innovation selbst, andererseits durch das Ziel, Bestehendes kostengünstiger zu gestalten, haben das Fahrzeug kontinuierlich in seiner Funktionalität verbessert. Die jüngsten Bemühungen der Automobilhersteller bei der Funktionalitätserweiterung gehen in folgende Richtungen:

- Variabilität („cargo-management"-Systeme; Limousine/Cabriolet/Pick-up wie der Citroën Pluriel; Retractable Hardtops)

- Fahrerassistenzsysteme („x-by-wire"; Fußgängerschutzsensorik; ESP; Navigation)

- Mensch-Maschine-Schnittstellen oder „man-machine-interface" MMI (Spracherkennung; i-drive; biometrische Erkennung von Fahrern)

Dem Bestreben nach Neuem sind somit keine Grenzen gesetzt.

Klar ist aber auch, dass die Regel der 90er Jahre „Innovation bestimmt die Markenpositionierung" für die kommenden Jahrzehnte nicht mehr ausreicht. Innovationen sind nach wie vor enorm wichtig, aber die Durchlässigkeit, mit der sich Innovationen von einem Fahrzeughersteller zum nächsten bewegen, nimmt dramatisch zu. In einigen Fällen ist sie sogar gewünscht, um durch ausreichende Stückzahlen und den damit einhergehenden Skaleneffekt verbraucherfreundliche Kostenniveaus zu erreichen. Viele Joint Ventures in der Zulieferindustrie oder zwischen OEMs bzw. OEMs und Zulieferern haben genau das zum Ziel. Beispiele hierfür sind das Joint Venture zwischen Volkswagen und SiemensVDO bei Dieseleinspritzsystemen oder gemeinsame Aktivitäten von Peugeot und BMW bei der Entwicklung und Herstellung von Kleinmotoren.

Wie nun kann sich eine Marke bei all der vermeintlich technologischen Gleichstellung differenzieren? Markenmanager müssen die für ihre Marke prägenden und von ihren Kunden wahrgenommenen und gewünschten Eigenschaften selbst kontrollieren und schützen. Hierfür zwei Beispiele:

- BMW hat gemeinsam mit dem Automobilzulieferer Magna Steyr die Entwicklung und den Bau des im Herbst 2003 neu erschienenen BMW X3 betrieben. Das Auto wird im Magna-Steyr-Werk in Graz gebaut und montiert. Die Fahrdynamikregelung, das heißt, das „finetuning" des Fahrwerks und des Antriebs, hat BMW allerdings nicht aus der Hand gegeben. Ein BMW X3 soll sich fahren wie ein echter BMW, entsprechend dem Motto „Freude am Fahren". Und nur BMW selbst weiß, wie sich ein BMW optimal fährt.

- Der Fahrzeugsitz ist das Modul im Fahrzeug, mit dem der Kunde die längste und direkteste Verbindung hat. Daher ist es nicht verwunderlich, dass Mercedes-Benz prüft, ob nicht für gewisse Fahrzeugtypen die Sitzentwicklung (ggf. auch die Fertigung) im eigenen Hause stattfinden sollte. Heute werden Sitze im Wesentlichen von vier Zulieferkonzernen, Faurecia, Johnson Controls, Lear und Magna, gebaut. Ob dies in Zukunft so bleiben wird, wird sich zeigen.

Es geht also zukünftig darum, für die eigene Marke exakt zu definieren, was markenprägend ist und was nicht. Markenprägende Elemente einer Marke müssen zukünftig die Kernkompetenzen des jeweiligen Automobilherstellers sein.

Selbstredend ist, dass zum Funktionsangebot auch die dem Leistungsversprechen („value proposition") der Marke entsprechende Qualität, also Produktqualität, geliefert werden muss. Eine Innovation, die nicht funktioniert, ist eine „Fehlgeburt".

Fahrzeugkonzept

In der zweiten Zwiebelschicht befindet sich das Fahrzeugkonzept. Klassische Unterscheidungen wie Oberklasse, Mittelklasse oder Kompaktklasse gehören heute der Vergangenheit an. Auch die Trennung nach Fahrzeugtypen wird zunehmend schwieriger:

Limousine, Kombi, Van, Cabriolet, Roadster etc. werden durch neue (oder wieder belebte) Konzepte ergänzt: Mini-Van, SUV, MPV, Grand Sports Tourer, Targa etc. Opel unterscheidet zum Beispiel nach drei Kategorien: klassische Konzepte, innovative Konzepte und Nischenmodelle.

Nur wenige große Marken werden, wollen oder können alle diese Segmente abdecken. Automobilhersteller werden sich klar festlegen müssen, welche Konzepte sie in Zukunft verfolgen werden. BMW hat sich bislang entschieden, nicht in den Markt für Vans einzusteigen, da ein Van technisch nur schwer mit dem „Freude am Fahren" Fahr- und Antriebsverhalten eines BMW vereinbar ist.

Je dichter die Modellpalette bei den einzelnen Herstellern und Marken wird, desto klarer wird eine eindeutige Fokussierung der Marken auf einzelne Fahrzeugsegmente. Der Schritt von Porsche in Richtung SUV ist daher ein sehr gewagter. Bislang galt Porsche als Sportwagenhersteller, als Manufaktur für die besten straßentauglichen Sportfahrzeuge der Welt. Mit dem Schritt in Richtung geländegängiges Vierradfahrzeug bewegen sie sich weg vom Sportwagen – und damit weg von einer bislang klaren Fokussierung.

Dienstleistung

Die Marke wird vom Kunden natürlich nicht alleine über das Produkt erfasst. Die Bedeutung der Dienstleistungen am Fahrzeug und den Markenkunden wird in den nächsten Jahren stark zunehmen. Heute sind diese Dienstleistungen jedoch insbesondere in Europa stark unterentwickelt. Ein attraktives Wachstumsfeld der Automobilindustrie ist das „downstream"-Geschäft:

- Beratung und Verkauf
- Kundendienst
- Kundenbindung
- Reparatur- und Instandhaltungsdienstleistungen
- Ersatzteile, Nachrüstung und Zubehör
- Finanzdienstleistungen, Leasing und Versicherungen
- Mobilitätsdienstleistungen

Bereits heute investieren die OEMs Milliarden in den Ausbau und die Qualifizierung der Vertriebs- und Servicenetze: Call-Center werden errichtet, Kundenkarten ausgegeben, Niederlassungen oder Flagship Stores in den Großstädten gebaut, Diagnosemesssysteme für die Fahrzeugtechnik entwickelt, es werden flächendeckend Autohäuser einheitlich gestaltet (siehe Hangar-Konzept von Audi), Autobanken bieten umfangreiche Finanzdienstleistungen an, die weit über das Automobilgeschäft hinausgehen (VW Bank), usw.

Die Dienstleistung beginnt aber beim Menschen und mit dem Menschen. Systeme, Strukturen, Prozesse, aber auch Glas und Beton bilden zwar die Infrastruktur, um den Dienst am Automobilkunden erbringen zu können. Einige Automobilhersteller haben den Menschen aber vergessen und die Infrastruktur in den Vordergrund gedrängt. Für den zukünftigen Zustand einer Marke wird daher der entscheidende Erfolgsfaktor das Schaffen eines dienstleistungsorientierten Werteverständnisses sein. Hiervon sind alle im „downstream"-Geschäft handelnden Personen betroffen. Jeder Mitarbeiter, der Dienst am Kunden (und an der Marke) erbringt, muss dies verinnerlichen.

Markenerlebnis (Emotionen)

Hervorragende Produktfunktionen, Fahrzeugkonzepte und Dienstleistungen sind ohne Zweifel die wichtigsten Einflussfaktoren zum Schaffen einer großartigen Automobilmarke. Begeisterung und emotionale Bindung erzeugt der Automobilmanager aber anders. Im Kern geht es darum, Objekte, Personen, Lebensräume und Ereignisse zu besetzen, mit denen sich der Markenkunde identifiziert. Je nach Zielsegment ist deren Ausprägung sehr unterschiedlich. Was nun können solche Elemente sein? Persönlichkeiten, Landschaften, Großereignisse, Kunstveranstaltungen, Sport, Familie, Clubs, Werbung, Rallyes und vieles mehr.

Die Komposition der emotionalen Erlebniswelten muss dem Kern der Markenwerte entsprechen. Auf dieser Ebene lassen sich auch am besten die Werte beschreiben, für die die Marke eigentlich steht – sie lassen sich am besten erlebbar machen:

- Fahrvergnügen und -spaß
- Zweckmäßigkeit
- Wertbeständigkeit
- Frische und Modernität
- Robustheit
- Exklusivität und Prestige
- Sportlichkeit und Aggressivität

Eine Marke wie Ferrari wird sich schwer tun, Emotionalität durch das Sponsoring der „World Bowling Tour" zu vermitteln oder indem es mit Herrn Takanohana wirbt, einem von fünf Sumo-Ringern im Rang des Oseki – quasi dem Ralf Schumacher des Sumo-Ringens. Ferrari ist rot, ist Italien, ist Formel 1, sind Sportwagen. Emotionalität entzündet sich also nur, wenn Markenwerte und Erlebniswelt stimmig sind.

Zum zweiten geht es heute bei der Schaffung eines Markenerlebnisses um Differenzierung. Wenn alle Fahrzeughersteller einen Fußballverein der Champions-League sponsern, wird es schwer, sich zu differenzieren. Daher müssen ständig neue Formen und Ideen gesucht werden, mit denen sich Markenerlebnisse erzeugen lassen. Markenmanager müssen daher Trend- und Zukunftsforschung betreiben. Das Weiterentwickeln einer Marke erfordert die Suche nach Veränderungen, die eine hohe Relevanz für den Markenkern haben. Für BMW ist beispielsweise der Motor (Bayerische Motorenwerke) ein Kernelement der Marke. Seit Jahren forscht BMW deshalb an alternativen Antriebskonzepten, insbesondere am Wasserstoffantrieb.

Wertstiftung

Die Zukunft der Markenwelt im Automobilbau liegt jedoch noch einen Schritt weiter als nur im Erleben der Marke. Eine Marke muss Sinn stiften, sie muss nicht nur Werte reflektieren, sondern Werte schaffen.

Volkswagen hat mit seinem 5 000 x 5 000 Modell (5 000 neue Arbeitsplätze für DM 5 000,– Lohn im Monat) klargemacht, dass es in einem Automobilkonzern um mehr geht als nur um das Markenerlebnis. Automobilunternehmen schaffen Arbeitsplätze, sie erzeugen Wachstum. Fahrzeughersteller müssen schonend mit ihrer Umwelt umgehen, müssen umweltfreundliche Fahrzeuge bauen. Automobilunternehmen müssen Mobilität auch für die kleinen Leute durch preiswerte Autos bieten.

Als Volvo begann, mit dem Volvo Ocean Race eines von vielen Sportereignissen zu unterstützen, war das Ausmaß der Öffentlichkeitswirksamkeit noch nicht klar. Nach neun Monaten unglaublicher Ereignisse und Strapazen der besten Segler der Welt verbinden sich nun mit dem Namen Volvo durch einen Segelwettbewerb folgende Werte: Disziplin und Durchhaltevermögen (32 700 nautische Seemeilen, 24 Stunden segeln täglich, Mastbruch, spartanischer Komfort, bittere Kälte, Marathonleistungen). Alles, um zu den Besten der Besten zu gehören.

Automobilmarken müssen ihrer Rolle als wertstiftender Teil der Gesellschaft gerecht werden und übernehmen damit für die Zukunft eine enorme Verantwortung.

3.2 Markenportfolios aus der Sicht des Konzerns

Die Komplexität im Markenmanagement ist für die meisten Automobilkonzerne im letzten Jahrzehnt stark gestiegen. Die Fusion von Daimler-Benz und Chrysler sowie die Beteiligungen von DaimlerChrysler an Hyundai und Mitsubishi, Ford mit dem Kauf von Mazda, Jaguar, Land Rover, Volvo und Aston Martin, Volkswagen mit seinen Nischenmarken Bentley, Bugatti und Lamborghini, Toyota mit Lexus, Daihatsu und der Marke Scion, General Motors mit über einem Dutzend Marken – die Markenwelt innerhalb der Automobilkonzerne ist vielfältiger geworden.

Mit dieser Vielfalt muss man umgehen können. Welche Freiheiten erhalten die Marken? Wie verteile ich die Ressourcen bzw. welche Gewinne schöpfe ich ab? Entwickelt sich eine Marke zu Lasten einer anderen Marke? Ist mein Markenportfolio komplett, gibt es Redundanzen? Welche Innovationen sollen welcher Marke zugute kommen? Wohin entwickelt sich mein Gesamtmarkenportfolio?

Das Management von Brand-Portfolios im Konzern zählt zu den schwierigsten Aufgaben der Markenführung. Die folgenden konkreten Handlungsempfehlungen geben daher nur einen Ausschnitt der vielfältigen Möglichkeiten wieder:

- **Markenhandbuch:** Alle für die Positionierung der einzelnen Automobilmarken im Konzern notwendigen Erkenntnisse und Abgrenzungen werden in einem Handbuch festgehalten. Diese Markenbibel muss dem Top-Management in Fleisch und Blut übergehen. BMW hat (ausgelöst durch MINI und Rolls-Royce) in 2002 ein solches Buch erstellt, bei DaimlerChrysler existiert dieses Dokument seit ca. vier Jahren. Die Erstellung und Pflege des Markenhandbuchs zwingt das Top-Management, die wichtigsten Elemente der jeweiligen Marke konkret auszuformulieren und schafft dadurch Transparenz (insbesondere zwischen den Marken).

- **Führung auf Basis von Leitlinien:** Starke Marken werden von starken Markenmanagern geführt. Kreativität, Innovationen, Stabilität etc. entstehen unmittelbar an der Marke. Je eigenständiger Marken geführt werden, desto klarer das Profil. Gerade in jüngster Zeit werden deshalb bei einigen Automobilkonzernen richtungsweisende Entscheidungen getroffen. Volkswagen hat mit der Abschaffung der Funktion des Konzernvertriebsvorstandes die Verantwortung auf die Markenvorstände delegiert. Andererseits müssen klare Spielregeln und Leitlinien das Zusammenspiel zwischen Konzern und Marke sowie zwischen den Marken regeln. Das Markenhandbuch hilft dabei.

- **Markenklinik:** In regelmäßigen Abständen sollten Automobilkonzerne so genannte Markenkliniken veranstalten. Mithilfe dieses Testraums wird ermittelt, inwiefern sich einzelne Marken überlappen, ob alle das gleiche Verständnis über die Positionierung der Marken haben, welche gewünschten Markenelemente zu schwach ausgeprägt sind etc. Verschiedene Tests stehen zur Verfügung: Geführte Gespräche mit Kunden und Mitarbeitern; verschiedene Gegenstände, die alle in einem Raum liegen, werden den Marken zugeordnet; Top-Manager und auch Markenkunden beschreiben die Marke anhand von menschlichen Charakterzügen usw.

Eine besondere Herausforderung im Management von Markenportfolios liegt in der Liberalisierung des Automobilmarkenvertriebs. Der Verkauf von Leistungen wird zukünftig auf mehreren Ebenen stattfinden – sowohl vertikal als auch horizontal.

Vertikal heißt:

- Verkauf vom OEM an den Großhändler, an Behörden oder Großunternehmen,
- Vertrieb von Leistungen vom Großhändler oder Importeur an Endkunden oder den Einzelhandel sowie
- Vertrieb über verschiedene Formen des Einzelhandels (klassischer Markenhandel, Supermärkte, Versandhandel etc.).

Horizontales Mehrmarkenmanagement bedeutet, auf gleicher Ebene mit verschiedenen Marken aufzutreten. Innerhalb eines Konzerns lassen sich solche Konzepte gut umsetzen. Die PAG (Premier Automotive Group) hat mit ihren Marken Volvo, Jaguar, Aston Martin und Land Rover bereits solche Lösungen im Vertrieb realisiert: unterschiedliche Verkaufsräume für die einzelnen Marken, aber gemeinsam genutzte Service- und Reparatureinrichtungen. Bei Marken, die aus verschiedenen Konzernen kommen, stellt sich dies kritischer dar.

Letztlich muss jede Marke und jeder Konzern für sich entscheiden, welches Konzept im jeweiligen Land verfolgt wird.

3.3 Markenpositionierung

In einer Untersuchung aus dem Jahr 2000 hat Mercer Management Consulting die Welt der Automobilmarken in sieben verschiedene Markencluster aufgeteilt:

- **High-end Nischenmarken:** Rolls-Royce, Bentley, Maybach, aber auch Porsche, Ferrari, Bugatti, Lamborghini, Hummer etc. Hierbei handelt es sich um Marken, die typischerweise im Luxussegment liegen und in Stückzahlen < 50 000 Einheiten pro Jahr abgesetzt werden.

- **Premium-Marken:** Mercedes-Benz, BMW, Audi oder Volvo. Marken mit der technologisch höchsten Funktionalität, hohem Markenwert, einem Preispremium und höchsten Imagewerten im Markt. In der Regel liegt die Stückzahl bei ca. 0,5 bis 1,0 Mio. Einheiten pro Jahr (Tendenz steigend).

- **Volumenmarken:** Toyota, Ford, Volkswagen, Peugeot, Renault, Nissan, Honda, etc. Marken, von denen sich zwischen 1 Mio. und 3 bis 4 Mio. Einheiten pro Jahr absetzen lassen. Sie machen ca. drei Viertel des Gesamtmarktes aus. Aktuell ist in diesem Segment eine starke „Uhrenglas"-Bewegung zu erkennen. Einige Marken versuchen, ins Premium-Segment aufzusteigen (VW, Peugeot, Mazda), während andere versuchen, sich stark über Preisführerschaft zu positionieren (Daihatsu, Kia …).

- **Potenzielle „Stars":** Jaguar, Lexus, Infiniti – Marken, die aufgrund ihrer hohen Produktqualität, ihres ausgezeichneten Images und des technischen Standards mit den Premium-Marken mithalten können, jedoch deutlich weniger als 0,25 Mio. Einheiten absetzen.

- **Lifestyle Nischenmarken:** MINI, Will, Scion, smart, Think! – neue, freche Marken, die von jungen und jung gebliebenen Kunden gekauft werden. Hier werden neue Designideen und Fahrzeugkonzepte realisiert. Stückzahlen liegen bei < 0,20 Mio. Einheiten pro Jahr.

- **„Stuck in the middle":** Seat, Skoda oder Chrysler. Marken, die das Potenzial zu Volumenmarken > 1 Mio. Einheiten pro Jahr haben und über ein hervorragendes Preis-/Leistungsverhältnis verfügen.

- **Markenwertvernichter:** Automarken, die durch Missmanagement und einen kontinuierlichen Verlust an Markenwert vor dem Aus stehen. In den letzten zwei Jahren wurden Plymouth und Oldsmobile vom Markt genommen. Daewoo ist eine Marke, die noch von GM zu retten sein könnte.

Für jede der dargestellten Cluster gelten eigene Wettbewerbsbedingungen, die Handlungsempfehlungen in jedem Cluster sind daher sehr unterschiedlich. Im Folgenden gehen wir nur auf eines der Cluster ein.

High-end Nischenmarken: Das Angebot in diesem Segment wird sich in den kommenden Jahren drastisch erhöhen. Ob Bentley Continental GT, Bugatti Veyron, Porsche Carrera GT, Rolls-Royce Phantom, Lamborghini Murciélago und Gallardo, Aston Martin AMV 8 Vantage oder Ferrari Enzo Ferrari, Maybach – ein Feuerwerk an neuen Modellen hochkarätiger Fahrzeuge wird den Markt für die Kunden interessanter denn je machen. Differenzierung und Markenwert entsteht in diesem Segment über das Außergewöhnliche und Einmalige: ein 1001 PS Motor, von 0–200 km/h in 10 Sekunden, lautloses Gleiten im Luxus – neben perfekter Funktionalität und einem einzigartigen Fahrzeugkonzept sind das Markenerlebnis und hervorragende Dienstleistungen Pflicht. In den Top-Preissegmenten (> 250 000 Euro) steht dem Angebot die entsprechende Nachfrage gegenüber, da hier für den Kunden (Superreiche) entscheidend ist, dass er dieses Fahrzeug seiner Sammlung hinzufügen kann. Ein harter Wettbewerb wird allerdings in den Preisklassen zwischen 80 000 Euro und 150 000 Euro ausbrechen, da hier die meisten Hersteller mit zu hohen Stückzahlen gerechnet haben. Zur Erhaltung des Markenwertes, ganz besonders im High-end Nischenmarkt, ist es dringend erforderlich, die Marke nicht über den Preis zu verkaufen, sondern gegebenenfalls die Stückzahlen zu drosseln, nach dem von Kuhnheim'schen Motto: „Immer ein Auto weniger produzieren, als der Markt braucht."

3.4 Neue Marken & Markeneliminierung

Brauchen wir noch mehr Marken? Nach Aussage von Professor Diez wird sich die Anzahl der Marken eher reduzieren. Diese Meinung teilen wir nicht ganz. Der Markt verlangt heute deshalb nach so vielen Marken, weil die Kundenanforderungen heterogener werden und die Kunden eine größere Auswahl erwarten. Es gibt hunderte Sorten von Whiskeys – obwohl nur die wenigsten Menschen regelmäßig Whiskey trinken. In fast jedem Bereich der Konsumgüterindustrie gibt es hundert Marken und mehr.

Gleichzeitig schaffen die OEMs die Voraussetzungen durch Gleichteile-, Plattform- und Modulstrategien, verschiedenartige, aber kostengünstige Fahrzeuglösungen anbieten zu können. Warum also nicht verschiedene Marken für verschiedene Kundensegmente? Marken für Teens und Twens, Marken für Sportenthusiasten, Marken für Familien, Marken für Geschäftsreisende …

Toyota hat mit Scion eine neue Marke für den US-amerikanischen Markt geschaffen, die sich an junge, Lifestyle-orientierte Kunden richtet. Im Internet kann man seinen eigenen Scion konfigurieren. In Japan wurde bereits vor sechs Jahren mit der Marke WILL ein ähnliches Konzept realisiert. Volkswagen hat mit der Wiederbelebung der Marke Bugatti und dem Bugatti Veyeron, dem teuersten Sportwagen der Welt, neue Kundengruppen erschlossen.

Die Lösungen müssen hierbei nicht unbedingt im Schaffen komplett neuer Marken liegen. Bestehende Marken bieten sich als Dachmarken an. Gerade dann, wenn die Marke zu breit gedehnt wurde. Heute deckt Mercedes-Benz von der A-Klasse (17 000 Euro) bis zum SLR (ca. 350 000 Euro) nicht nur eine Vielzahl unterschiedlicher Fahrzeugsegmente ab, sondern spricht insbesondere sehr unterschiedliche Kundensegmente und deren Anforderungen an. Über 1,2 Mio. Kunden kaufen jedes Jahr einen Mercedes-Benz. So könnte man unter dem Dach von Mercedes-Benz unterschiedliche Sub-Marken führen: SL, SLR, GT und SLK im Sportsegment; CL, CLK, S-Klasse und E-Klasse im Prestigesegment; ab der C-Klasse das Premium-Segment. So könnten sich beispielsweise im Sportsegment durch Formel 1 und andere Motorrennsportaktivitäten Kunden besser angesprochen fühlen.

Natürlich geht es zukünftig auch um die Eliminierung von Marken: Matra, Triumph, Simca, Etzel, Borgward, Goggo, Plymouth, Oldsmobile etc. werden nicht die letzten Automobilmarken sein, die verschwinden. Gerade in einer Zeit der steigenden Markenvielfalt müssen Automobilkonzerne bereit sein, sich von Marken zu trennen. Marken werden allerdings nicht „alt" oder verlieren ihren Markenwert aufgrund exogener Einflüsse. In nahezu allen Fällen ist es schlechtes Markenmanagement, das zum Verlust des Markenwertes und zur Einstellung der Marke führt.

3.5 Globales Markenmanagement

In den 70er Jahren waren Automobilmarken im Schwerpunkt nationale Marken. Ob Volkswagen, Pontiac, Lincoln, Rover, Mitsubishi oder Fiat ein Großteil des Umsatzes wurde im Heimatmarkt erzielt. Der Export konzentrierte sich auf den eigenen Kontinent. Nur eine Marke, nämlich Ford, war zu diesem Zeitpunkt schon auf mehreren Kontinenten zu Hause.

In den letzten drei Jahrzehnten konnten sich einige Marken globaler aufstellen: Japanische Marken haben eine starke Präsenz durch eigene „transplants" in Nordamerika und starke Exporte nach Europa, Volkswagen ist der größte Automobilproduzent in China, Mercedes-Benz und BMW bauen Autos mit großem Erfolg in den USA und Südafrika. Bis auf die gesetzlichen Vorschriften (Verbrauch, Emission, „local content" etc.), die es für die einzelnen Länder zu erfüllen gilt, sind die Fahrzeuge und Marken jedoch weitgehend national geblieben. „Made in Germany" oder „US built" waren und sind teilweise noch wichtige Markenwerte, die sich in der Fahrzeugfunktion bis zum Markenerlebnis der jeweiligen Marke widerspiegeln.

Aus unserer Sicht wird das jedoch nicht ausreichen, und dies hat mehrere Gründe:

- Heute werden noch gut 75 Prozent der Neufahrzeuge in den Märkten der Triade abgesetzt, das Wachstum des nächsten Jahrzehnts findet allerdings in Asien, Osteuropa und Südamerika statt. Zukünftig werden 40 Prozent der Automobile in diesen Wachstumsregionen verkauft.
- Marken, Trends, Produkte, selbst Dienstleistungen werden zunehmend globaler: Coca-Cola in Tibet, McDonald's in Moskau, Gucci in Tokio, Rolling Stones in Peking, Oktoberfest in New York. Die mit diesen Marken einhergehenden Werte werden zunehmend globaler. Das gilt inzwischen auch für Fahrzeughersteller. Toyota-Qualität gilt heute überall.
- Gleichzeitig zeigen sich hier aber auch die Grenzen globaler Werte. Unterschiedliche Kulturen, unterschiedlicher Wohlstand in den Ländern und unterschiedliche Nutzungen von Fahrzeugen müssen in den Marken berücksichtigt werden.

Automobilproduzenten müssen daher einerseits global gültige Werte ihrer Marke definieren, die gleichwohl in allen Märkten verstanden und geschätzt werden. Solche Werte können durchaus ihren Ursprung in typischen nationalen „Eigenschaften" haben. Qualität, technische Innovation und Ingenieurkunst sind typische deutsche Attribute, die global Respekt genießen. Andererseits müssen Automarken länderspezifische Interpretationen berücksichtigen. Dabei dürfen sich zukünftig diese Unterscheidungen nicht nur auf eine unterschiedliche Ausgestaltung der emotionalen Erlebniswelten einer Marke beschränken. Es reicht also nicht aus, in Deutschland/Europa mit der Formel 1 zu „werben" und in den USA Sponsor der PGA Tour (Golf) zu sein. Automobilmarken müssen Dienstleistungen, Fahrzeugkonzepte und Funktionen noch stärker regional anpassen, als das bislang der Fall war. Heute werden Mercedes-Benz A-Klasse, Vaneo und der neue Viano nicht in den USA verkauft – wann werden spezielle Mercedes-Benz-Fahrzeuge nicht in Deutschland verkauft, sondern nur in Übersee?

3.6 Traditionelle und neue Markenwerte

„Das Herzstück jedes Porsche kommt auch in Zukunft aus Zuffenhausen."
Dr. Wendelin Wiedeking, Vorstandsvorsitzender Porsche, Nov. 2001

Traditionelle Markenwerte müssen gepflegt und weiterentwickelt werden. Das Herz eines Porsche, der Boxermotor, muss immer in Stuttgart Zuffenhausen gebaut werden. Deshalb baut Porsche auch dort und nirgendwo anders sein neues Motorenwerk (100 Mio. Euro Investitionen, Fertigstellung Ende 2003, Kapazität ca. 80 000 Motoren).

Bei Volvo stand von Anbeginn der Mensch im Mittelpunkt – daher wird Sicherheit („prevention, protection and security") bei Volvo immer zum Kern der Markenidentität gehören. Seit 1970 hat Volvo in seinem Cars Safety Center Analysen über 28 000 Unfälle durchgeführt. Aktuell beschäftigt sich Volvo mit der Vermeidung von Schäden bei Unfällen von Schwangeren.

„Built stronger to last longer." (Ford F-Serie)

Im Jahr 1948 baute Ford den ersten F-Serien Pickup Truck, heute der meistverkaufte Pickup der Welt. Und bis heute hat der in den Ursprungsjahren kreierte Claim Gültigkeit und drückt die Robustheit und Langlebigkeit dieses inzwischen als Marke innerhalb der Marke Ford gebauten Fahrzeugs aus.

Diese über einen langen Zeitraum aufgebauten traditionellen Markenwerte bedürfen aber einer kontinuierlichen Bestätigung, da sie sonst verblassen oder von anderen Marken besetzt werden. Markenmanager müssen deshalb immer wieder neue Wege finden, den alten Markenkern neu zu beleben. Die klassischen Ansätze zur Sicherung der Marken-„Assets" (Produkt, Funktion, Ursprungsland etc.) reichen jedoch nicht mehr aus.

Neue Wege zur Markenwertsteigerung müssen gegangen werden. Sie drehen sich zumeist um den Kunden und heißen Loyalität, „lifecyle value", „communities" oder „(key) account management".

Bei einem Interview im Juli 2003 zwischen Mercer Management Consulting und Dr. Hans-Joachim Schöpf, Entwicklungsvorstand Mercedes-Benz PKW, wurde die Frage nach den zukünftigen Optimierungspotenzialen der Automobilindustrie wie folgt beantwortet: „Die genaue Kenntnis des Kundenverhaltens, die Übersetzung der Kundenwünsche in Produktthemen und die Automobilmarke birgt ein riesiges Verbesserungspotenzial ... Toyota ist mit dem Lexus in den USA deshalb so erfolgreich, weil sie quasi in den Wohnzimmern ihrer amerikanischen Kunden ‚gelebt' haben." Die Grundvoraussetzung für neue Wege zur Sicherung von Marken-„Assets" ist daher das Verstehen des Kunden. Und was sagen uns die Kunden? Die Kunden wollen nicht nur ein gutes Auto und für dieses Auto einen guten Service – Qualität ist selbstverständlich. Es sind heute Hygienefaktoren: BMW baut Autos, die sich „toll" fahren; Jaguar-Fahrzeuginnenräume sind komfortabel und luxuriös; Volvos sind sicher; Ferrari gewinnt die Formel-1-Meisterschaft; der Papst ist katholisch. Die Kunden wollen mehr.

Die Kunden wollen ein Markenerlebnis und eine Wertstiftung mit dem Automobil, das sie nur über eine Rundum-Betreuung bekommen. Alles, was mit dem Fahrzeug zu tun hat, soll für sie gelöst werden – und das am besten ein Leben lang. Nicht jede Marke kann dabei wie Maybach lebenslang einen „personal liason manager" beschäftigen. Aber Marken können sich um den Kunden kümmern, indem sie ihn über den gesamten Kundenlebenszyklus begleiten und bedienen. Verkauf eines Neufahrzeuges, Übernahme des Gebrauchten, Finanzierung und Versicherung, Nutzung von Nischenfahrzeugen (SUV, Sportwagen) übers Wochenende, Beratung bei Unfällen, zeitwertgerechte Reparaturen – „all inclusive"-Angebote ein Leben lang.

Harley-Davidson und Auto Nation zeigen, dass es geht. Den Kunden ja nicht von der Angel lassen. Am besten in einer Gemeinde von Gleichgesinnten.

Aber welchen Kunden? Nicht alle Kunden sind für die Marke interessant. „(Key) account management" setzt zunächst einmal voraus, zu wissen, welche Kunden für meine Marke werthaltig sind, welcher Kunde für welche Marke Geld ausgibt. Während es bei Volumenmarken die Masse der Kunden macht, ist es bei Premium-Marken die Höhe der Ausgaben für die Mobilität. Weiß ich erst einmal, wer für meine Marke die werthaltigsten Kunden sind, geht es darum zu erfahren was sie gerne an „Mobilität" kaufen. Automobilmarkenmanager müssen in die „Wohnzimmer" ihrer Kunden, um die Kunden zu verstehen. Erst im letzten Schritt werden Systeme, Prozesse, Strukturen und Instrumente geschaffen, um die passenden Leistungen an die markeneigenen Kunden zu bringen.

3.7 Zuliefermarken

Zuliefermarken gab es schon immer: Die Bosch Zündkerze, das Penzoil Öl, der Bridgestone Reifen, die BBS Felge. Zuliefermarken im OE („original equipment") Geschäft sind eine Erscheinung aus jüngerer Zeit. Hierbei sind verschiedene Arten von Zuliefermarken zu unterscheiden:

- **„Intel Inside"-Marken:** Zuliefermarken, die eine besonders hohe Wertigkeit aus Kundensicht haben und typischerweise von Automarken verwendet werden, die auf dem Gebiet bzw. in diesem Modul keine herausragende Qualitäten erwarten lassen. Brembo Bremsen, Webasto Standheizungen, Bose HiFi-Audio-Systeme, Recaro Sportsitze. Diese Marken werden vom Fahrzeughersteller verwendet, um durch den Partner die eigene Marke gegenüber dem Endkunden in einem speziellen Gebiet aufzuwerten.

- **Klassische Zuliefermarken:** Automobilzulieferer entdecken den Wert der eigenen Marke. Neben der Erfüllung des primären Leistungsversprechens (Lieferung einer Komponente/ eines Moduls JIT/JIS in 100 Prozent Qualität) werden zunehmend Dienstleistungen und Erlebniswelten wichtig. Account Management, „resident engineers", hervorragende Innovationen in der Vorentwicklung, Durchführung von Fachkonferenzen und Seminaren, Produktkliniken mit Endkunden, 25/50/75/100 Jahresfeiern, Sport Sponsoring, etc. Automobilzulieferer erzeugen eine Marke gegenüber ihrem Kunden, dem OEM.

- **Co-Branding:** Ford und Harley-Davidson vermarkten einen 380 PS (US), 8-Zylinder Ford F-150 zum hundertjährigen Geburtstag der Ford Motor Company; Mercedes-Benz baut unter dem hauseigenen Dach AMG-Fahrzeuge, BMW hat die M-Sport Marke, Audi die Marke Quattro-Sport; Aston Martin baut eine limitierte DB7 Auflage, die von Zagato entworfen wurde; Pininfarina liefert das Design für das Peugeot 406 Coupé. Fahrzeughersteller nutzen die Partnermarke, um das Fahrzeug in einer kompletten Funktion aufzuwerten: Design & Styling, Leistung, Komfort etc.

Automobilhersteller tun gut daran, sehr sorgsam mit dem Einsatz weiterer externer Marken umzugehen. Solange sich die Verwendung auf ein spezifisches Gebiet und eine begrenzte Einsatzdauer bezieht, sind Zuliefermarken gegenüber dem Kunden sehr sinnvoll. Volkswagen hat in den 90er Jahren sehr erfolgreich mit Rock- und Pop-Idolen (Rolling Stones, Genesis, Bon Jovi oder Pink Floyd) geworben. Viele OEMs (Volvo, Fiat, Opel, Ford) haben eine lange Tradition, für ausgewählte Modelle Designer (Bertone, Karmann, Pininfarina, Italdesign, Zagato etc.) als Marke am Fahrzeug mitzuführen. Entscheidend ist, dass die Zweitmarke nicht – wie im Fall Intel – für den Kunden mehr bedeutet als die Automarke selbst.

3.8 Vernetzung aller Markenaktivitäten

Eine Marke ist vielschichtig und die Elemente, mit denen man das Markenimage beeinflussen kann, sind es ebenso. Vergleicht man eine Marke mit einer Symphonie, so wird sehr schnell deutlich, dass eine Vernetzung aller markenrelevanten Aktivitäten unabdingbar ist. Um eine überzeugende Symphonie zu spielen, benötigt man verschiedene Instrumente und die dazugehörigen Orchestermusiker, einen Komponisten, der die Symphonie schreibt, einen Dirigenten, der die Partitur interpretiert und mit dem Orchester probt, einen Konzertsaal für die optimale Akustik und natürlich ein Publikum, dem die Musikgattung gefällt (die Zuhörer wären irritiert Heavy Metal in der Oper zu hören). Wenn alles perfekt und harmonisch zusammenpasst, wird es eine große Symphonie.

Genau so verhält es sich mit einer Automobilmarke: ein Motor und vier Räder, Karosserie und Fahrwerk, Innenraum und Elektrik/ Elektronik; ein Fahrzeugkonzept; ein Fahrzeughersteller und viele Zulieferer; Hunderte von Verkaufsräumen und Servicestätten; mehrere Milliarden Euro an Werbebudgets; Millionen von Kunden. Jede Automarke hat die gleichen Startvoraussetzungen. Die Interpretationen und das Zusammenspiel der einzelnen Elemente, die eine Marke ausmachen, sind entscheidend für den Markenerfolg. Ein herausragendes Fahrzeug wird fehlschlagen, wenn es nicht zum Markenkern und den grundlegenden Werten der Marke passt. Spitzendienstleistungen beim Autoservice helfen zu wenig, wenn nicht darüber geredet wird und diese Leistungen nicht beworben werden.

Integriertes Markenmanagement wird daher zum Kern moderner Markenführung in der Automobilindustrie.

4. Nachhaltigen Markenwert schaffen und entwickeln

Im folgenden Abschnitt werden die Konsequenzen der Handlungsempfehlungen für die Verantwortlichen entlang der automobilen Wertschöpfungskette, ein Modell zur Markenführung sowie Empfehlungen zur Positionierung einzelner Automobilmarken vorgestellt.

4.1 Konsequenzen für die einzelnen Wertschöpfungsstufen

Getreu dem im zweiten Abschnitt dieses Beitrags formulierten Leitsatz: „Markenwert und -image entstehen entlang der Wertschöpfungskette" geben wir in diesem Abschnitt Hinweise und Empfehlungen für ein Markenmanagement aus Sicht des Funktionsverantwortlichen in der Automobilindustrie.

Entwicklung und Design

Jede Automobilmarke wurde durch eine Idee, eine Innovation geboren. Am Anfang der Marke steht immer die Entwicklung. Es ist daher verwunderlich, dass die Rolle von Forschung, Entwicklung und Design für das Markenmanagement bislang nur wenig beschrieben wurde. Im Kern lassen sich drei wesentliche Aufgaben der F&E sowie des Designs für das Markenmanagement festhalten:

- Schaffen und Weiterentwickeln einer Markenpersönlichkeit über das Produkt Automobil
- Identifikation und Umsetzung neuer Dimensionen, die das Image einer Automobilmarke beeinflussen
- Automobilentwicklung und -design als Marke

Jedem Entwickler eines Automobilunternehmens muss klar sein, dass sein Beitrag ein Beitrag für die Positionierung der Marke ist. Die Entwicklung einer Innenraumleuchte gehört ebenso dazu wie die Motorbrennraumoptimierung oder die Auslegung der Kühlleistung einer Klimaanlage. Wer ist zuerst da – prägen Design und F&E die Entwicklung der Marke oder müssen sie sich an der Marke ausrichten? In der heute stark technikgetriebenen Welt der Automobilherstellung muss nach unserer Sicht ein Paradigmenwechsel stattfinden: „outside-in" anstelle „inside-out". Nicht der Techniker entscheidet, wie sich die Marke entwickeln soll; der Kunde legt fest, in welche Richtung sich die Marke entwickeln muss. Design und F&E können Vorschläge unterbreiten, welche neuen Dimensionen eingeschlagen werden – der Kunde aber entscheidet über deren Erfolg.

Geht man nun von der eben beschriebenen Maxime eines marken- und kundenorientierten F&E-Managements aus, so werden F&E-Manager noch stärker als bisher vom Markt gelenkt werden. Was fordert der Markt bzw. die Marke?

Die Zukunft der Markenführung im Automobilgeschäft

- Steigende Modellvielfalt zu günstigsten Preisen
- Neue, innovative und zielgruppenspezifische Fahrzeugkonzepte
- Modelle mit immer kürzeren Modelllebenszyklen
- Ständige Innovationen zur Verbesserung der Funktionalität im Fahrzeug
- Zusätzliche, völlig neue, aber äußerst bedienerfreundliche Funktionen
- 100 Prozent ausgereifte Konzeptqualität
- etc.

Die Automobilindustrie gab 2001 mehr als 110 Mrd. Euro für F&E aus (Automobilhersteller sowie deren Zulieferbetriebe). Trotzdem sind die Mittel begrenzt und werden in den kommenden Jahren mit etwa zwei bis drei Prozent p.a. wachsen. Sie steigen damit zwar mehr an als die durchschnittlichen Wachstumsraten der Automobilproduktion. Doch um den oben beschriebenen Herausforderungen mit den bestehenden Konzepten, Prozessen, Systemen und Strukturen gerecht zu werden, wären jährliche F&E-Wachstumsraten von zehn Prozent und mehr vonnöten.

Die Entwicklung muss diese Herausforderung von zwei Seiten angehen:

- Fokussierung auf markenrelevante F&E-Kompetenzfelder
- Neue, hocheffiziente Entwicklungssysteme, -prozesse und -strukturen

Zum ersten Punkt: Automobilentwickler müssen die Lücke zwischen Marke und dem einzelnen Fahrzeug-/Funktionsmodul schließen. Es geht darum, eine klare Logik zwischen den „untechnischen" Wünschen und Anforderungen der Kunden und den von der Marke bereitzustellenden Entwicklungskompetenzen herzustellen. Auf Basis der Vorgaben von Marken- und Marketingmanagement wird für jedes zu bedienende Kundencluster und den dahinter liegenden vom Kunden gewünschten Ausprägungen von Kundenerlebnisfeldern exakt ermittelt, wie diese Erlebnisfelder im Fahrzeug bedient werden können. Hierzu ein Beispiel: Sportliches, aber sicheres Fahrverhalten wird von BMW-Kunden als äußerst wichtig erachtet. Das Erlebnis „sportliches Fahrverhalten" kann über verschiedene Module im Fahrzeug erzeugt werden (z. B. Bremse, Federung, Lenkung, Dämpfung etc.). Auf diesen Feldern muss die F&E besonders kompetent sein. In der Konsequenz bedeutet das, dass alles, was nicht markenrelevant ist, auch nicht durch umfangreiche, eigene Kompetenzen abgebildet werden muss. Das wiederum bedeutet, dass Entwicklungsdienstleistungen in beträchtlichem Umfang von extern bezogen werden müssen. Dieses Outsourcing an Engineering-Dienstleister betrifft insbesondere das Testing, die Simulation, den Prototypenbau sowie die Applikation. Eine in 2002 veröffentlichte Untersuchung von Mercer Management Consulting zeigt auf, dass bis zum Jahr 2010 ca. 30 Mrd. Euro an externen Engineering-Dienstleistungen zugekauft werden. Speziell bei Nischenfahrzeugen, Derivaten (Mercedes-Benz Viermatik) oder Fahrzeugen mit geringer strategischer Relevanz für den OEM kommt es teilweise zur Auslagerung der Gesamtentwicklung – so geschehen beim Opel Zafira (Porsche Engineering Group), dem BMW X3 (Magna Steyr), dem neuen Saab Cabriolet (Magna Steyr) oder dem Chrysler Crossfire (Karmann). Kompetenzfelder, die einen starken Aufbau von Kompetenzen bzw. Ressourcen beim OEM verlangen, liegen im Design, der Elektronikentwicklung, der Softwareentwicklung, der Gesamtfahrzeug-Konzeptentwicklung sowie einem übergreifenden Projektmanagement.

Zum zweiten Punkt: Alle Herausforderungen werden durch das Auslagern von nicht markenrelevanten Entwicklungsleistungen nicht gemeistert. Neue Fahrzeugarchitekturen bzw. -aufbauten, Plattform-, Gleichteile- und Modulstrategien, virtuelle Produktentwicklung, „design to manufacturing ", Simulation anstelle von Testing usw. sind einige der Lösungen, um der steigenden Flut an Entwicklungen Herr zu werden. Bis zu 30 Prozent Effizienzreserve, schätzen die Experten, liegt heute noch im gesamten Entwicklungsprozess.

Der zweite wichtige, große Themenblock für Forschung, Entwicklung und Design liegt im Identifizieren und im Umsetzen neuer Dimensionen, die das Markenimage eines Automobilherstellers prägen können. In den 60er Jahren kam zum ersten Mal die Fahrzeugsicherheit als wichtige Dimension auf. Dreipunktsicherheitsgurt, Karosseriestrukturen, die die Kräfte beim Zusammenstoß aufnehmen, Kopfstützen und später ABS, Airbag oder ESP. Viele dieser Entwicklungen schlummern im Verborgenen – bei Automobilherstellern und insbesondere auch bei Zulieferern. Die Entwicklung muss daher in Zukunft noch stärker eine Selektion von Lösungen für derartige neue Dimensionen bereitstellen. Aktuell sind dies Fahrerassistenzsysteme, MMI sowie Variabilität des Fahrzeugs. Zukünftig könnten es sein: kostenverursachungsgerechte Abrechnungssysteme (Stichwort Maut); Konvergenz von Freizeitprodukten und Auto; biometrische, lernende und sich auf das Individuum einstellende Systeme.

Nun zum Design. Es hat eine überragende Bedeutung für die Wahrnehmung einer Marke. Design erlaubt es, die Marke zu sehen, zu riechen und zu fühlen. Etwa alle zwanzig Jahre gibt es einen grundlegenden Wechsel im Fahrzeugdesign. Dieser Wechsel kann je nach Region recht unterschiedlich ausfallen. Aktuell findet ein solcher Wechsel statt – Design in Europa war in den letzten Jahren durch das Bestreben, möglichst verbrauchsarme Fahrzeuge zu entwickeln, stark eingeengt. Der Windkanal hat Ecken und Kanten „glatt gebügelt". Durch neue Materialien und Produktionsverfahren haben Designer heute mehr Freiheiten. Außerdem wird mehr Expressivität vom Design gewünscht – Retrofahrzeuge, „flame surfacing", Lifestyle-Autos (smart, Ford Street Ka, Scion, Hummer H2) – das Design des Fahrzeugs wird zum Ausdruck des Fahrzeugfahrers für seinen Lebensstil.

Zuletzt sei noch auf den dritten wichtigen Punkt zum Markenmanagement aus Sicht von F&E und Design eingegangen. Forschung, Entwicklung und Design sind die mit Abstand innovativsten Bereiche eines Automobilherstellers. Sie stellen daher für den Automobilhersteller an sich einen Wertbeitrag für die Marke dar. Porsche hat beispielsweise vor Jahrzehnten damit begonnen, die Designkompetenz unter dem eigenen „Label" Porsche zu vermarkten. Messer, Kugelschreiber, Brillen – alles nach Porsche-Design. Darüber hinaus bietet die F&E-Kompetenz eines Automobilherstellers die Möglichkeit, auf dem Markt und damit für die eigene Marke zu werben: 3-Liter-Auto, 1-Liter-Auto, Brennstoffzelle, Konzeptfahrzeuge etc. Dies alles sind Beispiele dafür, wie die Automobilmarke positiv emotional aufgeladen werden kann – ein wichtiges Element, um auch zukünftig attraktiv für die besten Köpfe in der Automobilentwicklung zu sein.

Produktion

Während F&E sowie Design für die Erzeugung von Innovationen und Konzeptqualität einer Marke zuständig sind, ist die Produktion für die Umsetzung eines erheblichen Teils der Qualität des Leistungsversprechens einer Marke verantwortlich. Neben der eigentlichen Produktqualität des Fahrzeugs sind dies auch Liefertreue, Lieferantenmanagement sowie wettbewerbsfähige Kostenstrukturen – egal, ob diese beim OEM selbst oder beim Lieferanten entstehen. Wie diese vier Kernkompetenzen durch den Automobilhersteller am besten abgebildet werden, soll hier nicht weiter vertieft werden.

Allerdings gelten für die gesamte Produktion die gleichen Veränderungsanforderungen wie bei der Entwicklung. Markenrelevante Kompetenzfelder sollten „inhouse" abgebildet werden, alle anderen Wertschöpfungsaktivitäten sollten, sofern sie im eigenen Haus nicht am wettbewerbsfähigsten produziert werden, ausgelagert werden. Jedes Komponenten- bzw. jedes Montagewerk muss für sich festlegen, wie es diese Wettbewerbsfähigkeit im Vergleich zu unabhängigen Automobillieferanten erhalten bzw. erreichen kann und ob die eigene Wertschöpfung tatsächlich markenrelevant ist.

Hierbei wird zunehmend eine Entwicklung deutlich: In der von Mercer Management Consulting und der Hypovereinsbank im September 2001 vorgestellten Studie „Automobiltechnologie 2010 – Innovationen in der Automobilindustrie und deren Auswirkungen auf OEMs, Zulieferer und Ausrüster" konnte gezeigt werden, dass das entscheidende Kompetenzfeld der Zukunft die Software und Elektronik sein wird. Während das Durchschnittsfahrzeug im Jahr 2000 weltweit zu ca. 22 Prozent aus Elektrik, Elektronik und Software bestand, wird der Wertanteil im Jahr 2010 auf ca. 35 Prozent angestiegen sein. Die Fahrzeughersteller haben bislang allerdings noch keine passenden Antworten gefunden, wie sie in der Fertigung, dem Lieferantenmanagement oder der Montage damit umgehen.

Dieser Trend bedeutet allerdings auch, dass mechanische, hydraulische und pneumatische Komponenten und Module im Fahrzeug an Wert verlieren; also genau jene Wertschöpfungsaktivitäten, die heute noch den Schwerpunkt der großen Automobilwerke ausmachen: Gießereien, Presswerke, Lackieranlagen, Motorenfertigung und -montage, Schalt- & Automatikgetriebeherstellung, Achsfertigung etc. Jede Wertschöpfung muss auf ihre Markenrelevanz hin überprüft werden. In der oben genannten Studie sind wir zum Schluss gekommen, dass ca. 20 Prozent der noch im Jahr 2000 „in-house" erzeugten Wertschöpfung zukünftig von extern bezogen wird. Ein wesentlicher Teil ist jedoch auf eine deutlich niedrigere Eigenwertschöpfung bei den neu entstehenden Werken in Asien und Osteuropa zurückzuführen.

Neben diesen allgemeinen strukturellen Veränderungen in der Automobilproduktion, ausgelöst durch die Frage der Markenrelevanz der eigenen Wertschöpfung, gilt aber nach wie vor die besondere Aufmerksamkeit den Mitarbeitern in der Produktion selbst. Jeder einzelne Mitarbeiter erzeugt jeden Tag Markenwert durch seine Tätigkeit – eine lose Steckverbindung an der Motorsteuerung, eine falsch montierte, klappernde Abdeckung, ungenügend disponierte und damit verspätet gelieferte Scheinwerfer, schlechte oder unergonomische Prüfeinrichtungen, schlecht gewartete Werkzeuge – die Fehlerursachen können unendlich sein. Jeder Fehler reduziert den Markenwert – jeder! Fahrzeughersteller haben daher die Verpflichtung, ein Klima der Offenheit und Leistungsbereitschaft zu erzeugen, in dem positiv mit Fehlern umgegangen wird. Mitarbeiter in der Produktion müssen Motivation erfahren, wenn sie jeden Tag Markenwert schaffen sollen.

Marketing/Kommunikation

Kommunikation und Marketing stehen als Plattform und Träger der Markeninhalte vor einer umfassenden Erneuerung. Vor allem im Bereich Kommunikation sind erhebliche Nachholbedarfe und Herausforderungen in der Automobilindustrie festzustellen. Die marktentscheidende Strahlkraft der Marke muss im Rahmen der Kommunikation umgesetzt werden, um die noch bestehenden Potenziale Gewinn bringend ausschöpfen zu können. Insbesondere stehen die Faktoren personale, nachhaltig emotionale und integrierte Kommunikation ganz oben auf der Agenda.

Die Renaissance des persönlichen Gesprächs als Gegenpol zu Massen- und digitaler Kommunikation gewinnt hierbei zunehmend an Bedeutung. Kunden möchten individuell und persönlich angesprochen und umworben werden, sodass zukünftig der Transfer von Markenattributen für breite Zielgruppen individualisiert werden muss. Die geforderte nachhaltige, personale Kommunikation geht weit über die bisherigen Event- und Erlebnisansätze der Automobilindustrie hinaus. Nicht weitere Top-Events, ein noch breiterer Erlebnisrahmen oder zusätzliche (Massen-)Kundenbindungsprogramme sind das Gebot der Stunde, sondern die individuelle Ansprache und nachhaltige Bindung des Kunden im Umfeld Auto und am „point of contact" – der so zum „point of contract" wird.

Durch den klaren Trend einer schwindenden Akzeptanz klassischer Werbung – die zum Markenaufbau unerlässlich ist und war –, muss die Kommunikation neue Formate finden. Hierbei geht es vor allem um die bisher in der Automobilindustrie nur ansatzweise erkennbaren Bemühungen zur integrierten Kommunikation. Die formale Integration der gesamten Unternehmens- und Markenkommunikation stellt allein nicht länger ein Differenzierungsmerkmal dar. Trotz jahrzehntelanger Bemühung um eine integrierte Kommunikation verlaufen zwischen den Unternehmensbereichen selbst, aber auch zu den Händlern und den Servicenetzen tiefe Gräben, die eine Orientierung des Kommunikationsbedarfs an werthaltigen Zielgruppen verhindern. Das oftmals brillante Markenbild erscheint beim Kunden durch diese Defizite in diffusem Licht.

Erforderlich sind die Reduktion von Streuverlusten, mehr Fokus der Kommunikation auf den Markenkern und nicht zuletzt das Etablieren von aussagefähigen Controlling-Instrumenten. Das Auto muss nicht nur vom Kunden aus entwickelt und konstruiert, sondern auch von ihm aus kommuniziert und emotionalisiert werden. Alles andere ist eine Einbahnstraße, aus der es kein Zurück gibt.

Vertrieb

Im Automobilvertrieb sind zum einen die „wholesale"-Stufe mit den nach Ländern und Marken gegliederten Importeuren sowie die „retail"-Stufe mit den traditionellen Vertragshändlern und den neuen Spielern, wie beispielsweise Megadealer, zu betrachten. In zunehmenden Maße ergänzt wird der klassische „physische" Vertrieb durch die digitalen Informations- und Absatzkanäle, die als „pre-sales"-Medium und virtueller Teil der Markenerlebniswelt von Bedeutung sind. Im Folgenden wird skizziert, welche spezifischen Beiträge diese in ihrer Rolle und Dynamik höchst unterschiedlichen Marktpartner zur Markenprägung und -differenzierung leisten können und müssen.

Lange Zeit hatte die „wholesale"-Stufe primär eine logistische Funktion, insbesondere in den Boom-Jahren lag der Fokus auf der möglichst reibungslosen Versorgung der Märkte. Der Beitrag zur Markenführung war eher begrenzt. Aber das Aufgabenspektrum der Importeure hat sich verändert und wird sich in den nächsten Jahren gravierend weiter verändern. Die reine Distributionsfunktion wird zunehmend an Dienstleister ausgegliedert bzw. direkt abgewickelt. Dagegen werden Potenzialanalysen, Marktentwicklung, Unterstützung und Steuerung der „retail"-Partner, Absatzförderung und Key Account Management zu den zentralen Aufgaben der „wholesaler". Und damit steigt die Bedeutung der „wholesaler" für die Markenführung. Sie haben die Chance, zum Hauptverantwortlichen für die Markenführung im jeweiligen Land zu werden, was angesichts unterschiedlicher Interpretationen von Marken in Zukunftsmärkten wie China oder Osteuropa von zunehmender Bedeutung ist.

Mit den veränderten Aufgabenschwerpunkten ändern sich auch die Anforderungsprofile und Selektionskriterien für die „wholesaler". Grundsätzlich bietet ein Importeur, der rechtlich zum Hersteller gehört, die besten Möglichkeiten zur konsistenten Markenführung. Wann immer die wirtschaftliche Tragfähigkeit und eine ausreichend starke Marktposition diese Konstellation ermöglichen, sollte sie auch realisiert werden. Marken wie BMW oder Mercedes-Benz haben diesen Weg konsequent eingeschlagen. Falls die Landeskonstellation einen eigenständigen „wholesale"-Partner erfordert, muss dieser konsequent nach Markenkriterien ausgewählt und gesteuert werden. So ist beispielsweise ein Importeur, der mehrere Premium-Marken von verschiedenen Konzernen im Portfolio hat, sicher nicht die beste Lösung für die einzelne Marke. Andererseits ist ein Importeur, der mehrere Marken aus dem gleichen Konzern betreut, in der Lage, das Markenportfolio zielführend und in der richtigen Balance zu managen.

Mittelfristig ist der Wertbeitrag und damit die Existenzberechtigung der „wholesaler" in hohem Maße mit der Leistungsfähigkeit für die jeweilige Marke verknüpft. Importeure, die ihre Ressourcen und Kontakte auf die Markenleistung fokussieren und eng mit dem Systemführer der Marke, nämlich dem Hersteller, kooperieren, haben gute Zukunftsperspektiven. Das alte Selbstverständnis als unabhängiger Distributeur ist dagegen ein auslaufendes Geschäftsmodell.

Auf der „retail"-Stufe ist die Veränderungsdynamik noch wesentlich höher als im „wholesale". An die Stelle einer relativ homogenen Kanalstruktur mit Vertragshändlern und zumeist eher begrenztem Direktabsatz über Herstellerniederlassungen tritt in den nächsten Jahren der Multi-Channel-Vertrieb. Megadealer, Händlerketten, Großkundenzentren, Leasinggesellschaften Flagship Stores, „downtown shops" sind Beispiele für die Vielzahl der entstehenden Absatzpartner und Formate. Ja sogar Supermärkte und Versender (Aldi, Edeka, Quelle ...) starten ernst zu nehmende Versuche im Automobilvertrieb.

Und hierbei gibt es keine grundsätzlich falschen oder schlechten Vertriebskanäle. Jeder „channel" eröffnet die Chance zu neuen Kunden oder zu einer besseren bzw. wirtschaftlicheren Marktbearbeitung. Andere Branchen wie zum Beispiel Mobiltelefone, PCs oder Reisen zeigen, wie über ein breit gefächertes Channel-Mix Absatzpotenziale in fragmentierten Zielsegmenten zu angemessenen Kosten ausgeschöpft werden können. Allerdings gibt es sehr wohl Vertriebskanäle, die zur Marke passen, und Kanäle, die kontraproduktiv für die Marke sind. Die Empfehlung für den optimalen Kanalmix ist nur spezifisch für die jeweilige Marke zu erarbeiten. Gleichwohl gibt es einige Leitlinien, die Hilfestellung geben:

- Die exklusive Markenpräsentation am Point of Sale ist für Premiummarken und hochwertige „mainstream"-Marken ein Imperativ, das heißt markenexklusive Showrooms aber nicht zwingend Einmarken-Handelsbetriebe.

- Multibrand-Betriebe versprechen mehr Besucherverkehr, sind aber nur vorteilhaft, solange die wirklich erforderlichen Markenstandards gewährleistet sind.

- Megadealer und Händlerketten werden Marktanteile um die 20 Prozent erobern und sind damit nicht zu übergehen. Namen wie United Auto Group, Pendragon, Jardine, AutoNation, Yanase, Frey, Hahn oder AVAG werden zu unentbehrlichen

Größen im Kanalmix einzelner Marken. Die Professionalität und Marktpräsenz der Großbetriebe kann für die Marke erhebliche Vorteile in Volumen und Servicequalität bringen. Entscheidend ist auch hier, ob der Händler eine vertikale Strategie als Systempartner für die Marke fährt und die Retail-Marke nicht überbetont.

- Direktvertrieb über Direktverkauf an Großkunden und herstellereigene Retail Outlets wie Flagship Stores, „brand lands", „downtown shops" gewinnen an Bedeutung und eignen sich bestens zur Markenprägung. Sie gehören als Kernelement in geeignetem Umfang in jedes Kanalportfolio im Markenvertrieb.

- Die Ausdifferenzierung der Formate muss insbesondere auch im Vertragshändlernetz stattfinden. Im Zuge der zwingend erforderlichen Konsolidierung der Händlernetze besteht die Chance für eine Neugliederung. Insbesondere regionale Netzwerke mit professionellen Unternehmern und spezialisierten Outlets (Neuwagenverkauf, Gebrauchtwagenzentrum, Servicestützpunkte, Satelliten etc.) werden eine wichtige Rolle für die Marke spielen.

- Digitale Vertriebskanäle spielen im Neuwagenverkauf primär als „pre-sales"-Medium eine Rolle, wobei im Flottengeschäft zunehmend auch echte Transaktionen ablaufen. Im Gebrauchtwagenverkauf haben sich die Autobörsen als Informationsmedium, aber auch als Transaktionsmedium etabliert. Digitale Vertriebswege sind somit zumindest als Teilprozess-Schritte im Automobilvertrieb unentbehrlich.

Im Grundsatz gilt, dass der Hersteller als Marken-Systemführer die Kanäle markengerecht entwickeln und steuern muss. Mercedes-Benz in Deutschland hat als „best practice" gezeigt, was hinsichtlich Verkäuferqualität, Markenpräsentation, Preisprämium, Rabattbegrenzung und Kundenbindung in einem eng geführten Vertriebsnetz möglich ist. Sicherlich ist ein Anteil von über 50 Prozent „own retail", wie im Beispiel Mercedes, nicht für jede Marke darstellbar. Aber der Trend geht eindeutig zu mehr aktiver Partizipation der Hersteller im Vertriebsnetz, auch um den Kunden und seine Bedürfnisse durch direkte Interaktion noch besser kennen zu lernen. Ob über „own retail", Beteiligungen oder franchiseähnliche Systeme ist letztendlich eine Frage der Ausgestaltung.

Parallel zur Vorwärtsintegration der Hersteller entstehen starke Retail-Marken. Und dies bereitet den Herstellermarken zu Recht Kopfzerbrechen. Was in der Unterhaltungselektronik passiert ist, nämlich die Verdrängung von Herstellermarken wie Kenwood, Sony, Yamaha durch Retail-Marken wie Media Markt oder Electronic Partner, ist auch im Automobilgeschäft denkbar. In der Konsequenz drohen Machtverhältnisse wie im Lebensmittelbereich, wo eindeutig die Handelskonzerne den Herstellern die Konditionen diktieren und Handelsmarken auch auf der Produktebene eine gewaltige Marktposition erobert haben. Virgin hat als Top 5 Brand in England begonnen, Autos zu verkaufen, Cardoen hat sich in Belgien als Car Supermarkt mit Schnäppchenpreisen etabliert. Beide Retail-Marken verkaufen jeweils bereits ca. 10 000 Fahrzeuge pro Jahr.

Auch im Gebrauchtwagengeschäft ist dieser Trend zu beobachten. CarMax in USA verkauft ca. 200 000 Fahrzeuge pro Jahr und begutachtet weitere 800 000, was natürlich eine erhebliche Markt- und Preistransparenz für CarMax bringt. 2,8 Prozent Umsatzrendite, über 30 Prozent ROCE und Wachstumsraten von fast 40 Prozent pro Jahr zeigen, dass es sich hier um ein recht erfolgreiches Geschäftsmodell handelt.

Wie sollen nun die Markenhersteller mit den Retail-Marken umgehen? Auch hier gilt, dass ein starker Marktpartner zunächst einmal die Chance für Volumenwachstum und Erschließung von neuen Kundensegmenten bietet. Der Kampf um die besten „Regalplätze" bei den Tophändlern ist auch im Automobilgeschäft vorstellbar. Zudem bieten Retail-Marken etwas, was den klassischen Automobilmarken fehlt: Frequenz. Der Vergleich von IKEA mit dem traditionellen Vertragshändler hinkt zwar etwas, macht aber deutlich, dass im Automobilvertrieb noch erhebliche Reserven im Kundenkontakt schlummern. Problematisch wird es, wenn die Retail-Marke sich auf Kosten der Herstellermarke profiliert und gegen die Interessen der Herstellermarken arbeitet (z. B. Preisdumping). Nur in solchen Fällen sollte auf diese Retail-Marken verzichtet werden. Beispiele wie AutoNation in USA zeigen, dass ein Co-Branding von Hersteller, Retail-Marke und lokalem Partner zum Nutzen aller Beteiligten funktionieren kann.

Zusammenfassend ist festzuhalten, dass die Potenziale für die Marke durch die Weiterentwicklung der Vertriebskanäle zum „Multi-Channel Mix" weit größer sind als das Bedrohungspotenzial. Gerade im Vertrieb hat die Marke noch ganz erheblichen Nachholbedarf. Markenprägung und -differenzierung finden zunehmend im Kundenerlebnis am POS statt.

Services

In den letzten Jahren hat sich in der Automobilbranche die Erkenntnis durchgesetzt, dass Fahrzeuge über ihren gesamten Nutzungszyklus, also den Lebenszyklus des Autos, gesehen werden müssen. Der Umsatz pro Pkw beträgt über zehn bis zwölf Jahre ca. 60 000 Euro, wovon ca. die Hälfte auf Services entfällt und je ein Viertel auf Neuwagenpreis und Umsätze aus Gebrauchtwagentransaktionen. Analog haben einzelne Kunden als Fahrzeug- und damit Markennutzer einen solchen Lebenszyklus. Über den Fahrerlebenszyklus des Kunden von ca. 50 Jahren ergibt dies ein Umsatzpotenzial von ca. 300 000 Euro.

Der legitime Anspruch der Marke muss aus unserer Sicht sein, alle Umsätze und Ertragspotenziale des Markenfahrzeugs für die Marke zu beanspruchen. Schließlich ist die Entwicklung und Produktion eines Markenfahrzeugs mit hohen Investitionen verbunden, die sich möglichst gut amortisieren sollen. Demnach ist es also nicht akzeptabel, nach drei bis fünf Jahren den Gebrauchtwagenumsatz an freie Gebrauchtwagenhändler zu verlieren, den Serviceumsatz an markenunabhängige Werkstätten abzugeben und damit auch auf die anderen Mobilitätsausgaben des Markenkunden zu verzichten. Services, die das Markenversprechen in vollem Umfang einlösen, sind

Die Zukunft der Markenführung im Automobilgeschäft

der Schlüssel, um das Fahrzeug über den gesamten Lebenszyklus in der Marke zu halten.

Die Achillesferse im „lifecycle" des Fahrzeugs ist der Gebrauchtwagen. Zu oft sind Hersteller und Händler auf den Neuwagenverkauf fokussiert, während das Gebrauchtwagengeschäft ein ungeliebtes Kind ist. Obwohl empirisch nachweisbar ist, dass die profitabelsten Autohäuser fast immer auch ein gutes und markenorientiertes Gebrauchtwagengeschäft betreiben, kommt die Gebrauchtwagenstrategie in der Markenführung deutlich zu kurz. Der Marktanteil der markengebundenen Vertragshändler im Gebrauchtwagengeschäft liegt bei gerade mal 30 Prozent. Zwei Drittel des Marktes dominieren freie Händler und Privatpersonen, die naturgemäß die Interessen der Marke (z.B. Werterhalt) nicht voranstellen, sondern sich selbst optimieren. Die Empfehlung kann deshalb nur lauten, den Gebrauchtwagen als wichtigen Baustein für die Optimierung des Markenwerts zu begreifen. Zumal das wertmäßige Marktvolumen genauso hoch wie im Neuwagenbereich ist, die Preisvergleichbarkeit deutlich geringer und die Eignung zur Neukundengewinnung (z.B. junge Käufer) besonders hoch.

Die wirtschaftliche Bedeutung des After-Sales-Geschäfts für Hersteller und Handel ist immens. Eine aktuelle Analyse von Goldman Sachs zeigt, dass Originalersatzteile im Schnitt nur ca. zehn Prozent des Herstellerumsatzes ausmachen, aber für ca. 50 Prozent des Profits der Automobilhersteller stehen können („Spare parts profitability: the industry's best kept secret"). Addiert man die Ergebnisbeiträge aus dem Financial-Services-Geschäft dazu, so übersteigen die Gewinne aus fahrzeugbezogenen Dienstleistungen häufig die Gewinne aus dem Automobil im engeren Sinne. Ähnlich stellt sich die Situation im Automobilhandel dar: Umsätze aus Werkstatt, Teilen und Zubehör generieren zwei Drittel des Gewinns. Das Neuwagengeschäft ist dagegen chronisch ertragsschwach.

Neben der wirtschaftlichen Bedeutung des Servicegeschäfts ist die Chance zur regelmäßigen Interaktion der Marke mit dem Kunden von entscheidender Bedeutung. Obwohl das Automobil ein hoch emotionales Produkt ist, liegt die Kontaktfrequenz der Marke mit dem Kunden doch deutlich unter anderen Branchen.

Angesichts des hohen Stellenwerts des After-Sales-Geschäfts für die Ertragskraft und Kundenbindung der Automobilmarken löst die erwartete Verschiebung der Marktanteile im After Sales auf breiter Front Alarmsignale aus. A.T.U., Kwik-Fit, Pit Stop, Autocrew, Co-Parts, Auto-Fit, Group Auto Union International, Meisterhaft, ATE, Bosch Service oder Valeo Service sind Beispiele für Unternehmen, die den After Sales-Markt aggressiv bearbeiten und die Position der Herstellermarken gefährden. Als Fast Fitter, Full-Service-Anbieter oder Spezialisten entwickeln sie preiswerte Alternativen und attraktive Marketingkonzepte. Die Änderung der GVO hat hier Schleusen geöffnet, die den Wettbewerbsdruck ganz massiv erhöhen. Aktuelle Prognosen sehen Marktanteile über 25 Prozent für Fast Fitter.

Die Empfehlung für die Herstellermarke ist zweigeteilt. Zum einen gilt es die „pole position" zu verteidigen und das Auto durch Exzellenz in Servicemarketing und Leistungen mit erlebbarem Kundennutzen im Markenservice zu halten. Sowohl im Bereich der Serviceinnovation als auch im kundenspezifischen Service „bundling" (z. B. Finanzierung, Garantie, Servicevertrag für junge Gebrauchte an selbstständige Kleinunternehmer) müssen die Herstellermarken und ihre Markenhändler noch deutlich zulegen. Gerade im Bereich Serviceinnovation muss ein wesentlicher Beitrag zur Weiterentwicklung der Markenerlebniswelt geleistet werden. Insbesondere die Möglichkeiten im Bereich der fahrerbezogenen Services sind vielfältig (Events, Fahrertraining, Community etc. und können wesentlich zur besseren Kundenbindung beitragen.

Zum anderen muss die Herausforderung Fast Fit aktiv angenommen werden. Dies kann durch eigene Fast-Fit-Angebote der Herstellermarken erfolgen (VW stop & go, Mercedes Express, Nissan Rapid Service, Renault Minute etc.), die sich allerdings bislang noch nicht erfolgreich durchsetzen konnten. Oder aber durch strategische Partnerschaften mit Fast-Fit-Anbietern, um den Übergang aus der Markenwelt zum unabhängigen Serviceanbieter gezielt zu steuern und die Standards der Marke auch beim freien Serviceanbieter umzusetzen.

Zusammenfassend ist festzuhalten, dass der Service reichlich Potenziale zur Markenprägung und -differenzierung bietet, die von der Fahrzeugmarke besser und konsequenter genutzt werden müssen, um im harten Wettbewerb mit den markenunabhängigen Serviceanbietern nicht die strategische Kontrolle zu verlieren.

4.2 Die Treiber für den Markenwert

Wie kann der Wert einer Marke gesteigert werden? Das von Mercer vorgelegte Modell zur Positionierung und Optimierung einzelner Marken fasst die in den vorherigen Abschnitten getroffenen Empfehlungen ganzheitlich zusammen.

Jede Automobilmarke sollte aus dem Blickwinkel des jeweiligen Markenclusters betrachtet werden. Der Vergleich einer Volumenmarke (z. B. Peugeot) mit einer Highend Nischenmarke (z. B. Bugatti) wäre beispielsweise unsinnig. Ein Positionsvergleich zweier Volumenmarken (Peugeot und Volkswagen) hingegen macht Sinn.

Für die ausgewählte Automobilmarke gilt es dann, die jeweiligen Leitsätze und Handlungsempfehlungen je Wertschöpfungsstufe zu überprüfen und gegebenenfalls anzupassen. Zuletzt muss die Stimmigkeit des Gesamtbildes überprüft werden.

Mit dem vorgestellten Modell lassen sich die wesentlichen Fragen für die Markenführung erarbeiten und diskutieren. Spezifisch für das jeweilige Markencluster und jeden Wertschöpfungsschritt ist zu klären, welche Kernfragen, Leitsätze und Handlungsempfehlungen relevant sind. Es ist offensichtlich, dass Kundenservice für eine Premium-Marke anders ausgestaltet werden muss als für Volumenmarken. Entscheidend ist die ganzheitliche Betrachtung und die Erarbeitung von stimmigen Lösungen: über die gesamte Wertschöpfungskette und spezifisch ausgerichtet auf das jeweilige Markencluster.

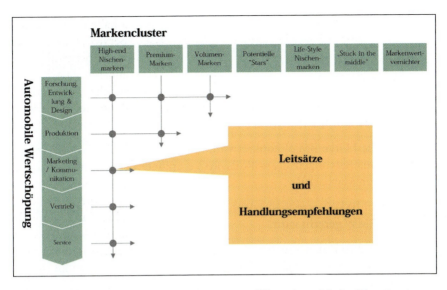

Abb. 1: Mercer-Modell zur Positionierung differenzierter Markenführung

Im Ergebnis entstehen maßgeschneiderte Markenstrategien, die deutlich differenzierter ausfallen, als dies in der Vergangenheit der Fall war.

4.3 Konsequenzen für ausgewählte Automobilmarken

Es wäre vermessen, Automobilherstellern mit ihren Heerscharen von Mitarbeitern die „richtige" Positionierung ihrer Marke zu empfehlen. Im Folgenden erlauben wir uns allerdings, die aus unserer Sicht drei bis fünf wichtigsten Fragestellungen aufzuwerfen, die zu einem Nachdenken, vielleicht auch zu einem Handeln bei der jeweiligen Marke, führen könnten.

Audi

- Wie wird Audi trotz Plattform- und Modulstrategie des VW Konzerns „state-of-the-art"-technologische Innovationen sicherstellen?
- Sollte Audi den „gold dust" des Markenwerts von Lamborghini nutzen, und wenn ja, wie und welche Mittel sollten hierfür eingesetzt werden?
- Kann der seit 1985 verwendete Claim „Vorsprung durch Technik" auf Dauer aufrecht erhalten werden, oder muss er zeitgemäß weiterentwickelt werden?
- Welche neuen herausragenden Produkteigenschaften (quattro, Aluminiumleichtbau, TDI) sind für Audi in den nächsten zehn Jahren markenprägend?

BMW

- Wie können neue Wachstumschancen in bislang unbearbeiteten Fahrzeugsegmenten genutzt werden (z. B. die BMW Antwort auf einen Van oder auf den Mercedes-Benz SLR)?

- Wie wird das Risiko einer überdehnten Marke BMW durch den 1er BMW vermieden?

- Wie kann die Marke BMW konkret vom Markenimage Rolls-Royce profitieren? Welche Dienstleistungen muss Rolls-Royce anbieten (siehe „Personal Liason Manager" von Maybach)?

- Wie sieht ein BMW eigenes Kundenbindungsprogramm aus, das dem Anspruch der Marke BMW gerecht wird?

- Kann MINI durch den Eintritt in neue Fahrzeugsegmente zusätzlichen Wert für die Marke schaffen? Welche emotionalen Konzepte bieten sich an (Roadster, Cross-over etc.)?

Citroën

- Schafft Citroën mit dem C6 Lignage den Wiedereinstieg ins Oberklassesegment, obwohl die DS-Tradition bald 30 Jahre zurückliegt?

- Wie werden sich die Marken Citroën und Peugeot trotz des Ziels, die gleichen Kundensegmente zu 90 Prozent abzudecken, voneinander abgrenzen können?

- Welche Maßnahmen muss Citroën ergreifen, um das schlechte Qualitätsimage und die massiven Preisnachlässe zu beseitigen?

Ferrari

- Sollte Ferrari das Marken-„Asset" Formel 1 nutzen, um daraus ein neues, auf den Endkunden ausgerichtetes Geschäftsmodell zu realisieren?

- Sollte die Marke Ferrari zur Verbesserung des Markenimages von Fiat, Lancia und Alfa Romeo genutzt werden? Welche Gefahren liegen darin?

- Sollte Ferrari einen breiteren Zugang zu den Kunden suchen, zum Beispiel durch den Verkauf von Sportwagen im Preissegment um die 80 000 Euro (vergleiche Porsche Boxster)?

Ford Europe

- Ford hat die Erfüllung der Hygienefaktoren einer Volumenmarke erreicht. Wie wird die Marke stärker emotional aufgeladen? Sind progressive Nischenfahrzeuge das geeignete Mittel zur Höherpositionierung der Marke?

Die Zukunft der Markenführung im Automobilgeschäft

- Welche werthaltigen Kundensegmente will Ford mit seiner Marke ansprechen?
- Wie kann die Leistung im After-Sales-Geschäft auf Premium-Niveau gehoben werden? Welche Handelsstrukturen sind hierfür erforderlich?

Jaguar

- Wie schafft es Jaguar, eine deutlich stärkere technische Differenzierung gegenüber der Marke Ford zu erreichen? Ist die Plattformstrategie von Ford Europe, auf der der S-Type und der X-Type aufbauen, geeignet, um ausreichende Differenzierung zu erreichen? Ist eine Modulstrategie die bessere Lösung?
- Zur emotionalen Aufladung der Marke Jaguar gehört von jeher der Motorrennsport. Welche Gefahr ergibt sich für Jaguar, wenn – wie im Beispiel der Formel 1 – über Jahre hinweg die Erfolge ausbleiben? Welche Wege sollte Jaguar hier beschreiten?
- Wie stark werden sich die Marken Jaguar und Aston Martin durch den Einstieg von Aston Martin in das „untere Luxussegment" (AMV 8 Vantage) überlappen?
- Wie stellt Jaguar zukünftig einen flächendeckenden Vertrieb vergleichbar einer Marke BMW oder Mercedes-Benz sicher?

Mercedes-Benz

- Wie viel Volumen verträgt die Premiummarke Mercedes-Benz?
- Sollte Mercedes-Benz zukünftig als Dachmarke für mehrere Untermarken agieren?
- Kann Mercedes-Benz auf Dauer seinen Premiumanspruch durch „State-of-the-art"-Innovationen in allen Erlebnisfeldern aufrecht erhalten? Worauf müsste sich Mercedes-Benz fokussieren?
- Wie kann die Qualität der Markenführung für die „mainstream" Volumenmarken (z. B. Chrysler, Mitsubishi) nachhaltig verbessert werden?

Opel

- Mit welchen konkreten Mitteln kann Opel seine Marke stärker emotional aufladen? Produkte, Dienstleistungen, Events, Persönlichkeiten, Innovationen?
- Ist zur langfristigen Sicherung der Marke Opel ein Wiedereinstieg ins „Admiral/Diplomat/Senator"-Segment erforderlich?
- Wie kann die Leistung im After-Sales-Geschäft auf Premium-Niveau gehoben werden? Welche Handelsstrukturen sind hierfür erforderlich?

- Wie kann eine (ehemals?) auf Volumen ausgerichtete Marke zukünftig ca. 60 Prozent Anteil an Nischenfahrzeugen und innovativen Fahrzeugkonzepten erfolgreich anbieten? Und das innerhalb von fünf Jahren?

Peugeot

- Kann sich Peugeot zur französischen Premiummarke entwickeln?
- Wäre ein Einstieg von Peugeot in den wettbewerbsintensivsten Markt der Welt, die USA, auf Basis der gegenwärtigen Stärke der Marke in Europa sinnvoll?
- Welche Aufsehen erregenden Fahrzeugkonzepte bietet Peugeot in der Zukunft? Reicht die Konzentration auf innovative Dieseltechnologien (DI, Rußpartikelfilter etc.) aus, um die Marke emotional aufzuladen?

Porsche

- Wie weit lässt sich die Marke Porsche dehnen?
- Ist der Cayenne und eine eventuelle vierte Baureihe nicht eine Abkehr vom Sportwagenimage der letzten Jahrzehnte?
- Schafft es Porsche, eine Erlebniswelt vergleichbar Harley-Davidson aufzubauen, bei der mehr als 25 Prozent des Geschäfts außerhalb des Neufahrzeuggeschäfts generiert werden?

smart

- Kann smart als Hersteller von Lifestyle-Nischenfahrzeuge als erster OEM diese Marke in Richtung Volumenanbieter entwickeln? Trägt ein Lifestyle-Konzept diese Mengen?
- Über welche dauerhaften und stabilen Werte verfügt die Marke smart? Wie wird verhindert, dass sich smart regelmäßig vollständig innovieren muss, um dem jeweiligen Trend zu folgen? Wie viel Trend, Mode, Lifestyle verträgt eine Automarke?
- Kann die Marke smart erfolgreich auf andere Geschäfte übertragen werden – Motorräder, Roller, Mode usw.?

Volkswagen

- Wofür steht die Premiummarke Volkswagen, was sind ihre differenzierenden Elemente? Wie verträgt sich Premium und „Wagen fürs Volk"?
- Welche Innovationen (Technologie, Konzepte, Services etc.) liefert VW, um die Marke VW emotional aufzuladen?
- Was sind die werthaltigen Kundensegmente, die VW ansprechen will?
- Wie unterscheidet sich die Premiummarke VW von der Premiummarke Audi?

Volvo

- Wie schafft es Volvo, die heute starke technische Differenzierung gegenüber der Marke Ford aufrecht zu erhalten? Ist die Plattformstrategie von Ford Europe geeignet, um ausreichende Differenzierung zu erreichen? Ist eine Modulstrategie die geeignetere Lösung?
- Kann Volvo im Verbund mit der PAG und Ford seine (skandinavische) Markenidentität aufrecht erhalten?
- Sollte Volvo Ikonen (Amazon, P 544 oder Schneewittchensarg) in Retro-Fahrzeugen wieder beleben?

5. Markenorientierte Unternehmensführung

Markenführung in der Automobilindustrie ist untrennbar mit der Unternehmensführung verbunden. Markenorientierte Unternehmensführung ist die Königsdisziplin im Automobil-Management. Allerdings wird diese Aufgabe zunehmend anspruchsvoller, da erfolgreiches Markenmanagement in verschiedenen Dimensionen erfolgen muss. Mehrere Marken im Konzernportfolio, Länder mit unterschiedlichen Interpretationen der Märkte, Pkws versus Nutzfahrzeuge oder die Präsenz in mehreren Markenclustern (Premium, High-end, Lifestyle-Nischen etc.) sind Beispiele für die Vielschichtigkeit der Managementaufgabe. Markenführung ist nicht delegierbar. Gleichwohl müssen die Markenwerte von allen Mitarbeitern gelebt und umgesetzt werden. Markenführung kann nicht auf Marketing reduziert werden und nicht singulär an Einzelmerkmalen wie Design festgemacht werden. Es ist die Verantwortung des Topmanagements, die Entwicklung der Marke über alle Wertschöpfungsstufen zu gestalten, um damit letztendlich den Markenwert zu steigern.

Entscheidend im zukünftigen Markenmanagement wird sein, konsequent die Sicht des Kunden, seine Emotionen und Erlebniswelten und ultimativ seinen persönlich erlebbaren Kundennutzen in den Vordergrund zu stellen. Markenmanagement darf nicht primär **„inside-out"** von der Technologie und den vorhandenen Ressourcen im Unternehmen getrieben werden, sondern muss **„outside-in"** und damit kundenorientiert gestaltet werden. Markenwert entsteht beim Kunden.

Um die Zukunft der Automobilmarken muss einem nicht bange sein. Die Faszination und Strahlkraft der guten Marken bieten eine exzellente Basis. Die Potenziale zur Schaffung von attraktiven Leistungsbündeln für die Kunden sind längst nicht ausgeschöpft. Die große Herausforderung für die Automobilindustrie im nächsten Jahrzehnt ist der Schritt von „technology driven" zu „customer driven". Eine markenorientierte Unternehmensführung kann den entscheidenden Beitrag liefern, um die Zukunft im Automobilgeschäft erfolgreich zu gestalten.

Dr. Jan Dannenberg

Director, Mercer Management Consulting

Jahrgang 1962, Studium zum Bachelor of Arts in Economics, Stanford University; Studium der Betriebswirtschaftslehre und Promotion zum Thema Strategische Unternehmensplanung an der Universität Bamberg.

Dreizehn Jahre Managementberatung mit Schwerpunkt Automobilbranche, Maschinen- und Anlagenbau.

Beratungsschwerpunkt sind Strategien für profitables Wachstum für Automobil-Hersteller, -zulieferer und Engineering-Dienstleister.

Beratungsfelder: Markt- und Wettbewerbsanalysen im Zulieferumfeld (Motor, Interior, Elektrik & Elektronik); Neuproduktstrategien; F&E- und Innovations-Strategien; Plattform- und Modularisierungsstrategien; Entwicklung und Umsetzung ganzheitlicher Geschäftsmodelle; Markenmanagement.

Seit 1997 Partner bei Mercer Management Consulting in München.

Director in der Automotive Practice von Mercer.

Dr. August Joas

Director, Mercer Management Consulting

Jahrgang 1959, Studium der Betriebswirtschaftslehre und Promotion zum Thema *Strategisches Marketing*.

Vierzehn Jahre Managementberatung mit Schwerpunkt Automobilbranche und Serviceunternehmen.

Beratungsschwerpunkt sind neue Strategien für profitables Wachstum für Automobil-Hersteller, -Händlergruppen und -Dienstleistungsunternehmen.

Beratungsfelder: Vertriebsstrategien, Vertriebsnetzentwicklung, Händlerentwicklung, Markenmanagement, Transaction Pricing, Downstream Services, After Sales Strategien, Gebrauchtwagenmanagement und Finanzdienstleistungen.

Zwei Jahre Mitglied der Geschäftsführung in einem internationalen Konzern.

Seit 1995 Partner bei Mercer Management Consulting in München.

Director in der Automotive Practice von Mercer.

Das Standardwerk des Markenmanagements in der Automobil-Zulieferindustrie

Das Buch

Markenmanagement wird immer mehr zu einem Topthema für die Automobil-Zulieferindustrie. Wie schafft man es, als Zulieferer eine starke Marke aufzubauen, und welches sind die Erfolgsfaktoren in der Praxis? Konkrete Antworten liefert das vorliegende Buch. Die Herausgeber Bernd Gottschalk, Präsident des Verbands der Automobilindustrie (VDA), und Jan Dannenberg, Mercer Management Consulting, lassen führende Vertreter der Automobil-Zulieferindustrie zu Wort kommen. Top-Manager bedeutender Zulieferfirmen beschreiben erstmalig ihre global anerkannten Erfolgsstrategien im Markenmanagement. Das Ergebnis: ein herausragendes Standardwerk für Markenmanagement in der Automobil-Zulieferindustrie auf nationaler und internationaler Ebene.

Gottschalk, Bernd/
Dannenberg, Jan (Hrsg.)
Markenmanagement in der Automobil-Zulieferindustrie
Vom Lieferanten zum Entwicklungs- und Wertschöpfungspartner
EUR 58,00
ISBN 3-409-14258-4

Prof. Dr. Bernd Gottschalk ist Präsident des Verbands der Automobilindustrie (VDA).
Dr. Jan Dannenberg ist Partner und Director in der Automotive Practice von Mercer Management Consulting.

Änderungen vorbehalten.
Erhältlich im Buchhandel oder beim Verlag.
Gabler Verlag · Abraham-Lincoln-Str. 46 · 65189 Wiesbaden · www.gabler.de

Autorenverzeichnis

Fabian Brandt *Berater, Mercer Management Consulting*	83
Dr. Jan Dannenberg *Director, Mercer Management Consulting*	33, 407
Prof. Dr. Willi Diez *Leiter des Instituts für Automobilwirtschaft (IFA), FH Nürtingen*	123
Mark Fields *Executive Vice President and President The Americas, Ford Motor Company*	247, 381
Jean-Martin Folz *CEO, PSA Peugeot Citroën*	333
Carl-Peter Forster *President, GM Europe; Aufsichtsratsvorsitzender, Adam Opel AG*	305
Prof. Dr. Bernd Gottschalk *Präsident des Verbandes der Automobilindustrie e. V. (VDA)*	15
Prof. Jürgen Hubbert *ehemals Mitglied des Vorstandes, DaimlerChrysler AG*	293
Dr. August Joas *Director, Mercer Managment Consulting*	407
Dr. Martin Koers *Leiter einer Vertriebsregion, Ford Deutschland*	227
Bernhard Mattes *Vorsitzendender der Geschäftsführung, Ford-Werke GmbH*	227
Torsten Müller-Ötvös *Vice President Central Marketing and Brand Management BMW, BMW Group*	163
Klaus Nesser *CEO Maybach, SLR & Exklusivprodukte, DaimlerChrysler AG*	265
Dr. Bernd Pischetsrieder *Vorsitzender des Vorstands, Volkswagen AG*	367
Andreas Renschler *Mitglied des Vorstandes, DaimlerChrysler AG*	353
Kenneth J. Roberts *Chairman and Chief Executive Officer, Lippincott Mercer*	101

Ian Robertson *Chairman and Chief Executive Officer, Rolls-Royce Motor Cars*	163
Simon Schnurrer	83
Dr. Kay Segler *Vice President Brand Management MINI*	163
Dr. Andreas Spengel *Berater, Mercer Management Consulting*	83
Jürgen Stackmann *Vice President Marketing, Ford of Europe*	227
Jean-Remy von Matt *Inhaber und Gründer, Jung von Matt AG*	59
Prof. Dr. rer. nat. Martin Winterkorn *Vorsitzender des Vorstands, AUDI AG*	145
Dr. Dieter Zetsche *President and Chief Executive Officer, Chrysler Group;* *Member of the Board of Management, DaimlerChrysler AG*	203